高談莊諧集

GaoTan ZhuangXie Ji

谨以本书纪念四川省文物考古研究院成立七十周年

高大伦／著

巴蜀书社

图书在版编目（CIP）数据

高谈庄谐集 / 高大伦著. -- 成都：巴蜀书社，
2023.10
ISBN 978-7-5531-2045-4

Ⅰ.①高… Ⅱ.①高… Ⅲ.①考古学—文集 Ⅳ.
①K85-53

中国国家版本馆CIP数据核字（2023）第127566号

GAOTAN ZHUANGXIE JI

高谈庄谐集

高大伦　著

策　　划	周　颖　吴焕姣	
责任编辑	马　兰	
封面设计	冀帅吉	
内文设计	四川胜翔数码印务设计有限公司	
出　　版	巴蜀书社	
	四川省成都市锦江区三色路238号新华之星A座36楼	
	邮编：610023　总编室电话：（028）86361843	
网　　址	www.bsbook.com	
发　　行	巴蜀书社	
	发行科电话：（028）86361852	
经　　销	新华书店	
印　　刷	成都市金雅迪彩色印刷有限公司	
版　　次	2023年10月第1版	
印　　次	2023年10月第1次印刷	
成品尺寸	170mm×240mm	
印　　张	34.75	
字　　数	480千	
书　　号	ISBN 978-7-5531-2045-4	
定　　价	118.00元	

高大伦，生于1958年，1982年四川大学考古专业本科毕业。1985年西北大学历史系研究生毕业。曾先后供职于四川大学（助教、讲师、副教授、教授，1985—1997）、四川省博物馆（副馆长、代馆长，1998—2000）、四川省文物局（副局长，2001—2004）、《四川文物》编辑部（主编，2001—2018）、四川省文物考古研究院（院长，2002—2018）、四川省文物管理委员会（办公室主任，2002—2018）、南方科技大学教授（2018—）、山西大学考古文博学院院长（2023—）。曾任中国博物馆学会常务理事、中国秦汉史研究会副会长。现任中国考古学会常务理事、四川省民俗学会会长。

担任过四川省第三次文物普查专家督导组组长（2007—2011）、四川省地震遗址博物馆规划建设专家组组长和四川省地震文物征集专家组组长（2008—2012）。获得过高校国家级教学成果一等奖（1997）、全国十大精品陈列奖（1999）、国务院特殊津贴（2007）、四川省社科一等奖（集体、2009）、全国十大考古发现奖（2014）、文化部先进个人（2014）、四川省委省政府首届杰出人才奖（2016）。

主要研究方向为考古学与博物馆学，已主编出版专业著作20余部，发表研究论文、译文100多篇。进入21世纪以来，积极探索和拓展考古、博物馆研究的新领域，倡导并积极实践考古人主导考古类文化遗产的保护、规划和利用展示，并有数十个各类案例作品。主要有：在国内率先设立公众考古中心（2005），成立全国首家考古探险中心（2005），组织了16次大型考古探险活动（2005—2018），策划摄制8部数十集的考古探险纪录片，主编有"穿越横断山脉"之《西部考古探险系列》丛书（8部）、"四川石窟寺大系"（田野考古调查报告7部）、"四川古建筑大系"（4部）；组织了国内考古机构第一次到国外独立考古发掘（2006），主持了汶川地震遗址博物馆的选址、规划、文物征集（10万件）及展陈大纲编写；为北川羌族民俗博物馆征集文物4000余件（2008—2009）；设立并策展了全球第一家虚拟考古体验馆（2013），并升级为虚拟考古体验馆2.0版（2016）、虚拟考古体验馆3.0版；编导科普动漫片《考古训练营》（2013）和《考古训练营2.0版》（2016），创设全国第一家文物医院（2013）；主编《文化遗产展陈创意策划方案集》（2013），编导数字动漫故事片《神树的传说》（2016），主编《文化遗产策展方案集》（2016）等，组织了国内第一次内水考古——四川彭山江口沉银水下考古遗址发掘（2015—2018）和三星堆考古遗址的考古勘探、发掘、保护及展示规划（2002—2018）；主持四川石刻文字抢救调查项目（2010—2018），该项目已获得24万张碑刻拓片。

别开生面写新篇
——评新著《商周艺术》
高大伦 153

中国商周文明的考古发现和研究举世瞩目，成就斐然。然而，它历来却又缺乏从美术史的角度对考古发现作出较为系统的断代史研究，这与评述元棣的古希腊罗马文明的美术考古研究比较，可谓相形见绌。谢崇安同志的新著《商周艺术》（巴蜀书社1997年8月出版，字数24万字，插页94）一书的问世，从一定程度上为我们弥补了不少缺憾。

李学勤先生曾指出，大量的出土文物的美术作品，因而在不少国家的美术史系中，文物的学科是归属于美术史系研究方向。本文，要发挥博物馆

更有待于大家的推进和努力（"中国文物鉴赏"丛书总序，漓江出版社1993年。）笔者以为，"商周艺术"就是努力实践这一倡导的典型，作者使用人类学的方法去考察三代艺术的源流，又赋予古典艺术审美方面的评价，这就避免了历史考古的繁琐与纯粹美术研究的空泛。

由于作者着眼于美术考古资料的文化形态的考察，因而书中不乏真知灼见，在阐明中国文明起源这一重大课题上，也称得上是独辟蹊径。

例如，作者立足于型式学，考察了三代艺术的源流，更阐明了商文化的两种因素（即游牧文化与农耕文化的融合与冲突），并将它看作黄河上古文明演进的重要特征，这就对三代文明及其民族起源的一元论观点提出了挑战。

15×20=300
cb001·105·864
第 2 页

1997年，作者撰写
《别开生面写新篇——评新著〈商周艺术〉》一文手稿

又如，通过夏商周闸睇艺术追溯它们与史前的仰韶，仁山、龙山诸文化的联系，也是为三代文明起源提供了新的论证。对论其艺术的源流，不仅支持了它与东表文化的关系，还用《且甲鼎》徽誌等为参证材证明客西收与坤圣王权的对应史实。

作者在注意求证的同时，也尽力提出一些尚待探多的问题。如论走商、西周以至东周的青铜器纹饰的演变，既提出了若干重要纹饰演变的证据，也提出了有关纹饰演变原因的一家之言。

又如洋主甲骨文断代的了字体风格……

师历期的……
个人风格

15×20=300
cb001·105·864

这事实上也是对美理学院对化的一种反思。

值，也一直是个博鹏细节，高庄从美学的角度对上古美术作品作了较为系统的论析，这同时作了东西方古果艺术美学的宏观证势，约画出两者的不同风格特征及其伟大的不凡丰处，这也也将会促进漠学钟的研究，如作者范五虑允与五种钟的研究的末龙去脉答……东具其艺术实体……的探在五文特征……日一新……程伦为索……序言，作……引入也……发……

研究商周典文物的刷作宗旨及其审美价值。"商周艺术"一方

诚然，我们也看到书中的一些不足，如涉及的问题面太多，浅尝辄止也就势所难免。在苹来作者的同时，我们更期待同行能将其中许多重要课题持续研究下去。另外，书中精印的插图也未能盖女全，也存在个别错漏和倒置现象，如果再能附上主题词索引和中英文提要，全书都更便于读者检索了。

总之，毫不掩饰，我们欢迎《商周艺术》的面世，也期待有关中国古代伟大文明的研究能够不断地达到更新的高度。

15×20=300　教师备课用纸　第5页
cb001·105·864

1997年，作者撰写
《别开生面写新篇——评新著〈商周艺术〉》一文手稿

序 言

1998年，高大伦离开供职12年的四川大学转到地方，进入"仕途"，走过了20年多彩多姿的文博之路。

21世纪的头20年是四川文博事业的黄金时代。高大伦与他的同行抓住了这个千载难得的机遇，又通过他们的持续努力，创造了永载史册的辉煌。

《高谈庄谐集》这部书，收录了高大伦一些学术性文章与诸如工作总结、活动致辞、策展大纲、考察报告以及书序、书评等各类文字，是他在四川省文博机构工作的全方位见证。作品按年份排列，也可略见这25年间四川文博的一些大事、盛事。

本书的最大特色，是将学术研究与工作实践的结合，是研究问题与解决问题的统一，是在此基础上的经验总结、理论探索与认识提升。这些成果有着鲜活的生命力，带有文博泥土的芳香。

在这20年中，高大伦的角色不仅是个专家学者，更是四川重要文博机构的领导者，是许多工作的筹划者、组织者与实施者。

高大伦的主要研究方向为考古学与博物馆学。进入21世纪以来，他积极探索和拓展考古、博物馆研究的新领域，倡导并积极实践考古人主导考古类文化遗产的保护、规划和利用展示，并有数十个各类案例作品。这些成果，其目标的确立、思路的形成、办法的拓展等，在《高谈庄谐集》中都有不同程度与形式的反映。

在本书中，我们还看到高大伦对于博物馆事业发展的一些思考与建议，例如写于2000年的《探索博物馆的"营销战略"》，就是以地处内陆西部的四川省博物馆在市场经济条件下构建博物馆营销战略的探索为例，提出营销应是博物馆的日常且重要的工作内容，应设立专门的营销部门或人员，展览经费预算中应有一笔专门的营销经费，每个展览都应有一套完整的营销方案，尤其要注意的是每个展览都要有营销新招，等等。《当前形势下激活中国博物馆的几点思考》（2002年）中的"激活"，与今天"让文物活起来"的精神是相通的。这些认识在当时带有超前性，实属空谷足音，难能可贵。

高大伦也是一个有趣的人。这种趣，是处事待物中体现出的情趣、意味，是一种深藏的智慧。梁启超在《学问之趣味》中说："我是个主张趣味主义的人。我以为凡人必须常常生活于趣味之中，生活才有价值；若哭丧着脸挨过几十年，那么，生活便成沙漠，要他何用。"

熟悉高大伦的人都有个共同感受，就是与他相处，总使人感到很愉快。这种"趣"，反映在本书文字中，就是"亦庄亦谐"。如他所说，至于"庄谐"乃本人一贯主张，因此，不管是书面的年终总结还是业务汇报，不管是深思熟虑演讲还是即兴发言，他都尽量在准确表达意图的同时力求做到通俗、诙谐。

例如，2002年8月，高大伦做了四川省文物考古研究所所长，他在任命会上致辞的第一句话，就是"这个岗位是我主动申请获得的，所以我会比较珍惜"，接着讲了自己争取从省文物局到考古所的原因。致辞最后说："接下来大家可能要问我用啥办法来改变单位。告诉大家，我的办法只有一个：在公平竞争原则指导下，制订各种管理办法、奖惩条例并坚决执行。一定要保证给所有人提供公平竞争的环境，让大家都站在同一起跑线上。所有人，概莫例外。"一个领导者有趣，对于一个单位来说，不啻是一个福音。

在21世纪初，高大伦有过到国家文物局工作的机会，我也曾与他商谈过到故宫工作之事。最终，他毅然去了四川省文物考古研究所（2004年变为四川省文物考古研究院），这一干就到了2018年退休，整整16年。实践证明，他找对了地方，还是四川更需要他。

进入21世纪以来，故宫博物院藏传佛教研究的视野与方法在不断拓宽与改进。故宫认识到，要把明清宫廷藏传佛教文物研究深入下去，不能就宫廷研究宫廷，而要放在更为宽广的范围和背景中去考察，例如藏传佛教的发展源流、黄教与其他教派的关系、清代与明代的关系、宫廷与地方的关系、藏传佛教在不同地区的传播状况，等等。正是基于这一认识，故宫积极与国内外大学、研究所、考古所等机构合作，进行田野考察、考古发掘、文物保护、资料整理等。其中最重要的是与高大伦主持的四川省文物考古研究院长达10年的合作。

两个机构通过对四川甘孜、阿坝藏族聚居区的考古和民族学调查，先后出版了《穿越横断山脉：康巴地区民族考古综合考察》（2008年）、《木雅地区明代藏传佛教经堂碉壁画》（2012年）、《2013年穿越横断山脉——阿坝藏羌文化走廊考古综合考察》（2014年）3本书，其中"四川石渠吐蕃时代石刻考古调查项目"为唐蕃古道走向或文成公主进藏路线的考证提供了新的论据，填补了青藏高原东部唐蕃古道走向重要环节的资料空白，对研究吐蕃历史、佛教史、佛教艺术、唐蕃关系史具有重要的意义，因此被评为"2013年度全国十大考古新发现"。

我至今记得与大伦同志在海拔4200米的石渠县帐篷里的夜晚，记得我们经过川藏公路雀儿山海拔5000多米的垭口时所遇到的风雪，记得一起在德格印经院摩挲着多种文字经板时的感受。他多次邀请我参加古蜀道米仓道的考察，还邀我溜索桥过河去木里县境内的纳西族大村俄亚去体验，可惜我都未能去。

2022年8月的一天，我在云南腾冲的一个博物馆参观，突然与大伦不期而遇。久违多年，自是惊喜莫名。他是应邀考察指导当地博物馆的建设。他仍然很忙，仍然在文博路上，仍然那么有趣。

《高谈庄谐集》编就，大伦嘱我为序。不能推辞，就写了以上一些片段的感想。我们预祝，"等考古院下一个十年庆，再下一个十年庆时"，会看到他的更多新作及个人文集问世。

郑欣淼

于北京故宫清稽查内务府御史衙门旧址

2023年4月20日

重新认识高大伦

前不久，大伦将《高谈庄谐集》样稿发来，要我写个序，我很爽快地答应了，如果不让我写，我还不高兴呢，因为我俩有40年的交情。

1982年的秋天，我和他一同成为西北大学中国古代史研究生，师从李学勤先生学习古文字。到1985年夏天毕业，我俩同吃、同住、同学习三年。大伦在上学期间就表现不凡，可谓能说会道交际广，头脑灵活主意多。有一次我和大伦还有另一位学弟赵瑞民（后为山西大学教授）聊天。那时候大家都很穷，就想着怎么能挣点钱花。大伦点子多，认为我会刻印章，不如我们三人合计搞一个刻印小组，给学生们刻章子，收取工钱。我和瑞民很赞同。于是马上分工，瑞民负责章料，我负责刻印，大伦负责拉客。话说过之后，我心里还是直犯嘀咕，能行吗？那时候比较落后，人多恪守常规，也不会出新招儿。没想到才过了几天，大伦就活蹦乱跳地领着两个女学生微笑着来了，第一单生意就这么快上了门。自此之后，每当看到大伦的笑脸，我就高兴，知道生意又来了。等钱挣到一定程度，我们仨就出去"饕餮"一顿。那时我就觉得大伦和我们不一样，将来会做出不一样的成就来。

毕业之后，我留在西北大学任教，他回四川大学当老师。工作之后，我们还经常往来，知道他当了四川省博物馆副馆长，后来当了四川省文物局副局长，再后来当了四川省文物考古研究院院长。听到这些消息，我一点也不惊奇。故而，当我收到大伦的样稿时，准备浏览一下就动手写序。

但是，当我看了两篇文章后，我就决定要把样稿一页一页地看下去，因为那个原以为面目清晰的朋友有些模糊了，一个我有点陌生的文博考古基层领导干部的形象跃然眼前，而且越来越鲜活。我不能不感到惊奇了。

这是一个怎样的形象？如果用一句话来概括，正如大伦在书稿中提到的，有专家指出现代的博物馆馆长，必须是专家、教育家、管理家，三者缺一不可，或者可以叫"三位一体"，我以为，大伦就是这样"三位一体"的人。大伦本科是四川大学考古专业，毕业后又考上西北大学中国古代史研究生，主编出版专著20余部，发表论文、译文100多篇，在学术界颇有影响，大伦当然是名副其实的专家。大伦从1985年研究生毕业，即进入四川大学任教，从助教、讲师、副教授晋升到教授，12年间孜孜不倦从事教育工作，获得过高校教学成果一等奖，后来到了文博考古系统工作，一直在发掘和倡导博物馆和考古的教育作用，所以说大伦也是一位教育家。1998年到2018年，大伦先后担任四川省博物馆副馆长、代馆长，四川省文物局副局长，四川省文博考古研究院院长和四川省文物管理委员会办公室主任，共计20年，显然大伦也是一位省级文博考古系统称职的管家。像大伦这样在专业和教育方面有深厚功底、在管理方面有丰富经验的"全能型"干部，恐怕在文博考古界也不多吧。文集读到这里，我终于恍然大悟，认识到这一点，就不难明白大伦为什么会在文博考古界驰骋几十年而所向披靡了。

具体而言，从文集来看，大伦有几个思路和作为令人刮目相看，印象深刻。

第一，审时度势，高屋建瓴。

衡量一个业务单位领导的水平，就看他对本单位的工作对象是否有全面细致的了解，是否能提纲挈领地找出特点、发现问题，并有解决问题的办法。从下面三个方面可以看到大伦在这方面的出色表现。

从时间角度掌握四川考古的年代特点。大伦意识到四川虽然有三星堆遗址那样蜚声中外的早期考古遗存，但与外省相比数量不多，更多的是秦汉以后的文物古迹，尤以明清两代为多。一般来说，人们更关注早期的文化遗存，这也很正常。晚期的文化遗存往往为人们所忽略，考古界也不够重视。我上大学考古专业时，《考古学通论》只讲到隋唐，宋元明清就不讲了。对于四川来说问题的严重性是，如果忽视晚期文化遗存，四川就不像一个文物大省了，会给四川的考古调查和发掘造成不利局面，也会降低四川所有博物馆的声誉。

真有本事的人，总能在别人不经意的地方，干出大事来。于是大伦力注重视晚期文化遗存，深入调查，持续研究，不仅恢复了这些遗存的面貌，而且提升了它们的价值。明末张献忠沉宝地点江口遗址的发掘名扬天下，影响力并不比早期的著名遗址差，反而因为明代末年离我们近，为百姓熟悉而受青睐。泸州老窖、宜宾五粮液长发升作坊、宜宾糟房头作坊等遗址的发掘为人们惊喜，其中两处酒坊遗址还被评上当年的全国十大考古发现，不能不说和酒文化的魅力有关。四川作为碑刻大省，汉代到清代的碑刻题记有5万多块（点），明清时期的占8成以上。明清碑刻的大量内容，大多不见于地方志。在重视地方史、乡土史、家族史、村落史的今天，却有着非常重要的价值。由于大伦的努力，碑刻资料研究成为屡出产品的富矿。譬如根据广元苍溪寻乐书岩石刻，这处书岩和附近的牌坊、义田、祠堂、墓地相关联，从而构成了一处全国难觅的乡贤文化景观。这些都激发了人们对晚期文化遗存的关注，也丰富了对文化多样性的认识。

大伦比其他考古学者更关注晚期的文化遗存，有几个方面的原因。首先他上研究生时学的古文字与传统金石学密切相关，认识到碑刻题记的价值，在一千年前的宋代就是金石学研究的重要组成部分，早于石窟寺等文物的研究。其次，他又长期从事博物馆的工作，对作为藏品之一的碑刻有深刻的认识。还有他兴趣广泛，喜爱民俗，后来又成为四川民俗学会的负责人，而民俗工作者的视野与考古工作者不同，研究的对象从时间上来说偏重于晚期的文物，接触面也更靠近底层社会。

四川省文物考古研究院不但在省内搞得有声有色，还想到国门之外试试身手。2006年，终于有了创举。大伦从越南出土的玉牙璋和三星堆的关系，萌生去越南做考古调查的想法，之后和陕西省考古研究院一起奔赴越南，这是我国内陆省级考古研究机构在国外的第一次田野考古发掘，意义非凡。按说在国内，无论名望还是实力，超过四川省文物考古研究院的单位有的是，偏偏四川拔了头筹，为啥？因为有了高大伦，他可是一个思想尤其开放、思维尤其敏捷、办事尤其果断的人。

从空间的角度掌握四川考古的地域特点。四川的地形特点是多崇山峻岭，对考古调查和发掘带来诸多困难。大伦善于辩证地看待问题，高山流水不利于考古调查和发掘，但却是探险的好去处。深思熟虑之后，他将考古和探险融合，成立了全国第一家"西部考古探险中心"，组织实施了走进俄亚、大小金川古战场考察、川藏南线藏传佛教艺术与考古调查、五尺道考古探险考察等多项活动。其中2010年组织的宜宾至曲靖"五尺道—盐道"考察，收获颇丰，中央电视台摄制组随团考察拍摄的3集专题纪录片《寻踪五尺道》播出后，社会反响热烈。虽然说考古探险百年前就有了，但在四川组织以考古为主，融入历史地理、交通史、地方史、艺术史的综合性大型科学调查，则是首创。地形复杂、山川险要的省份还有新疆、青海、西藏、云南等，但都不是文物大省，所以四川省文物考古研究院做的考古探险工作，拓展了考古研究的领域，具有典型性，值得提倡，其思维形式、组织方法、操作手段无疑有借鉴意义。

从人口分布的角度掌握四川考古的民族特点。四川是少数民族聚集的地方，仅藏族居住区域就占四川面积的三分之一以上。大伦将这些少数民族地区的考古划为重点。大伦充分发挥他的交际才能，与故宫博物院、中央电视台（CCTV-10）联合组成民族考古综合考察团，从2005年夏天开始陆续做"穿越横断山脉"的三次考察，行程20000公里，新发现文物点200多个，鉴定寺院唐卡、铜佛像3000件。5年考察成果丰硕。譬如，2005年在白渠发现了丹巴中路明代经堂碉壁画、松格玛尼石经城等；2006年在小金现场对比确认了故宫藏金川战略图的具体位置；2008年发现了康定的4处明代经堂碉及壁画遗存。虽然多民族的省份不少，但是像四川这样能在考古调查中发现数量如此多、质量如此上乘的少数民族文物，还不多。这不仅为四川考古提供了经验和方法，对其他多民族省份的考古事业也有一定的启迪作用。

可以说以上三个方面的考古调查和发掘相互关联，奠定了四川考古工作的基本格局，也将对今后的四川考古事业产生深远的影响。

第二，主意迭出，花样翻新。

近30年来，是中国大陆各地博物馆大发展的时期。一方面是大量新馆的出现，一方面是老馆的发展。同时也面临两个很大的难题：新馆没有藏品，老馆需要更新。没有藏品怎么办？大伦发现问题主要在于对藏品的认识不同。这些新馆总是要汉代以前的文物，其实如前所言，汉代以后的文物很多而且也很有价值。请看大伦近年建议协助南科大办的"考古陶瓷标本数据库"，在不到100平方米的展室展出3万余件陶瓷片，这可能是博物馆史上面积最小最不入眼的陶瓷片展览，不要提级别，也不要说器物的好坏程度了，连一件完整的文物都没有，这样的博物馆和展陈文物不是也同样受到观众的喜爱、专家和媒体的好评吗？也许你会说"我连陶片都没有"，大伦照样有办法，看看他2013年在四川省文物考古研究院一侧办的全国第一家虚拟考古体验馆，没有一件文物，场景、器物全是虚拟的，不是照样受到观众的喜爱、专家和媒体的好评吗？化腐朽为神奇，变虚拟为实体，你不能不佩服，大伦是一位解决问题的高手。

以往，老馆的展陈以中国通史陈列为主要形式，千篇一律，长此以往，既不吸引观众，也跟不上时代迈进的步伐。大伦认为博物馆是教育机构，同时也是研究机构，不开展研究就不知道怎样去收集藏品，怎样做展览和营销。正是由于大伦对藏品有精深的研究，才充分发挥了博物馆的教育作用。譬如1999年春节，省博物馆举办摇钱树展览，一反常态，别出心裁地推出"新春出门去哪里，省博物馆摇钱树"，就引得许多人来参观；为了丰富节日文化生活，省博物馆还推出春节看展览送吉祥礼品活动，结果出乎意料，大年初一就来了很多观众。1999年10月推出"巴蜀寻根展"，并举办"我最喜爱的天府宝藏"评选活动。因为评选内容为观众熟悉，评选形式又多样，所以大受欢迎，场面极为热烈。省博物馆还走向社会，和其他行业合作，让展陈更具公众效应。譬如和成都最大的海鲜大排档联合，推出"天天渔港就餐，省博物馆参观"活动，由博物馆在"天天渔港"送参观票，市民好评如潮，此举让他们精神、物质双丰收。可见在大伦参与管理省博物馆的几年里，推出的展陈，年年有新意，次次都不同。展陈要做好，关键在于策展，策展要做好，关键在策展人。一个受欢迎的策展人，要具备四个条件：专业要精深，知识要广泛，见解要独到，想象要丰富。一般来说策展人具备其中三个条件就算不错了，很少有人具备四个条件，大伦就是具备四个条件的策展人，所以每个展陈都出彩，那是很自然的事情。

2000年后，大伦从省博物馆调到省文物考古研究所，工作有所变化，但不变的是他职业的敏感性。2008年5月12日，四川汶川发生特大地震，四川考古研究院很快就呼吁"征集地震文物，建立地震遗址博物馆"。这原本是博物馆要做的事情，因为当时新的省博物馆尚未建成，四川省文物考古研究院承担了遗址选址、文物征集、博物馆规划、陈列大纲编写等工作。大伦他们为了采集到真实的见证物，冒着余震多次进入危房。经过3年努力，终于完成了这个大型地震博物馆的建设规划编制方案，一次性通过国家级评审，并征集了不少当代文物。如此时间紧任务重的工作，大概也只有像大伦这样对考古和博物馆都了如指掌的学者才能做好。

第三，目光远大，培养人才。

对于一个单位的业务领导来说，首先要做好眼前的工作，至于能否培养人才，可能不大关注。但是曾经长年在高校工作的大伦，深知人才培养的重要性。大伦敏锐地意识到，考古与其他行业不同，以年轻人为主，尤其在四川省文物考古研究院，年轻人占绝大多数，他们的发展水平不仅直接影响当前的工作，更关系到今后的发展。因此，大伦很快提出了"科研兴院，人才强院"的发展战略。大伦上任之后，想尽办法把年轻人引进来，还提供最好的科研条件和生活环境。譬如设立了向年轻人倾斜的"院长科研基金"，2013年还出版了全国考古院所第一本青年考古论文集，大伦写了热情洋溢的前言。大伦发挥他的优长，平时喜欢和年轻人亲近，海阔天空地聊天，并大胆使用年轻人，带领他们出外考察、探险，参加各种学术会议，在实践中提升水平。如今大伦已经退休了，但他的很多理念已传承下去，看看如今四川省文物考古研究院人才济济，就是一个很好的印证。

巧用外力也是大伦的好手法。大伦很清楚四川虽然是文物大省，但实力并不很强。于是经常从全国范围约请专家来四川一起从事考古调查、发掘和研究工作。这就是大伦说的"敞开胸怀，主动对接"。而西部考古探险中心的成立，这个极好的创意最早得益于中国人民大学王子今教授的提示。在五尺道考古探险结束时，大伦曾经感叹：专家团队是取得丰硕成果的最重要的保证。

记得很多年前，新华社记者采访攀登珠穆朗玛峰的运动员，问他们攀登顶峰是为了什么。英国运动员说是为了钱，中国运动员回答是为了祖国，日本运动员说反正自己喜欢。看来有三种目的：金钱、事业、兴趣。古今中外，任何人做任何事不外乎出于这三种目的。而且在一个人身上，可以同时具备多种目的。自古以来有成就的人，都同时具有事业心和兴趣。事业心越强，兴趣越浓的人，成就也越大。兴趣与性格关系密切，一个人的兴趣会变化，但性格很难变更，所以说性格与事业关系更为紧密。考古是一种特殊的行业，在考古界有一种说法：考古出干部。做考古调查和发掘的人，因为他的工作涉及面广，和社会上形形色色的人打交道，时间一长自然经验丰富。这一点正好和大伦天性活跃、幽默、善于交际的性格特点相吻合。前面说到大伦约请的专家很多，来自不同的行业，而且大都是知识分子。知识分子都有一技之长，有时难免固守己见。大伦能将他们召集在一起，进行野外调查、考古发掘、文物研究等工作，还能相互启发，产生新见解、新发现，实属不易。可以说考古与博物馆工作对于大伦的性格来说，可能是一种绝配。四川的文博考古事业因有了大伦而出彩，大伦由于投身这一事业而得以将自己的才学发挥到极致。

我为什么要写这么长的序言，是因为大伦的这本书虽然不像他的学术论著那样研究深入，但却比学术论著更生动地告诉我们他无处不在的创新精神，亦庄亦谐，值得我们去认识和学习。对此，像我这样与他交往40年的朋友也未必熟悉，所以于公于私我都要做一点宣扬。

对于本书的读者，我还想告诉你们：其实即便读完这本书，对高大伦教授的认识仍然有限，如果有机会身临其境听他摆龙门阵，口若悬河，神采飞扬，感觉会更加真切，因为生活永远比书本生动得多。

可以说写到这里，我也收获良多，对老朋友有了全新的认识。最后，我也想向大伦学习一下，说一句又庄又谐的话：高大伦，高，实在是高！

张懋镕
癸卯上巳节写于波士顿寓所
时年七十有五

《高谈庄谐集》序

高大伦教授著《高谈庄谐集》面世，是朋友们都感到高兴的事。

在回忆自己学术进步的路径时，高大伦教授特别重视在西北大学攻读硕士学位时的经历。那正是我们初识的年月。高大伦毕业于四川大学78级考古专业，到西北大学后，师从时任西北大学兼职教授的李学勤先生。在读期间，又受教于张岂之、田昌五等诸位老师。他在川大形成的优厚学术基底上，又继承了西大"忠诚学朴"的精神，而以实证原则为根基的学力培养，使得其文化涵养和研究能力如关中平原春天的麦苗，分蘖、拔节、抽穗、灌浆，开始逐步成熟，又走向金黄色的丰收。

回顾西北大学的学生生活，还记得大伦这样几个生活史镜头：在菜市场摊位上抓把辣椒扔在嘴里品尝，得出秦椒辣度劣于蜀椒的判断；为迎接北京来的大学同学，在宿舍用大茶缸卤制猪肚；用化学实验室使用的广口瓶腌制泡菜，没有通常泡菜坛子口沿的水槽隔氧装置，竟然也能够成功……

我们的友情也通过读书生活中的交流切磋，日益丰满充实。记得最初的学术合作，是与同学周苏平一起完成了参加秦始皇陵兵马俑博物馆一次会议提交的论文。文章结构分三个部分，商定每人各写一段，我们借此一起蹭会。论文署名"王子今、高大伦、周苏平"，题《关于秦陵二号铜车御者俑》，发表于《文博》1985年第1期。

此后合作著文还有若干篇。大伦才思敏捷，眼界开阔，毕业后不久得出版人范勇支持，策划过一些学术论著和普及性读物选题，"高论"自此正式起始。他与魏启鹏教授合作进行的简帛医学文献研究，在成都出版社推出，给予读者诸多启示①。后来又有《张家山汉简〈引书〉研究》出版②。作为出土医学文献研究的先行者，贡献是学界公认的。《张家山汉简〈引书〉研究》有从思想文化史视角出发的考论，正如李学勤先生序文所说："将其渊源放在本来的社会文化背景中去考察，对学术史的研究极有裨益。""研究简帛的学者应当读，爱好气功导引、专攻医学史的读者应当读，对学术史、文化史有兴趣的读者也不妨一读，必能有所收获。"③张岂之先生赞许高大伦有关"导引与战国秦汉的社会与文化"的分析，同时也指出，《引书》内容的揭示，对于"研究战国秦汉时期的文化史、思想史大有帮助"④。此后学界陆续有多种简帛医书整理研究成果出版，近日得柳长华先生赐寄新出《天回医简》⑤，喜不自胜。这部大著由中国中医科学院中国医史文献研究所、成都中医药大学、成都文物考古研究院、荆州文物保护中心天回医简整理组编著，署列主编：柳长华；编写人员：顾漫、周琦、谢涛、颜劲松、刘阳、罗琼、武家璧；审阅者：钱超尘、李均明、刘少刚、刘乐贤、陈剑、董珊、邬文玲，可见简帛医籍整理研究的学术队伍已经十分强大。然而回想30年前这一方向学术研究初创的情景，应

---

① 魏启鹏、胡翔骅：《马王堆汉墓医书校释（壹）》《马王堆汉墓医书校释（贰）》，成都出版社，1992年；高大伦：《张家山汉简〈脉书〉校释》，成都出版社，1992年。

② 高大伦：《张家山汉简〈引书〉研究》，巴蜀书社，1995年。

③ 李学勤先生序，高大伦：《张家山汉简〈引书〉研究》，第3页。

④ 张岂之先生序，高大伦：《张家山汉简〈引书〉研究》，第2页。

⑤ 中国中医科学院中国医史文献研究所、成都中医药大学、成都文物考古研究院、荆州文物保护中心天回医简整理组编著：《天回医简》，文物出版社，2023年。

当肯定先行一步的学者们的成绩。

大伦后来研究尹湾汉简的成果《尹湾汉墓木牍〈集簿〉中户口统计资料研究》就当时行政秩序中的疑问进行了考证[①]，提出了富有前沿性意义的学术认识。论文发表之前，他曾寄下征求意见。当时虽并没有确定的明朗认识，但是对于他敏锐的眼光是深深佩服的。

回想1991年夏天，我们一起参加首届中国简牍学国际学术研讨会，随后有河西考察之行。黄沙漫漫，烈日炎炎。乘坐的车辆没有空调，但是一路欢笑。与会同行前辈学者有何兹全、大庭脩、马先醒、林剑鸣、谢桂华等。中青年学者张德芳、刘绍刚、何双全、陈文豪、陈松长等，都是此次初识。而上文说到的魏启鹏、范勇等朋友，都是通过大伦认识的。

除了共同思考合作撰文之外，更多亦更深刻的友情记忆，是大伦任四川省文物考古研究院院长期间组织多次古代交通路线考察时同行的经历。他安排的中日联合南方丝绸之路考察、"康巴草原民族考古"四川甘孜至青海玉树考察、米仓道考察、荔枝道考察、川黔盐路考察等活动，我大都参加了。有的线路的实地考察，不止走了一次。若干次考察，如五尺道考察等，因为家人病重，未能参与，至今深以为憾。大伦称作"考古探险与文化线路调查"的多次考察行途中的甘苦得失，不仅成就了学术收获，也连接了学界朋友之间的深厚友谊。我通过大伦组织考察得以结识的好友，有李季、杨林、王鲁茂、霍巍、李水城、曾德仁、唐飞、巫新华、王龙、王遂川、罗文华、于春、陈苇、李飞、王婷、刘志岩等。大伦是急性子，工作效率极高。考察途中午餐时，大家往往刚刚坐定，他就厉声宣布："二十分钟以后出发！"成为大家深刻的记忆。于是朋友们私下玩笑语，遂有"酷吏"之讥。说到这里，多次冰雪封山，塌方断路，同行者奋力前行的场景，似乎又出现在眼前。古路碑文，危楼壁画，断桥栈孔，雨中石窟……拂尘辨古字，拨草觅苔阶。许许多多重要的古代遗存，都是在这样的考察实践中进入我们的学术生活，开阔了视界，充实了知

---

① 高大伦：《尹湾汉墓木牍〈集簿〉中户口统计资料研究》，《历史研究》1998年第5期。

识，也提供了重要的启示。收入本书的《康巴地区民族考古的重要收获》《蜀道探源》《〈寻踪五尺道〉序》《〈险行米仓道〉前言》《米仓道作为世界遗产的价值意义》《考古探险与文化线路调查——以四川省文物考古研究院为例》《蜀之行》《在"蜀道上的石刻题记展"开幕式上的致辞》《期待文化线路考察惠及社会》《续写蜀道传奇》《赞米仓古道第一城》《我们闯出了一条道路——四川省文物考古研究院西部考古探险中心五周年记》等篇，就是这类考察工作的心得。虽是"同道"，我往往只是瞩目脚下，在思考自己比较关注的古代交通道路史的具体问题，认识大多是片段的、零散的、局部的、点滴的，所谓"碎片化"是也。大伦却经常在迎着山风、顶着密雨的行途中，发散着宏观的思维，提炼出精深的理念。

就《高谈庄谐集》的内容看，除了我们前面说到的交通考古的主题之外，还有涉及盐业考古、商业考古、灾难考古、民俗考古、民族艺术考古等多个学术方向的内容。作者的关注点是多方面的。其不同视角、不同专题、不同层次的学术识见的发表，也可以说各有精彩。

这部《高谈庄谐集》应当说不是一部面目庄严的学术专著，笔墨绝不肃穆，但是却以比较生动活泼，不乏智慧谐趣的风格显现了一位考古文物学者的智慧、专心和学术责任感。大伦教授多方面的学术贡献，包括有深度的思考，充满新鲜追求的创意，作为学术活动组织者领导能力的表现，以及学术新人引领者诚恳的爱心，都凝聚在这部文化内涵丰满、学术意义亦非同寻常的著作之中。如果从作品体现作者精神风格，或者说"文如其人"的视角看，以肖像比喻学者的人文形象，大致可以说，这部《高谈庄谐集》不是作者的"标准像"，却是鲜活地表现出真实精神风貌的"生活照"与"工作照"的合帧。

读者通过幽默风趣的文字，可以领略作者生动笑容后面的智心巧思。通过一些工作计划工作总结，我们也可以从作者种种精妙的学术设计中，体会其宽广的视野和深邃的思虑。

本书第一篇题《别开生面写新篇》，这是表扬《商周艺术》的书评。而"别开生面写新篇"数字，却也可以读作作者永志创新的决心书。总是有新意，总是有新见，总是有新点子，这就是高大伦，这就是他"高谈"的闪光之处。

大伦教授曾任中国秦汉史研究会副会长。他对秦汉史研究做出过许多重要的贡献。除了上文说到的专门的秦汉史论著之外，他领导与组织的考古工作的发掘报告、调查报告都已经或即将丰富秦汉考古的学术创获。收入本书的《民间三国·文学三国·历史三国·考古三国》《〈解码汉时阙〉展览大纲前言》《在罗家坝与巴文化学术研讨会上的学术总结》《〈青川郝家坪战国墓木牍考古发现与研究〉序言》《〈秦汉阙〉序》《集大成开新篇——严志斌等新著〈巴蜀符号集成〉简评》《〈考古罗家坝〉展览大纲前言》《大秦新赋赞——〈秦史与秦文化研究丛书〉初览印象》《罗家坝遗址：打开川东巴文化之门》等，也都是战国秦汉三国史的研究述评，其中多有作者自己的学术心得。作为主要从事秦汉史研究的老人，在这里也愿意对高大伦教授再次致以诚挚的敬意。

　　在朋友们相聚的时候，大伦不喝酒，但是喜欢和大家一起唱歌。他唱五六十年前的老歌，歌词记得细致准确，让听众叹服。既有创新的理念，又有怀旧的情思，在一个熟练使用手铲亦偶尔把持麦克风的学者身上很好地结合起来。这让我想起著名考古学者陈梦家的诗作《铁马的歌》。我在一篇书评中曾经这样引用其中的名句："我是古庙／一个小风铃，／太阳向我笑，／绣上了金。"前句又有："没有忧愁，／也没有欢欣；／我总是古旧，／总是清新。""有时低吟／清素的梵音，／有时我呼应，／鬼的精灵。""我赞扬春，／地土上的青，／也祝福秋深，／绿的凋零。"我当时写道："诗句中的'春''秋'感叹，体现出浓烈鲜明的历史感。而'古旧''清新'的对应，可以发人深思。"[①]好的考古工作者，大概心境都"总是古旧"，又"总是清新"的。读这部《高谈庄谐集》，或可在字里行间隐约听到作者心中如同"古庙""一个小风铃"面向"太阳"，也面向"春"与"秋"的轻声的"低吟"。

王子今

---

①　王子今：《古旧塔影，清新风铃——读〈陕西古塔全编〉》，《文博》2020年第2期。

自 序

先贤有云：必也正名乎。

又云：名不正则言不顺，言不正则事不成。

谨遵古训，先谈谈本书取名。

如果仅看这书名，一定会给人以著者狂妄自大的第一印象。但您若再看到著者的姓氏，但愿能释然。当然，正如胡适的文章不是"胡说"，高某的信口也绝非"高谈"。

接下来说"谈"。本集所收录文章，除少部分在学术刊物发表的以外，大多数属于随性所讲或信笔所拟，成文时虽有所修正，但口语痕迹仍随处可见，因而用"谈"来定性大致也是可以的吧。

至于"庄谐"乃本人一贯主张，也一直致力于让自己在各种正式场合的口头和书面表达尽量做到亦庄亦谐。我深知自己做得很不够，但心向往之，算是个愿景吧。如果这还算正面，就当是个人一生言辞表达积极追求的目标之一。

明年适逢四川省文物考古研究院成立70周年。年初就听说要准备庆祝，庆祝活动的一个组成部分是要给老同志出文集，我也一早接到通知。但该提交哪些文章，我还真踌躇了很久，斟酌再三，选出了后面这些文章。我的想法是，现在网络发达，检索方便，发表过的论文要去搜索，还是比较容易找到的，但另一类文章如工作总结、活动致辞、书序、书评、考察报告等却反倒容易被忽略，不如乘此机会搜集整理一下，也许能凑成一册，既是总结，也是纪念，对以后想了解这三十年馆史、院史，乃至四川的，也许还有全国（个别方面，一点点）的文物事业历史多少会有些帮助。至于个人学术文集，自忖尚能再笔耕一些岁月，还没到汇总的时候，等考古院下一个十年庆，再下一个十年庆时如还有出个人文集计划时，我再提出申请吧。

欲将这类文章汇编成册还有如下几个原因：

第一，我们的组织一贯提倡的文风是写短文、讲短话。工作中我见过各种会议活动，坐在下边的人几乎都对上面那个空洞乏味的冗长致辞和套话强烈反感，但往往轮到自己讲话时也总是自觉不自觉如法炮制，代代相传，恶性循环，似乎已成顽疾。我自己几十年来一直努力尝试在各种场合不发表空泛议论，轮到自己发言、汇报、总结、致辞，都尽量直奔主题，讲短话实话。

第二，不管是书面的年终总结还是业务汇报，不管是深思熟虑演讲还是即兴发言，我都尽量在准确表达意图的同时力求做到通俗、诙谐、幽默、风趣。

第三，不管是在省局，还是在省博、省考古院工作时，无论是书面总结汇报还是活动致辞，我都自己准备，不让办公室或业务部室代笔。本集收录的很多汇报、总结、讲话、致辞原稿其实是提纲，会后有感而补记，才得以保存下来。不少即兴讲话连提纲都没有，讲完后有听众向我索要讲稿，我事后才有了追记的冲动。

第四，我的职业生涯中有好几次工作变动，读者从文章的内容可以看得到这种转换。但是不管工作岗位如何转换，我自己的行文发言风格不变。

如果从1977年上山下乡当知青起算走上职业生涯的话，直到60岁退休，我的工作换了有七八个单位，回头一算，在四川省文物考古研究院的工作年头是最长的，和单位和同事们相识相交相知，日久生情，自认为投入精力也是最多的。因为时间久长，和大家一起做了很多既轰轰烈烈也可能默默无闻的大事小事。文集中绝大部分不过是大家一起做事的另一种留痕记录方式而已。每每忆及，欢乐开怀，自觉没有虚度。

70年，四川省文物考古研究院发展成长脚踏实地，发现了一个既古老又全新的古代四川，成就了考古院自身和在此舞台上奋发有为的几代考古人。

科学客观记录总结过这段历史后，再来预测未来，完全有理由乐观估计省考古院将更加大有可为。

祝福成立100年时，我院能昂首迈入国际知名考古研究院所行列。

我更发愿要和大家一起喜迎那一天的到来。

2022年12月30日

目　录

别开生面写新篇*

——评新著《商周艺术》

　　中国商周文明的考古发现和研究举世瞩目，成就斐然。然而，历来却又缺乏从美术史角度对考古发现进行较为系统的断代史研究，这与汗牛充栋的古希腊罗马文明的美术考古研究比较，可谓相形见绌。谢崇安同志的新著《商周艺术》一书的问世，从这一意义上说为我们弥补了不少缺憾。

　　李学勤先生曾指出，大量的文物都是珍贵的美术创作，因而在不少国家的大学中，考古文物的学科是归属于美术史系的。而我国这一研究方兴未艾，要发挥博物馆的美术馆功能，更有待于大家的推进和努力[1]。笔者以为，《商周艺术》就是努力实践这一倡导的典型。作者运用人类学的方法去考察三代艺术源流，又赋予古典艺术审美方面的评价，这就避免了历史考古的烦琐与纯粹美术研究的空泛。

　　作者着眼于美术考古资料的文化形态的考察，书中不乏真知灼见，在阐明中国文明起源这一重大课题上，也称得上是独辟蹊径。

---

* 谢崇安著《商周艺术》，巴蜀书社1997年出版。

① 李学勤：《中国文物鉴赏丛书》"总序"，漓江出版社，1993年。

例如，作者立足于类型学，考察了三代艺术的源流，更阐明了商文化的"两半因素"（即游牧文化与农耕文化的融合与冲突），并将它看作黄河上古文明演进的重要特征，这就对三代文明及其民族起源的一元论观点提出了挑战。

又如，通过夏商周图腾艺术追溯它们与史前的仰韶、红山、龙山诸文化的联系，也为三代文明起源提供了新的论证。讨论兽面纹的源流，不仅交代了它与东夷文化的关系，还用《且甲鼎》徽铭等考古资料证明兽面纹与神圣王权的对应史实。

作者在注意求证的同时，也尽力提出一些尚待思考的问题。如论述商、西周以至东周的青铜器纹饰的演变，既提出了若干重要纹饰演变的证据，也提出了有关纹饰演变原因的一家之言。

又如评述甲骨文断代例中字体风格问题，虽篇幅不多，却指出了董作宾、郭沫若诸大师分期的分歧之说，并指出了时代整体风格与个人风格，乃至地域之间存在差异的矛盾性。这事实上也是对类型学绝对化的一种反思。

研究商周经典文物的创作宗旨及其审美价值，也一直是个薄弱环节。《商周艺术》一方面能从美学的角度对上古美术作品做了较为系统的诠释，还同时做了东西方古典艺术美学的宏观比较，勾画出两者的不同风格特征及其伟大的不凡之处，这也必将会促进该学科的研究朝纵深发展。如作者论五原色与五行的对应关系及其艺术实践、论商周艺术的象征主义特征的来龙去脉等，都令人感到耳目一新。

该书文笔流畅生动，尽力做到雅俗共赏，又加上图文并茂，实亦难能可贵，正如"序言"作者蒋廷瑜教授所说："读者很容易被他引入他所描绘的意境……常常情不自禁地为我们民族的辉煌成就而欢呼。"

诚然，我们也看到书中的一些不足。如涉及的问题面太多，浅尝辄止也就势所难免。在苛求作者的同时，我们更期待同行能将其中许多重要课题持续研究下去。另外，书中精印的插图也未能随文刊载，也存在个别错漏和倒置现象，如果再能附上主题词索引和中英文提要，全书就更便于读者检索了。

　　总之，瑕不掩瑜，我们欢迎《商周艺术》的面世，也期待有关中国古代伟大文明的研究能够不断地达到更新的高度。

（原载《中国文物报》1997年12月28日）

中国之行去哪里？[*]

——为三星堆博物馆开馆两周年而作

富饶而美丽的四川盆地，在中国的版图上属于西南地区。在两千多年前的汉人心目中，这里属于西南夷居住的蛮荒之地。一直到20世纪中叶，许多人也认为，四川地区的开化早不过秦并巴蜀以后，此前的传说既荒诞离奇，又茫然不可知。

中国历史走进国家文明时代是在距今4000年前后，其标志是夏王朝的建立，物质文化上表现为青铜器的冶铸。在世界五大古文明中，中国以青铜器的发达而著称。中国的考古学家在发掘夏商周时期的各地遗存时，常常以有无青铜器的发现来作为其是否已进入文明的重要考量标准。不只是四川被认为是古代的蛮荒之地，在传统观点中，夏商周时期，中国青铜文明也只不过在以河南为中心、方圆不过千里的范围内存在，是考古的发现彻底改变了传统的看法。几十年来一系列的考古发现使我们对中国古文明有了根本性的改变和全新的认识，其中最为重要的，首推三星堆遗址和祭祀坑这一重大发现。

三星堆遗址位于四川省广汉市南兴镇。1929年，当地一个农民挖

---

* 本文受友人蔡中民先生之约，为他的文化旅游公司参加四川旅游局主办的"四川旅游全球推介会"上的展示板而作。

水渠时不经意的一锄挖下去，从而引发了一系列震惊中外的大发现。经过几辈学者五十多年的探寻，终于在1986年发现了两个祭祀坑，彻底改变了人们对中国上古文明和巴蜀文明的传统看法。两个祭祀坑中出土的金器、铜器、玉器、陶器、石器、象牙等足足有2000多件，重达500多克的纯金金杖，贴金箔的人头像，高达2.6米的青铜立人像，两耳相距1.5米的青铜面具，近4米高的青铜神树，数十种与中原相似的玉器和大型容器，数十根象牙无不透露出这个文明的辉煌与伟大，可以说在许多方面它毫不逊色于中原文化。造型奇特的鸟身人面像、鸟头勺柄、鸟腿人身器，则又表现出这个文明与传说中的蜀人以鸟为图腾无不一一暗合。

这个文明的发达与繁荣，让历史和考古学家大吃一惊：它有与中原商王都一样大的都城；它对中原王朝的吸纳很快；它的影响可到越南；它的奢华，在许多方面为中原文化所不及；它是三千多年前傲视长江及其以南地区的南方文明无可争议的中心。

三星堆大发现的消息不胫而走，立即传遍全球。英美的报纸称这一发现足以改变人们对世界上古史的基本看法。日本学者认为这里堪称"南殷墟"。中国的权威专家指出，这一发现，其意义甚至超过殷墟。历史学家称赞这个文明所表现出来的物质文化比兵马俑还要不同凡响。诗人形容它为"沉睡数千年，一醒惊天下"。新闻记者报道中称之为"世界八大奇迹"。考古专家的结论是，这是20世纪全世界最为重要的考古发现之一，足以和发现古埃及、巴比伦、古希腊和玛雅文明相提并论。

三星堆文明所表现的正是早蜀文明的最高成就，其出土物赢得了无数个中国之最。一个古老的帝国被发现了，一个古老的谜团被解开了，但历史却又留下了新的谜团。蜀人缘何创造了这样一个文明，达到如此高的成就？却又为何在突然间消失得无影无踪？正像对古埃及文明、两河流域文明、印度河文明一样，人们在钦佩古人的同时，也在思索这个文明的来踪去迹。

三星堆文明太伟大啦！三星堆文物太奇特啦！以至于必须为他建

一个专门的博物馆。在各界群众和专家的呼吁下，在各级领导的关心下，1997年，一座别致新颖的三星堆博物馆落成了。开馆以来博物馆每天都吸引着成千上万的海内外游客。三星堆早已蜚声全世界，成为四川人、中国人的骄傲。早在三星堆博物馆落成以前，三星堆部分文物已漂洋过海去欧洲、去北美展出，倾倒了无数的国外观众。1998年，三星堆文物首次成批出国，远赴日本，包括日本天皇在内有四十多万观众络绎不绝地参观了展览。1999年，三星堆文物去到祖国宝岛台湾展出三个月，整个台湾岛才两千多万人，却有五十多万人前往参观。三星堆文物每到哪里，哪里就掀起一阵中国热。前年、去年、今年、明年、后年、大后年，三星堆文物出国展览的日程表早已从这个世纪排到了下个世纪。

东看西看，还是不如到三星堆博物馆来看，在这里看三星堆博物馆的文物，您会感到更加亲切，了解也会更加全面。这座博物馆建在国家重点文物保护单位——三星堆遗址旁。在参观文物时您可以去细细体会三千年前蜀都的繁华。参观三星堆考古工作站，可以了解考古的神秘与科学。站在古城墙上，您可尽情抒发思古之幽情。

外国游客以前说，没登长城等于没到中国。

后来又补充说，没看兵马俑等于没到中国。

据说他们现在则流行说，游长城、观兵马俑、看三星堆才等于走遍了中国。

中国之行去哪里？

北观兵马俑，

南游三星堆。

探索博物馆的"营销战略"

博物馆虽然是不以赢利为目的的公益性服务机构，但是仍然必须随时在社会上树立良好形象，不断发出声音，抓住每一个机会推销自我，才能保证拥有众多观众，获得各方面的支持，达到可持续发展的长远目标。

实际上，国内许多博物馆也早已注意到营销在博物馆中的重要作用，并做了许多卓有成效的探索。四川省博物馆地处内陆西部，在经费、设施等都受局限的情况下，办一个展览不容易，对展览能否收到预期效益更为关注。这些年来，我们着力就市场经济条件下如何构建博物馆的营销战略做过一些探索，尝试建立一套较为完整的营销方案和体系。限于篇幅，以下重点谈谈在展览营销策划上的几点认识和做法。

营销应是博物馆的日常且重要的工作内容。博物馆一年四季对外开放，接待游客，所以它的营销也应像许多商业服务机构一样，是每天都要涉及的工作内容。临时的、专题的展览应该大力营销，基本陈列、常设展览也应该随时大力宣传。现在，一个展览指望一两次的宣传报道就一劳永逸，几乎是不可能的，所以无论什么陈列，都应根据季节、假日转化等因素不断调整营销的角度和策略。

应设立专门的营销部门或人员。既然营销已是博物馆日常且重要的工作，设置相应的部门或专职人员也就势在必行。他们的工作应该是对每个展览都要编列经费预算、写出完整的营销方案，订出方案的实施步骤，并且落实和操作营销方案（如新闻发布会、有奖征文、学术讲座等）。

展览经费预算中应有一笔专门的营销经费，经费再紧张，也应该列上这个项目。此笔经费中应包括广告费、讲座费、宣传品印制费、各种营销活动费、交通费等等。营销经费是博物馆展览经费的有机构成部分。

每个展览都应有一套完整的营销方案。营销方案应很详细，包括展览广告用语的确定、观众数量和展览效果的预估，以及力争达到的目标和达到目标要采取哪些营销手段等等，还应根据展览的内容预计观众的文化层次和职业构成，然后有针对性地进行营销活动。展前着重抓好预告时间和选择合适的方式，展览的重要性、展品的艺术价值和文化价值的估量，展品神秘氛围的营造和透露（如果有的话）。开幕式要避免千篇一律，做好展览中热点的估计和"制造"，结束前的高潮，以及展出结束后也要有宣传让观众留下回味。这些方案都要有可操作性。

尤其要注意的是每个展览都要有营销新招。除了通常的一些营销程式和手段以外，应尽可能为每个展览设计有特色的营销新招，这对展览的营销和扩大博物馆的影响是非常重要的。从展览预告到结束的每一个环节都可以想些新招，搞些有个性化的、文化品位高的创意。我们尝试为展览印制专门的招贴广告，在国内外散发、张贴，取得的效果极佳。为招贴广告或展览，我们还专门设计广告用语。1998年春节，我们举办摇钱树展览推出的"新春出门去哪里，省博物馆摇钱树"，就引得许多人来参观；齐白石书画展用"从木匠到巨匠"、张大千画展用"五百年来第一人"作为展览题目，都在宣传中表现了较深的文化内涵，给观众留下了想象的空间。为丰富节日文化生活，1998年春节我们决定推出新展览，由于我馆从未在大年三十、初一开过门，又担心市民受传统习惯影响大年初一不出门，我们推出了春节看展览送吉祥礼品活动，结果大年初一观众之多，大大出乎我们的预料。2000年1月的"百年老照片展"，馆里约请一个20世纪初留学法国的百岁老人为展览剪彩，开幕式就成为市民议论热点，展览引来媒体竞相报道。1999年10月推出的《巴蜀寻根》，请观众参与"我最喜爱的天府宝藏"活动，由专家初选30件，每天在报上介绍1件，满一个月后，请观众评出其中10件，中奖者有物质奖励。评选结果在成都市中心的大型迪吧公布并颁奖，场面极为热烈。很多单位搞过有奖征文活动，我们就在宣传上考虑出新。今年6—8月"神奇的汉墓马王堆"在我馆展出，推出有奖征文，面向中小学生，获奖者可获得由博物馆提供的往返机票到马王堆故里游，并请湖南省博物馆与我们联合。"慈禧太后生活艺术展"，我们又搞征文活动，而这次是征集留言，中奖者可获得我馆提供的去北京参观故宫的往返火车卧铺票。围绕展览办学术讲座或围绕展览举办巡回的学术、科普讲座效果也很好。1998年办的"民族文物精品展"，请了馆内外专家办与展览相关的讲座专场，讲完后讲课专家亲自为听众在展馆做讲解，这比单纯的学术讲座又进了一层。"巴蜀寻根"的学术讲座，我们在成都高校和一些公司巡回举办，每到一处讲座后，那里来参观的观众就明显增多。与热闹的商业点联合起来宣传，也是一种好办法。我们与成都最大的海鲜大排档联合推出的"天天渔港就餐，省博物馆参观"活动，由博物馆在"天天渔港"送参观票，市民褒扬此举动让他们精神和物质双丰收。在展览中还应随时抓住一些特殊事例适时加以宣传，如盲人夫妇来参观展览、参观留言佳句等。

在当今博物馆的营销，不是要不要的问题，而是如何将其做得更好的问题。现成的国外博物馆的营销战略有许多是值得学习的，国内许多商家的商业营销策略和做法也是可以借鉴的。当然，博物馆的性质告诫我们，决不能搞短视的、完全照搬商家的营销策略和做法，所有营销都应把握好博物馆的公益性质。展览的营销可以是高品位的，也可以是雅俗共赏的，但决不能搞只顾金钱的、短视的、欺骗不实的营销。

高谈庄谐集

我们该怎样计算文物博物馆行业的经济效益

我国是一个有着五千多年悠久历史的文明古国，不但博物馆收藏了许多见证文明的传世宝藏，而且地下、地面都拥有丰富的珍贵文物。对于文物所具有的重要价值，一般应从两个方面即社会效益和经济效益进行估量。就社会效益而言，几十年来的一批又一批重大发现、一个又一个新落成的大型现代化博物馆所发挥出的特殊作用，尤其是全民素质的不断提高和党中央关于加强精神文明建设的一系列重大决定和措施，使整个社会都比以前更充分地认识到了文物事业发挥着巨大的社会效益。

一般来说，现在已很少有人敢对重要的文物古迹说它没什么社会效益。但我们还基本没有听到有人说我国文物博物馆事业是产生了巨大的经济效益的。即使是文博界圈内的人一提到经济效益，就好像比许多行业的人（譬如说旅游行业的人）矮了一大截。笔者参加过一些新博物馆建设和大型重要考古遗址的保护论证会，在会上听到专家们都是说博物馆建成后，遗址保护下来后可以发挥出多大的社会效益，而对其经济效益基本无人提及。最近在四川召开的一个其价值堪与三星堆遗址相匹，且位于大城市中心的考古遗址保护与利用的论证会上，也基本无人谈及保护好该遗址必定会带来的巨大经济效益。如果连文博界自己都没有认识到自己这个行业不但发挥出了巨大的社会效益，也带来了不菲经济效益的话，在社会主义市场经济的大潮中，我们自己就可能找不准自己的定位，也很难争取到自己应该有的席位。

在社会效益已成共识的基础之上，我们单纯从经济角度来看看，究竟我国文博行业是一个有多大经济效益的行业（本文不讨论公益性行业该不该赚、该赚多少的问题，只指出文博行业现实经济效益的大小）。在已进入数字化时代的社会中，我想还是用数字说话最具说服力。全国文博行业的投入产出数字，我们虽有收集，但现在掌握还不够全面，这里我们以省为单位，选取我们较熟悉的四川文博行业的投入产出数字做简要的分析。其中，门票总收入还是一个较保守的数字，且游客在文博参观点内产生的购物消费等还没有统计进总产出中。据说按国际惯例，文博景点门票和其他收入之比一般为1∶3，最高可达1∶6，考虑到我国的消费水平和习惯，我们即使按1∶1计算，文物景点的收入也还要翻一番。据乐山文物景点管理部门的调查表明，4000万元的门票收入，带动的相关产业收入高达6亿元以上，以此类推，四川的文博景点门票直接收入带动的相关产业收入更高达15亿元以上。以上统计还不包括近年才归属文博系统管辖的世界文化遗产——都江堰、峨眉山这两处著名的旅游胜地。如果算上它们，四川文博行业的门票收入将是现在的数倍，带动的相关产业的经济收入更当在数十亿元以上。对于只有三千多从业人员和每年七八千万元的投入来说，其经济效益有多大，是稍具经济常识的人都可算出来的。

在我们看来，从各级文保单位的数量、从业人员、经济状况、经费投入等各项主要指标综合考量，四川文博行业的情况在全国各省是具有普遍性的。文博参观点中有许多往往是不以盈利为目的单位。按小单位、小区域单独核算，经济效益不显著的似乎较多，但如果以省（市、区）为单位，应该都是具有明显的经济效益的。在近年来的经济转型中，有的地方片面曲解国家有关政策法规，将经济效益好的文博景点从文物部门剥离，留下他们认为无利可图的景点，文物经费也不增加，还反过来责怪文博部门的人思想不解放，不懂经营。从以上的例子就可以说明他们的计算方法是错误的，对文博行业是极其不公平的。记得前几年，国家在做产业的重大调整时，曾承诺若干年之内，要使几个重大行业扭亏增盈，到期后也是按各省为单位以至全国为单位做行业结算的，如煤炭、纺织、钢铁行业等。在经济效益问题上，是该为我们文博行业正名了！文博行业自己也应该学学算经济账，算出理直，算出气壮。我们决不把本该属其他行业的经济收入或带动的相关产业经济收入的账算到我们头上，但也决不应该让本属我们行业的经济收入或因我们行业带动的相关产业经济收入的账被别人抢走。

（原载《中国文物报》2001年12月13日）

省文物工作年度总结暨新年工作部署

各位领导和会议代表：

大家上午好。

我昨晚10点才从北京回到成都。快入睡前，局办公室姚主任给我来电话，说接厅办通知，要我来做2001年全省文物工作的总结并部署2002年的工作，并说这是不可更改的最后决定。这个任务太艰巨，我过去的一年并没有全面负责省文物局的工作，接到通知已是深夜12点后，也没法把办公室主任和各位处长找来汇总情况，更别指望找谁来起草一个讲话稿，那就按我的了解和理解来做个总结部署吧。

过去的一年全省文物工作可谓是：大事不断，喜事连连。

1月：四川省文物局正式挂牌。大家知道全国机构改革，许多省都裁并或降级了省文物局这个机构，但是四川却不降反升，设立了副厅级的二级局，还给了15个编制。这充分说明省委省政府对文物工作是何等的重视啊！

2月：省博物馆藏张大千临摹敦煌壁画展在澳门展出。此乃国家文化部组织的庆祝澳门回归的系列文化活动之一。1999年四川曾有龙泉窑瓷器参加澳门庆回归展，2001年我省又有文物去做专题展，据我们所知，这个由文化部组织的系列庆祝活动中，同一个省被两次选上的，也就只有四川。这是四川文物博物馆界的莫大荣誉。

3月：这次是省考古和博物馆界共同的好事来了。继日本展、中国台湾展后，三星堆赴美国展览在西雅图美术馆盛大开幕，拉开为期大半年的赴美巡回展的序幕。

4月：金沙遗址考古发现公布。继三星堆之后，四川古蜀文明考古再次吸引了全世界的目光。

5月：鉴于这些年四川文物工作亮点频出，创新不断，国家文物局局级领导专程来川做了10天调研。

6月：省委省政府决定省博正式搬迁至环境宜人的浣花溪公园，与杜甫草堂博物馆为邻，新省博建筑面积4万平方米，总投资将达5个亿，是四川有史以来最大的文化投建项目。

7月：新公布的2000年全国十大考古新发现，四川成都平原古城群赫然上榜。

8月：美国微软公司董事长比尔·盖茨专程参观了正在西雅图美术馆举办的三星堆文物展。

9月：省财政和国家文物局下拨本年度经费同时到达。可喜的是今年获批经费比上一年有大幅度提升。

10月：第五批国家级文物单位公布，本轮申报竞争激烈，但公布的结果从数量上来说，四川在全国排名第五位，比上次还提升了一位。四川保住了全国文物大省的荣誉。

11月：省文物考古研究所承担的成达铁路基建考古工程全面完工。

12月：省文物局组织的全省馆藏文物统计工作结束，统计数据公布，全省馆藏文物80余万件。

接下来谈谈明年的主要工作。

我刚到北京开会领了任务。这个任务就是马上要在全国开展馆藏文物普查统计。国家文物局要求：各省务必全力以赴，在一年之内完成此项任务。这是明年工作的重中之重，是各项业务工作的总纲，其他各项工作要紧密配合这次馆藏文物普查。具体的组织、计划、办法、经费等，各位很快就会得到省局进一步通知。

　　谢谢大家。

2002年2月1日

中国：名山有了博物馆*

世界遗产，锦上添花。

中国有许多名山，东岳泰山、西岳华山、中岳嵩山以及黄山、峨眉山……中国的名山往往都有着优美的自然环境和深厚的文化历史积淀。富裕起来的中国人休闲度假也最爱登山。

中国有许多博物馆，历史博物馆、自然博物馆、科技博物馆以及各种专题博物馆，今天的中国博物馆真可谓是五花八门，无奇不有，渴望知识的人们也最想去博物馆。

然而，直到20世纪结束时，我国还没有一座名山博物馆，这不能不说是中国名山和博物馆的世纪遗憾。今天，从2000年的5月1日起，这一遗憾终于被永远地给弥补上了。

可能谁也没有想到，竟是中国西部一个不起眼的县级市——峨眉山市完成了这一壮举。

峨眉山，位于四川盆地西南部，它海拔高于五岳，雄踞西南，秀甲九州，以"天下秀"而著称于世。它以其优美的自然风光、悠久的佛道文化、独特的地质地貌、良好的生态环境在1996年荣登联合国世界文

 * 本文由高大伦、陈黎清合著。

化与自然遗产名录。自那时起峨眉山从众多名山中脱颖而出，声名鹊起，海内外游客纷纷慕名而来。

在评为世界双遗产的盛名之下，在纷至沓来的游客面前，峨眉山人没有沾沾自喜，裹足不前，而是继续努力创造，积极为游客提供更优质的服务，让游客得到更大的满足。为此，峨眉山管委会亲自组织了对游客的调查，从大量的反馈意见中看到了存在的不足：由于受到气候、季节、天气、环境、时间等因素的制约，并不是每一个游客都能在峨眉山如愿以偿地看到最具吸引力的云海、日出、佛光、神灯等天下奇观，如果是乘车而上的话，连许多自然风光和人文景观都不能一睹芳姿。如果说20世纪90年代以前的人以登山作为满足的占多数的话，那么，今天越来越多的人在登山的同时则还想有文化知识上的收获。如何来满足游客的需求呢？管委会遍访天下名山，同时向专家学者咨询后统一认识，做出了科学的决策：建一座名山博物馆以满足游客上述要求，从而丰富峨眉山文化旅游的内涵。游人盛赞道：

峨眉有了博物馆，名山锦上再添花。

人无你有，人有你精。

从立项到开馆，仅仅用了一年半时间，这也许是我国博物馆建设史上的一个奇迹，如果您还有疑惑的话，请看这几组数据：20000多平方米的建筑面积内包含6个专题展厅（陈列4000多件文物标本）、1个演示咨询服务中心、1个影视厅、1个演出剧场。有了速度并未忽视质量，优美的环境、高雅的装饰、珍美的文物、精心的布置、科学的陈列、丰富的资料库、令人陶醉的艺术表演，处处在向游人宣示：这是一个现代化的、赏心悦目的、启人心智的名山综合博物馆。

峨眉山管委会深知，虽然建了一个博物馆，而且还为展览确定了一个极好的主题，但是陈列才是博物馆的灵魂。陈列能否吸引观众，事关博物馆的成败，因此，管委会将建博物馆的重头放在陈列展示上。整个陈列展示在"人无我有，人有我精"上大做文章。观众看到的是一个新意频出、特色鲜明的峨眉山的全方位陈列展示。

一、气势恢宏的多角度展示

峨眉山博物馆地处景区报国寺凤凰湖畔，是一座集峨眉山文化、自然为一体的综合性地志性博物馆。它虽然是一个县级博物馆，但它占地广、规模大、气势宏、内容丰、功能全、陈列新、布展精，许多专家和观众参观后说：很多省级博物馆也无法与之相比。作为一个县级博物馆，有这样的大气魄、大手笔，可称全国第一。该展览展出文物标本3927件、活体标本50件、文物复制品24件、大型沙盘及模型10个、图表20幅、各类展板306个。

进入序厅，黑色大理石墙面上醒目的楷体铜字"峨眉山文化与自然遗产"就是陈列的主题。两边独具创意的硕大的手印和脚印，蕴含着开拓者的艰辛和继承者的奉献。序厅还设有旅游咨询、全景沙盘、环境教育、旅游信息等内容。在动感全景沙盘上，可以一目了然地看到峨眉山的全貌。

影视厅采用高科技声光电组合，利用现代数码影院放映数码电影、DVD等，用高科技制作的三维动画效果，形象地再现了峨眉山八亿年的沧桑，七千万年的成长，两百万年的春风时雨、潜移默化和上下五千年的峨眉山人文历史和宗教文化。

演出剧场面积达2000多平方米，豪华典雅，设施一流，可容纳500多人同时观看，配合展览上演大型歌舞《峨眉灵秀》。它以"祥云迎圣""眷山恋云""峨眉传说""佛光普照"四大篇章组成，深化展览内容。

地质厅利用峨眉山独特的地质地貌保存较完整的沉积地层，丰富多样的生物化石，品种繁多的奇石宝物，证明峨眉山被誉为"地质博物馆"的价值。动植物厅通过各种标本展现了峨眉山的3200多种植物、

2300多种动物（其中珍稀特产和以峨眉山为模式产地的有157种）的生活和生态环境，使观众能体验到被称为"植物王国""动物乐园"的峨眉山的生态。三维多媒体电脑、活体标本、生态景观，使"死"的陈列"活"了起来，博物馆恰似栩栩如生的生物世界。古蜀文化厅通过各种出土文物，演绎出古蜀文化的历史厚度。道教文化厅利用道教文物，展示道教在峨眉山悠久的历史、丰富的遗存和深远的影响。佛教的传播、文化的熏染、历史的积淀，使峨眉山成为历代帝王、文学家、诗人墨客的朝拜之地和精神家园，这些都在书画厅中得到了恰到好处的展示。佛教文化厅中展览的是峨眉山佛教造像和佛教圆雕艺术中的精品。

二、风景名胜区现代化博物馆的闪光点

中国有很多风景名胜区，但像峨眉山博物馆这样有现代化的思想理念，现代化的智能建筑、现代化的高新技术管理、现代化的休闲娱乐设施，紧跟时代精神，与国际接轨的"双遗产"博物馆并不多见。

一个博物馆成功与否，最重要的是办馆人的理念。为了搞好博物馆的陈列，管委会主任亲自挂帅，组建了展览领导小组和筹展组，指挥展览的运作，确定陈列体系，要求陈列达到国内一流、国际水平，要突出地方特色，内容和形式要有创新，内容以"双遗产"为主，并具有现代的、新颖的、旅游与博物馆相结合的表现形式。在现代化智能建筑的运用上，博物馆主体建筑外形追求峨眉山自然秀美与佛教艺术相结合的神韵，融古朴深厚与现代气息为一体，力图表现"人与自然"的和谐统一。展厅设计采用封闭式陈列、人工采光，不同的展品使用不同的光源。在现代化娱乐设施方面，为深化展览主题，寓教于乐，专设影视厅、演出剧场、演示咨询服务中心、游乐苑、植物园等，充分体现了现代化博物馆的休闲娱乐功能。

三、新颖别致的陈列设计

1. 突出地方特色的内容设计

依托名山，因地制宜，制订内容大纲：内容设计人员按照管委会领导提出的"陈列达到国内一流、国际水平"，"让广大旅游者，重点地、轮廓地了解峨眉山"，"既要信息量大，又要有重点"的指导思想，请教各类专家，邀请省内著名专家、学者进行论证，最后编写出知识性、趣味性、参与性、地方性强和艺术品位高、信息量大的陈列大纲。

展品丰富、重点突出：地质厅采用7个大的岩石标本，说明峨眉山地质演变史上三起三落的沉浮，进而形成独特的地质地貌景观。动植物厅动物部分利用3个生态景观、1个鸟类群落景观，1个蝶类景观和24个小景观，将峨眉山鸟类、兽类、两栖类、爬行类、昆虫类共3600多种展品淋漓尽致地展现在观众面前。古蜀文化厅，展品侧重在四川乃至全国有一定影响的文物。道教文化厅，展品不限于馆藏文物。文字说明精炼、通俗、易懂，突出知识性、趣味性，少而精，便于记忆，如用"沧海桑田"说明峨眉山三起三落的沉浮，用"碧海珍藏"反映峨眉山动植物资源的典型性、多样性、古老性。

2. 雅俗共赏的艺术表现手法

总体效果的设计：设计者在自然和人文两大板块的设计中，自然部分以黑色为主基调，表现大自然奥妙无穷和深不可测。人文部分以酱红色、棕红色为主，表现历史的深远。具体在各展厅的运用上又有所不同，如地质厅，为衬托峨眉山高耸伟大的躯体，陪衬的展品都放大尺度，抬高观众的视平线，通过视觉感受与展墙上巨幅彩喷图画和建筑空间达到宏伟氛围烘托的总体效果。

审美创意的运用：打破传统的陈列格局，如生物厅利用室内空间，引进生态景观制造自然野趣的小环境；佛教厅采用蜡像仿真人陈列，人物刻画真实细腻，紧扣主题，引人入胜，通过艺术形象的感染在观众心里产生共鸣。

抓住"个性"，创造美的意境，如生物厅的蝴蝶陈列，突出峨眉山蝴蝶种类多、色彩艳、耐看的个性，以大型蝴蝶树展示几千只蝴蝶，捕捉它生机勃勃的一瞬间。蝴蝶虽然个体小、生命脆弱，但在有限的生命中活得光辉灿烂，能够引起观众心里的震撼。

在"精"字上下功夫：做到内容上千锤百炼，展品上精挑细选，制作工艺精益求精。

让观众多参与、体验：如"岩石标本"、恐龙、赵公明像等采用开放式陈列，观众可以直接触摸展品，并通过视、听、触觉等方面的手段，对观众产生刺激，鼓励观众参与。

3. 形式与内容有机统一

展品、辅助展品、文字主次分明，协调统一。根据陈列思想，采用主题单元式，把展品统帅起来，做到了展品、辅助展品、文字各有其位，主次分明。如生物厅兽类、鸟类生态景观，层次清楚，主次分明，得到游人好评。不同的内容、不同的艺术设计相得益彰。如古蜀文化厅，采用通体展玻镶黑色框架，酱红色地砖，淡蓝色灯光打背景，犹如历史的长河，光聚焦展品，主题突出。进入展厅，让人一下感受到历史的厚重，震撼心灵。书画厅棕红色木地板，褐色玻框，棕色背景，古色古香。佛教文化厅的大红色集合形门厅，黑色地砖，佛教艺术特征明显。

开馆半年，人流如潮

选址在峨眉山脚报国寺对面的峨眉山博物馆，本身具有了最好的口岸优势，加之博物馆被科学地规划为峨眉山游人中心的一部分，更兼有博物馆本身特色鲜明的精品陈列，使之从开馆的第一天起，就深深地吸引了无数的登山游客。五一开馆第一天，观众就逾万人，大大出乎管委会的意料。刚开始博物馆方面还以为是五一大假和看新鲜的效应，谁知之后也并未见观众有明显减少，5个多月下来，竟接待了观众50多万人次，这个骄人的数字，虽不敢说是前无古人，但综合考虑到博物馆所在位置和管理级别，似乎也可以说是创纪录的。观众中有几个很特别的现象，开始是来游山者顺便看博物馆的多，后来是除了登山者必参观博物馆，最后登过山的也来参观；开始是附近的观众多，后来是有许多成都、重庆等大城市观众也专程前来，甚至是举家前往。

开馆以来的盛况和媒体从多角度持续不断的热烈报道，引起了有关方面的高度重视。8月初，四川省文物局在乐山召开全省文博系统学习"三个代表"经验交流会，特意安排代表们前往参观取经。10月中旬，国家建设部风景名胜协会在峨眉山开会，来自全国各地的风景名胜区代表和专家对峨眉山博物馆表现出了浓厚的兴趣，协会领导号召大家学习借鉴峨眉山博物馆的经验。

专家如是评

峨眉山博物馆融自然、人文于一体，是市县级博物馆的发展方向。

——国家文物局专家组黄景略

峨眉山博物馆的成功经验说明小馆也可以写出大文章。全省文博界同行都该来这里好好参观学习。

——四川省文物管理局局长梁旭仲

贵馆以丰富之内容，精美之陈列，寓教于乐，令人心畅神怡，实乃峨眉一大胜景，谨以致贺。

——美国西雅图艺术博物许杰

陈列内容丰富精彩，围绕峨眉山做文章，别有特色，是峨眉山的一大胜景，不愧为世界文化自然遗产，实属天下第一流博物馆。

——故宫博物院科技部

观众如是赞

峨眉山博物馆人文和自然的内容非常好，表现形式非常新，不愧为一流的博物馆，是峨眉山的缩影。

——西安交通大学夏之军

峨眉山博物馆内容丰富，图文并茂，设计精炼、美观、典雅，知识性、观赏性极强，是旅游观光、知识学习的好地方。

——四川甘孜军分区政治部徐小辉

博物馆陈列内容丰富，手段新颖。

——上海市委党校王海亮

这个现代化博物馆是中国峨眉山的一个典型代表，陈列一流，以丰富的资源再现给世界各地的参观者和学者，郭沫若题写"天下名山"，参观完这个新的博物馆后，你一定会说这是"天下名馆"。

——美国纽约州立大学教授何瞻

峨眉有了博物馆，名山锦上再添花。

——北京观众夏旭光

三山五岳都走遍，唯在峨眉见此馆。

——广东刘冬生

这样的博物馆，我们都喜欢。

——陕西游客牛桂珍

乐不思归。

——上海学生

峨眉的门面，名山的骄傲，四川的自豪。

——峨眉师范吴刚

以前只知盲目爬攀，现在才晓游山乐趣。

——四川大学华西医学中心胡泽厚

（原载《中国文物报》2002年2月8日）

当前形势下激活中国博物馆的几点思考[*]

中国实行改革开放才不过二十多年的时间，但是，从整体上来看，中国的政治、经济、文化乃至社会生活的各个方面都发生了翻天覆地的变化，海内外许多政治家和学者认为，中国所发生的这场深刻的变革在几千年的历史上是最为深刻的。从社会各行各业来看，始于20世纪80年代初的农村联产承包责任制，拉开了经济改革的序幕，接下来的城市工业经济改革，将改革向纵深推进，90年代以后，改革发展的速度之快和涉及的层面之广，更是令人目不暇接，例如，军队恢复军衔制和大裁军，教育上恢复高考和实行学位制，国营企业打破铁饭碗和用人终身制，政府机构大精简，干部实行公开招聘，事业单位用人要竞争上岗，等等，多种所有制形式的经济成分并存，有些是在几年前我们想都不敢想或想都想不到的事，今天已成为现实社会中人们生活习惯的一部分。

综观各行各业，中国文博部门中的两大组成部分（考古所和博物馆）之一的博物馆的变化似乎要小一些，在整个社会波涛汹涌的大变革中，博物馆倒似乎有些像一个与世隔绝的世外桃源。几年前我们的国营企业所呈现出的老态和充分暴露出的重症：人浮于事、大锅饭、"近亲

024　　* 本文为中国社科院主办文化遗产保护与经营研讨会（2002年3月·北京）提交论文。

繁殖"、铁饭碗、机制缺乏竞争、只知投入不问产出、没有市场意识、经济效益（博物馆还要加一个社会效益）低下……今天，正在我们的绝大多数博物馆中重演。医治中国的博物馆业的重症必须下猛药，尽快做全方位的改革，制订并落实"追赶型、跨越式"的发展计划，才能跟上中国改革的步伐，真正做到"与时俱进"。

一

近代意义上的博物馆在中国诞生不过也就一百年的历史。在这短短的一百年的时间里，我们有从无到有的质的飞跃，有从一座到两千座的数字变化的辉煌。百年发展史，充满曲折与艰辛。简要回顾总结，可以将这一百年的发展历程约略分为三个阶段：

第一阶段，从19世纪末到20世纪40年代末期。这是中国博物馆的诞生和初步发展时期。这时既有外国人在中国办博物馆，也有中国人独立办博物馆，到二三十年代，中国的博物馆无论从数量、规模，还是从业务活动来看，都可以说是已现雏形。然而，由于日本侵华，大片国土沦陷，中国人的正常生活和工作秩序被迫打乱，博物馆事业发展陷于停顿，业务甚至大面积的萎缩。十四年抗战结束后又是解放战争，仍是百业凋零，博物馆业也不例外。

第二阶段，是在中华人民共和国成立后到70年代末期。从50年代初开始，在建设社会主义的总要求和实行计划经济的大背景下，博物馆从自身的定位到管理模式、陈列内容和形式基本照搬苏联同行的做法，经费的拨给、人员的编制、每年展览的数量、文物的调拨，都由上级和国家严格决定。50年代末期，虽然中苏交恶，但双方的论战主战场是在意识形态和国际关系方面，国内很多已经学了苏联的，虽做了一些清理，也多是形式上的。这可能是受到意识形态的教条主义根深蒂固的影响，认为西方的博物馆理论也是反动的，不值得也不应该借鉴或学习，当时的国内外也没有给我们提供一种学习的环境和机会，所以就找不到一种可以取代或改良苏联博物馆管理模式的理论。由于我们的博物馆是国有占主体，各省（市、区）处于龙头地位和起带头作用的博物馆多是这些五六十年代建起来的博物馆，在它们的影响下，在已实行改革开放后的相当长的一段时间里，我们的社会和博物馆的一些人还视博物馆的这种状况为合理和当然。

第三阶段，改革开放以后直到现在。中国的博物馆又迎来了新的大发展时期，博物馆的数量快速而稳步地增加、各种专题博物馆如雨后春笋般地出现，尤其是自90年代中期起，一批民营博物馆、私人博物馆的建立，其灵活多变的经营管理机制，为多年僵化呆板的博物馆界吹进了一缕新风。几个新的大型博物馆的建成开馆，其宏伟别致的建筑造型、赏心悦目的陈列形式，令许多观众乃至博物馆界内部都感到耳目一新。最近，新修订的文物法，将进一步使民营、私人博物馆合法化。国家文物局刚刚公布的《文物事业"十五"发展规划和2015年远景目标纲要》，又规划了十来个国家将重点给予资金扶持的省市级新建博物馆，比较国家在"六五"至"九五"的每个五年计划中只给博物馆的建设以"一大一小"资金支持而言，已是天壤之别。可以预见，在未来十年之内，博物馆的建设速度和规模都将大大超过以前任何历史时期。

二

虽有国家为博物馆建设事业的发展前景规划出一幅幅宏伟的诱人蓝图，但是我们在本文开篇所列举的博物馆积年留下的种种弊端仍未得到缓解，这些年来新建成开放的一些博物馆仍然一如从前地存在着内部人浮于事、开馆门可罗雀、缺乏竞争机制、失去文物来源的种种顽症，这些问题还未得到有效治疗，进而又背上了更多的人员包袱，承载了更大的成本支出，令许多博物馆已不堪重负。由此看来，那种一味幻想通过新馆建设而使博物馆从里到外脱胎换骨、一步到位摆脱困境焕发出青春的想法是不切实际的。新馆建设只是设备、设施等硬件的投入，更何况对绝大多数博物馆来说，近十年内恐怕也轮不到他们更新馆舍。因此，激活中国博物馆的办法还得另外探索。

有一种观点认为，中国正在进行着体制的改革，早晚会搞到博物馆系统来，等到那时所有的问题都可一并解决。我们知道，中国的改革是渐进式的，有些成功的改革经验往往是来自基层和群众，比如举世闻名的家庭联产承包责任制，而一些城市国有企业"等、靠、要"思想严重、不思进取、坐吃山空，最后陷入被动甚至破产的鲜活例子在我们身边比比皆是。等不是办法！目前阶段的博物馆改革并非无所作为，应该也大有可为。

在体制上的大改革必须服从于中央统一的战略部署这一大原则前提下，要止住一些博物馆发展停滞不前或下滑的势头，激活博物馆，我们认为目前有这几个方面的具体工作可以尝试先做。

博物馆的重新定位。我们的国有博物馆，基本上是在五六十年代确定下的定位，简要说来就是将其搞成地方性的地志类综合性的博物馆，以入藏反映本地区历史文化的文物为主，文物来源的主要渠道就是当地的考古部门移交的发掘品。陈列上搞通史陈列，文物不够，就用复制、仿制品来补充。与此相关的是博物馆的业务人员基本上都来自大学的历史和考古专业，于是，渐渐地博物馆的研究人员研究的方向，写出的文章，与考古所和历史所的越来越趋同，到最后竟没有什么两样，自己的专业和特色丧失殆尽。在特定的历史阶段，通史陈列的确起到过普及历史唯物主义、配合学校的通史教育等积极作用，可是，在十一届三中全会以后，通过思想上的拨乱反正，教条式的说教已为广大群众所厌倦，人们的学习、生活、休闲、娱乐方式的选择也渐呈多元化。到80年代末、90年代初全国的博物馆纷纷拆下自己那早已不受观众欢迎的、老掉牙的通史陈列时，正是由于多年来一直文物入藏品种单一，才发现已经没有其他陈列可做，或者好不容易搞出一个陈列，又发现已经唤不回广大观众了。几十年前的定位，对于以一日千里的发展速度前进的社会来说，现今已大大落后了，确实需要重新考虑我们当年的定位啦！首先应该检讨的是我们当年脱离实际，不恰当地将许多博物馆定为历史类博物馆，有些博物馆在历史文物收藏方面本来就先天不足，定为历史类博物馆以后，受到地理条件的限制，也无法征集更多的该类文物，而有的博物馆本来就收藏有较为丰富的其他类文物，一旦确立为历史类博物馆以后，其他的文物不被重视，也就得不到与历史类文物同样的待遇，使我们失去了许多可以花较少的钱甚至是不花钱就可入藏大批珍贵文物的机会，在一定程度上造成了后来的博物馆种类比较单一。今天，新一轮的建设高潮时期又来了，全国的，尤其是西部的许多博物馆，一定要认真总结几十年来的经验教训，或利用新建馆舍，或有大批文物可征集，从中央到地方的各级政府比以前更加重视文物保护，经费投入向文物部门重点倾斜的大好时机，重新审视自己，在充分估量自己的文物特色、结合自己的人文地理环境、调查分析周边乃至全国全球相关类型博物馆的设立和布局情况，而后科学地、充分地加以论证，确定自己该向哪一类型博物馆的方向发展。

丢掉幻想，走出误区。困扰着中国博物馆事业发展的一大问题是经费严重不足。从50年代起，我国实行了较为彻底的计划经济，博物馆作为文化事业的一部分，被全部纳入国家各级政府计划经济体系之中。博物馆的一切业务支出都要向上级部门报告，在得到上级批准后还要依靠上级拨给经费后方能实施其工作计划，多年的习惯成了自然，在计划经济已成历史，市场经济框架体系已基本确立的今天，有一些博物馆还抱着过去的旧思维，仍认为博物馆是公益性单位，政府就应该统包统揽，没钱就不做事，又或者想做事也做不了，于是有这种想法的博物馆抱着上面给多少钱我就做多少事、上面不给钱我就将博物馆当仓库来管理的态度，只要文物不丢，就可天下太平，万事大吉。这样管博物馆其实比管仓库还简单，许多仓库的货物是流通的，还有日常的出入库工作要做，还要按月、季、年进行盘点，而有的博物馆连这些都极少做。改革开放二十多年的发展强有力地证明，计划经济不宜于调动人们的积极性，不宜于国民经济的长远健康可持续发展，现在还幻想博物馆回到那个时代是不可能的。还有种看法虽然已承认现在不是计划经济时期，但觉得即使是在市场经济中，博物馆因为是政府的公益性部门，仍该由国家统包统揽，一切都管。这实在是对公益性的一种误解。我国属于发展中国家，全国人民的生活水平才刚刚达到小康，虽然这些年来文化事业得到了国家的大力扶持，但各行各业的建设都需要大量资金，投入博物馆的资金总是有限的，这种情况在未来可以预见的相当长的时期内都会存在，在许多时候博物馆的需要和我们能从上面得到的资金之间的缺口还会相当的大。放眼看世界，经济最为发达的欧美日等国家的公立博物馆也都普遍存在经费不足的问题，政府拨给的主要是博物馆的基本维持费，博物馆开展业务活动所需费用（如文物征集、大型展览、专题研究、学术会议等所发生的费用）的相当一部分还得博物馆去设法自筹。可以预见，今后我们国家经济达到中等发达国家水平，追赶上最富裕的国家以后，也不可能百分之百的满足每一个公立博物馆的经费要求，极可能采取现在欧美等国的政策，拨给基本的维持费及少量的业务费，更多的事业发展费仍要博物馆各显神通，自谋出路。认清以上形势以后，各博物馆的当务之急就是厘清发展思路，狠抓业务，多收集文物，多办有影响的展览，提高业务人员的素质，主动服务社会，与社区建立密切的联系，办成既富有自己特色，又有一定的社会知名度，在本区域有广泛的民众基础的博物馆。我们认为以上这些做法和目标的实现，并不一定就要花很多的钱，有的甚至可能还不花钱。有时候观念的转变比资金的获取更为重要。只要我们努力向着上述目标前进，当真正进行全面彻底的体制改革的时候，我们就已有了比较充分的心理和工作准备，具有了充分信心以迎接挑战，在市场经济的搏击中游刃有余，顺利完成博物馆的转型。

引入竞争机制，促使人才流动。在全国各行各业中，我们的博物馆大约是几十年来人员流动最不活跃的行业，父子同科室工作的现象较为普遍，祖孙三代同馆领薪的情况也并不鲜见。50年代到70年代，一些其他文化系统吃过了青春饭的人被转行到博物馆。80年代因考古所和博物馆分家，使本来就有限的业务骨干流失了一大批。90年代初起，大学毕业生自主择业，这时的博物馆，与许多行业相比，对大学生已失去了吸引力。人才是在竞争中成长，在流动中凸显其价值的。当今的博物馆对内部而言，既需要留住人才，也需要创造有利于人才成长的良好环境，目前，整个社会行业间的人才争夺战已狼烟四起，博物馆面临的人才压力是不仅要在内部培养人才，留住人才，更重要的为了事业的发展，还必须对外延揽人才，比如，营销、策划等经济人才，文保、电脑等科技人才，博物馆自身是基本上培养不出来的。最重要的人才——博物馆馆长必须面向社会招聘。一个现代化的博物馆对馆长的要求条件是非常高的，据说像美国这样的国家，在我们看来他们国内已是人才济济，他们的许多博物馆仍面向全世界招聘馆长，往往都还找不到合适的人选。有专家指出，现代化的博物馆馆长必须是专家、教育家、管理家，三者还缺一不可。国家文物局新近公布的《博物馆馆长任职资格条例》对博物馆馆长的要求也及时体现了这种时代的精神要求。随着事业单位体制改革的不断深入，专家治馆的理念将会是大家的共识。馆长负责制的彻底推行，馆长将会被赋予越来越大的决策权，博物馆的发展方向和长远规划、重要文物的收藏、大型展览的拍板、寻求社会的赞助、游说各方的支持、发表各种演说、提升博物馆的影响，都需要馆长出马和决定，为了选到最好的人才，这样的馆长必须面向社会招聘。已有个别省级博物馆在试着向社会公开招聘馆长，这种做法应尽快在全国推行。

开展市场调查。在计划经济时代，博物馆靠上级一纸命令就可将文物从其他单位无偿调入，有时是博物馆并不想也不该收藏的，也被迫收下，博物馆的库房成了一个大仓库。博物馆办展览既不用考虑经费，也不愁没有观众。今天，当博物馆面对市场经济大潮时，也在尝试办一些能吸引观众的，引起轰动的，既有社会效益，又有经济效益的好展览，但结果却常常是事与愿违，投入了财力、人力后，发现展出效果与预期仍然差距甚远，于是有的就在口岸、设施、陈列形式、文物等方面找不足。固然可能有这些因素，但是我们认为，对展览策划中，未搞市场调查，决策依据不科学，从而导致投资失误才是最重要最根本的原因。在商业行业中，自从1992年中国零售服务业向外资开放以后，外资企业在商业投资决策前进行市场调查的做法令我们耳目一新，外商们在选择经营场所、经营规模、促销方式、价格定位时都要做细致、周密的调查，调查的内容有当地的经济和商业的历史、现状和前景分析，营业场所所在地的交通、人流状况（分时段），可以辐射的半径范围，周边的商业网点分布，居民的文化程度、家庭的收入和用于各项支出的比例，喜欢的休闲方式和购物习惯，顾客可能接受的价位，以及投资收回的周期和投资回报率的测算及投资风险等内容，最后出来的调查报告是厚厚的一大本，内容不厌其详。商家这样做的良苦用心自然是为了避免投资风险，赚取最大利润。美国的博物馆在几十年前就已借鉴了商家的这一做法，国外博物馆在与我们商谈引进中国文物展览时，都要提前两三年做准备，编写市场调查报告，拿出展览策划方案，据此向上级、董事会或社会寻求资金的支持。中国的博物馆也是面向公众服务的机构，也应该搞市场调查，这种调查还应该是经常性的，有明确针对性和目的性的。

然而，据我们所知，中国的博物馆可能还没有哪一家做过详细、全面、持久的市场调查。我们确实应该在馆址选择、市场的定位、展览的运作、门票的定价上都是有充分的决策依据的。是的，博物馆是不以营利为目的的社会公益性机构，但这并不是就意味着我们就可以乱花国家和纳税人的钱，在保证博物馆的公益性不缩水不打折的前提下，应努力实现其经济效益，有时候，使亏损减到最低也就是最大限度地实现了两个效益。有了市场调查作为决策依据，做展览时又有策划方案保证展览达到最佳效益，博物馆的投资也就做到了"赚得明白，亏得清楚"。

积极收藏文物，走可持续发展之路。博物馆是文物标本的收藏、研究、展示机构，文物标本是博物馆生存之本，以前我们的许多博物馆将考古发掘品作为馆藏文物的主要来源，结果导致许多博物馆藏品种类单一，而当考古机构与博物馆分家以后，立即失去了藏品来源，就不知如何是好。据说有好些博物馆已多年未主动征集文物标本，这对博物馆的发展来说是极为不利的，长此以往，这样的博物馆对观众的吸引力将大大降低。有种观点认为，公立博物馆的文物增加一是要靠考古机构移交，二是要靠上面拨付文物征集费，舍此别无他法。诚然，在计划经济时代相当长的时间内主要只有这两个办法能使文物增加，今天，前者还有许多关系需要协调理顺，需要假以时日，后者则因经费有限，要征集名贵的、珍稀的文物，犹如杯水车薪。其实，我们可以换一种思维。当今世界上有的博物馆征集藏品遵循的"四优先原则"（即现当代藏品较历史藏品优先，活的东西较死的东西优先，日常用器物较典型器物优先，有代表性的东西较精品优先），很值得我们借鉴。这几十年是中国社会各个方面快速变化的时代，有许多重要的历史、文化艺术品，我们稍不留意就可能从我们的视线中消失，对博物馆来说，如果视而不见，将对不起历史。回想我们在50年代时曾征集了大批在当时看来并不起眼，花钱也不多的文物，但随着时间的推移，今天它们已成了许多博物馆的主要藏品，有的还是镇馆之宝。这二十年来其实我们一直面临着像50年代那样的机会，可惜的是我们有许多单位和业务人员似乎失去了50年代那代人的工作激情。这种机会仍在我们身边，有些文物的征集是花不了多少钱的，看看这十多年来民间收藏家们的成绩就知道我们都干了些什么，再不奋起直追，我们的公立博物馆面对的不仅仅是数量上的输赢，更重要的将是一个时代的丢失，最终失去可持续发展的根基。因此，我们认为要从更高的高度来认识文物收藏的重要意义，当经费十分有限的时候，在一定的条件下，为了博物馆的将来，可考虑优先保证征集费。

在新的形势下，中国的博物馆正面临前所未有的各种机遇和挑战，博物馆的转制，多种体制的博物馆并存，博物馆之间的竞争是不可避免的，竞争促进发展，优胜劣汰，对博物馆事业和公众来说都是好事。我们以为，作为国家博物馆事业主体的公立博物馆更应未雨绸缪，勇于探索，立刻行动，不使自己成为国家过重的包袱，更别像有的国营企业那样，自以为是，不思进取，以致改革来临时仓促上阵，处处被动，纵使使尽招数，无奈积重难返，最后只有走上被兼并或关张之路。

以本人在博物馆服务过几年的短暂经历，斗胆讲出以上几点肤浅思考，意在抛砖引玉。

2002年2月24日写于四川大学竹林村宿舍

（原载徐嵩龄、张晓明、章建刚编《文化遗产的保护与经营——中国实践与理论进展》，社会科学文献出版社2003年出版）

在四川省文物考古研究所所长任命会上的致辞

厅长、局长等领导和所内同志们：

上午好。

这个岗位是我主动申请获得的，所以我会比较珍惜。其原因就是在局里待了一年多，对政府办公的程序、特点、性质、内容、效率都熟悉了一遍后，深感自身能力、性格、修为真不适应在政府机关工作。这不正好考古所马所长——我们尊敬的马老师荣退，空出此岗位，我就来填补了。

感谢领导的信任。

和大家，我们彼此是既熟悉又陌生。说熟悉，都是在文物考古这个小圈子里打交道。说陌生呢，并没有朝夕相处的机会，也没面对过利益冲突。

从今天起，我们很快就会熟悉起来的。

一个单位换届，无论领导还是群众都会有期待和忐忑之情，这是再正常不过的事。

今后我们该怎样相处，我谈谈我的想法吧。

在我们身处目前大小环境的当下，要遇到一个办事公平、公正、公开，决策民主，坚持原则，想干事，还能办成事，又还不那么贪的领导，难还是不难？相信大家比我更清楚。如果你们赞成我的看法，请大家按"办事公平、公正、公开，坚持原则，决策民主，不贪不占，既重过程也重结果"这几条标准来要求我。最多给我三年时间，若单位无大的变化和长足的进步，我自己要求走人。当年我就是因所在的大学搞211工程，自己掂量难以达到21世纪对大学教师的高标准要求，主动提出走人了。现在211大学是回不去了，但是估计要去哪个中小学教历史课，还会有单位收留的。这事也得抓紧办。我这绝不是玩笑话，现在时代发展很快，我们当领导的若不作为，耽误自己事小，耽误大家和单位事大，严重的会耽误单位一代甚至几代人的。若真出现那种局面，这将是会让我寝食难安的大事，我真负不起这个责任，所以真到那个时候必须让贤。大家可能会说我是说的比唱的还好听，说不定在要说一套做一套的把戏吧。那我接着给大家支个招，届时，如果我还贪恋这职位，你们可以直接来找我，若是你们顾及我的面子，可以找人带话，可以写信给我提个醒，也可以联合起来开会民主投票，更可以直接去找局厅领导，要求我兑现三年前的承诺。特别强调一点，三年内若出了重大失误，一年后若没有些许可喜的变化，也随时都可以要求我不要在这个职位上干了。

接下来大家可能要问我用啥办法来改变单位。告诉大家，我的办法只有一个：在公平竞争原则指导下，制订各种管理办法、奖惩条例并坚决执行。一定要保证给所有人提供公平竞争的环境，让大家都站在同一起跑线上。

所有人，概莫例外。

此外，我还真想不出其他更好的办法。

当然，我们所新领导班子应该从善如流，所以在座各位若有更好的，让考古所振新的好计策，请随时告诉我们。

我想强调的一点是，只要您的好计谋不违背公平竞争的原则，我们一定照单全收。

谢谢大家。

中国考古学传播需要讲讲考古学家的故事

中国考古学在过去的近一个世纪取得了举世瞩目的辉煌成就，经过几十年的宣传，考古发现已成为当今我们社会生活的一部分。

在一定意义上和特定的时代范围来看，我们的考古学的传播还是比较成功的：我们有定期的考古学术报刊，有出版考古学术专题报告的机构，在全国性或地方的报纸电视上也常常有考古发现的消息披露。

不过，若是换一个角度和从新的时代要求来看，仅仅局限于以上这几方面，我们的考古学在很大程度上仍然是象牙塔里的学问，很多成果也是由考古学家关起门来自己欣赏。

考古学传播中需要开拓的新领域较多，目前在我们国家最为重要的同时也最应该正确努力的方向应该是考古科学的普及工作。近几年来，一部分考古学家已在考古学普及方面做了不少有益的探索，如前些年出版的文物鉴赏丛书、考古探秘丛书、《文物天地》的改版、《中国文物报》策划过"考古学与大众"的专版、中央电视台的"科学·探索"频道都在考古学普及方面做出了很大的成绩。如果有更多的考古学家参与进来，沿此方向努力，在考古学普及宣传中加强其趣味性、生动性，假以时日，考古学科的普及定会取得不俗的业绩。

话又说回来，怎样才能在传播考古成果时做到生动性和趣味性呢？"讲故事"是个好办法。一说到讲故事，时间、地点、情节和人物这些要素往往是必不可少的。

有一个现象，不用回避地讲，不管专家还是普通观众在看美国电视"发现"节目中的考古重大发现和国外出版的许多重大考古发现，如古埃及文明、玛雅文明书籍时，时常不由自主地被书和电视中的或生动或曲折、或惊险刺激或扑朔迷离的情节所深深吸引，而这些情节往往有一根主线贯穿，那就是某个或某一群考古学家的一生包括考古发掘过程中的奋斗历程和传奇经历（甚至内心世界）。考古发现者本身就是人，将发现者的经历以及发现的过程写入，发现或成果本身才更为生动，故事也更有血有肉。国外介绍考古发现的电视专题节目除了现代化的表现手段以外，他们那种以人为线索的叙事方式大概是其故事更引人入胜的一个主要原因吧。

反观我国的考古学传播，多年以来，基本遵循的都是开始消息（新闻）—简报（在学术刊物上）—著作（专业出版社出版专题报告）结束的固定作业程式。无论是消息还是简报或报告中我们大家看到的都是在文章的开始或结尾提一提是由哪些单位、哪些人参加了这项工作而已，而且几乎都是一笔带过，在整个传播过程中见物不见人。最近翻阅新近出版的保罗·G.巴恩主编《考古的故事》一书时，粗略统计了一下，书中凡是讲到中国以外的考古故事，每一个都能说出发现、发掘者的名字，从而形成鲜明对照的是，讲到中国的考古发现却未举出发现或发掘者的名字。令人称奇的是，当叙述到19世纪末和20世纪初的中国考古大发现时，却又能非常准确而又不遗漏地道出发现者的名字来。这其实也不怪人家，而是我们本来就没有或极少披露这些考古学家的发现故事。可以不夸张地说，直到今天，谈到中国的考古大发现，恐怕在社会上很多人的心中，斯坦因、斯文·赫定等人的知名度还高于我们的一些最著名的考古学家。而实际上呢，我们的这些考古学家非但不比他们逊色，成就反倒是在他们之上。

这并非是争个人名誉权。不同的报道场合，以及受众的不同、宣传的方式和侧重点应该有所选择。

与有些行业相比，考古学家因其所从事工作的特殊性，有更多悬念、更多惊险刺激、更多艰辛，更适宜于由考古学家来讲故事，或由有心人来写成传记向社会传播。这种传播，是宣传考古学、普及考古学的一种好方式。考古学是七十二行中的一行，前面讲到的《考古的故事》的作者在英文版序言中说道："与造型艺术或影视艺术相比，99%的考古工作的内容是单调乏味和异常艰苦的，无非是阅读、发掘、调查、记录、分析、分类、解释这一套周而复始的流程。但正如已故去的格林·丹尼尔所言：考古学最重要的功用之一乃是某种巨大的快感之源。这种快感（至少在公众眼里）通常是以引人入胜或奇妙无比的发现为表现形式的。"要想将发现过程和发现内容讲得生动有趣，是一定离不开讲发现者的故事的。

就我国考古学学科史和现状来看，也应该尽快组织力量来写考古故事，编考古学家传记。考古学在中国虽只有短短的几十年历史，但是已有了许多在世界范围内也属重大的考古发现，这些发现的背后是考古学家踏破铁鞋、促人奋进、催人泪下、发现过程曲折起伏的生动故事，他们往往比发现本身更引人入胜。譬如说，中国考古学界的第一代宗师李济、梁思永、夏鼐、苏秉琦等先生的传奇经历，在艰难困苦环境中仍孜孜以求的崇高精神，都是讲故事、编传记的极佳素材。还有比他们稍晚的宿白、俞伟超、张忠培、安志敏、徐苹芳等一批考古学家，以及发掘兵马俑、马王堆、擂鼓墩、法门寺、殷墟的专家们，夏商周断代工程的主持者……他们浑身都是考古故事。遗憾的是，也许是我的寡闻，时至今日，我们还没看到一本中国考古学家的传记出版。这不能不说也是中国考古学的一大遗憾。且不说传播，仅仅从学科史的研究来说，我们都该趁现在，第一代宗师们离开我们的时间不太久远，接受过他们言传身教的许多人都还健在时，抓紧收集有关资料。

一段精彩的考古故事、一部引人入胜的考古学家传记，对考古学的传播所起的作用是不能低估的，它往往胜过考古发现本身。它既能起到科普的作用，还会令全社会更加理解和支持考古事业，甚至能激发起一些人尤其是青少年对考古学的向往，古今中外，不乏看了军事家、科学家传记而立志要当科学家、军事家的例子，国外也有看了考古学家的传记，听了考古故事而立志献身这门事业的青少年。当今社会，人们择业的自由和多样化，尽管你可以对讲故事一类的科普不屑一顾，但你还得承认，那些浪漫离奇的、引人入胜的、有血有肉的考古故事是可以吸引公众注意力，并把他们中的一小部分人吸引到我们的事业中来的。如果我们将中国考古学家的故事讲活了，传记写好了，我们事业的发展一定会赢得更广泛的社会基础，也一定会有更多自愿献身考古事业的人加入我们的队伍。为了那些为考古事业做出杰出贡献的人们，为了那些为考古事业奉献了一生的千百个专家，为了考古学的生存和发展，也应该及早这样做。

（原载《中国文物报》2003年6月27日）

数字2003年
——四川省文物考古研究所2003年年终总结

各位领导和所内同事：

总结年年都得有，也年年都在写。不管单位大小，一个年终总结，没有个好几千字上万字，似乎都不能把单位一年的事说清，也不好意思拿出来给人看，但真不知事后又有多少人记住了。有鉴于此，在数字化兴起的时代，我尝试用数字来做一个年度工作汇报。

0

这个数字在评功摆好总结里边不是好事，但也有例外，这就是我们过去一年的安全事故为零。

1

引进了1个考古硕士研究生。对这个从没招聘到过研究生的省级科研单位来说，是零的突破。这是值得记上一笔的。

1人获评省考古学术带头人殊荣。

派出1个年轻人到日本丝绸之路博物馆进修。

与我所有关的1个展览"神秘的三星堆"在法国巴黎市政厅开展。

协助地方侦破 1 个野外文物被盗案。

2

国家局一年内批准我们 2 个主动发掘项目，并同时入围全国十大考古发现。

购买了2台普通桑塔纳，缓解单位业务用车紧张状况。

3

在所内机构人员调整中，有 3 人转学文物修复，并和所内专家签订为期 3 年的新型师徒教学合同。

4

有4本考古文物研究专著出版。

和地方签订合作协议4个。

6

一年内签订6个大型基建考古勘探项目，为历史上最多。初步扭转了基建考古项目不多的被动局面。

《四川文物》编辑部改双月刊，一年6期按计划出刊。刊载考古简报数量增加一倍，研究论文质量明显提高。

7

所内发文7个。

8

古建文保签了8个文物保护和古建维修设计合同。

9

制订修订所里各项规定共9项。

17

本年度获国家批准的发掘点有17个。

18

发表论文18篇，比去年增加0.8倍。

21

向上级打请示报告共计21个。

23

参加国际国内学术讨论会23人。

83

响应号召，分批次安排全所正式职工83位去香港博物馆等文博机构观摩学习。

892

发掘出土完整文物892件。

2313

发掘出土小件器物2313件。

3500

本年度考古发掘面积3500平方米。

31万

注销清理旧账31万。

263599

全所 3 台业务用车全年野外业务行驶263599千米。

3562463

一年的收入为3562463元。已是史上最高。

8000200

考古调查（含勘探面积）8000200平方米。

一年总结汇报完毕，请领导审查。

他山之石
——中国文物代表团赴法国西班牙考察世界文化遗产报告

　　2003年10月12日至24日，以国家文物局局长单霁翔同志为团长，四川省文物局局长徐荣旋、国家文物局办公室副主任王军和外事处处长张建新、四川省文物考古研究所所长高大伦、四川省文化厅办公室副主任唐明共六位同志组成的中国文物代表团赴法国参加法中文化年"中国四川三星堆文物展"开幕式以及到西班牙巴塞罗那签订《孔子展协议书》。两次活动之间有数天间隔，考虑到西班牙、法国都是世界知名的旅游业发达的国家（外国游客数分别占世界的第一和第二位），同时世界遗产的数量又分别排名世界第一和第三，又鉴于国内世界遗产的申报热、旅游开发热，经济快速发展中的城市建设正形成新一轮热潮，历史文化名城和街区的保护面临十分严峻的挑战。因此，代表团决定，在保证预定活动的基础上，重点对两国的世界文化遗产做考察，以期对我国的文物、文化遗产的保护与可持续发展有所借鉴。"中国四川三星堆文物展"开幕式活动及孔子展的谈判和协议签署、博物馆的访问都另形成专题报告，以下为专就世界文化遗产访问形成的考察报告。

一

西班牙有世界遗产36处，法国有世界遗产33处，在遗产数量上分别排在世界第一和第三名，这两国的世界遗产又主要为文化遗产。代表团在兼顾其他工作活动的同时，选定了文化遗产分布密集、门类丰富、时代跨度大的"巴黎—里昂—图卢兹—巴塞罗那—马德里—巴黎（返程登机）"考察路线。具体行程如下：

法国、西班牙世界文化遗产考察日程表

日期	国别	地点	遗产名称	备注
10月13日下午	法国	巴黎	第七区	
10月14日下午	法国	巴黎		与文化部文化遗产管理部门官员座谈
10月14日下午	法国	巴黎	玛莱区	
10月15日上午	法国		韦兹莱大教堂	
10月15日下午	法国	里昂	罗马剧场	
			里昂老街区	
10月16日上午	法国	阿维尼翁	罗马剧场	
			凯旋门	
10月16日下午	法国	阿维尼翁	阿维尼翁渡水桥	
			教皇皇宫	
			阿维尼翁古城区	
10月17日上午	法国	阿尔勒	剧场、斗兽场	
			阿尔勒古城	
10月17日下午	法国	塞特	南运河	
		卡尔卡松	伯爵城	

日期	国别	地点	遗产名称	备注
10月19日上午	西班牙	巴塞罗那	桂尔公园	
			加罗索医院	
			米拉之家	
10月19日下午	西班牙	巴塞罗那	桂尔宫	
			巴塞罗那音乐厅	
10月20日下午	西班牙	萨拉戈萨	圣比拉尔大教堂	
10月21日上午	西班牙	托莱多	托莱多古城	
10月22日上午	西班牙	塞哥维亚	塞哥维亚渡水桥	
			塞哥维亚古城	
			埃斯科里亚尔大教堂	
10月22日下午	西班牙	阿维拉	阿维拉古城及古城墙	

从巴黎开始考察，昼夜兼程，总行程约2200公里，考察世界文化遗产20处。这些遗产，年代跨度从公元初至20世纪初，达两千年之久；从种类上看，涵盖有剧场、斗兽场、教堂、古城、古街区、古城堡、古城墙、皇家陵寝、凯旋门、古运河、古渡水桥、公园、公寓、音乐厅共十四个门类。其中有这么几处遗产给大家留下了深刻的印象。

巴黎老街区：这里是指列入世界文化遗产名录的巴黎第七区及玛莱区。它们分布在塞纳河两岸。保护区范围约占巴黎城区面积的2%。这里是16和17世纪法国贵族居住的地方，但在此后的三百年里，这个曾经风光旖旎、美丽如画的街区却被人们渐渐淡忘，往日的豪门高第只剩下破壁残垣，几成废墟。1962年，经时任法国文化部部长安德烈·马尔罗力倡，国家公布了保护历史文化街区的《马尔罗法》，巴黎老街区及法国全国相当一批老街区才得到保护。1962年后，这片街区得到整修，成为一个融古代的苍凉宏伟和现代的整齐划一于一体的奇特而完美的集合。老街区的民居里现在都居住着居民，而且是巴黎有名的富人区。

南运河：东起法国南部塞特，通过加龙河与大西洋联结，全长240公里，1660年开挖，工期15年，用工1.2万人，其中600名为女性。全线共有328处较大的工程，其中有64座船闸、54座渡槽，植树4.5万株，以前主要功能运输，铁路、公路修通后，该运河的运输功能基本废止，现在是度假者和租游艇游玩的人们最喜爱的游乐场所。

桂尔建筑群：位于巴塞罗那老城区。高迪是西班牙近代最著名的建筑设计师。他对巴塞罗那城市建筑的贡献，无人能出其右。高迪在巴塞罗那设计的作品甚多，其中列入世界遗产名录的就有他在20世纪头十年设计的桂尔公园、米拉之家、桂尔宫三处。一处是市民公共休闲场所，另两处为私人住宅，且建成不足百年，竟能入选世界遗产名录，足见其特异之处。

托莱多古城：它是西班牙的历史文化中心，曾为西班牙首都，现仍是西班牙国家宗教中心。今天所见到的城市布局和建筑基本都是15世纪的原貌，城市中的高大建筑群紧凑地聚集在太加斯河环绕的半岛高地上，石砌古城墙将全城紧紧包围，只留下9个别致的城门。在城外的河边上有一座本城历史最为悠久的，由罗马人建造的阿尔坎塔拉桥。城对面山城上有罗马人为保护大桥而建的城堡。

塞哥维亚渡水桥：这是西班牙现存的最大规模的罗马式建筑之一，建于公元1世纪，直到1976年以前，这道渡水桥都在为该城提供生活用水。桥架于两山之间，高29米，165个拱门，336个桥墩，高高矗立在阿索奎雷阁广场上，蔚为壮观。整座桥建筑都用花岗石垒砌而成，巨大的花岗石不需胶泥却能互相咬合，有传说是由于鬼神相助，在一夜之间建造了此桥。

在各处遗产点考察时，代表团除了详细参观遗产本身，了解其历史、布局、结构、价值、意义之外，还注意考察所体现出的唯一性和完整性，特别是对遗产点的管理体制、管理机构、管理人员、维修保护的原则及保护经费来源、对外开放管理办法、门票收入的流向、可持续发展的保证措施等，因是此次考察的重点，所以代表团的成员都抓住一切机会去调查了解。

二

我们走访过的世界文化遗产单位，不但种类繁多，保护状况极好，而且管理得井井有条，利用也非常合理，较好地处理了保护与发展的关系。试从以下几个方面举例加以说明：

无论是在繁华的巴黎老街区还是在西班牙偏僻的古城堡，都立有世界文化遗产的醒目标牌。标牌上不仅有名称和标识，遗产点的平、立面示意图，而且还有遗产点的简要历史和发生过的重大事件或与哪些重要人物有关，参观者一看就知其大概。我们知道，中国的文物保护单位和世界遗产地按要求也有标牌，但只有公布单位、时间、名称、时代几项内容，文字过于简略。在我们从巴黎到马德里的公路上，凡是沿线附近有重要的古迹，均有指示标牌，标明里程和绘有简图，十分醒目。

凡是参观宗教场所，如基督教堂、天主教堂，都是免费的，即使是参观者如云的被列入世界文化遗产名录的宗教场所也不例外，不过需要指出的是教堂中如果有博物馆的，须单独购票才能进去。

参观文化遗产和博物馆购票统计表*

国别	名称	票价（欧元）	备注
法国	集美博物馆	7元	
法国	巴黎第七区★	免费	
法国	巴黎玛莱区★	免费	
法国	韦莱兹大教堂★	免费	
法国	里昂老街区及罗马剧场遗址★	免费	
法国	阿尔勒古城★	免费	

国别	名称	票价（欧元）	备注
法国	阿维尼翁罗马剧场★	3元	
法国	阿尔勒斗兽场★	7元	含讲解费
法国	阿维尼翁凯旋门★	免费	
法国	加尔古罗马渡水桥★	免费	
法国	阿维尼翁教皇皇宫★	3元	
法国	阿维尼翁古城区★	免费	
法国	南运河★	免费	
法国	卡尔卡松伯爵城★	5元	
西班牙	桂尔公园★	免费	
西班牙	米拉之家★	7元	含讲解费
西班牙	桂尔宫★	6元	含讲解费
西班牙	巴特拉宫	10元	含讲解费
西班牙	巴塞罗那音乐厅★	10元	定时限人参观必须讲解和保安陪同
西班牙	加罗索医院★	免费	
西班牙	圣比拉尔大教堂★	免费	
西班牙	塞哥维亚渡水桥★	免费	
西班牙	埃斯柯里亚尔大教堂、西班牙皇家陵寝	7元	
西班牙	托莱多古城★	5元	教堂内博物馆另收费
西班牙	阿维拉古城墙★	免费	
西班牙	马德里美术博物馆	10元	

有"★"者为世界文化遗产单位。

如上表所见，我们参观的文化遗产单位，大多数是免费的。阿维尼翁的凯旋门，既无围墙，也无专人看守，只不过是在距门数米远处用矮桩软绳将其象征性地圈住，为方便游人参观，还在旁边修了一个可停放400辆车的免费停车场。再从参观点的价位来分析，价位在3—10欧元内，法国国民平均每月收入约3000欧元，即是说每张门票的价位占他们月收入的0.1%—0.3%，西班牙国民平均每月收入约2000欧元，平均每张门票价位占他们月收入的0.15%—0.5%，反观我国国民平均每月收入也就1000元人民币左右，但我们的每个世界遗产点的门票价位却在50—100元不等，占国民月收入的5%—10%，定价明显过高，而且还没有一处世界遗产是可以免费参观的。我们和欧洲在这方面的差距是显而易见的。这次我们参观的售票的世界文化遗产点，学生票价往往不及成人票价的三分之一，与我们的最多优惠50%相比，他们是大大地照顾学生了。

我们所到的各参观点，不管是世界遗产单位还是博物馆，凡是须购票参观的地方，都是不准强制导游讲解的，有的参观点是在门票中含有讲解费，当你购了门票后，你就可领到一个便携式录音讲解器，或由馆方为你安排讲解员，当然你也可以两者都不要，选择自己参观。有的参观点却是将门票和讲解费分开卖，随参观者自己决定要不要讲解。带我们的导游是学法国史的博士，知识渊博，连他都自觉遵守参观点的规定。据我们观察所有的参观团体和个人都很尊重各参观点的这一规定。我们问导游，他为什么不讲？他说："首先，去任何一个参观点参观，都应遵守人家定的规矩，其次，也是最重要的是，博物馆、世界文化遗产地首先是一处教育机构，不是任何人都可以当老师的。对博物馆展品了解有限，最权威的专家和最好的讲解员都在博物馆里。导游去随意讲解，既不严肃，也是对观众的极端不负责任。"

在旅游业最为发达的西班牙、法国，我们没有见到或听说有哪一处文物景点被旅游部门承包经营的。

各处参观点都有为数不少的旅游纪念品出售，在古城堡和历史文化街区，这种商店尤多。像卡尔卡松伯爵城和托莱多古城几乎全城都是这类商店。这些商店的有两个共同特点：一是卖的都是与该处该地有关的商品，二是大多数商品都在1—5欧元一件，且别致精巧。如每个点必有的钥匙链，一般1—3欧元，最贵不超过5欧元就可买到，而且还总是有十多个品种供游人挑选。

这次考察的20处文化遗产，大的占地面积数平方千米，小的也就是一座私人公寓大小而已。从年代跨度来看，起自公元初年，晚到20世纪初。请参考下表：

参观世界文化遗产地的有关数据统计表*

名称	时代	占地面积
巴黎第七区	16世纪	1.67平方千米
巴黎玛莱区	15世纪	1.2平方千米
韦莱兹大教堂	11世纪	不详
里昂老街区	15世纪	2平方千米
里昂罗马剧场	1世纪	6000平方米
阿维尼翁罗马剧场	1世纪	3000平方米
阿维尼翁凯旋门	1世纪	50平方米
加尔古罗马渡水桥	2世纪	长150米
阿维尼翁教皇皇宫	14世纪	6500平方米
阿尔勒古城	16世纪	1平方千米
阿尔勒古罗马剧场及斗兽场	1世纪	10000平方米
塞特南运河	17世纪	长240千米
桂尔公园	20世纪	0.1平方千米
米拉之家	20世纪	1000平方米
巴塞罗那音乐厅	15世纪	5000平方米
加罗索医院	15世纪	22万平方米

名称	时代	占地面积
圣比拉尔大教堂	17世纪	10000平方米
托莱多古城	15世纪	2平方千米
塞哥维亚渡水桥	1世纪	长300米
埃斯科里尔大教堂	16世纪	20000平方米
阿维拉古城墙	11世纪	周长约4千米

★表中占地面积栏的大部分数据出自导游和笔者目测，读者如欲引用请核实。

　　法、西两国在世界文化遗产的利用上的很多做法也给我们留下了深刻的印象。我们参观的所有古城堡和老街区在严格有力的保护基础之上得到了充分合理的利用。巴黎的玛莱区，本已是残破不堪的低洼地，经过整修后，保护了原貌进而焕发青春，现在是到访巴黎的游客最爱去的地方之一。第七区老房屋中却住着巴黎的大批富人。在卡尔卡松伯爵城、在托莱多古城的每一幢房子里都住着当地居民，正是有他们的精心呵护，古城才得以保护；正是因为他们的活动，使古城充满生机；正是他们的祖辈父辈到他们的儿孙辈一直住下去，古城的故事才得以延续。建于15世纪的加罗索医院，直到今天相当大一部分建筑仍然作为医院在利用。在利用古建筑上，中外都面临的问题是，有的建筑虽然有保护价值，但是空间、面积、功能都不能适应新的需要。贝聿明设计的巴黎卢浮宫金字塔式下沉建筑，既增加了空间，又较好地解决了采光问题，堪称改造旧建筑的成功典范。在巴塞罗那，有1992年的奥运体育中心，因座位不够，原定撤建，后想出下沉式扩建办法，完整地保住了老场馆。还有我们在巴塞罗那参观的拉卡沙基金会所在地的大楼，本是20世纪20年代纺织工厂的生产车间，基金会购得后，本想重建，经慎重考虑后，决定向下挖掘拓展空间以保留大楼。我们看到刚刚建成的地下活动场所，既有展厅，又有图书室等，经过精心布置的各个空间，游客络绎不绝，其他尚有老火车站改成种植物蔬菜的温室等，在保护利用旧建筑设施方面可谓殚精竭虑。此外像阿维尼翁的罗马斗兽场、阿尔勒的罗马剧场也没闲置，至今都常常被作为演出活动场所。

对文化遗产的管理，两个国家都有严格的立法，并有一套完整的管理制度和成熟的操作方法。法国文化部建设规划司司长对代表团介绍说，法国文化部负责管理全国的历史文化街区，全法国共有95处像巴黎第七区、玛莱区这样的老街区。所谓保护，一是要保护其不受建设的影响，二是要改造并使其产生活力。对保护点，只做维修不做大的改动。这样做是以1962年通过的《马尔罗法》为依据的。对保护区内的每一幢建筑都要进行测量规划。属于国家管理的95处，不能随意改动，内部的每一处维修都要报批，周边500米范围内不能改动，此外还有一般保护区，外貌不能动。保护区内住的居民房屋，总体上来说都是私人财产，要维修必须按法规进行，国家不拨款。但房屋的维修和改作商业用途会享受国家的政策优惠比如减免税额等。由于翻修可以使房屋增值，居住者是愿意对自己的房屋做维修的。政府还为维修提供低息贷款，按国家税务总法的规定对他们的经营和个人所得税予以减免。世界遗产总的来说是由文化部来管，具体来说是由当地政府与国家共同来管理，有的地方管理部门为村镇联合体，比如城堡群。保护规划是由文化部制定，市政府来负责实施。对文化遗产全国只有一个保护法。而对自然遗产，因比较特殊，每一处都有专门的保护法规。阿维尼翁教皇皇宫的馆长就告诉我们他们是如何管理的：馆长直属市长领导，馆里人员的工资都是由市里直拨。馆里的经费来源由两部分组成：大约一半由文化部下拨，另一半由市政府筹集后给付。市政府是以维护世界文化遗产为由设立基金会向私人老板募捐，募得的资金交给董事会，市长担任董事长。往往募得的资金还有富裕，这种情况下，也可将余下资金用于其他古迹维修。皇宫每年的经费预算都要上报市政府并且必须经市议会批准后方才有效。博物馆的门票收入悉数上缴市政府。

三

这次对两个世界文化遗产大国做的文化遗产专题考察，实际上只有一周时间，但是通过对两国不同时代、不同门类、不同地区的世界文化遗产的考察，对他们的保护法规、保护原则、管理体制有了初步的了解。各个遗产点的高水平管理以及无论是建筑本体还是环境风貌都受到精心的保护，给我们留下了深刻的印象。他们为使文化遗产可持续发展而采取的正确利用措施，大大地开启了我们的思想，拓宽了我们的视野，他们的做法概括起来，总结为"遵循三个层次""坚持三个原则""处理好九个方面关系"。

根据不同的保护对象和保护要求，制定有区别的保护原则。比如说保护单位按体量大小可分为城市、街区、单体三个层次。保护也坚持以下三个相应的原则。

原状保护的原则。对重要的单体建筑实行原状保护。无论是外观还是内部的装饰不管是公共实施还是私人建住宅，都不得随意改动，维修必须遵循原状保护的原则，国家遗产管理部门保存有每一处这类遗产的包括细部测绘图在内的详细档案资料。

原貌保护的原则。对历史文化街区这类成片的大面积的传统建筑，采取的是原貌保护的原则。即是说，其外貌必须原状保护，而内部可以根据用途而加以改造，如做现代化的装修。无论在法国的卡尔卡松，还是西班牙的托莱多、阿维拉古城内我们都看到有用现代材料将内部装修一新的时装店。

风貌保护的原则。对城市（含列入保护的街区和独立的单体建筑）外一定范围内的建筑实行风貌保护原则。在风貌保护的范围内，坚持使建筑（高度、造型、色彩）、道路等，都不致与被保护体产生感观上的不协调。我们在所访问的文化遗产地，不管是远眺还是近观，都还没有看到一处遗产点的周围风貌与遗产点发生不协调的情况。

在此基础上，处理好以下九个关系。

处理好原状与原貌、风貌之间的关系。虽同为文化遗产，但其作为群体建筑而言，其重要性在相互间是有差别的，笼统地全部原状保护实无必要，从国家和地方的财力来看，承受不了全部原状保护的沉重负担，也不利于社会的发展和人们的生活。处理好他们之间的关系也就牢牢抓住了文化遗产保护的工作重点。其实，这对原貌、风貌的保护也是很重要的。有旅游者从巴黎、罗马这样的城市归来后感慨地说，在那里，要指出哪幢建筑是文物很容易，而要判断哪幢建筑不是文物却很难。这段话也可以理解成他们在保护古城的原貌、风貌方面的工作做得非常出色。不像国内有些单位对文物保护范围只做片面的、形而上的理解，好像只要一出了保护范围，就算盖摩天大楼也是正确合理的。

处理好集中与分散的关系。凡是能够成片保护的，坚决集中保护好，巴黎玛莱区，就是在1962年时候，国家下决心通过立法将其保护下来。对那些已部分受到破坏的也不强求其完整保护，可以街区形式保留下来，像巴黎，虽有完整的玛莱区，也有第七区这样的老街区，类似的还有里昂老街区等。至于更小的单体建筑，即使未在古城也没在老街，还是要纳入保护单位内。比如，阿维尼翁的凯旋门剧场，就是相对独立于古城的单体建筑。

处理好传统与现代的关系。在一些人看来，文化遗产保护中传统与现代是一对无法调和的矛盾。但在法国和西班牙的文化遗产保护区，我们却看到两者十分和谐，在托莱多和卡尔卡松古城内，汽车在砖、石砌成的老街上行走。外貌古老的房子里的居民的生活设施尽可现代化。当社会要发展而古城的布局、功能又不相适应时，最好的办法就是在古城保护范围外另建新城，巴黎、里昂是这样，巴塞罗那、托莱多、阿维拉也莫不如此。据我们了解，法国在19世纪60年代、西班牙在20世纪80年代的经济发展水平和人均GDP与我国今天的京津沪和沿海地区比较接近，他们也曾有过经济社会发展与遗产保护发生尖锐矛盾的时期，但他们的眼光有前瞻性，制定了法规将一大批文化遗产保护了下来，今天的西班牙经济增长率排在欧元区第一位，我们目光所及，许多地方塔吊林立，一派建设繁忙景象。从政治体制上来说，法国、西班牙的官员们面临选民要求经济增长的压力比我们的官员要大得多，然而，他们的建设既未在土地资源奇缺的市区，也未在荒郊野外拆掉老建筑搞开发以拉动经济增长。即使是在经济负增长时期也不这样做。他们明白这是他们文化的根和叶脉，是不可再生的，是可持续发展所依赖的稀缺资源。

处理好保护与利用的关系。对文化遗产而言，保护不是目的，能够在保护好的基础上可持续利用才是我们的目的。人们，尤其是与遗产有利益关系的人们（如历史文化街区的居民）和社会看到了利用遗产能带来巨大的经济和社会效益后，会对文化遗产的保护投入更大的热情，从而达到保护与利用的良性互动。巴黎的老街区由于保护措施得力，由原来的穷人聚居区变成为富人处所。保护区内游客熙熙，百业兴旺。卡尔卡松伯爵城内，旅游纪念品店铺林立，城内居民安居乐业。托莱多古城内银器工艺制品店比比皆是。这些保护区内几乎每一幢建筑都得到了合理而充分的利用。正如前几年联合国世界遗产机构驻中国的代表所说的那样：医治现代城市建筑千篇一律顽症的唯一良方就是保护好它的历史风貌。文化遗产的有效保护，使得这些地方特色鲜明，知名度大大提高，成功地吸引来了大批的游人，本地的传统及现代的产业随之蒸蒸日上。如前面我们所指出的那样，不但民居继续有人居住，古罗马的斗兽场剧场，今天仍然作为公众举行演出活动的场所。当巴塞罗那的体育馆、纺织厂在保护和利用发生尖锐矛盾时，他们不是简单地以拆或搬来解决，而是在仔细论证之后以下沉式方法拓展空间，真正做到保护、利用两者兼顾。在里昂老城区有一座古老的大剧院，因其内部功能已不适应今天的需要，原计划拆掉重建，但是大家觉得毁掉太可惜，于是请专家来想办法，终于找到在内部再修一座小一点的剧场，让大的刚好可以包住它的修建方案，正好两全其美。这些都堪称有效保护与合理利用成功结合的最佳典范之作。

四

调查了法国、西班牙两国的世界遗产管理法规、管理体制，又做了实地考察，再反省我们的管理上的思路及利用上的种种做法，我们认为，和他们相比，我国在世界文化遗产保护和利用上还存在较大的差距。

首先是管理体制上。我们的文化遗产，理论上是国家的，不管它是哪一级保护单位，当它没有经济效益的时候，就归文化文物部门管理，如果有了较好的经济效益，或当大家看好其前景时，有关部门就纷纷插手，将管辖部门随意改变，有的将原属下一级管理的"升格"到上一级部门，打着"重视"之名，行随意改变管理体制之实，有的强行将其从文化部门剥离，成立所谓管委会来管理。更有甚者，将其交给旅游公司或企业承包经营，明目张胆宣称就是要赚取最大利润，这些极其错误的做法，已对文化遗产造成了巨大的破坏。追根溯源，体制的随意改变是造成这些问题的最主要祸根。因此我们一定要坚持、完善我们的管理体制，而非随意改变。

其次，是每一处文化遗产的保护、利用、规划的制定。法国同行告诉我们，他们的每一处文化遗产，都有小到每一栋房屋（包括门窗细部）的测绘图作为档案保存，以做维修规划的依据。他们的每一处文化遗产都制定有详细的保护利用规划，对文化遗产加以保护维修并促使其产生活力，是保护利用规划的重要内容。

法国早在1962年就通过了保护文化遗产的《马尔罗法》，西班牙从20世纪80年代申报世界遗产成功后，也立即就有针对世界文化遗产的立法出台。而我国到今天为止，也只有个别地方（如四川省）通过了简略的管理条例，尚无全国性的详细法规出台。我们制定过历史文化名城保护的条例，本来它对古城古镇的保护是有积极作用的，但二十年来实施的效果却并不理想，看来问题的关键是要加大对法规的落实。

关于文化遗产融入当地社会。我们所到之处，当地人们非常珍视它。在巴黎老城区、里昂老街、卡尔卡松伯爵城、托莱多、阿维拉这些生活着大量居民的古城内，最高的建筑非文化遗产莫属，连整个城的色调都和遗产的色调保持着惊人的一致。那些孤立野外的单体建筑，无论高低，远远望去都显得鹤立鸡群，视野之内，并无不和谐的障碍物。我们认为，这除了历史原因和严格的保护规划措施以外，还与当地市民自觉维护爱惜有关。在各遗产点，我们看到，文化遗产很自然就是当地居民生活的一部分，在距遗产点较远的地方都能随时看到以各种形式出现的宣传品，谈起他们的文化遗产，自豪之情溢于言表；在各遗产点，本地观众总是较多的，有许多是全家一起、全校组织参观。国家对国民进行遗产教育，遗产又反过来教育国民。

<h2 style="text-align:center">五</h2>

吸取了文化遗产保护先进国家的经验，结合国内的世界文化遗产的保护现状和存在的问题，我们建议：

应加快我国世界文化遗产保护法规的制定步伐。根据法国、西班牙等国的经验来看，他们在保护文化遗产方面早在20世纪60年代就制定了完善的法规，而我国，近几年，随着世界文化遗产热的不断升温，各级政府和社会各界，申报和经营世界文化遗产的热情空前高涨，其中很多做法有悖文化遗产保护基本理念和原则，如不尽快加以纠正，必将对我国的申遗工作造成负面影响，对遗产的保护管理将严重失控，从而使大批遗产遭到毁灭性的破坏。既有的文物保护法没有完全涵盖世界文化遗产，比如，有的地方正在申报或已经批准为世界文化遗产的单位，但并非国家级文物保护单位，甚者，连省级、县级都不是。解决这些问题的根本办法是国家尽快制定出台世界文化遗产保护法规。

明晰遗产产权，理顺管理体制。如前所述，我国的文化遗产产权不清，导致管理体制较为混乱。有利可图的，都想去管，都能去管，甚至可以承包出去，无利可图者，悉数留在文物部门。这严重违背了世界文化遗产保护组织制定的保护宗旨，如不尽快将产权明确，体制理顺，文化遗产利用中的短期行为会愈演愈烈，损毁事件会愈来愈多。

狠抓基础建设。这里的基础包括两方面的意思：一是遗产本身的建设，严守文物保护法所规定的对文物保护维修原则，并借鉴法国、西班牙等国的依层次做原状、原貌、风貌的区别对待。另一层意思是，加强文化遗产单位的资料档案建设。我们既然已加入国际遗产组织，我们的做法就应与国际接轨，我们所有申报世界文化遗产的单位都应该做好申报点的每一个建筑的详细测绘图，已申报成功的也应在规定的时限内完成这项工作，国家级文物保护单位和准备申报点也应有测绘图，否则，不得参评。争取在较快的时间内完成此项基础工作，为审批维修方案提供科学依据。

提倡合理利用。从我们参观的20处文化遗产来看，凡是保护工作做得好的，在合理利用上的表现也十分出色。我们完全可以学习他们让居民与古城水乳交融的方法，大力开发具有本地特色的纪念品、通过保护宣传文化遗产带动本地经济旅游发展的成功做法。我国有许多地方在利用上思路单一，甚者还走入误区，比如，动辄搬迁古城内居民，甚至是全部搬迁。这样的利用，将一座活生生的古城搞得死一般的沉寂，古韵古风丧失殆尽，古城的价值也大打折扣。那种拆掉旧的，又在原处或附近盖上仿制建筑的做法更是劳民伤财，那根本不能说是合理利用，而是实实在在的破坏。

加强对国民的文化遗产教育。我们的一些地方现在对世界文化的宣教给人造成一种印象，好像世界文化遗产意味着大批游客、大把钞票，这是对国民的误导，严重影响到遗产的保护，有损文化、文物大国的国际形象。我们应该教育引导国民，本地有世界文化遗产是一种崇高荣誉，同时更多更重的是一种责任。作为一个有五千年文明的大国，我们希望在国民教育教科书中，文化遗产的教育应有所体现。

以前，国内一些人当听说面积只有50万平方千米，又不是世界文明大国的西班牙，世界遗产总数居然列世界第一位时，还有些不服气，以为他们不过是申报早，机会好罢了，放在今天未必都够格。我们在潜意识中也或多或少是带着这部分人的疑惑去考察的。考察结束后，疑惑也没了。代表团的成员一致认为，就我们的认识水平和所见而言，作为世界遗产，它们都是当之无愧的。

这里就产生一个如何正确看待我国的世界文化遗产的问题。我们认为，这个问题可以从如下三个方面来看：第一，我们申报起步较晚，这是客观上造成的差距，但我们的发展势头良好，短短十来年，世界遗产的数量已从无上升到29处，居世界第四位。第二，我们确实有五千年的文明积淀，但由于自然的和人为的原因遭到损毁，令人痛心的是，近几十年都还有借发展或其他善意的名义进行大规模破坏的。有专家曾尖锐地指出，作为一个五千年文明古国，在星罗棋布的千年古城中，却只有平遥和丽江两个小城入选世界文化遗产名录，其实是很令人痛心的。我们想，至少是骄傲不起来吧。第三，还有许多够得上世界文化遗产的遗产资源，有待我们去挖掘、去宣传。例如，四川的藏羌村寨和碉楼，比我们在法国、西班牙看到的任何一处石砌古墙古城都更气派、更宏伟、更漂亮，也更具文化内涵和特色，但前些年没有充分认识到其价值，宣传工作也做得不够，错过了申报的最佳时期。当然我们只要对它好好加以保护，大力加以宣传，相信是会列入世界遗产名录的。再例如，京杭大运河，建于公元6世纪，长达1000多千米，为经济和文化的繁荣做出过长时间巨大的贡献，法国的南运河，无论从哪个方面都是不能与之比拟的。但至今都还没人意识到它是世界文化遗产家族的潜在成员，我们应务必加以保护整治。现在，南水北调工程东线开工已提上日程，据说工程将涉及对运河的大改造，如果不能充分认识到运河在文化遗产上的巨大价值，新的工程势必将对运河造成难以挽回的巨大损失。我们应及早组织专家专题研究京杭大运河的历史、文化价值，评估其作为世界文化遗产的可能性和必要性，进而制定保护规划方案，提请建设部门给予高度重视。

作为国家文化遗产的管理部门，在考察中了解了法国、西班牙在世界文化遗产从立法、管理、维修到利用的理念和一系列做法，深受启发。我们认为，他们的很多思想和做法都是遵循世界遗产组织的法规，符合遗产保护的原则要求的。我国早已加入世界遗产组织，不应过多强调自己的国情而不去遵守世界通则，也即是说，他们的很多做法是可以借鉴过来的。

当然，经过本次考察，我们也更加深刻地体会到我国文化遗产资源的丰富，以及在经济转型、从小康向中等发达国家迈进的征程中，文物管理部门肩上担子的沉重。但是，有党和政府对文化遗产工作的高度重视，有全国人民的对文化遗产保护所迸发出来的前所未有的热情，加之对先进国家成功的保护管理利用经验的借鉴，我们更有理由和信心做好我国文化遗产的保护工作。

（原载《中国文物报》2004年1月23日）

博物馆库房与百货仓库*

　　以鄙人在博物馆工作过的经历，以及看了媒体曝光的河北承德某博物馆发生监守自盗的大案以后，有些想法如鲠在喉，早想写一篇以上题目的文章，但又生怕了解有限，让人说我以偏概全，所以一直不敢提笔。前段时间看到了中央电视台《焦点访谈》栏目报道了江西景德镇某博物馆馆藏文物不翼而飞的离奇事件后，感到这一南一北的两起看似孤立的事件背后所隐藏的问题，也许远不是那么简单，以小人之心来揣测，说不定还带有一定的普遍性呢，故而还是想一吐为快。

　　什么是博物馆？按理来说，看这份报纸的各位都是清楚的，不用我在此唠叨。如果有人要问，博物馆里各种物质要素中什么最重要？回答当然是文物藏品。一个博物馆藏品的多少与优劣，决定了这个博物馆地位的高低。博物馆里的藏品，一般来说，或是通过考古学家辛苦发掘，或是由一些收藏家热心捐献，或是经过专家费心征集，日积月累，聚少成多。一件藏品，往往就是一段历史的见证者，是文化的载体，毋庸讳言，在市场经济早已深入己心的社会芸芸众生看来，同时还意味着不菲的经济价值。博物馆的从业人员，尤其是馆长更是应

　　* 本文以"容自扰"笔名发表。

该心知肚明的。

那么，堆放文物藏品的库房该怎么管理呢？

我们知道，广义上的库房有多种，重要者有如大家都熟悉的什么金库、钱库、弹药库之类，最不起眼的如收破烂者堆放废旧物品的仓库，等等。文物库房的重要性能不能超过金库、钱库、弹药库姑且不论，说可以与其相提并论不算太为过吧。不太了解博物馆的人可能未必清楚，可是对在博物馆工作或是还担任了领导工作的馆长们来说，不管你以前是干啥的，只要进了这个行当，无论如何是应该知道的。退一步讲，就算你再无知，也总不至于糊涂到将它与收破烂者堆放废品的仓库混同一类呀！那么，我们暂且原谅那些不晓得文物库房与金库钱库弹药库同样重要的同志们，先让文物库房自降身价，等同于百货仓库来看看，又会如何？

这里说的百货仓库，一般来说是指我们大家都很熟悉的中国传统的百货公司的仓库。这些仓库里堆放着成千上万种商品，一些大的百货仓库，货物堆积如山，库房里的货物除直接供百货公司零售外，也还承担着中转批发的功能，货物进出、码放、上下货架，并然有序，有许多仓库每天都有大量的货物进进出出，工作之繁忙，远非我们有些成天在办公室品茶看报，在库房聊天打毛线的博物馆的"专业人员"所能想象得到的。库房里堆放的主要是日用百货，针、线、布、鞋、帽、酱、油、米、盐、醋、文具、玩具、家具……绝大多数是普通老百姓的日常生活用品，其价格一般人都买得起。在这样的仓库里，人员进库要有凭证，存领物品要有多联清单，以及经手人的签字和有关部门领导的批准，库房大门不会是仅一人就可打开并随意进出的。仓库有每天货物进出流水账，按规定还要进行月、季、年的盘点，并将盘点结果如实上报。

反观我们的一些博物馆，不要说每月每季，哪怕是每年甚至十年、二十年有过盘点吗？保管员每天都在做啥？我们的馆长知道吗？有严格的账本吗？有人员进出的登记制度吗？有反映每件文物基本要素的清单吗？这些东西馆长又看过没有？我看是要打大大的问号的。仅举数例来说明：

例一：家底不清。一些博物馆里收藏了为数不少的古钱币，由于数量众多，往往是用麻袋来装，据说有的馆就存有十几到几十麻袋不等。这倒也不奇怪，奇怪的是，几十年内就没有人去对麻袋内的钱做认真的清点。而在百货仓库里，箱子、麻袋再多，里面装的东西都是清清楚楚的，比如说，一箱里有多少包洗衣粉、有多少支牙膏，甚至多少根针，决不含糊。其实何止古钱币，其他种类家底不清的恐怕也不在少数吧。

例二：单件信息记录不详。据说许多博物馆的文物卡片上的内容几十年一贯制的原封不动地保留着当年考古队移交的记录，既没增加也没减少，文物维修、出展、研究的档案记录完全没有。据说有一家博物馆将一件青铜戈拿出来在本馆展览，展览结束后移驾交回保管部，发现在内部有断裂粘接痕，交接双方都咬定问题出在对方，但都拿不出证据，幸好在多年前出的一本文物图录中收录有这件文物，用放大镜一看，原来是多年前就有修复过的旧痕。又据说另有一家博物馆送展品参加出国展在北京点交时，向外出示的移交记录居然是某件文物"脸上有多处伤痕"，让人家大惑不解。

例三：保管员变更不办清点移交手续。据说有一家博物馆的一个陶瓷库房保管员突然发病死亡，馆里新安排了一个人去当这个库房的保管员，馆领导和保管部的负责人以及新保管员都觉得死去的那个人就没有办清点移交，因此无法给新接手的人一本确切的账，只能让他拿上钥匙管就是了，后来，这个库房的保管员已换了几茬了，交接时均未办清点文物手续。真还成了一笔糊涂账。

国家本制定有博物馆藏品登记管理的详细规章制度。博物馆库房的管理理应比百货仓库更严，博物馆库房的保管员的素质理应比百货库的保馆员更高。但我们一部分博物馆的现实义如何呢，这些博物馆的工作者，特别是管理者们扪心自问吧。

前面讲的还只是传统意义上的百货仓库的管理，随着中国零售业的开放，像沃尔玛、家乐福、麦德龙等国际知名的零售业龙头老大企业也大举进军中国，带来了更新的技术、更现代的管理理念。什么物流呀、网上订货呀，据说在20秒之内，管理层就可查询到某一种商品在全世界各地当天的销售量、库存量等各种详细数据。当然，像沃尔玛和家乐福在仓储中如此先进的管理理念和利用最新的科技成果的做法，我们以上所举的存在种种不足的文博库房，暂时别去攀比，更别奢谈什么追赶和跨越，没有领导会批评，群众也不会去责难，老老实实地做事，就用传统的管理办法和手段，能将你们的文物管好，整体能尽快达到百货仓库的管理水平，说不定已是文博事业之大幸呢。

可能我是小人之心。

但愿我是杞人忧天。

（原载《中国文物报》2004年1月30日）

新时期考古宣传工作刍议

考古学早已走出了象牙塔，成为传媒追踪和公众关心的热门话题。如何做好考古宣传是考古工作者必须面对的事情。从这些年发生的一些事例来看，一些考古机构在思想和行动上都还未做好准备。该怎样宣传考古工作？笔者以为，除了了解传媒的巨大变化并尽快适应外，还应主动出击，积极引导，牢牢抓住宣传的主动权，努力使宣传工作与时俱进，才能做好考古宣传。

一

中华人民共和国成立以来，中国在政治、经济、文化、军事诸多领域都有很大的进步。就文化领域而言，考古学的成就更是极为引人瞩目。以20世纪50年代来说，考古学的成就从宣传方面来看，主要获益于两个方面：一是发现和研究成果呈现有专门的学术刊物，《文物参考资料》（《文物》的前身）、《考古通讯》（《考古》的前身）、《考古学报》都是在50年代初期就创刊的，它们在及时、科学报道考古新发现和研究新成果方面，发挥了巨大而独特的作用。二是新闻媒体的广泛报道，翻阅50年代的报纸，常常可以看到考古新发现的报道，那时的广播电台也多播发考古新闻。还有，早在1954年，国家就举办了首次全国出土文物展，毛泽东主席等党和国家领导人都曾前往参观。这样的宣传，既维护了学术的权威性，又做好了科学的宣传普及工作，宣传方式紧扣时代，有鲜明的特色，效果极为显著。

"文化大革命"开始"破四旧"，考古宣传自然受到严重冲击。考古学术刊物停刊，有关考古发现的消息几近绝迹。到20世纪70年代初期，首先恢复的几种学术刊物中就有《考古》《文物》《考古学报》三大杂志，以及介绍满城汉墓、马王堆汉墓的新闻简报和专题电影的广泛放映，考古新发现为那个年代人们的沉闷生活注入了些许可以无拘束谈论的话题。据说恢复高考以后报考考古专业的学生，大多都是受到了考古电影、新闻简报的影响。

20世纪50年代至70年代，虽处于我们所称的计划经济时代，当时的信息传播载体主要为报纸、广播，传播速度、深度、广度也远远不及今天，但回过头来看，那个年代的考古宣传还是极为成功的，可以说是在当时的条件下，用有限的宣传工具，将考古宣传工作发挥到了极致。

二

改革开放以后，虽有市场经济大潮的不断冲击，考古的宣传报道还是不断见诸各种传媒，尤其是重要考古发现大受传媒热捧，在人们的鉴赏、消遣多元化的时代，传媒能如此长久不衰地关注，实属难得。这是考古之幸，是每一个考古工作者都应感到自豪和光荣的事情。

今天的信息传播方式令人目不暇接，传统的报纸、广播仍在发挥着重大作用，电视利用自己的视听优势，早就大举进军考古传播领域，近几年新兴的现场直播、网络交流、文化探索类杂志也纷纷加盟，考古传播的速度、频度、深度、广度都是前所未见的。媒体间竞争也非常激烈。和许多行业想方设法接近媒体相反，在许多地方的考古部门，却是各种传媒千方百计想接近的行业。现在的考古工作者和管理机构随时都会遇到各种媒体的记者来挖新闻，遇有重大发现，所在单位的专家和领导对记者每每感到不胜其扰，有时觉得记者之扰已到了"灾"的地步了。几乎所有考古单位都碰到过夸大其词、张冠李戴、无中生有的报道。还有，就是在考古工作者看来，有的记者纯粹为了迎合观众和读者，将严肃的历史学术问题写成很媚俗的东西，这尤其令许多考古工作者受不了，所以，就有单位不愿与传媒打交道，怕记者，甚至厌烦记者的事都时有发生。

但是，我们必须清醒地意识到，今天的传媒已不是二三十年前的传媒，甚至与几年前的传媒也大不一样了，如果我们仍用以前的思维来看待传媒，用传统的方式与如今传媒打交道，肯定不适应当今的形势了，考古与传媒本来就应是合作互补、建立双赢的关系，而不应是隔离、对立的关系。总结这些年来考古部门和传媒的合作经验来看，如要做到前者，笔者以为，考古部门应从以下几个方面加强工作。

调整思维方式，适应新形势下传媒的变化。

考古宣传应坚决执行国家有关新闻发布的规定和国家文物局关于重大考古发现报道所定的原则。在我国现行体制下，新闻发布是必须报请上级有关宣传文化部门的。考古所发掘的是国家历史文化遗产，有些发现仅仅是才露出冰山一角的重大考古发现，尚未弄清其基本情况，就仓促公布，是极不严肃的，也是对大众的不负责任。有些发现是挖到大量有经济价值的文物，如尚未做好严密保护方案就公布出去，将给安全保卫工作造成极大的压力。有的事关国家机密，在一定的条件下，是需要严格保密的。国家文物局对考古发掘以及报道采访都有很详细的规定。这些规定确保考古发现的报道不致失控和无序，不致因不当报道而带来文化遗产的重大损失。这些规定和原则，我们都必须牢记并遵守。

考古宣传要与时俱进，转变思维。传统的考古宣传工作中，考古部门与传媒的关系往往是考古部门处于主动位置，而传媒是被动的，即是说，考古部门认为有重大发现等具有新闻价值的东西后通知传媒，传媒来采访后就发消息，大多数情况下是考古部门提供给传媒啥就报道啥。从这个意义上来说考古部门是主动的，也在很大程度上掌握了传媒导向的主动权。但是在今天的形势下，考古部门与传媒的关系已发生了很大的变化，现在的传媒基本不会仅仅满足于考古部门通报消息和结果，而要追问为什么和怎么样。许多时候考古部门还没发布新闻，传媒就找上门来了，考古部门甚至还遭遇过传媒比我们还先行一步的情况。作为考古部门，对这些现象可能觉得难以理解，但作为传媒方却习以为常。他们在其他系统采访也是这样，并非专门与考古部门过不去。比如，美军攻打伊拉克时，设在卡塔尔的新闻中心就常常遭到记者们的"围攻"，我国外交部、国务院的新闻发言人，甚至从部长到总理在举行新闻发布会时，都有"舌战群记"的情况发生。当今的社会潮流，人们希望有更多的知情权，大众对政府部门的决策过程和公益性机构的公开性和透明度要求，比历史上任何时期都要高。我国的考古部门，都是国家财政拨款的公益性事业单位。各省的考古所，都是科研型学术机构，除科研外，都承担了上级政府部门授予的文物抢救性保护工作任务。这样的机构也当然有义务告诉社会和大众自己都在干些什么，以求得社会和大众对自己所从事工作的理解与支持，赢得人们对考古工作者和他们从事的这个行业的尊敬。比如说，这种宣传就可能会对基本建设单位以及工作需要涉及的部门和当事人产生积极的影响，让他们更理解从而更愿意积极协助配合考古工作。再来说传媒，他们面临同业竞争和大众吸引度的双重压力，为最大程度地满足客户的好奇心，他们得使出浑身解数，尽量寻访大众感兴趣的内容加以报道。还有一点，就是传媒因种类和形式的不同，他们报道的方式和侧重点也有所差别，例如，党报可能会侧重于消息报道，各地的晚报可能会对历史文化价值更关心，商报一类的报纸可能更愿意从宝藏的视角向读者报道，人文类杂志更多的则可能是辟出配以大量图片的专栏，电视网络更喜欢搞现场直播和人物专访……还是来说传媒，绝大多数传媒面向的都是大众读者和普通观众，为了生存，他们要尽量将栏目办得活泼一些、通俗一些，应该是可以理解的。

考古发掘机构也应有专门的新闻发言人。从其他行业及考古行业这些年与传媒的交往来看，考古与传媒是合作关系，但合作中有矛盾，矛盾主要表现为，考古认为传媒报道与考古部门的说法有很大的出入。客观地说，造成这种局面主要责任在媒体，但反省起来，考古部门也该检讨，由于我们没有专门的新闻发言人，在应对传媒的发问时，并未深思熟虑就脱口而出者有之，这样的话，记者可能断章取义拿去发表。对同一学术问题，传媒采访不同的人得到不同的或截然相反的看法，在学界看来本属正常，但在新闻发布会上向记者讲就可能引起轩然大波。所以要选既有一定专业知识、善言辞、反应也较敏捷的人员来担任新闻发言人，而且对基本情况和重大问题，要尽可能以一个口径发布。四川省2000年三星堆遗址考古发掘现场直播，就因专家各说各而造成社会受众认知混乱，至今还留下很多负面影响。当然这并不妨碍学术上的争鸣。仅有新闻发言人还不够，还应准备经过反复推敲的新闻通稿，发给传媒，这既体现了考古的严肃性，又减少了记者们乱报道的可能性，如传媒报道使考古部门受到严重伤害，还可以新闻通稿作为交涉的证据。新闻发布会发布的消息，谁都不能保证就百分之百准确无误，不管是政治新闻、经济新闻、军事新闻，还是学术新闻，弥补的诀窍就是滚动发布，前次发布有误和传媒报道有偏差的应及时予以纠正。

对于特别重大的考古发现，请国家文物局派出国家考古专家组的专家们亲临现场考察指导，并参加新闻发布会，由专家们现场回答记者提问，与他们面对面交流，从好些地方实践的效果来看，这种做法是值得坚持和推广的。这些专家们学识丰富、见多识广，长期与传媒打交道，善于应付各种复杂的局面，回答各种问题时，言语拿捏也恰到好处。有他们参与的新闻发布会，一般都能达到预期效果，传媒报道出偏差的也少。

以上所说还只是在讲如何看待传媒以及怎样应对传媒，若就宣传来说，我们还只是被动适应。对利用好传媒来说，已基本够了，但要从做好考古宣传来说，恐怕还差得远。

三

将考古宣传作为己任，牢牢掌握考古宣传的主动权。

我以为，要做好考古宣传工作，还得在宣传上全面筹划、突出重点、主动出击、积极行动，牢牢抓住考古宣传的主动权才是最重要的。以我们的经验来说，对宣传要有全面、长期的规划，要有计划地来保证这些规划落到实处，有组织、经费来保证规划所定目标的顺利实现。比如说，现在各级、各单位都在制订"十一五"规划，建议各考古所不妨将考古宣传工作作为一项重要内容列入规划之中，使我们的宣传工作做到早做筹划、心中有数、有章可循、有序推进。

考古宣传同其他宣传一样要有重点，切忌齐头并进、泛泛而谈。假如我们只是每一个考古发现开一次新闻发布会，像例行公事似的交代一下发现情况，久而久之，大家都会觉得乏味。有重点才有看点、热点、卖点。重大发现、重大进展，都可以成为宣传的重点，成为传媒关注的热点。

考古工作宣传的内容，一般人可能认为就是考古发现，其实这是一个误解。考古发现只是考古工作中的一个过程、一个环节，充其量也只是一个阶段性的结果而已，调查→发掘→修复→整理→研究→发表，构成了考古工作系统的一个主链条，要想让社会大众了解考古，每一个环节的宣传都是必不可少的，由此系统的运转所衍生的环节更多。近几年来，除了考古发现以外，我们还把考古调查、考古发掘开工、考古工地结束、文物修复、文物修复拜师制、中外合作科技攻关、合办学术刊物、文物出国展览、考古事业成就展都作为考古宣传的内容。

考古宣传的方式也可以是多样化的。新闻发布会当然要开，定期集中举办科普讲座、走进大学和图书馆做学术报告、向社会和大众讲著名考古学家的故事、招募考古志愿者、文物修复拜师会、考古快报、印制考古出土文物的扑克牌我们都做过。总之，宣传方式要尽量出新、出奇，尽可能涵盖各个层面，但绝不媚俗。例如，在讲考古学家故事方面，国外就做得不错，他们在介绍某项重大发现时，故事中的发现过程和研究往往是以考古学家的活动为中心，故事讲起来有血有肉，娓娓动听，引人入胜。我们曾在六年前的考古事业成就展中大胆解放思想，排除干扰，用图片形式展出了与考古发现相关的二十多位四川考古工作者的事迹，大受参观者欢迎，引来如潮好评。我国老一辈考古学家，成就获世界承认，他们的研究成果、传奇经历也一点儿不比国外的考古学家逊色。三年前，在北京的一次会议上我就呼吁有专门讲考古学家故事的书籍或电视专题片尽快面世，但是，至今好像还没看到有这方面的作品。这是很令人遗憾的事。

四

考古宣传工作事关单位形象，作为公益性的考古科研单位，尤其不能等闲视之。有了对传媒的新认识后，我们努力与传媒合作，建立起了良好的互动关系，我们知道，我们互相都需要对方。在有了良好的关系后我们努力在宣传方式和内容上多下功夫，传媒也尽力严守新闻报道所必须遵守的原则，尽量多拿出版面来登载来自考古部门的消息。近三年来我们的考古新闻占据报纸文化版的头版、半版甚至整版都是常有的事。据不完全统计，三年来，我院平均每年见诸传媒的报道有两百余条之多，大大扩大了单位的影响力。现在，成都的、省上的、中央在川的传媒机构，不管有无新闻，总是不断有电话来询问有无报道题材。我们所做的工作，通过一系列的宣传，在社会上树立起了良好的形象，赢得了社会普遍的理解和尊敬。

2005年9月写于西北大学留学生楼1217房

康巴地区民族考古综合考察成果盘点[*]

　　7月22日，由故宫博物院、四川省文物考古研究院和中央电视台
（CCTV-10）联合组成的康巴地区民族考古综合考察团满载收获返回成
都。这次考察历时15天，途经四川、西藏、青海三省区，考察了四川和
青海两省八县的文物点30多处，行程3000余千米。

　　考察团由故宫博物院副院长李文儒研究员担任团长，成员除故宫
博物院和四川省文物考古研究院的专家、学者外，还邀请了国家博物
馆、北京师范大学、四川大学、西南民族大学、四川省民族研究所等单
位的知名专家参加，涉及的研究领域包括藏传佛教、西南考古、格萨
尔、古代交通史、西南民族史等。甘孜州文化局宋兴福局长等陪同考
察。遥感定位等新型科技手段也被运用于本次考察活动中。

　　本次考察的重点和取得的成果主要包括以下几个方面：

　　一、扩大了石棺葬分布的地域。本次考察和复查石棺葬地点六
处，分别位于丹巴、炉霍和德格三县，跨大渡河、雅砻江和金沙江上游
区域。雅砻江支流鲜水河流域近年来新发现的石棺葬地点较多，说明这
一区域是石棺葬比较集中的地区之一。从炉霍县县城附近的石棺葬墓群

---

* 本文由高大伦、姚军、李文君、罗文华、徐斌合著。

中采集的遗物来看，陶器除具有自身的特征外，还具有我国西北地区青铜时代部分文化的特点，铜器则带有明显的北方草原文化的特点，表明这一地区在很早以前就存在着南北文化的交流，是一条文化交流的通道。关于石棺葬，以前考古界更多关注的是岷江上游地区，本次考察在大渡河、雅砻江和金沙江上游又发现了石棺葬，特别是德格县喇格村发现的春秋至东汉时期的石棺葬墓群，为金沙江上游区域的首次发现，扩大了石棺葬的分布地域，为研究石棺葬文化提供了新的考古学材料。

二、寺藏文物的鉴定。康巴地区是一个开放的文化区，活跃的民族走廊，藏传佛教是其共同的文化基础。这里是藏族历史上后弘期（10世纪）重要的藏传佛教复兴基地（下路弘法）之一，不仅有格鲁派的寺院，还有宁玛派、噶举派、萨迦派，甚至还有原始宗教——本教的寺院，各教派和睦共处，互相影响，共同发展。这里还是藏传佛教艺术中心，最重要的艺术流派噶玛嘎孜广泛流行，到18世纪达到鼎盛。所以对寺庙文物的考察成为我们此次考察的重要目标之一。考察团对10余座寺院所珍藏的佛教铜造像和唐卡等1000多件文物进行了鉴定，发现了早至9世纪，晚至20世纪的大量珍贵藏品。这是对该地区文物最权威的一次鉴定，很多藏品还是第一次面世。此次鉴定的规模和数量是有史以来康巴地区最大的一次，同时对寺藏文物的规范化保护提出了要求。

三、格萨尔遗迹。这次考察除了与格萨尔本身直接有关的遗迹外，如德格县龚垭乡的甲察城堡遗址、石渠县洛须镇的邓玛大将遗址等，还包括与格萨尔相关的其他遗迹，如石渠县的嘛呢石遗迹等。

格萨尔王的传说是一部规模宏大的民族史诗，是藏民心中积淀的英雄主义情感。据一些学者考证其原型与岭葱土司有关，所以在甘孜地区尤其是牧区关于格萨尔传说的遗迹比比皆是。格萨尔文化的另一种载体——嘛呢石刻和唐卡也数量众多，一些格萨尔王史诗的人物，包括格萨尔王本身不仅是民间信仰的重要尊神，还进入了藏传佛教的神系中。通过考察，我们注意到与格萨尔王有关的艺术作品中有相当一部分是由寺庙创作并保存的，这些唐卡的时代大都是18世纪前后，这一点对研究格萨尔从民间信仰走向佛教神坛的过程及其转变的时间提供了新的思路，应引起人们的关注。

四、交通史的新发现。关于交通史的遗迹除考察了青海玉树的勒巴沟摩崖石刻和文成公主庙外，还在石渠县的洛须镇新发现了一处摩崖造像。勒巴沟摩崖造像和文成公主庙对考证文成公主和金成公主入藏的路线具有重要的意义，其造像具有印度风格，时代大约在10世纪前后。而位于洛须镇东北格拉山龙荣沟内的照阿拉姆摩崖石刻具有尼泊尔的造像风格，不同于勒巴沟摩崖造像，也就是说10世纪前后有一条途经洛须的交通，这条线路起止于何处，因何而通，这无疑都为交通史研究提供了新的课题。

五、嘛呢石遗迹。石渠县的嘛呢石堆积是本次考察的重点，其中最负盛名的有松格嘛呢城和巴格嘛呢墙。位于阿日扎乡的松格嘛呢石经城是迄今为止发现的唯一一处用嘛呢石垒砌的"城"状的嘛呢石遗迹。石经城平面略呈梯形，由四面墙与城内的主体建筑、菩提塔、附属建筑、小城以及环绕四周的转经道组成，无论是城墙还是主体建筑的构筑，都是用嘛呢石片层层垒砌，石片间不用任何粘接材料。城墙和主体建筑上都有用嘛呢石砌筑的小供龛，内置线刻或线刻加彩绘的图像或经咒，经咒以六字真言和祈愿文最为常见；图像内容有格萨尔像、宁玛派祖师像和宁玛派低级的护法神像、莲花生像及释迦牟尼佛、三十五忏悔佛、八大菩萨、二十一救度佛母等。由于后来不断的堆砌行为，早期构筑的部分被包裹于内，因此难以判定其最早的堆积时代；据采集的嘛呢石经板分析，结合藏文文献记载，基本可以确定其时代为13世纪。巴格嘛呢墙是目前国内最长的一条嘛呢石堆积，全长1.7千米，宽约3.5米，墙体的两侧设供龛，内供佛教题材的石刻像和格萨尔王像等。"文化大革命"中大部分被毁，现存部分多为后来垒砌，现在仍在逐渐加长。松格嘛呢城和巴格嘛呢墙两者无论构筑方式还是龛内的图像题材都有明显的相似之处。为了对比，我们还考察了位于青海玉树结古镇的嘉纳嘛呢堆。嘛呢堆是整个藏区嘛呢石遗迹最常见的形式，其构筑方式相对较随意。

嘛呢石文化是藏区很普遍的一种宗教文化，其最常见的表现形式是嘛呢堆，但在石渠县境内在17世纪末至18世纪出现了如松格嘛呢城和巴格嘛呢墙这样大规模的嘛呢石堆积，却是不多见的现象。是信仰的厚重与虔诚使然，还是当地康巴藏族传统文化的必然产物呢？对于这一地区藏族文化和宗教信仰进行深入的调查和研究，可能是我们解决这个问题的唯一途径。

此外，考察团还考察了丹巴县中路碉楼、丹巴县梭坡碉楼、丹巴县甲居藏寨、道孚县民居、道孚县乾宁古城遗址等，所到之处，都详细获取材料。在考察丹巴县中路乡的碉楼时，首次依据壁画确定其为明代建筑。本次考察成果最终形成考察报告将结集出版。中央电视台（CCTV-10）对考察做了全程拍摄记录。

故宫博物院和四川文物考古研究院联合发起的"康巴地区民族考古综合考察"的活动内容之一是调查格萨尔史诗文化。格萨尔史诗是世界上最长的活态史诗。康巴地区是格萨尔史诗流传的核心地带。目前学界比较认同的观点是：格萨尔史诗故事发生在安多和康巴地区，史诗形成于10至11世纪。依据上述观点，格萨尔史诗已在康巴地区流传一千多年。在一千多年的流传过程中，史诗对康巴地区文化发生了什么样的影响？在康巴文化中居于什么样的地位？这是文化学、社会学，乃至历史学、人类学、宗教学都应该深入研究的一系列问题。由于多年来史诗研究基本局限于文学领域，因此，迄今为止，几乎还没有从上述角度进行研究。鉴于此，考察队将此次格萨尔史诗文化考察的重点放在了史诗对史诗流传核心地带——康巴地区的文化影响这一议题上。这次考察也因此具有了不同于以往的重要意义。

考察队从成都出发，以青海玉树藏族自治州为终点站，沿途对小金川、丹巴、炉霍、甘孜、德格、石渠进行了考察。考察发现，各县都有大量的能与史诗内容、史诗人物对应的地名、格萨尔传说、格萨尔遗址遗迹和不同艺术表现形式的格萨尔史诗内容、人物图像。德格是传说中的格萨尔遗址遗迹分布最多的县城，境内有数十个地方因是传说中史诗事件的发生地、史诗人物诞生地或活动地而得名。石渠县有53个格萨尔遗址，有11个寺庙至今仍在表演格萨尔藏戏；嘛呢城墙上供奉格萨尔史诗人物石刻像更是见识到的石渠县独有的文化现象。丹巴县莫斯卡乡保存有400余幅史诗人物石刻，这是第一次发现如此规模和数量的《格萨尔王传》专题石刻人物像。至于格萨尔唐卡和壁画，分布更是广泛，尤其是格萨尔唐卡，也就是当地人称的"仲唐"，此前学界一直认为国内所剩无几，这次考察发现，康巴地区格萨尔唐卡的数量远远超过了学界的预期。

考察还发现，通过格萨尔史诗图像，可以进一步研究史诗是如何对该地区文化产生影响的。康巴地区格萨尔史诗图像不是单纯的艺术品，其重要的功能是用于供奉。松格嘛呢城墙上的格萨尔像就是信徒供奉的；德格更庆寺每年5月15日煨桑节仪式上都要供上珍藏的巨幅格萨尔唐卡。此外，无论是保存在寺院里的壁画、唐卡，还是民间供奉在家里、玛尼城墙上的唐卡、石刻像，所表现的史诗主人公格萨尔大都是骑马征战形象，并且除局部处理稍有差异外，造型基本一致，这说明格萨尔形象塑造已模式化，而这正是格萨尔进入藏传佛教神系的重要标志之一，表明民间供奉的格萨尔已由最初的民族英雄上升成为神，也可以说是藏传佛教在康巴一带的地域特点。

考察结果说明，格萨尔史诗在康巴地区的发展已经超越了史诗本身，它在长期的流传过程中已深入其他文化领域，尤其是宗教信仰领域，成为康巴地区文化的重要组成部分，深刻而又长期地影响着康巴民众的精神世界。

石头砌垒起来的康巴文化

我院这次与故宫博物院的联合考察地点选在四川省甘孜州，是因为从考古学上来看，这一地区历史上考古工作比较薄弱，考古遗址发现很少。但是从地理环境来看，长江上游的几条重要河流岷江、大渡河、雅砻江、金沙江都从境内通过。这些河流为古代民族迁徙和文化传播提供了天然的通道。而且从民族史的记载来看，这一地区数千年来一直是西北、西南民族文化交流的主要通道。这次考察恰好横跨了这四大河流，考古调查的丰富收获超出了我们考察团所有同志的预想。以下仅从考古的角度来谈谈本次考察的收获。

丹巴碉楼时代的判定。丹巴碉楼虽早已闻名于世，也有许多民族学家、历史学家、建筑学家前往考察，但是没有一座碉楼的建筑时代能够得到确认。我们考察团在丹巴中路的经堂碉中发现了绘于明代的壁画。以此推论该碉楼的建筑不会晚于明代。这是目前为止可以确定的时代最早的碉楼。

石经城和石经墙也是我们考察的一个重点。石渠松格玛尼石经城经《四川文物》今年第一期做了报道以后引起了人们的广泛关注，围绕它的许多神秘传说也有赖于考古学的调查来解开。对石经城和石经墙的实地考察后，我们对它的建筑年代、建筑方式及结构都有了一个初步的科学的认识。

甘孜州的西北与青海的玉树州相邻。玉树州境内一直是传说中的唐代文成公主进藏所经之处。近些年来有考古学家在玉树境内发现有唐代佛经石刻，我们在与玉树州隔江相望的石渠县洛须镇也发现了与玉树佛经石刻的雕刻技法一致，时代、风格相近的佛经石刻。这证实了在唐代这一带确是文化交通走廊。

石棺葬文化是我们这次考察的重中之重。早在20世纪40年代，著名的考古学家冯汉骥就在岷江流域的茂县境内发现了石棺葬。自那时起在阿坝境内的石棺葬的考古发掘工作进行得比较多，其中不乏重要的发现。比如，四川省文物考古研究所发掘的茂县牟托石棺葬，成都文物考古研究所发掘的茂县营盘山石棺群，是大家都知道的。二十世纪八九十年代，四川省文物考古研究所也曾在炉霍县境内做过石棺葬的小型试掘，不过，除了岷江流域的石棺葬文化的面貌我们还有所了解以外，对甘孜州境内的大渡河、雅砻江、金沙江的石棺葬，我们知之甚少。老实说，也就是对大渡河流域的炉霍石棺葬有一点点了解而已，而对雅砻江、金沙江流域有无石棺葬分布我们都心中无数。因此，在雅砻江和金沙江流域发现的这几处石棺葬墓地，不仅仅是石棺葬既有数量的增加，实际上它填补了这两个流域在这一地区石棺葬分布的空白。此前我们对石棺葬的认识了解主要是在岷江流域，现在我们的视野就扩展到了相近的另外三条江河；如果说我们以前对甘孜阿坝地区的石棺葬的分布只是了解一点点的话，那么现在我们有了新的发现，已经可以将这些点连成线，甚至可以把这些线勾连成一片。这对石棺葬文化的深入研究无疑是有重要意义的。在考察石棺葬的出土物时，我们既看到有来自北方草原文化的青铜猛兽牌饰，也看到了来自遥远的海洋生物——海螺。在两千多年前的康巴中心地区能够有如此遥远地方传播过来的物品，不正从一个侧面证明了它们是民族迁徙、文化交流的重要走廊么？

几千年来，在康巴地区居住的不同时代，不同族群的居民都充分地利用了上苍赐给他们的既方便获得又取之不竭的自然资源——石头，服务于他们的生产、生活，创造出独具特色的石砌文化。这次考察我们主要都是在和石头打交道，从碉楼、石经城到佛教石刻、石棺葬，无不与石头关系密切。考察沿途看到今天这一地区的居民还在用石头来砌房子、刻经文，看来，康巴文化真是与石头有着密切的关系，至少可视为康巴文化的一大特色吧。

打开康区藏传佛教艺术宝库之门

与藏文化圈内其他地区大量的文献资料、调查资料出版公布，研究成果汗牛充栋相比，康区（约相当于今天的四川西部藏区，或称为藏东地区）的藏传佛教艺术研究一直是藏学研究的软肋，近两三年才有一些相关的专著出版，而且多是介绍性质，并没有体现出较高的研究水平。

以这一地区的唐卡绘画为例，康区的藏传佛教绘画艺术成熟与繁盛时期几乎可以肯定是在18世纪，即与清朝最鼎盛时期相当。这一时期，艺术中心从原来的西藏中部地区，发展到康巴地区，在这里，诞生了众多的艺术流派，其中最为著名的是噶玛嘎止派（sGar-bris）。这个艺术流派是在藏中地区勉日派（sMan-ris）的基础上，大量借鉴汉地绘画风格的要素，自从这个艺术风格出现以后，从西藏拉萨到青海、藏东再到北京，艺术风格几乎风靡整个藏文化圈，成为最具影响力、最受欢迎的绘画艺术风格。

此次我们走过的这条路线正是这个艺术风格的发源地和广泛流行地区，如甘孜、炉霍、德格等县。尤其是德格，号称藏族的文化、艺术中心。许多的艺术中心如八蚌寺、白玉寺、噶脱寺都是围绕这一带，过去曾是德格土司的属地。德格土司不仅对宗教采取兼容并包的政策，对于文化和艺术也是大力鼓励，所以18世纪西藏绘画艺术的几位绘画大家，如八蚌寺的倡建者、著名的司徒活佛（Si-tuPanchenchoskyi'byunggnas，1700—1774年），就生活在这里。直到今天，整个藏文化区绘画都有这种风格的痕迹。藏东地区艺术风格的研究可以看作是18世纪西藏艺术风格研究的核心。

此次由于气候原因，八蚌寺未能成行。据当地研究人员介绍，八蚌寺收藏了数百幅珍贵的唐卡，很多18世纪以后的著名艺术家的作品都在其中，对于了解这一地区的艺术活动有重要的价值。

在对白垭寺进行考察后，我们发现其寺内壁画有重要的价值。在靠近门口的一处画面表现了该寺完成之后宴庆的场面，嘉宾中有施主和画家的名字。据当地文献记载，这些施主与艺术家与当时的德格土司都有密切关系，该寺修建的年代较德格印经院略晚数年，其作品不仅可与印经院的壁画比较研究，而且可以对当时的艺术家的来源及其艺术风格进行研究。

在炉霍的觉日寺收藏的50余幅唐卡中，其中7幅有后人所书说明，提到了6位画家的名字，如dPallo，Tshedpagdarrgyas，Nammkha'rgyan，

Tshedpagdarrgyaslags, mKhasgragscanlhaphrug, rDorjemgonpo等。虽然这些题记均是后人所加，需要通过更多类似的作品和藏文文献参考，但这至少使我们将画家与作品结合起来研究有一定的可能性。同时，我们发现这一地区处在汉藏结合部，受汉地艺术的影响明显，将汉地绘画的要素运用于唐卡绘画的现象十分明显，也十分普遍。但其风格并不单一，而且不同佛教流派对于艺术风格的影响也很大，这对我们充分认识康区藏传佛教艺术面貌有很大的帮助。

另外，一些著名艺术家的名字在当地广泛流传，其事迹经过不断演绎，往往都被冠以"神匠"（Lhabzoba）的称号。很多寺庙都将自己的唐卡藏品归到他的名下，很多并不准确。我们曾经在炉霍的觉日寺、甘孜的东谷寺看到两幅唐卡均号称是神匠南木喀坚（rNammkha'rgyan）的作品，其实风格并不相同。总之，现有的作品和画家的关系都需要我们去厘清，确定其说法的可靠性。

甘孜地区铜造像藏品精美之程度令人吃惊。从我们鉴定过的造像来看，13世纪以前的造像或来自古印度、尼泊尔、巴基斯坦等国家和克什米尔地区，或来自西藏西部，都是从外部带进来的古佛像。这些佛像在当地的各个寺庙中均作为镇寺之宝，有些藏品甚至连在当地调查文物几十年的研究人员都没有见过。如甘孜东谷寺所藏铜造像400余尊，其中17世纪以前的造像就有100多尊，还有很多12世纪以前的造像是从尼泊尔来的古佛像。再如，德格的更庆寺所藏的8件铜造像，件件都是镇寺之宝，不仅年代早（10至17世纪），而且制作精美。在石渠洛须的志玛拉宫寺是当地一座有名的古寺，据说是文成公主花钱修的寺庙，内藏数尊古佛，其中一尊公元七八世纪的铜佛像来自西北印度，带有斯瓦特艺术风格，虽然背光有些残断，但却是罕见的艺术品，其狮子托浑圆莲花宝座的做法为目前国内外藏品所仅见，堪称上品之作。

甘孜地区的寺庙数量众多，其中很多的佛教艺术品还不为人所知，就像一个艺术的宝库等待人们的探索和发现。

康巴民族考古与交通史的新认识

交通史与民族史有特殊的学术渊源。岑仲勉《中外史地考证》说，交通与"民族动态"有密切关系。严耕望《唐代交通图考》说，交通影响"民族感情之融合"。李学勤《〈秦汉交通史稿〉序》也写到，"交通史"与"民族关系"有着相当密切的联系。就中国古代交通史与民族史相交叉的领域而言，还存在许许多多未知的现象，有相当广阔的学术空间。以交通文化的视角面对民族考古的课题，也会有新的发现。

康巴地区可以看作古代中国西北地区和西南地区的交接带。东部地区的若干影响，也经过这里影响西部地区。有的学者称相关地域为"藏彝走廊"，这一定名是否合理，还可以讨论。然而进行康巴地区的民族考古，确实不能不重视交通的作用。

司马迁在《史记·西南夷列传》中说，张骞在大夏看到蜀布、筇竹杖，得知"邛西可二千里有身毒国"，与蜀地有交通往来，于是汉武帝派使节"间出西夷西，指求身毒国"。《汉书·张骞传》又记载："天子欣欣以骞言为然。乃令因蜀犍为发间使，四道并出：出駹，出莋，出徙、邛，出僰，皆各行一二千里。其北方闭氐、莋，南方闭嶲、昆明。"所谓"出西夷西"，所谓"其北方闭氐、莋"，都说明汉武帝时代曾经试图经过康巴及其邻近地区打通国际通路。事实上，炉霍石棺墓出土的海螺，说明高原古代居民很早就与滨海地区有所往来。

甘孜地区各地所发现数量颇多的古石棺墓，其方向、规格、形制以及随葬品组合，都说明其文化共性。由西北斜向西南的文化交汇带，正是以这一埋葬习俗，形成了历史标志。汤因比曾在《历史研究》中说，就便利交通的作用而言，草原和海洋有同样的意义。草原为交通提供了极大的方便。草原这种"大片无水的海洋"成了不同民族"彼此之间交通的天然媒介"。已经有研究者指出："炉霍石棺墓出土的羊、虎、熊、马等形象与鄂尔多斯文化系统同类形象相似。""炉霍石棺墓出土的铜牌，也是北方草原民族特有的文化样式，尤其是虎背驴铜牌与宁夏固原出土虎背驴铜牌几乎一模一样。"炉霍县石棺葬的主人"可能来自北方草原，而且与鄂尔多斯文化系统联系十分紧密"（《中国西部石棺文化之乡——炉霍》）。炉霍石棺墓出土带有典型北方草原风格特征的青铜动物纹饰牌，构成了这种文物在西北西南地区分布的中间链环。草原民族在交通能力方面的优势，是众所周知的历史事实。康巴地区的古代民族利用这种优势在历史文化进程中发挥的特殊作用，已经通过多种考古文物迹象得以显现。

克劳塞维茨在《战争论》中说："战争是一种人类交往的行为。"古代民族的文化交往史，有通过战争而实现的情形。据《平定金川方略》记述金川形势："其地崇山复岭，春夏积雪，与中国道路不通。据险设碉，恃以自固。"而大小金川战事爆发的原因，竟然包括金川土司莎罗奔"修路造船"的交通行为。战争之后，大小金川地区和汉地的交通联系更为密切了。碉楼是康巴地区许多地方最醒目的古建筑遗存，其性质，不仅在于"防御工事"和"界隔标志"，也是"通讯设施"，碉楼曾经以烽燧形式传递敌情与军令。

藏区称作"嘛呢"的石经堆积，往往在交通线的交叉点或重要路段，从某种意义上说，和古代汉地的"封"有关，既有宗教意义，又发挥着某种交通指示的作用。四川石渠长达1.7千米的巴格玛尼石经墙，正在四川通向青海的大路旁侧。康巴地区类似的遗存还有许多，都反映了人们交通意识中的神秘主义成分。相关现象，当然都是民族考古工作中不应当忽视的。

文物保护事业对国民经济及社会发展贡献的研究[*]

——以四川为例

课题的意义与目的

文物保护事业在我们这样一个文物古迹众多且历史悠久的国家具有十分重要的意义。但是，在我国，博物馆的设立才刚刚一百年，科学的田野考古发掘也只有八十年的历史，县级以上政府普遍设立文物管理专门机构是从20世纪50年代中央才有要求的，中国博物馆和文物景点大量接待以旅游为目的的游客也是改革开放以后，提出大力发展文化产业更是2000年以后的事。而在计划经济年代，是不考虑、不屑于甚至不敢谈论文物保护事业对国民经济是否有贡献。

文物保护事业对国民经济的贡献往往并不是简单的投入和直接产出的关系，相对于一些传统的行业如工业、农业、商业，其产生很晚，又属于小行业，对国民经济的直接贡献不如它们明显，而一些新兴产业

---

* 本课题负责人：高大伦、任栋。课题组成员：陈显丹、谢志成、曾德仁、李南成、应超、冯海燕、董海伟、周丽辉、胡云剑。本课题得到了国家文物局课题办、四川省文化厅、四川省文物管理局、四川省文物考古研究院、西南财经大学、清华大学历史系、四川广汉三星堆博物馆、四川乐山大佛管委会乌尤管理处、峨眉山博物馆、四川省遂宁市博物馆、成都武侯祠博物馆等单位的大力协助，特在此表示感谢！

也因其直接产生巨大经济效益而使人容易认识到。

本课题研究的意义：

阐释文物保护事业在我国各行业中不可或缺的作用及在国民经济发展中所扮演的重要角色；论述几十年来，尤其是改革开放以来文物事业的长足发展，特别是近年来文物事业对经济发展的拉动作用，确立文物的资源意识；充分评估文物作为一种社会资源而且是不可再生的特殊资源具有重要价值；正确认识文物保护事业对国民经济和社会发展的贡献，测算出其经济贡献值。

本课题的目的：

填补长期以来缺乏文物事业的经济贡献测算标准体系的空白，使文物事业在社会各行业中确立应有的地位，让社会更加理解、支持文物事业，正确认识文物事业对社会和国民经济所做出的贡献。为国家文物行政主管部门及相关机构提供决策依据，从而达到文物保护事业与社会经济的同步发展，促进文物事业的可持续发展。

本课题的难点：

1.目前研究文物保护事业对国民经济及社会发展的贡献可资借鉴的科研成果太少。

2.文物保护事业属公益事业，用定量分析，带有一定的探索性。

3.社会各界对文物保护事业的认识不全面，有关资料的统计记载不完整，为定量分析带来很大困难。

4.给本课题的时间太短，对这样一个重大课题要求仅半年时间完成太仓促。

5.文物保护事业在国民经济中的地位还处于争论状态，长期以来就文物保护事业对国民经济的贡献还认识不足，多数人认为它是消耗价值，而不创造价值，要改变人们根深蒂固的看法还需有一个过程。

本课题的重点：

从理论上阐明文物保护事业在国民经济发展中的重要地位；根据各种统计数据和深入实际取得的第一手资料进行定量分析，得出指标体系；论证影响文物事业的主要因素，强化文物产业的理念，建立与之相适应的数学模型，并进行必要数据分析和计算，得出贡献值。

以四川省为例

为什么选四川？本课题只是一个预科研课题，本身不宜做得过大。课题经费有限，加之时间短（实际上只有四个月），课题组成员和负责人都在四川，于是我们决定选取四川作为研究对象。当然，选定四川主要还考虑到以下一些因素：四川面积广大，有48万平方千米，8400万人口，4处世界遗产，国家级文物保护单位62处，省级文物保护单位339处，现有博物馆97座，馆藏文物130余万件（套），是全国公认的文物大省。这些年来四川旅游发展迅速，从2002年起，旅游业已成为四川省的支柱产业。四川的文物资源、文化产业、旅游业综合指标在全国处于中等以上水平。选四川作为标本是有代表性和普遍意义的。

第一章　文物保护事业对国民经济及社会发展的贡献

如果说在计划经济时代，文物保护事业还相对封闭和独立的话，那么，在市场经济高度发达的今天，由于人们的文化素质普遍提高，精神文化追求日益增多，人口流动加速，对外开放更加活跃，文物保护事业已渗透到了社会的方方面面，同时，文物保护事业也是国民经济链条中的重要一环。

第一节　直接贡献

我们这里所说的直接贡献，主要是对在文物系统内直接产生的经济效益而言。

一、国家和社会财富的聚集、增值

在1949年以前，四川省只有两座博物馆，一座是四川省博物馆的前身——川西博物馆，另一座是美国人办的华西协合大学博物馆（资产属美国所有），川西博物馆的约3万件文物几乎是全省馆藏文物总量，

经过几十年的发掘与收藏，今天四川省全省馆藏文物数量有130余万件（套）。这是一笔不菲的财富。其间，60年代中期以前收入馆藏的还有幸躲过了"文化大革命"浩劫（全世界的历史证明博物馆是文物最好的保存地），历史、科学、艺术上的价值自不待言，在经济上的价值和增值也是可以做大致评估的，虽然直到几年前，我们的价值观还拒绝对馆藏文物做经济上的价值评估特别是价格评估。

例一：四川省博物馆藏张大千画500余件（包括张大千创作画、临摹敦煌壁画、张大千用印）50年代末用5万元购入，现在市场一幅张大千川画最少值10万元以上。张大千临摹敦煌壁画2001年曾到澳门展出，100件（套）保险价是6000万元。

例二：四川省博物馆和遂宁博物馆藏龙泉窑瓷器，均为考古发掘出土。四川省博物馆藏约200件，遂宁博物馆藏约900件。遂宁这批瓷器曾选出80件到日本、新加坡展出，收入共超过人民币100万元，保险金额上亿元。四川省博物馆龙泉窑瓷器在澳门展出，保险金达7000万元。

例三：三星堆博物馆展出的三星堆出土文物约100件（套），1997年、1999年、2000年、2001年、2002年、2004年先后去过日本、澳大利亚、美国、加拿大、法国和我国台湾地区展出，每次的保险金都超过2亿美元。

虽然没有对四川所有的馆藏文物经济价值做过评估（事实上也很难做到），但从以上几批文物的保价已可以看出它们具有巨大的经济价值，从50年代的3万件（套）增加到今天的130万件（套），而且，从文物市场和上举张大千作品的价格变化来看，这五十年来，文物资产本身的增值速度也是相当惊人的。我们保守估计，至少应是50年代的50倍以上。

二、文物展览的经济收入

这里特指展览的门票收入和出展的租展费。

（一）国内

文物展览是博物馆的主要活动，最近几年，深受各种展览经济的影响，加上黄金周的带动和国际文化交流的增多，四川博物馆的展览也十分活跃。据四川省文化事业统计资料显示，从1997年至2003年的展览收入（万元）如下表。

表1–1 四川全省博物馆1997—2003年展览收入

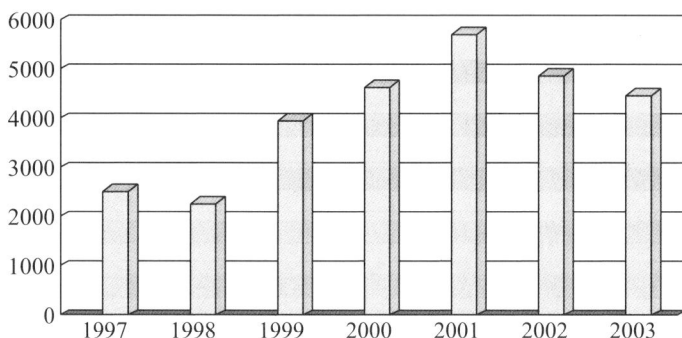

单位：万元

从本表来看，最低年份1998年是2130.8万元，最高年份2001年达5569.3万元，年均增长比例达10.09，与四川经济GDP同步增长。

（二）境外

四川文物出国出境展览是近十年才活跃起来的，外展虽是以宣传交流为主但客观上大多数展览都是有经济收入的，这对西部的文物部门来说，也是一笔不小的收入。随着西部大开发的深入，四川的文物外展将越来越频繁，规格将更高，规模将更大。

三、文物产业及派生出的服务业

除了展览的门票收入以外，博物馆或景区内还有旅游纪念品（仿、复制品销售部）、相关出版物、土特产、餐饮等服务，由于它们都设在文物部门管辖范围内，又是由文物部门直接经营，所以我们将它看成是文物产业。国外欧美等国博物馆如纽约大都会博物馆文物产业相当发达，其收入往往达到门票收入的一半甚至接近门票收入。四川个别人气极旺的景区文物产业，其收入可达门票收入的三成到一半，绝大多数博物馆的文化产业收入只及门票的5—10左右。即便如此，其收入也还是可观的。根据国内外成功的做法来看，文物产业是大有可为的。

四、推动就业

文物事业的发展繁荣带动了就业人数的增加。中华人民共和国成立后，由于全省各县基本都设立专门的文物机构，到"文化大革命"前夕，从业人员已达1000余人，改革开放以后，增设了专门的考古机构，博物馆的数量是以前的两倍多，文物流通市场从无到有，设立了专门的文物艺术品拍卖公司，整个文物系统的从业人员是以前的4倍。如果加上流通市场等，从业人员的数量当远远高于这个数字。以高等教育为例，直到1964年，四川才仅一所大学有一届考古专业毕业，这届学生共15人，1978年以后的文物考古毕业生已有800多人，有四所大学开办了文物博物馆类的专业。考古机构还招聘了数量相当的技工，博物馆和文物景区都有数量庞大的讲解员队伍，以及大批后勤服务人员，在古建修缮工程方面也常年活跃着几支队伍，如果将以上几方面加起来，据不完全统计，四川文物事业直接从业人员当在10000人以上。

五、保护和传承祖国物质文化遗产

截至2003年底，四川省共有县级以上文物保护单位3445处（四川省文物局提供），馆藏文物130万件（套），还有3万处文物点已登记在册。它们系统地保存了四川五千年历史的重要信息，是四川历史的身份证明，更是进一步促进社会全面发展，提升人的素质，实现民族伟大复兴的重要资源。它们基本都是在中华人民共和国成立后才纳入有序管理，其中多处文物点和大批重要文物因较早列为文物保护单位或入藏博物馆而躲过"文化大革命"浩劫。不敢设想如果没有文物单位的保护管理，将会有多少文物惨遭厄运，扬名天下的乐山大佛、都江堰、三星堆今天将会是怎样的命运。保护了这批物质文化遗产就是保存了四川的五千年文脉。

第二节　间接贡献

我们这里所说的间接贡献，是相对于以上所指的直接贡献而言，主要是指文物行业以外的部门利用文物资源所获得的经济收入。我们认为，文物保护事业对国民经济的贡献主要体现在间接贡献上。

间接贡献主要表现在以下几个方面。

一、旅游业

博物馆、各级文物保护单位、历史文化名城、世界文化遗产等都是国内外旅游者所喜爱的旅游目的地。四川省政府重点打造、向国内外推荐的几条旅游路线中，属于文物点的或与文物点相关的占了大部分，根据我们发放的问卷调查统计，在四川旅游，人文景观和自然景观都看的占了绝大多数，占到旅游人数的70以上，四川人文景观的吸引指数在国内游客中达50左右，自然景观吸引指数达60。而在外国游客中，两者的吸引指数正好相反。景观点的品级、数量、管理、环境，是旅游业发展的重要基础。由于社会分工的不同，核算方式的不科学，社会上许多人并不了解和理解文物部门对四川旅游所做的巨大贡献。同样，根据四川各种年鉴所提供的资料，如果简单从参观目的地人文和自然两大版块来看待：我们测算人文景观点对四川的旅游经济的贡献占30左右，如果按调查表则人文景观点所占比例还要高些（调查表过高的原因是受季节、经费的局限，我们的调查表主要是在人文景观和混合景观点发放）。那么，又拉动了多大的经济增长呢?按30低值算，2002年、2003年四川旅游总收入分别达到380.2亿元、420.8亿元，同期四川的国民经济GDP为4875亿元、5456亿元，占到当年GDP的7.8、11.5，根据后面的测算，人文景观旅游拉动的经济收入占到四川GDP的1.1，由此推之，为此而工作的从业人员远远高于文物行业本身10倍以上。

二、出版影视业

近十年来每年四川出版界的文物题材选题出版的有10到20种书。比较大型的有"甲骨文献集成""20世纪文物考古发现与研究丛书""华夏文明探秘丛书""巴蜀文明探秘丛书"等，这些书都为出版界带来了较好的经济收益。

影视业的文物题材也很多。电视台每天都有播放海内外的文物考古文明探秘的专题节目。四川的电视台、影视制作公司每年都在制作与文物有关的电视专题片。这两个行业的这些收入应可算入文物事业的间接收入。

三、文物流通领域

文物流通领域包括国有文物商店、文物拍卖公司、古玩市场等。四川省文物商店20世纪90年代曾创造出辉煌的业绩。成都的古玩市场是全国第四大古玩市场。

四、文物保护维修及环境整治

由于种种原因，传世、出土馆藏文物的维修在文物保护事业中所占的经济份额很少，几乎可以忽略不计。倒是古建维修占了很大比重。比如四川省的省级以上文物保护单位有一半以上都是古建筑。中国古建筑主要是木结构，需要不断维修，工程量大。许多文物点都是非文物管理部在维修管理使用，如宗教部门、园林部门、城建部门，但客观上它们是文物，它们的投入产出中应有一定份额算入文物事业。

五、提高文物景点所在地区的知名度

著名的博物馆、人文景观点所在地的知名度会因它们的存在而得到提高并带来良好的经济效益，这是人所共知的事实。国内如丽江古城之于云南，平遥之于山西，兵马俑之于西安，都是极具说服力的例子。四川省呢?都江堰、乐山大佛本来是国家重点保护单位，因申遗成功而名噪中外，成了四川政府的首推旅游线路，游客成倍增加，门票价格翻番。带动的商业投资和第三产业远远高于除了文物以外其他条件相似的地区（见本报告书中的乐山遂宁比较表），投资是其他地区的数倍，第三产业所占比重要高出近10个百分点。如都江堰在申遗成功前的1998年，旅游收入为8000万元，申遗成功后的2003年，旅游收入达到43800万元，是1998年的5倍多（数据来源于四川旅游信息网）；乐山在申遗前的1996年门票收入为1055.1万元，2004年的门票收入达到5124.2万元，是1996年的近5倍（乐山大佛管委会提供）。可见申遗前后经济效益的差距悬殊。

六、文物保护事业促进环境的保护和改善

文物保护单位因其保护文物的需要，一般都划有一定面积的保护范围，并受到国家法律的保护。几十年来，文物景点的生态基本都得到了保护和改善。另一方面，这几十年国内由于经济高速发展、人口猛增和以前对环境保护的认识不足，导致许多地方的环境生态受到了严重破坏，给地方经济造成了巨大损失。都江堰和乐山大佛—峨眉山景区因受到严格保护一直都保存着几乎是原始的生态，这也使地方政府在申遗中大受其益，在今天，这两个地方环境保护的垂范作用日益凸显，地方发展也因此而多方受益。

七、其他贡献

对教育的贡献。博物馆和许多文物景点本身就是一个教育机构，教育是博物馆的三大功能之一。它与学校教育的不同在于教育的方式上。据我们的了解，在四川，凡是有博物馆的地方，所在地的学生都组织过参观并还写过以参观展览为题材的作文。许多临时展览的观众主体是学生。现在，国家的教育从应试教育向素质教育转变，博物馆在学生素质教育中将发挥更大的作用，而且它是国民终身的教育机构。

（一）对建设和谐社会的作用

博物馆的陈列展览和文物景点往往与当地社区联系密切，是社区的重要活动场所，因而除了接待旅游者以外，大量的观众来自本地社区，即是说它是本社区的教育休闲和举办各种公益活动的重要场所，这对构建和谐社会是非常必要的。

（二）对国民素质提高贡献

国际上衡量一个国家国民的素质高低，往往将博物馆、图书馆的数量列入评判指标体系，通常发达国家也很重视博物馆的建设及文化遗产的保护，事实上他们也从多年的大量的事例中知道了文物保护事业对国民素质提高人有裨益。在四川，我们通过调查也发现，人型博物馆所在区域、重要文物参观景点的居民对外面世界的了解程度、开放意识、经营理念明显高于其他地方。

第二章　四川省文物保护事业对国民经济及社会发展贡献测算评估方法

第一节　文物保护事业对四川省国民经济及社会发展贡献的统计测算

　　以上，我们对本课题研究的目的、意义和主要内容进行了概括性的阐述，并对文物保护事业对四川省国民经济和社会发展贡献进行了定性的分析。以下，我们将从实证研究的角度，分别运用统计分析和多元分析的方法，将文物保护事业对四川省国民经济和社会发展贡献进行定量的测算。首先，我们将文物保护事业对国民经济和社会发展的贡献分为两大部分，即文物保护事业对国民经济发展的贡献和文物保护事业对社会发展的贡献。其次，我们认为文物保护事业对国民经济发展的贡献表现为"直接贡献"和"间接贡献"两大部分，前者主要是指文物保护系统职工在一定时期内所创造的直接经济收益，后者是指由于文物保护及博物馆陈列、展览（或人文景观）所拉动的旅游总收入（上述各方面因素及相互关系如表2-1所示）。

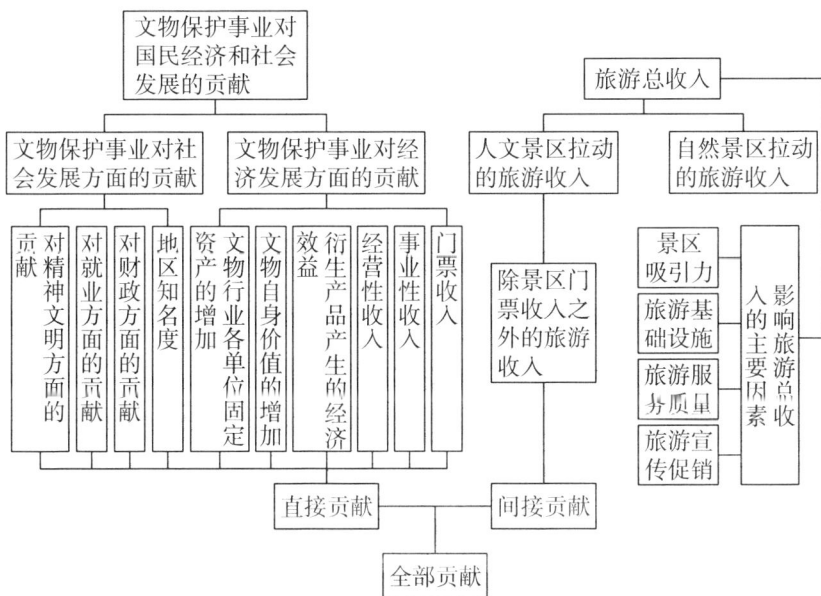

表2-1

一、文物保护事业对四川省国民经济发展的"直接贡献"

如前所述，我们认为文物保护事业对国民经济发展的"直接贡献"应包括：文物及直接相关行业的场馆、景区门票收入，文物行业各单位的事业性收入，文物行业各单位的经营性收入，文物衍生产品产生的经济收益，文物自身价值的变动和文物行业各单位固定资产的变动。下面分别加以计算和说明。

（一）文物及直接相关行业的场馆、景区门票收入

我们这里所称的文物及直接相关行业的场馆、景区门票收入，是指文物保护系统各单位的场馆、景区门票收入和文物行业以外但与文物保护直接相关行业（如宗教等）的场馆、景区门票收入。但是由于管理体制等方面的原因，我们暂时未能收集到后者的相关资料，故只能以前者即文物保护系统各单位的场馆、景区门票收入计算。考虑到资料的全面性，我们主要的考察时间选定为2002年。2002年，四川省文物保护行业各单位的场馆、景区的门票收入为8072.4万元，与2001年相比增加了538.1万元，增长率为7.14（2001年为7534.3万元）。

（二）文物业各单位的事业性收入

指文物行业各单位利用专业优势，对外开展的事业性服务活动的收入。2002年，四川省文物行业各单位的事业性收入为1707.8万元，与2001年相比增加了63.8万元，增长率为3.88（2001年为1644万元）。

（三）文物业各单位的经营性收入

指文物行业各单位对外开展综合性服务所取得的经营性收入。2002年，四川省文物行业各单位的经营性收入为234.4万元，与2001年相比增加了39.5万元，增长率为20.32（2001年为194.9万元）。

（四）文物衍生产品所产生的经济收益

文物衍生产品，是指对文物的开发利用所衍生的产品和服务。如对文物的复制、仿造，含有文物因素的出版物、纪念品的出售等活动所产生的经济收益。但是，这一指标的统计有一定的困难，且与事业性收入、经营性收入指标有一些交叉。为防止重复计算，我们采用了文物业统

计报表中的"其他收入"的数据大致计算。2002年，四川省文物业的"其他收入"为497.5万元，与2001年相比基本持平（2001年为496.8万元）。

（五）文物自身价值的增减

关于计量文物自身价值的增减，要综合考虑文物系统各单位所收藏文物总量的增减，各文物藏品收藏价值的增减，同时也要考虑部分文物的损毁等因素。由于本课题相关的时间、经费等方面的制约，在本次课题的预研究时暂时不做这方面的测算。

（六）文物行业各单位固定资产的增减

国家用于文物保护事业的财政拨款，相当一部分用于了文物系统各单位固定资产的投资建设。此外，社会各方面的投资和捐赠以及文物系统各单位的部分自筹资金也有相当一部分用于了文物系统各单位固定资产的投资建设。2002年，四川省文物行业年末固定资产原值为42634.7万元，与2001年相比增加了3178万元，增长率为8.055（2001年为39456.7万元）。

因此，文物保护事业对国民经济发展的直接贡献应由下式计算：

文物及直接相关行业的场馆、景区门票收入+文物业各单位的事业性收入+文物业各单位的经营性收入+文物衍生产品所产生的经济收益+文物自身价值的增减+文物业各单位固定资产的增减−同期国家财政对文物保护事业的投入（包括财政拨款和上级的补助款）

按上述计算公式，可近似计算出为：

8072.4+1707.8+233.4+3178−4487.8−867.8=7836.8（万元）

应当说明，这里所计算出的数据还是有相当大的低估。这种低估主要体现在以下两个方面：

第一，我们这里没有计算文物自身价值的增加。实际上，这正是文物保护事业对国民经济的直接贡献的最主要方面。这是因为，文物行业各单位最大的精力和经费投入到了这一方面，包括各种方式的新增文物和已有文物的维护和修缮。众所周知，在得到妥善维护的前提下，文物的价值应随持有的时间而增值。但在我国目前的条件下，文物的价值问题尚未得到有关方面的认同，因此很难对文物进行大规模的价值计量。但我们并不能将其作为文物没有价值的依据。恰恰相反，我们认为，四川省文物行业各单位目前所收藏、维护的文物，仅其每年的价值增值就远大于上面所计算出来的直接贡献的总数。

第二，我们在计算四川省2002年文物保护事业对国民经济发展的直接贡献时，在反映文物业各单位固定资产的增加时，由于资料取得的原因，所采用的是固定资产原值指标。实际上，这里又存在着相当大的低估。这是因为，文物保护行业各单位所拥有的固定资产，很大一部分体现为土地和房产，尽管这里没有考虑折旧因素，但显而易见，文物保护行业各单位的固定资产，应当有很大的增值。

二、文物保护事业对四川省国民经济发展的"间接贡献"

我们知道，现代旅游业是国民经济发展的一大支柱产业。同时，作为现代旅游业重要组成部分的人文——文物景观，其存在与发展依赖于文物保护事业的支撑。因此，文物保护事业客观上起到了一种在一定程度上支撑和引导现代旅游业发展的重要作用。所以，我们在测算文物保护事业对国民经济发展贡献的时候，就必须研究文物保护事业对现代旅游业的"拉动"作用，测算文物保护事业所"拉动"的旅游总收入。我们认为：文物保护事业所"拉动"的这部分旅游收入，减去文物业各单位在旅游景区所创造的门票收入和经营性收入（即直接贡献中已计入旅游收入的部分），即为文物保护事业对国民经济发展的"间接贡献"（详细关系请参见表2-1）。

下面，我们以四川省2002年的资料为例，测算2002年文物保护事业对四川省国民经济发展的"间接贡献"。

根据四川省旅游局官方网站（www.scta.com）所公布的旅游统计资料，我们以《1997—2002年部分旅游景区接待人数情况》（2004-09-07）和《1997—2002年部分旅游景区门票收入情况》（2004-09-06）这两份资料所共有的24个景区为样本，有关资料如下：

表2-2 1997—2002年部分旅游景区接待人数情况

单位：万人次

年份 景区名称	1997	1998	1999	2000	2001	2002
杜甫草堂	110.0	100.0	80.0	82.2	101.1	72.4
青城山	111.9	116.0	42.5	69.5	87.0	97.5
都江堰	—	—	—	—	95.9	104.5
龙池	14.8	12.7	7.5	8.3	7.5	5.7
世界乐园	35.0	50.0	60.0	58.7	35.3	41.0
老君庙	32.1	32.0	10.0	35.0	41.6	41.0
九龙沟	20.0	11.4	12.1	41.2	18.6	19.2
宝光寺	120.7	78.0	80.0	106.0	110.5	118.5
黄龙溪	120.0	150.0	160.0	164.2	175.0	180.0
西岭雪山	9.0	10.0	13.0	31.8	64.9	88.4
花水湾	51.0	52.0	100.0	86.0	92.2	97.7
天台山	15.0	20.0	14.7	22.5	25.2	28.4
龙泉山	130.0	117.0	—	308.0	192.5	301.0
温江生态旅游区	—	—	—	42.5	51.5	195.3
朝阳湖	23.9	15.3	14.5	55.2	60.4	102.0
云顶石城	12.0	25.0	20.4	22.4	28.0	22.2
银厂沟	33.0	25.0	55.0	59.0	50.0	26.0
刘氏庄园	19.0	24.0	26.0	36.8	48.1	53.4
望丛祠	35.0	12.0	25.0	12.7	12.4	13.4
北川猿王洞	—	—	—	—	11.0	34.0
富乐山	36.0	15.0	12.0	40.0	98.0	20.0
平武报恩寺	5.0	1.5	1.8	4.7	8.0	10.0
梓潼七曲山大庙	14.0	20.8	15.6	16.7	16.8	10.0

年份 景区名称	1997	1998	1999	2000	2001	2002
安县白水湖	12.0	16.8	31.0	10.2	15.9	10.0
江油窦山	14.0	13.0	20.0	18.0	11.0	13.0
李白纪念馆	20.5	18.4	19.0	12.0	8.0	6.0
恐龙博物馆	9.4	18.0	7.2	15.2	12.0	10.0
桫椤谷	—	—	—	10.1	45.0	4.0
盐业博物馆	—	—	—	19.7	12.0	18.0
二滩风景区	—	6.3	14.6	20.8	8.0	6.4
鑫岛游乐城	23.0	40.0	23.2	30.0	25.0	20.0
玉蟾山	15.0	19.0	17.3	32.0	22.0	24.0
纳溪方山	14.0	20.0	11.5	13.7	12.0	12.0
佛宝风景区	4.0	6.7	12.0	8.7	8.5	7.6
桂圆林	—	—	—	32.0	38.0	25.0
三星堆博物馆	7.5	41.0	26.0	25.0	50.0	34.3
德阳石刻艺术墙	42.0	31.6	31.0	20.0	15.0	17.0
蓥华山	17.5	14.0	19.0	15.0	23.0	2.5
广元皇泽寺	10.0	12.0	16.3	16.0	8.0	8.0
剑门关	7.5	15.0	9.0	24.0	26.4	26.6
白龙湖	6.5	5.0	12.5	7.0	5.0	6.5
遂宁广德寺	100.0	98.0	103.0	103.1	20.0	40.0
内江大自然景园	—	—	—	35.0	30.0	10.0
资中重龙山	30.0	56.0	71.0	36.0	40.0	9.0
隆昌古宇湖	8.0	6.7	7.2	15.0	18.0	18.0
乐山大佛	42.0	68.9	87.4	119.5	140.0	163.7
峨眉山	120.0	100.7	134.6	128.4	165.8	174.6

年份 景区名称	1997	1998	1999	2000	2001	2002
夹江千佛岩	—	—	—	14.5	10.7	10.0
五通桥菩提山公园	—	—	—	75.2	5.0	3.0
朱德纪念馆	16.0	14.0	12.0	25.0	11.0	5.0
锦屏山公园	20.0	20.0	21.0	48.0	52.0	14.0
蜀南竹海	30.0	35.0	42.0	35.0	40.0	41.6
兴文石海洞乡	2.0	2.5	3.3	5.0	5.0	13.0
邓小平故居	66.0	40.0	50.0	35.0	50.0	45.0
华蓥山	130.0	50.0	58.0	8.8	20.0	12.0
达州真佛山	19.0	20.0	14.0	12.0	31.0	15.7
宣汉百里峡	2.5	1.5	1.5	3.5	5.0	0.8
碧峰峡	4.0	1.0	3.5	92.5	71.7	69.9
蒙山	3.5	6.1	5.6	5.5	6.0	4.0
百丈湖	1.5	2.6	4.4	3.0	18.0	1.5
蜂桶寨	4.0	1.0	3.5	2.8	7.5	—
九寨沟	18.5	40.8	60.1	83.0	119.1	122.9
黄龙	12.0	26.5	45.2	39.6	83.1	87.3
卧龙	—	—	6.7	10.7	7.7	8.2
牟尼沟	1.6	2.4	12.3	16.5	8.3	13.0
四姑娘山		0.7	1.0	6.1	8.3	15.1
海螺沟	0.7	0.6	0.3	3.6	10.5	8.2
跑马山	0.4	3.0	1.9	3.0	3.5	2.6
木格措	0.6	0.7	0.7	4.2	6.1	3.2
西昌邛海	71.0	60.0	56.0	46.0	38.0	38.0
泸沽湖	1.5	1.0	1.0	1.5	2.0	2.0

年份 景区名称	1997	1998	1999	2000	2001	2002
灵山寺	82.0	65.0	45.0	40.0	8.0	1.0
南龛石刻	26.9	13.6	17.0	30.1	24.0	25.0
南江光雾山	6.0	4.5	5.5	4.5	2.5	18.0
通江诺水河	4.2	2.5	3.5	4.7	2.9	5.7
三苏博物馆	18.8	13.8	12.0	12.9	16.0	6.0
瓦屋山	30.0	6.5	9.0	13.2	15.0	14.0
彭祖山	–	–	–	21.9	25.0	7.8
安岳石刻	32.1	36.5	24.0	46.5	48.0	28.0
简阳三岔湖	7.0	4.0	2.2	2.5	8.0	25.0

表2-3 1999—2002年部分旅游景区门票收入情况

单位：万元

旅游景区（点）	1999年	2000年	2001年	2002年
乐山大佛	2250.07	2737.78	2900.00	2949.96
峨眉山	5881.36	6607.60	6223.10	7610.86
九寨沟	4800.00	9545.00	12436.60	16675.80
黄龙	1858.17	2708.50	6219.43	8897.18
青城山	1279.73	1641.86	2064.00	2284.73
都江堰	–	3494.55	4480.17	4853.36
三星堆	480.00	620.00	920.00	1207.97
西岭雪山	–	277.78	567.00	2971.80
自贡恐龙博物馆	173.00	323.00	175.00	223.00
二滩风景区	44.03	83.60	18.63	54.88
佛宝风景区	120.00	87.00	159.00	185.00

旅游景区（点）	1999年	2000年	2001年	2002年
窦山	214.50	400.00	375.00	308.00
剑门蜀道	91.60	139.73	175.00	178.92
蜀南竹海	–	903.00	1005.00	1059.00
三苏博物馆	75.00	78.00	73.00	244.00
瓦屋山	450.00	658.00	750.00	702.00
碧峰峡	–	6096.00	5366.00	6499.38
南江光雾山	17.29	34.48	25.37	300.00
四姑娘山	–	150.86	296.55	550.90
牟尼沟风景区	374.40	481.90	452.13	400.06
卧龙	67.00	107.00	148.66	247.00
海螺沟	56.00	208.00	572.40	473.30
木格措	19.09	116.79	198.25	105.00
西昌邛海	187.76	227.93	193.64	190.00

下面，我们将以上两表中所共有的24个景区2001—2002年部分旅游景区接待人数（万人次）和门票收入的资料列为下表，以便进行分析对比。

表2-4　2001—2002年部分旅游景区接待人数和门票收入情况

旅游景区（点）	接待人数（万人次）		门票收入（万元）	
	2001年	2002年	2001年	2002年
乐山大佛（文）	140.0	163.7	2900.00	2949.96
峨眉山（混）	165.8	174.6	6223.10	7610.86
九寨沟（自）	119.1	122.9	12436.60	16675.80
黄龙（自）	83.1	87.3	6219.43	8897.18

旅游景区（点）	接待人数（万人次）		门票收入（万元）	
	2001年	2002年	2001年	2002年
青城山（混）	87.0	97.5	2064.00	2284.73
都江堰（文）	95.9	104.5	4480.17	4853.36
三星堆（文）	50.0	34.3	920.00	1207.97
西岭雪山（自）	64.9	88.4	567.00	2971.80
自贡恐龙博物馆（文）	12.0	10.0	175.00	223.00
二滩风景区（自）	8.0	6.4	18.63	54.88
佛宝风景区（混）	8.5	7.6	159.00	185.00
窦山（自）	11.0	13.0	375.00	308.00
剑门蜀道（混）	26.4	26.6	175.00	178.92
蜀南竹海（自）	40.0	41.6	1005.00	1059.00
三苏博物馆（文）	16.0	6.0	73.00	244.00
瓦屋山（自）	15.0	14.0	750.00	702.00
碧峰峡（自）	71.7	69.9	5366.00	6499.38
南江光雾山（自）	2.5	18.0	25.37	300.00
四姑娘山（自）	8.3	15.1	296.55	550.90
牟尼沟风景区（自）	8.3	13.0	452.13	400.06
卧龙（自）	7.7	8.2	148.66	247.00
海螺沟（自）	10.5	8.2	572.40	473.30
木格措（自）	6.1	3.2	198.25	105.00
西昌邛海（自）	38.0	38.0	193.64	190.00

考虑到采用一个年份的数据，有可能受到偶然性因素的影响而代表性不足，而采用太多年份又不足以反映现代旅游产业近年来的高速发展，因此，我们采用了将2001和2002两个年度的数据加以平均的方式进

行研究。在研究中，我们对门票收入和接待人数这两个体现景区吸引力的重要指标进行了考察。

表2-5　24个样本景区2001—2002年的景区吸引力情况统计表

景区类型	年平均接待人数（万人次）	年平均门票收入（万元）
人文景观景区	316.2	9013.23
自然景观景区	520.7	34044.48
混合景观景区	297.0	9403.35

由于在混合景观景区中，很难精确地区分其中人文景观和自然景观成分所占的比重（就某一个景区而言，或许文物的成分偏重，而另一个景区或许自然的成分偏重），更考虑到这里本身就是客观取得的24个样本景区中的4个混合景观景区的平均数据，所以我们将其平均等分处理。由此可计算出：

按年平均接待人数考察：

人文景观景区的景区吸引力因子

=316.2+148.6/316.2+520.7+297.0=0.4099

自然景观景区的景区吸引力因子

=520.7+148.6/316.2+520.7+297.0=0.5901

按年平均门票收入考察：

人文景观景区的景区吸引力因子

=9013.23+4701.68/9013.23+34044.48+9403.35=0.2614

自然景观景区的景区吸引力因子

=34044.48+4701.68/9013.23+24044.48+9403.35=0.7386

一般而言，门票收入和接待人数都应该是体现景区吸引力的重要体现，但在这里，二者出现了较大的差异。我们的研究认为，这种差异主要体现为在这两类景区中，门票价格有较大的差异，而在门票差异中，潜在地体现了景区规模的差异。显然，单一地采纳哪一种指标都不是最稳妥的选择。因此，我们采用了同时考虑接待人数和门票收入两项指标并将其吸引力因子加以平均的方式来考察。由此计算的景区吸引力因子为：

人文景观景区的景区吸引力因子=（0.4099+0.2614）/2=0.3356

自然景观景区的景区吸引力因子=（0.5901+0.7386）/2=0.6644

应当指出，旅游景区的吸引力并不能作为导致旅游活动产生的唯一原因。事实上，也有消费购物游、探亲休闲游等其他的旅游活动。但是，在我国现代的旅游活动中，这些旅游活动并不占有主导的地位，经各种方式的测算（包括后面的数学模型分析、专门组织的问卷调查），我们认为：在四川省目前的旅游活动中，此类旅游活动的比重应当不超过15。

由此，我们可以来测算一下2002年四川省文物保护事业对国民经济发展的间接贡献。2002年，四川省的旅游总收入为380.2亿元，按人文景观景区的景区吸引力因子33.56计算，2002年四川省文物保护事业所拉动的旅游总收入为380.2×85×33.56=108.46（亿元）。

顺便指出，2004年，四川省的旅游产业取得了较大的突破，应该说四川省的文物保护事业对此也功不可没。如果假定2001—2002年的景区吸引力因子不变，则2004年，四川省文物保护事业所拉动的旅游总收入为566×85×33.56=161.46（亿元）。

三、文物保护事业对四川省国民经济发展的"完全贡献"

在测算出"直接贡献"和"间接贡献"之后，我们可以来测算一下文物保护事业对四川省国民经济发展的"完全贡献"。

由我们在前面所给出的关系框图中可以看出：文物保护事业对国民经济发展的"完全贡献"，并不等于"直接贡献"和"间接贡献"的简单相加，这是因为：我们在计算"直接贡献"时，已经计算了文物行业各单位的门票收入和经营性收入，而这两部分内容，在计算旅游总收入的时候，事实上也被包含在内。所以，在将"直接贡献"和"间接贡献"相加以后，应当再减去这部分被重复计算的因素。因此可计算2002年文物保护事业对四川省国民经济发展的"完全贡献"如下：

"直接贡献"+"间接贡献"−文物行业各单位的门票收入和经营性收入

=0.7836.8+108.46−（0.807+0.0234.4）=108.41（亿元）

这就是2002年四川省文物保护事业对国民经济发展的"完全贡献"。

2002年，四川省的国内生产总值GDP为4875.12亿元人民币，可计算出2002年四川省文物保护事业对国民经济发展的"完全贡献"相当于GDP的比重为：108.41/4875.12=0.0222，即2.22。同时，四川省历年的资料显示：全省旅游产业所提供的增加值大约占全省旅游总收入的50左右。按此推算，2002年四川省文物保护事业对国民经济发展的净"完全贡献"大约为54亿元，占GDP的比重大约为1.1。

第二节　文物保护事业对四川省国民经济发展的多元分析

一、因子模型的建立

因子分析（factoranalysis）是一种数据简化的技术。它的主要思想是将众多错综复杂的变量按照相关性进行分组，使同组内的变量相关性高，而组之间的相关性较低。每组变量代表一个基本结构，这个基本结构称为公共因子。使众多的变量归结为几个公共因子，以达到降维、便于分析的目的。

因子分析模型是根据变量间的相关性大小，把变量分组，便利同组内的变量之间相关性较高，但不同组的变量相关性较低，每组变量代表一个基本结构，这个基本结构称为公共因子。设有p维随机向量X=（x1，x2，…xp），其均值向量为μ=（μ_1，μ_2，…μ_p），协方差阵为Σ=（σ_{ij}）p×p，可以设想这p个指标主要受到m（m≤p）个公因子f1，f2，……fm的影响，且xi是f1，f2，……，fm的线性函数，即fi对各指标的影响是线性的，则有模型：X（p×1）=AF（p×m）（m×1）

+ε（p×1）其中F=（F1，…Fm）'为公因子；ε=（ε1，…，εp）'为特殊因子；F与ε均为不可观测的随机变量。A=（αij）为因子载荷矩阵，αij称为第j个因子对第i个变量的载荷系数。在模型中，特殊因子起着残差的作用，但被定义为彼此不相关且和公因子也不相关，而且每个公因子假定至少对两个变量有贡献，否则它将是一个特殊因子。选取相对较少的主成分个数m，使得累计贡献率达到一个较高的百分比（通常为85），然后可以利用巴比莱特（Bartlett）因子得分法计算因子等分，再利用因子得分进行其他分析。这里，我们运用因子分析的方法，以文物旅游景观为标本，对其所拉动的旅游总收入进行测算，并由此推算文物保护事业对四川省国民经济发展的贡献。

二、关于四川省文物保护事业对国民经济发展贡献的因子分析

（一）样本及评价指标的选取及预处理

为了方便比较，这里同样采用与前面完全相同的研究样本，即四川省24个旅游景点的数据。这24个旅游景区分别为：人文景观有5个：乐山大佛、都江堰、三星堆、自贡恐龙博物馆和三苏博物馆；混合景观有4个：峨眉山、剑门蜀道、青城山和佛宝风景区；自然景观有15个：九寨沟、黄龙、西岭雪山、二滩风景区、窦山、蜀南竹海、瓦屋山、碧峰峡、南江光雾山、四姑娘山、牟尼沟风景区、卧龙、海螺沟、木格措和西昌邛海。经过定性分析和初步筛选，我们选择了以下四个指标作为反映旅游景区与旅游总收入关系的指标。这些指标分别为：X_1为2002年部分旅游景区门票收入情况（万元），X_2为2001年部分旅游景区门票收入情况（万元），X_3为2002年旅游景区接待人数（万人次），X_4为2001年旅游景区接待人数（万人次）（数据来源四川旅游信息网，具体数据见附表）。

（二）评价指标的预处理

由于各指标数值的大小相差较大，而且单位也不尽相同，因此为使因子分析能够均等地对待每一个指标，需对各指标作标准化处理，即令X_*总方差分解表。

表2-6

公因子	特征根和			旋转因子载荷平方和		
	总特征根	特征根贡献率	总特征根贡献率	总平方和	方差贡献率	累计方差贡献率
1	3.504	87.593	87.593	3.339	83.472	83.472
2	0.475	11.886	99.480			
3	0.014	0.344	99.823			
4	0.007	0.177	100.000			

$x_i - X_i = s_i$

其中Xi和si分别是指标x_i的样本均值和样本标准差。x＊1，…x＊的协方差矩阵也就是X_1，…，X_4的相关矩阵，因此我们从样本相关矩阵出发进行因子分析。

（三）因子分析计算与评价

利用统计分析软件SPSS12.0对样本进行因子分析结果如下：

因子选择图：由表2-6可以看出，选择第一个公因子时，其累计贡献率为83.472，符合选择要求。再结合下面的公因子数目图（图2-7）来看，本文是可以只用第一个公因子来代表以上四个指标的。由于第一个公因子包括了门票收入和接待人数的四个指标，我们可以命名它为"景区吸引度因子"

$X_3 + 1.034 ＊ X_4$

（三）因子得分

始数据代入上面的函数，可以算出各个旅游景区的吸引度公因子得分排序：

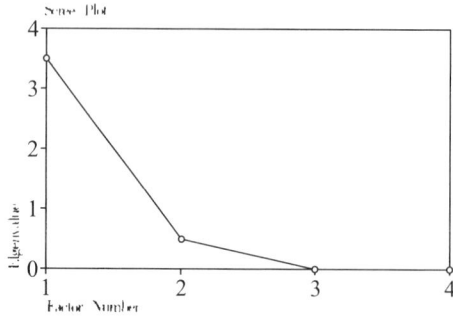

表2-7 公因子数目图

表2-8 因子得分系数矩阵（Factor Score Coefficient Matrix）

指标	第一公因子对应系数
X_1：02年门票收入	0.284
X_2：01年门票收入	0.185
X_3：02年接待人数	−.472
X_4：01接待人数	1.034

表2-9 旅游景区吸引度公因子得分排序表

景区	因子得分
九寨沟	5101.8
黄龙	3573.4
峨眉山	3401.8
碧峰峡	2479.7
都江堰	2357
乐山大佛	2041.8
青城山	1074.6
西岭雪山	724.27
三星堆	548.77
蜀南竹海	408.41

景区	因子得分
瓦屋山	347.02
海螺沟	247.3
四姑娘山	212.77
牟尼沟风景区	189.71
窦山	162.09
西昌邛海	111.14
自贡恐龙博物馆	103.4
卧龙	101.74
剑门蜀道	97.931
三苏博物馆	96.513
佛宝风景区	87.157
南江光雾山	83.982
木格措	71.293
二滩风景区	24.284

（二）因子方程式

因子方程式，即函数表达式为：

$F = 0.284 * X_1 + 0.185 * X_2 - 0.472 *$

从排序中可以看出：在5个人文景观中就有1个在前五名中，3个混合景观有1个在前五名中，说明虽然人文景观和混合景观的数目虽然少，但是它们的得分很高，对整个旅游收入的影响并不小。

计算人文景观的吸引度公因子总得分、混合景观的吸引度公因子总得分、自然景观的吸引度公因子总得分在所有景观的吸引度公因子总得分的比重，可得：人文景观占0.22，混合景观占0.20，自然景观占0.58。由于混合景观中人文景色与自然景色结合紧密，不能强硬地将人文景色与自然景色剥离，而且存在部分景区中人文景色的比重大，而另外部分景区中自然景色的比重大的问题，不能采用一种计算方法对混合景区中人文景色与自然景色的比重进行划分。本文采用平均分配的方法分解混合景区，可得：在混合景观中人文景观总共是0.10，而自然景观总共是0.10。所以人文景观占人文景观与自然景观总和的比重是：

0.22+0.10=0.32

自然景观的占人文景观与自然景观总和的比重是：

0.58+0.10=0.68

应当指出，景区吸引度并不是导致旅游活动发生的唯一因素。由以上的因子分析也可以看到，我们选择的第一个公因子的累计贡献率为83.472，说明我们选择的四个指标所构成的景区吸引力因子的贡献率为83.472，我们有理由以此作为一个测算的依据。

由上可知：在四川的景区对游客吸引程度中，人文景区占的比重是近32，而自然景观占68。进而，我们可以用这个比重对四川省的2002年旅游总收入（380.2亿元）进行分解。其中，由于人文景观的吸引力导致的旅游收入为：0.32×0.874×380.2=106.33（亿元）。

与前述的统计测算方法相比较，二者的结果非常地接近，相差仅为2.13亿元（108.46亿元—106.33亿元），差异率不到2。可见，两种方法得到了相互的印证。

同理，可计算2002年文物保护事业对四川省国民经济发展的"完全贡献"如下：

"直接贡献"+"间接贡献"–文物行业各单位的门票收入和经营性收入

=0.7836.8+106.33–（0.807+0.0234.4）=106.28（亿元）

进而，可以算出2002年由于人文景观的吸引力导致的旅游收入相当于四川省2002年GDP（4875.12亿元）的比重为：106.28/4875.12=0.0218，即2.18。按四川省历年的平均水平分析，四川省旅游行业所提供的增加值大约为旅游总收入的50。

按此计算，四川省文物保护事业全行业对四川省国民经济发展的净"完全贡献"占GDP的比重大约为1.1。

表2-10

景区	X1-02年门票收入	X2-02年接待人数	X3-01年门票收入	X4-01年接待人数	F-因子得分
乐山大佛	2949.96	163.7	2900	140	2041.782
峨眉山	7610.86	174.6	6223.1	165.8	3401.784
九寨沟	16675.8	122.9	12436.6	119.1	5101.839
黄龙	8897.18	180	6219.43	175	3573.384
青城山	2284.73	97.5	2064	87	1074.641
都江堰	4853.36	104.5	4480.17	95.9	2357.022
三星堆	1207.97	34.3	920	50	548.7739
西岭雪山	2971.8	88.4	567	64.9	724.268
自贡恐龙博物馆	223	10	175	12	103.395
二滩风景区	54.88	6.4	18.63	8	24.28367
佛宝风景区	185	7.6	159	8.5	87.1568
窦山	308	13	375	11	162.085
剑门蜀道	178.92	26.6	175	26.4	97.93068
蜀南竹海	1059	41.6	1005	40	408.4058
三苏博物馆	244	6	73	16	96.513
瓦屋山	702	14	750	15	347.02
碧峰峡	6499.38	69.9	5366	71.7	2479.679
南江光雾山	300	18	25.37	2.5	83.98245
四姑娘山	550.9	15.1	296.55	8.3	212.7724
牟尼沟风景区	400.06	13	452.13	8.3	199.7073
卧龙	247	8.2	148.66	7.7	101.7415

景区	X1-02年门票收入	X2-02年接待人数	X3-01年门票收入	X4-01年接待人数	F-因子得分
海螺沟	473.3	8.2	572.4	10.5	247.2978
木格措	105	3.2	198.25	6.1	71.29325
西昌邛海	190	38	193.64	38	111.1394

第三节 调查问卷分析

一、问卷调查的基本情况

为了具体掌握本课题研究所需要的基本数据资料，我们在四川省的全省范围内进行了一次较大规模的抽样调查（《四川省文物保护事业对国民经济及社会发展贡献预研究问卷调查表》见附表，以下简称《调查表》）。在调查结束之后，我们运用统计分析软件SPSS12.0对问卷进行了计算机处理。

这次问卷调查共发出问卷约1500份，收回问卷1026份。尽管由于调查的经费限制，这次问卷调查的组织管理较为简单，废卷率较高，但这次调查仍然给我们提供了很多可供参考的信息。

从调查的基本情况来看，由于调查时间较为仓促，且处于旅游淡季，所以我们所调查的游客中，男性的比例明显偏高，占总人数的比重为68.9；调查对象的年龄偏低，30岁以下的游客占总人数的比重为57.3。在所调查的游客中，年收入在10000—25000元的游客最多，占总人数的比重是40.2，其次是年收入在5000—10000元的游客和年收入在50000元以上的游客，占总人数最少的是年收入在5000元以下的游客，他们的比重只有7。此次问卷调查中，游客的平均旅游时间是七八天（《调查表》第3题），游客的平均旅游花费是2064元（见《调查表》第4题），旅游门票总收入占旅游总收入的11.28。（见《调查表》第4

题与第10题）。

此次问卷调查中，购买文物纪念品的总收入占总旅游购物收入的9.66，这个比重表明，文物纪念品的收入占总旅游购物收入的比重还是很大的。文物纪念品对于旅游人员的吸引力比较大（见《调查表》第4题与第11题）。

二、关于景区吸引力的描述统计分析

首先，从游客的年旅游次数来看，即对第一题进行描述统计分析可以得出：在我们所选样本中，平均每人次年旅游次数近似为2次，而其中对于人文景点的年旅游次数近似为1次。这可以较粗略地反映出：在游客每年出行旅游时，有50的概率是为了游览人文景点。这也间接反映出人文景观对于游客的吸引力是比较大的。

其次，从游客对景观的选择性来看，即在《调查表》第5题中，选择自然景观的游客只占总游客的8，而选择人文景观的游客只占总游客的12.5，选择自然景观和人文景观二者兼有的游客占总游客的79.5。由于不能强硬地将自然景观和人文景观二者兼有的游客区分出来，不能采用一种合适的计算方法对混合景区中自然景观和人文景观二者兼有的游客的比重进行划分，本文采用平均分配的方法分解自然景观和人文景观二者兼有的游客，可近似得出：选择自然景观的游客占总游客的47.7，而选择人文景观的游客之占总游客的52.3。

最后，从景区数目的选择来看，即对《调查表》第16题进行分析，可得游客在四川省内旅游时，选择人义景点数目的比重占总景点数目的43.6，而选择自然景点的比重占总景点数目的32.9%，选择综合景点数目的比重占总景点数目的23.5，由于上述原因，对综合景点的百分比进行平均分配，最终可得：选择人义景点数目的比重占总景点数目的55.35，而选择自然景点的比重占总景点数目的44.65。

以上三方面都是从描述统计的角度对景区吸引力进行了侧面的、简单的、粗略的分析，可以看出：在四川省内，人文景观对游客的吸引力是很大的。但是，四川省内人文景观吸引力的深入分析还要运用计量模型。

三、关于景区吸引力的计量模型中的回归分析

在《调查表》第2题中，设旅游总收入为Y，人文景点的收入为X_1，对其做线性回归方程，得：

$$Y=938.2+1.09X_1$$

T值（2.356）　　　（9.83）

$R_2=0.70$

回归拟合效果很好，T值通过检验，R_2足够大。说明，平均而言，人文景点每增加一单位的收入，会给旅游总收入带来1.09个单位的收入。

我们设，非人文景点收入为X_2，其中$X_2=Y-X_1$，对Y和X_2进行线性拟合，得：

$$Y=827.91+2.34X2$$

T值（5.21）　　　（11.41）

$R_2=0.75$

回归拟合效果很好，T值通过检验，R_2足够大。说明，平均而言，人文景点每增加一单位的收入，会给旅游总收入带来2.34个单位的收入。

对于人文景点收入与非人文景点收入对旅游总收入的贡献，我们可以从其系数比中得出。人文景点的贡献比重：1.09/（1.09+2.34）=0.32，而非人文景点的贡献比重是：1.34/（13.4+1.39）=0.68。综合四川旅游网上的四川省的2002年旅游总收入（380.2亿元人民币）进行分解。其中，由于人文景观的旅游收入为：0.32＊380.2=121.7亿元人民币。进而，可以算出2002年由于人文景观的旅游收入相当于四川省2002年GDP（4875.12亿元人民币）的比例为：121.7/4875.12=0.024，即2.4。

由以上分析可以看出：由于人文景观的存在而拉动四川省国内生产总值的2.4，这是对四川省人文景观吸引力具体生动的数字描述。

关于问卷的其他分析。

对年收入和《调查表》第16题进行列联表分析：

收入水平和人文景观的列联表分析：

表2-11　收入与人文景观的列联表

	变量	近似标准差	显著性检验值
Pearson'sR值	0.052	0.111	0.638（c）
Spearman相关值	0.115	0.108	0.298（c）
变量数目	84		

由于0.052与0.115都小于0.5，说明不同收入水平的游客对于人文景观的选择，没有显著性差异。

同理，从表2-12收入水平和自然景观，表2-13收入水平和与混合景观的结果看出：不同收入水平的游客对于自然景观、混合景观的选择也没有显著性差异。

表2-12　收入与自然景观列联表

	变量	近似标准差	显著性检验值
Pearson'sR值	0.206	0.107	0.060（c）
Spearman相关值	0.156	0.112	0.156（c）
变量数目	84		

表2-13　收入与混合景观列联表

	变量	近似标准差	显著性检验值
Pearson'sR值	0.028	0.093	0.798（c）
Spearman相关值	0.033	0.103	0.769（c）
变量数目	84		

以上分析说明，人文景观、自然景观和混合景观在不同收入水平

的游客中的地位是同等重要的，因此对于人文景观必须给予重视，而且需要根据不同收入水平的游客，人文景观应该制定不同的价格和接待服务。尤其是年收入在10000—25000元的游客占旅游总人数的比重将近49.8％，对于这部分人群应该给予足够的重视。

第三章　文物单位经济贡献的个案定量分析

第一节　乐山、遂宁两市对比调查分析

为了使课题研究更科学，取得数据更准确，我们依据课题申报书所做的承诺，计划选择四川省内有代表性的两个地级市定量分析文物保护事业在国民经济中的地位与作用。通过对全省各地市的综合分析，我们发现乐山和遂宁两市比较典型，完全符合我们的课题研究需要。

一、乐山、遂宁基本情况比较

我们根据2000年以来的《乐山年鉴》《遂宁年鉴》、2001年到2003年的《四川省文化事业统计资料》（四川省文化厅编）等资料，对乐山和遂宁的地理位置、气候、资源、国民经济发展等基本情况进行比较。

表3-1　2003年乐山、遂宁基本情况对照表

序号	地区内容	乐山市	遂宁市
1	地理位置	四川省西南部	四川省中部
2	气候	中亚热带气候带，四季分明	四川盆地亚热带湿润气候区
3	面积	12810平方千米	5325平方千米
4	人口	346万人	370万人
5	自然资源	瓦屋山、马鞍山、大风顶和峨眉平原等山川河谷风貌，岷山、青衣江、大渡河等流水景观	大英死海，广德风景区，灵泉风景区等自然景观

序号	地区内容	乐山市	遂宁市
6	文物资源	世界遗产1处，国家级文物保护单位4处，省级文物保护单位41处	省级文物保护单位4处，市级文物保护单位11处
7	交通	成昆铁路、成乐高速公路，国道213线、305线等公路岷江、大渡河水运	川鄂、绵渝公路，达成铁路，成南高速路，遂宁已成为四川第二大交通枢纽
8	与中心城市距离	距离成都162公里，2小时以内可达	距离成都220公里，距离重庆210公里，到成都和重庆的车程均在2小时以内
9	招商引资情况	实际利用外资1.46亿美元	实际利用外资1884万美元
10	国内生产总值	215.56亿元	159.19亿元
11	旅游总收入	35.62亿元	5.04亿元
12	人均GDP	6208元	4246元
13	GDP增长率	13.3	11.7
14	在省内经济地位排名	第8位	第16位

　　从以上图表比较来看，乐山、遂宁两市的地理位置同属于四川盆地丘陵地带，两市经济均以农业为主导地位，气候、自然环境、交通、人口等经济发展条件基本相似，乐山的文物资源明显优于遂宁（见表3-1、图3-1）。两市的国民经济和社会发展水平相差较大（见图3-2），其中旅游收入差距更是悬殊，乐山市旅游收入增长迅速，遂宁市旅游收入则缓慢增长，且遂宁市旅游收入仅为乐山市旅游收入的七分之一左右（见表3-3）。两市旅游收入占GDP的比例也有较大差别，乐山2002年旅游收入占到GDP的17.69，遂宁仅占到GDP的2.5。

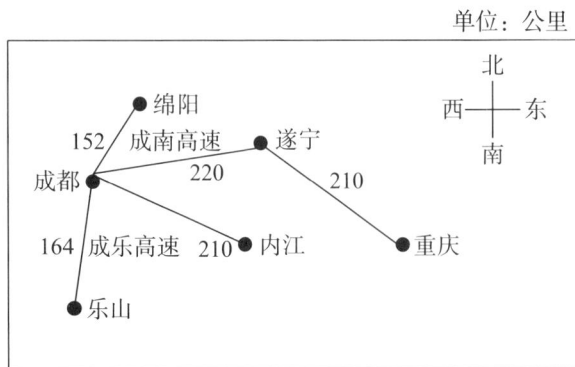

图3-1 乐山、遂宁与中心城市距离示意图

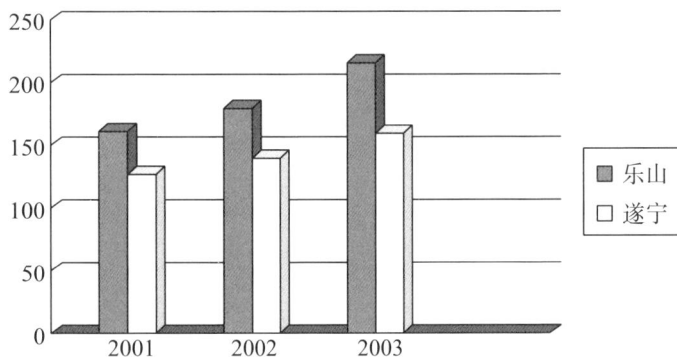

图3-2 2001—2003年乐山、遂宁GDP比较（单位：亿元）

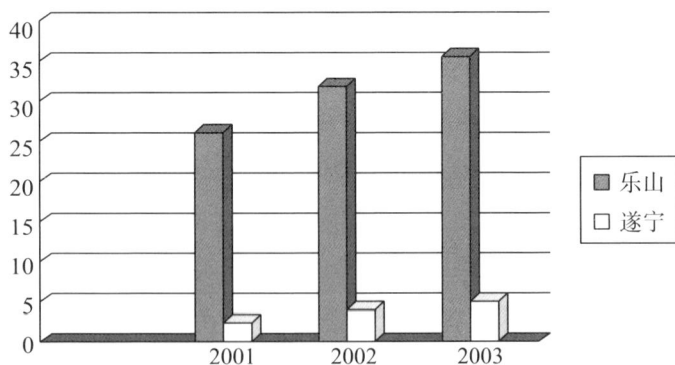

图3-3 2001—2003年乐山、遂宁旅游收入比较（单位：亿元）

　　在上述图表当中，有两个指标差别非常明显：一是招商引资，乐山是遂宁的8倍；二是旅游总收入，乐山是遂宁的7倍。按理说，遂宁的

交通环境优于乐山，招商引资不至于与乐山有如此大的差距。在其他条件相似的情况下，一个地区的招商引资往往和该地区知名度成正比，那么是什么原因导致了遂宁和乐山的这种差别呢？看到两地的旅游收入差别如此悬殊，自然会令人想到旅游景观（点）这个因素。根据我们调查分析，其原因也正是旅游景观（点）。就自然景观而言，两市并无明显区别，但就人文景观来说，乐山市有世界自然与文化双遗产1处，全国重点文物保护单位4处，省级文物保护单位41处；遂宁市仅人省级文物保护单位4处，市级文物保护单位11处。故从景观（点）的级别、知名度、数量来看，乐山远远强于遂宁。事实上，乐山的旅游收入有80来自人文景观（点），乐山市以大佛节、名山节为题的海内外招商活动，所引资金占到引资总额的大半。因此，人文景观（点）是导致两市十多年来经济发展水平悬殊的根本原因之一。

二、乐山、遂宁两市文物保护事业对国民经济贡献的比较分析

分析乐山、遂宁两市国民经济和社会发展的差别，我们总结出：

（一）乐山市的文物资源数量多，级别高，观赏性强，知名度高，奠定了乐山旅游和经济发展的基础。旅游业的快速发展又拉动了国民经济和社会发展。

首先，乐山市有世界遗产1处，国家级文物保护单位4处，省级文物保护单位41处。乐山旅游产品体系的核心产品便是文物旅游。乐山大佛自1996年12月被列入世界文化与自然遗产名录后，提高了乐山市的国际知名度，使乐山大佛和峨眉山成为全世界瞩目的旅游景点；促使乐山市委、市政府将旅游业确定为全市经济的支柱产业之一，迎来了乐山旅游事业发展的新阶段。乐山大佛确定为世界双遗产后，游客每年以15的速度递增，旅游收入占乐山GDP的比重呈波浪式上升，2001年旅游收入占乐山GDP的16.8，2002年旅游收入占到GDP的17.69，旅游业已成为乐山的支柱产业。而乐山旅游赖以存在和发展的资源性优势在乐山大佛和峨眉山等文物资源。

其次，旅游业的快速发展具有很强的连锁效应，对国民经济具有

重大的推动作用，其社会性、综合性很强。据世界旅游组织统计，旅游业直接收入每增加1元，商业、饮食、交通等第三产业产值就增加4.3元；旅游业直接收入每增加1美元，利用外资额就相应增加5至9美元；旅游业直接就业者每增加1人，全社会的就业机会就会增加3到5个。以文物旅游为核心的乐山旅游业，带动了乐山餐饮、住宿、交通、商业、娱乐、房地产及社会公共服务业等相关产业的发展。乐山市现有旅游企业130余家，其中，星级饭店22家，旅行社26家，旅游定点单位90余家，比较成熟的旅游景区11个，旅游行业从业人员近13万人。乐山市已成为全国优秀旅游城市。旅游业的发展还提升了乐山市的影响力和知名度，有利于招商引资，形成对国民经济的整体提升。

（二）遂宁市文物资源与乐山市相比，无论在数量还是级别上都有较大差距，故而相对于乐山市，遂宁市文物保护事业对国民经济和社会发展的贡献也比较小。

遂宁市有省级文物保护单位4处，市级文物保护单位11处。文物年代多为清代和近代，比较有代表性的是近年出土的南宋瓷器窖藏，曾到日本、新加坡等国展出。面对旅游业发展滞后的现实，遂宁市出台了关于加快旅游产业发展的决定，正式确立了旅游产业在全市国民经济中的地位，在对资源进行重新评价后，遂宁市委副书记、市长袁本朴指出，把宋瓷等特色文物列为全市一级旅游资源，打造遂宁旅游的品牌和特色，通过引进龙头企业来经营、开发遂宁市旅游产业。近三年来，广德、灵泉等文物景区由冷变热，"观音民俗文化"已经成为遂宁市含金量极高的旅游品牌。可见，遂宁市已经意识到文物资源的价值，希望通过开发文物旅游来促进国民经济的发展。

第二节　四川省广汉三星堆博物馆投入与产出效益分析

一、博物馆概况

三星堆博物馆位于全国重点文物保护单位三星堆遗址东北角，地处历史文化名城广汉城西鸭子河畔，南距省会成都约40公里，北离新兴工业城市德阳26公里，是我国一座大型的现代化历史博物馆。

三星堆文物，是具有世界影响的文物，在中国浩如烟海、蔚为壮观的文物群体中，属最具历史科学文化艺术价值，且最富观赏性的文物群体之一。博物馆全面展示三星堆遗址及遗址内一、二号大型祭祀坑出土的陶器、玉器、骨器、金器和青铜器等上千件珍贵文物。三星堆博物馆是首批国家AAAA级旅游景区和亚太地区首家加入"绿色环球21"认证的博物馆。

二、博物馆发展情况

三星堆博物馆自1997年10月开馆以来，其知名度和影响力与日俱增。三星堆1997—2003年的经济发展概况见下表：

表3-2　三星堆博物馆1997—2003年经济发展概况表

年份	游客量（万人）	年总收入（万元）					年总支出（万元）
		财政拨款	门票	外展	其他收入	合计	
1997	3	不详	60	不详	5	65	25
1998	26	240	463		50	753	155
1999	32	242	500	70	70	882	320
2000	38	256	650	50	70	1026	360
2001	46	288	930	80	70	1368	560
2002	49	312	1200	100	100	1712	440
2003	48	330	1050	0	70	1450	660

（以上数据由三星堆博物馆提供）

三星堆博物馆自开馆至2003年的直接总收入为7256万，总支出为2520万，利润为4736万，至2003年累计接待了海内外游客200多万人次，年均递增在30以上，极大地带动了广汉市旅游业的发展。2002年，广汉市共接待游客160万人次，实现全市旅游综合收入4.83亿元，占全市GDP的8。用文化产业带动其他产业的发展，是广汉市的发展思路，以三星堆为主的旅游文化产业是"十五"期间广汉市发展的重点。2004年，广汉市旅游综合收入实现9亿元，同比增长56.3；2003年，三星堆旅游商品实现销售收入4600万元，占全市旅游总收入的7.9（见《四川日报》2004年9月）。由此可见，将一处文物景观深厚的历史文化积淀融入相关行业和领域，形成一个复合型的产业链是完全可能也是可行的。就以三星堆为例，现今以"三星堆"为品牌的有艺术品公司、餐饮、娱乐业等，皆有着不错的市场，产生了巨大的经济和社会效益。

三、三星堆对国民经济的贡献

（一）博物馆扩大了广汉市的劳动就业，带动了一批相关产业的发展

三星堆博物馆现有正式职工30人、长期签约的合同工137人，全部是广汉本地人。截至2003年6月，广汉市共有7家旅游定点（涉外）宾馆饭店，1740张床位，其中2家三星级宾馆；有8家旅游定点生产企业，涉及食品、纺织、工艺品制作等行业产品近200种；旅游定点旅行社2家，全市旅游相关行业的从业人员近5000人，而游客到广汉旅游的目的很单一，那就是三星堆。三星堆文物为当地乃至为四川的旅游业提供了绝好的战略发展机遇。《四川省旅游发展总体规划》和《四川省人民政府关于加快四川旅游产业发展的实施意见》（川府发〔2003〕19号）将旅游列入全省经济发展支柱产业，三星堆被列为全省重点建设发展的五大精品旅游区之一。

（二）扩大了广汉市的城市影响力，提高了四川的国际知名度

三星堆文物在法国、瑞士、英国、丹麦、日本、美国、西班牙和我国台湾地区等地巡展引起异常轰动，英国首席考古学家在《独立报》上撰文说：三星堆的发现比有名的中国兵马俑更要非同凡响。三星堆博物馆，对广汉地方特色文化的形成和文化旅游产品的开发具有特殊的重要意义，同时也为广汉城市填补上浓厚的文化底蕴。通过对三星堆古遗址文化旅游的开发，推动了广汉历史文化名城和中国优秀旅游城市的建设。

（三）促进社会主义精神文明建设及国民素质

博物馆是一个地域历史和文化积累的总和。博物馆本身就是科学文化教育事业的重要组成部分，属社会性文化教育机构。三星堆博物馆充分发挥其对社会的教育功能，自开馆以来，就十分注重科普教育工作，2001年曾被四川省评为"四川省科普教育基地"。2003年3月，三星堆博物馆被科技部、中宣部、教育部、中国科协联合命名为"全国青少年科技教育基地"。这些工作起到了教育公众、提高国民素质和促进社会主义精神文明建设的作用，同时也极大地提高了博物馆的社会影响力和知名度。

第三节　四川文物考古研究院投入与产出效益分析

四川省文物考古研究院始建于1953年，担负着全省文物保护、考古发掘任务，是我国西南地区规模最大、人数最多、门类最齐的文物科研公益性事业单位，在田野考古、古建筑石窟保护、文物保护修复技术等方面有着较强的实力，尤其在古代巴蜀文化的研究、古代壁画、古代青铜器和石质文物保护方面取得了较为突出的成绩，在四川乃至西南地区文物考古行业中处于领先地位。目前省考古研究院占地面积8215.34平方米，办公用房5109平方米，考古工作站用房1301.32平方米，职工用房300平方米，固定资产总值403万元，其中房屋121万元，设备282万元。文物陈列品13500件，图书资料35203册。同时有各类专业技术人员50人，其中研究员4名、副研究员17名、工程师和助理研究员16名，在全国同行中具有一定影响。在50余年的考古发掘、古建维修、文物保护工作中投入了大量的人力和财力，也取得了经济和社会两方面的效益。现以1995—2004年为例进行分析说明。

一、投入

四川省文物考古研究院在1995—2004年期间共投入考古发掘经费和文物修复、保护经费1885.5万元，见图3-4。

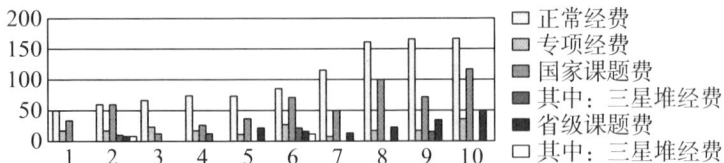

图3-4　1995—2004年经费投入（万元）

注：省考古院统计数，其中：1995年未含直接拨给三星堆博物馆的50万元。

从图中我们可以看出，从1995年四川省文物考古研究院投入的20多万到2004年的170多万，几乎是以每年20万的速度增加。但在这十年中所取得的实效也是非常高的。

二、产出

十年来先后查明省内3万处文物点，发现、发掘了古蜀文化三星堆遗址、忠县中坝遗址、宣汉巴王墓等数十处古遗址、古墓葬，其中有7处还被列入了1995—2004年全国十大考古发现（重要发现），出土文物100万件，为省内各博物馆、文管所提供了大量藏品。在地面文物方面，该院维修或规划保护的重要古建筑、石窟超过百处，许多文物得到了应有的保护和合理利用。乐山大佛、峨眉山上的古建筑、大足石窟的维修，为其成为世界遗产奠定了基础，也为今日四川的旅游带来了良好的经济效益。仅以2003年为例，尽管受到"非典"影响，乐山的旅游收入仍达35.62亿元。同年大足石窟的旅游收入也达2000多万元（大足石窟在重庆直辖前长期由该院担负维修工作）。

三星堆文物的出展和三星堆博物馆的开放，也完全得益于该院的考古发现和长期对三星堆文物的修复与保护。其近年来的门票和外展收入见图3-4。自开馆以来的直接总收入为5810万元，外展收入仅以1997年为例，其赴日本展出收入就达1亿日元。除此以外，省内许多文博单位的文物发现、保护、修复均与四川省文物考古研究院的直接投入有关。如彭州西周窖藏青铜器、新都一号大墓出土文物、宣汉罗家坝巴人墓出土文物等先后到日本、美国、加拿大、法国等国家展出，都获得了可观的经济效益。

　　该院在配合大型基本建设当中取得了重要的社会效益和重要的学术成果。如三峡水库忠县中坝遗址文化层厚达十几米，其历史时间跨度达5000年，可以说它是一部"完整的中国通史"，具有重要的学术意义。

　　科研工作进步明显，多年的投入使该院成果累累，详见下表。

表3-3　科研成果表

年度 项目	98年	99年	00年	01年	02年	03年	04年	合计
课题数	10	12	16	15	24	39	42	158
纵向课题 （个）	3	4	7	5	5	20	20	64
横向课题 （个）	7	8	8	10	17	16	17	83
自立课题 （个）			1		2	3	5	11
发表论文 （篇）	30	37	20	36	45	52	65	285
出版著作 （篇）	18							18
出土文物 （万件）	5.06	7.68	5.65	5.78	1.14	1.35	2.03	28.69
修复青铜器（件）	105	168	140	162	231	1198	245	2490

　　在对外合作方面，该院出土的文物早在20世纪80年代就已出展欧美、日本、澳大利亚和我国的台湾地区，既扩大了影响，也带来了一定的直接经济收益，见下表。

表3-4　直接经济收益表

（单位：万元）

年份 项目	95年	96年	97年	98年	99 年	00 年	01年	02年	03年	04年	合计
外展收入	4.5	5	3.6	56.5		6			2.3	7.9	85.8
内展收入					0.2	40	30	10	10	20	110.2
赞助经费	20						20				40
合计	24.5	5	3.6	56.5	0.2	46	50	10	12.3	27.9	236

通过上述个案投入产出的分析，我们可以清楚地看到，国家对考古事业单位的投入是有巨大回报的，落实在一个具体的单位其经济效益可能是负数，但对于整个社会事业及带动的相关行业却是赢利，而且还有巨大的社会效益。

第四章　几点建议

第一节　对文物资源在旅游开发中的开放范围和开放限度的建议

文物部门与旅游部门在我国政府的行业划分中属于不同的行业，文物部门的工作简言之是保护并利用好文物。而旅游部门本身并没有也没必要去管理旅游资源，其工作应该是协助协调各旅游点，尽力发掘利用好旅游资源，并为旅客做好往返旅游目的地的配套服务工作。

当今的中国市场经济的主体地位已确立并得到了国际上的承认。应当看到，在市场经济的大环境中，行业的分工有所调整，行业之间在互相渗透，一些行业界线也越来越模糊。如果在法律许可范围内进行创新和探索被证明能更有利于事业的发展，那不但不该否定，反而应该大力褒扬和推广。但是文物事业有其特殊性。第一，文物资源是一种稀缺的不可再生的而且是很脆弱的资源，对其进行保护和利用都需要很专业的知识和长期专门训练的一批专家来做。第二，文物保护事业是公益性事业，不以盈利为目的，与旅游业最大限度地获取经济利益的宗旨是对立的。第三，前两点的性质决定了对文物机构的管理经营必须由文物部门内部来做，不能离开行业特点而抽象地谈管理。

因此，文物点的管理权和经营权是必须牢牢掌握在文物机构手中。

但是，这并不是就排斥旅游或其他部门的介入，在现阶段，文物系统内的经营型人才稀缺的时候，可以将一些展览的促销、景点的宣传工作委托旅游或其他部门来做。还可以将与景点配套的观众服务项目的经营外包，但前提是都不能导致暴利和垄断。

文物部门还可以接受旅游部门的有关旅游经济的培训在服务意识和宣传策划上多向市场学习。

旅游部门介入文物行业目的是要做好文物资源，其实国内外的许多例子已充分说明要做到这点并非一定要来承包或亲自管理，可以通过经费赞助景点建设、陈列展览，或帮助培训来达到目的，也可以协建交通、食宿设施，照样可以达到发展旅游的目的。

到现在为止，旅游部门或其他团体对文物点的承包多盯住的是门票，从此可以看出他们还不了解文物事业的公益性和特殊性。我们应对他们和社会多做宣传。

此外，文物部门也要看到，今天的文物景点接待观众的成分比以前有大的变化，观众中旅游者占了大多数，游客来后希望得到的是优质的五星的服务，而我们管理者的意识和行为与观众期望距离甚远。这就需要我们文物部门加强经营意识，提高人员素质，进行全方位的改革，以迎接来自各方面的挑战。

总之，文物的保护离不开文物部门，文物的合理利用要靠旅游等部门的协作。文物旅游部门应各司其职，取长补短，这样才能相得益彰，互惠双赢。

第二节　本课题下一步的工作建议

本课题只是一个预研究课题，我们的理解是，先做尝试性的探索，如果前期成果和小范围的研究经证明该课题的命题是科学的，课题内容设计是合理的，现有可提供的资料是基本够课题的测算的，而且是可以测算出文物保护事业对国民经济的贡献值的，那么，就可以正式启动该课题。我们认为，根据我们的预研究，以上要求和目的经过努力是可以达到的。我们希望进一步算出文物保护事业对全国国民经济和社会发展的贡献，建立指标体系和数学模型，算出贡献值。

第三节　几点题外建议

虽然课题组的成员主要是来自文物系统的，但通过本课题的研究，我们对文物系统内的经营产业经济工作也有了比以前更多的了解和体会，针对在本课题研究中遇到的一些情况，特提出几点建议。

一、应尽快建立健全文物系统内的经济统计制度

我们在课题研究中发现许多文物单位和管理部门没有年度经济统计表和制订相应的统计制度。即使有一些统计资料，但不连续、不规范、不详细、缺项过多，这很不利于全面了解各单位经济状况也不便于管理和制定发展规划。国家应尽快组织专家设计出科学规范详尽的各种统计表和制订相关制度，让文物事业经济统计成为每年例行工作。

二、强化文物景点的经营意识

我们认为公益性单位也应该有经营意识，也完全可以在坚持公益性的原则下做好经营，达到良好社会效益和经济效益。虽然这些年文物部门在观念和做法上已有许多新意，但现实是，很多景观点的经营意识仍很淡漠。如果经营意识有所增强，还是可以大大挖掘出经济贡献的潜力的。

三、扶持文物产业，正视文物经济

不管我们愿不愿提，文物产业、文物经济是客观存在的。只要是

严格遵守文物法，坚决执行了文物十六字方针，维护了公益性性质的文物产业、文物经济，我们就应保护和提倡。

四、文物保护事业，尤其是营销要大胆探索联合协作之路

今天的行业区分模糊，有许多工作要多家部门、多个行业协作才能做好。文物部门不要墨守成规，抱残守缺，要主动出击。比如，某些方面的工作，我们完全是可以主动联合旅游部门和社会力量来做的。但我们没去做，等到人家找上门来，我们就相当被动了。

五、大胆改革，选拔培养专家型经营人才

文物的特殊性决定了他的管理人才队伍必须是专家团队，这样的领导者才能把握好在坚持公益性的前提下，将两个效益发挥到极致。

六、大力宣传文物保护事业对国民经济与社会发展的积极贡献

由于体制的原因，核算部门分割测算方式的不完善，以及社会上许多人的定式思维，造成了这样的认识，以为文物主要是在精神文明建设中发挥作用，对经济贡献有限，甚至有的地方还认为是经济发展的负担。在有了全面科学准确的测算结果后要大力向领导和社会宣传研究结论，促使他们早日转变对文物系统根深蒂固的看法。宣传中需严格把握的是：文物对国民经济的贡献主要表现在间接方面，即拉动作用上，并不是文物部门直接有那么多收入。文物事业仍然是需要国家投入、社会赞助的公益事业，但是投资和赞助是可以使国家和社会不但在精神文明建设方面有回报，而且可以促进经济建设与发展。

参考文献：

［1］单霁翔：《文物事业要树立和落实科学发展观》，《求是》2004年第24期。

［2］郑欣淼：《文物与旅游业关系初探》，《中国文物报》2000年8月20日。

［3］马自树：《用科学发展观指导文化遗产的保护管理工作》，《中国文化遗产》2005年第5期。

［4］高大伦：《我们该怎样计算文物博物馆行业的经济效益》，《中国文物报》2001年12月11日。

［5］陈凌云：《发展中的"遗产经济学"》，《中国文物报》2005年2月。

［6］《保护世界文化和自然遗产公约》，《香巴拉》2004年3月。

［7］《文化力推动新经济》，原载于日本《世界经济评论》杂志，《参考消息》2000年10月7-9日转载。

［8］任栋：《抽样调查技术》，西南财经大学出版社，1992年。

［9］柯惠新、丁立宏：《市场调查与分析》，中国经济出版社，2001年。

［10］尹伯成：《西方经济学》，上海人民出版社，1999年。

［11］萨菁睿译：《应用计量经济学》，机械工业出版社，2003年。

［12］侯华玲主编：《现代社会经济统计学–SPSS应用》，中国统计出版社，2002年。

［13］龙光俊主编：《2002四川经济展望》，四川人民出版社，2003年。

［14］《四川统计年鉴2002》，中国统计出版社，2003年。

［15］《四川统计年鉴2003》，中国统计出版社，2004年。

［16］《全国文物业统计资料》，国家文物局办公室编印，2004年。

［17］《1999四川省文化事业统计资料》，四川省文化厅，2000年。

［18］《2000四川省文化事业统计资料》，四川省文化厅，2001年。

［19］《2001四川省文化事业统计资料》，四川省文化厅，2002年。

［20］《2002四川省文化事业统计资料》，四川省文化厅，

2003年。

［21］乐山市政府编：《乐山年鉴2000》，方志出版社，2001年。

［22］乐山市政府编：《乐山年鉴2001》，方志出版社，2002年。

［23］乐山市政府编：《乐山年鉴2002》，方志出版社，2003年。

［24］乐山市政府编：《乐山年鉴2003》，方志出版社，2004年。

［25］乐山市政府编：《乐山年鉴2004》，方志出版社，2005年。

［26］遂宁市人民政府主办，遂宁市方志办公室编：《遂宁年鉴2000》，四川科技出版社，2001年。

［27］遂宁市人民政府主办，遂宁市方志办公室编：《遂宁年鉴2001》，四川科技出版社，2002年。

［28］遂宁市人民政府主办，遂宁市方志办公室编：《遂宁年鉴2002》，四川科技出版社，2003年。

［29］遂宁市人民政府主办，遂宁市方志办公室编：《遂宁年鉴2003》，四川科技出版社，2004年。

附 表

一、调查附表（1）（样表）

《四川省文物保护事业对国民经济及社会发展贡献预研究》
问卷调查表

编号1

您好!我们正在进行一项四川省文物保护事业对国民经济及社会发展贡献率的调查，希望能得到您的支持。谢谢!

被访者基本资料：

1. 您的性别 男◆女◆省籍

2. 您的年龄是（　　）

A. 20岁以下　　　　B. 21～30岁　　　C. 31～40岁　　　D. 41～50岁

E. 50岁以上

3. 您的文化程度（　　）

A. 高中或以下　　　B. 大专　　　　C. 本科　　　　D. 研究生或以上

4. 您的职业是（　　）

A. 农民　　　　B. 公务员　　　C. 学生　　　　D. 教师

E. 企业职员　　F. 科研人员　　G. 离退休人员　　H. 其他

5. 您的年收入是（　　）

A.5000元以下　　　　B.5000～10000元　　　C.10000～25000元

D.25000～50000元　　　E.50000元以上

还需要您帮助回答以下问题：

1. 您的年旅游次数为____次，其中在人文景点的次数为____次。

2. 您的年旅游总支出大约为____元，其中在人文景点的支出为____元。

3.此次旅游的花费时间为____天。

4.此次旅游的花销为____元。

5.此旅游地吸引您的地方是（　　）

 A.自然景观　　　B.人文景观　　　C.二者兼有

6.您此次的旅行方式是（　　）

A.参团旅游　　　B.自助旅游

7.您此次旅游的往返交通支出为（　　）

A.10元以下　　　B.10～50元　　　C.50～200元　　　D.200～500元

E.500～2000元　F.2000～5000元　G.5000元以上

8.您此次旅游的住宿支出为（　　）

A.50元以下　　　B.50～100元　　　C.100～200元

D.200～500元　E.500元以上

9.您此次旅游的餐饮支出为（　　）元

 A.10元以下　　　B.10~50元　　　C.50~200元

 D.200~500元　　　E.500元以上

10.您此次旅游的门票支出为_____元。

11.您此次旅游的购物支出为_____元，其中文物纪念品的支出为_____元，印刷品支出为_____元，音像制品支出为_____元。

 A.10元以下　　　B.10~20元　　　C.20~50元

 D.50~100元　　　E.100元以上

12.除此旅游地外，您到过的四川省内人文景点还有：_____、

_____、_____、_____、_____、_____、_____、

_____、_____。

谢谢您的合作!

调查地点_____

调查时间____年____月____日

《四川省文物保护事业对国民经济及社会发展贡献预研究》
问卷调查表（续表）

13.请问您的居住地是_____省_____市。

14.请问您这次外出所需的总时间是_____天，其中，途中_____天，公务_____天，探亲_____天，休闲购物_____天。

15.您这次外出的主要交通工具是（　　）

A.飞机　　　　　B.火车　　　　　C.汽车

16.您到过以下四川省内的哪些主要旅游景点呢（多项选择）

　　□九寨沟—黄龙　　　　□四姑娘山　　　　□卧龙自然保护区

　　□碧峰峡　　　　　　　□海螺沟　　　　　□西岭雪山

　　□峨眉山　　　　　　　□乐山大佛　　　　□都江堰—青城山

　　□杜甫草堂　　　　　　□武侯祠　　　　　□三星堆博物馆

二、调查附表（2）（样表）

全国文物、博物馆人文社会科学研究课题

《文物保护事业对国民经济及社会发展贡献研究》

投入与产出调查表

调查对象：文博单位　　　　　　　　编号：

<table>
<tr><td rowspan="4">基本情况</td><td>名称</td><td colspan="5"></td></tr>
<tr><td>处所</td><td colspan="5"></td></tr>
<tr><td>主管部门</td><td colspan="5"></td></tr>
<tr><td>职工总数</td><td colspan="5"></td></tr>
<tr><td rowspan="7">藏品数量</td><td>年度</td><td>一级</td><td>二级</td><td>三级</td><td>其它</td><td>总数</td></tr>
<tr><td>1998年</td><td></td><td></td><td></td><td></td><td>件</td></tr>
<tr><td>1999年</td><td></td><td></td><td></td><td></td><td>件</td></tr>
<tr><td>2000年</td><td></td><td></td><td></td><td></td><td>件</td></tr>
<tr><td>2001年</td><td></td><td></td><td></td><td></td><td>件</td></tr>
<tr><td>2002年</td><td></td><td></td><td></td><td></td><td>件</td></tr>
<tr><td>2003年</td><td></td><td></td><td></td><td></td><td>件</td></tr>
<tr><td rowspan="2">游客</td><td>内宾</td><td colspan="5">人次</td></tr>
<tr><td>外宾</td><td colspan="5">人次</td></tr>
</table>

类别	博物馆	
	纪念馆	
	考古所	
	文化遗址	
	人文景观	
	自然+人文景观	
保护级别	国家级	
	省级	
	市地级	
游客量	1998年	人次
	1999年	人次
	2000年	人次
	2001年	人次
	2002年	人次
	2003年	人次

年总收入	年度	财政拨款		单位自收									
		人均工资	专项拨款	门票	外展	文物复制	事业收入	房租	经营收入	产品开发	赞助捐助	出版印刷	其他
	1998												
	1999												
	2000												
	2001												
	2002												
	2003												

		工资	补助	奖励	事业支出	设备设施	办公用品	文物征集	文物保护	行政开支	展览	考古发掘	文物安全	其他
年总支出	1998													
	1999													
	2000													
	2001													
	2002													
	2003													

（原载《四川文物》2006年第2期）

民族艺术考古的新视角
——评谢崇安《壮侗语族先民青铜文化艺术研究》[*]

十年磨一剑。今天又见到崇安教授的新著——《壮侗语族先民青铜文化艺术研究》。细读之余，将之与作者十年前的《商周艺术》相比，我以为崇安先生的视野更加开阔，思想更加活跃，功力又向前迈进了一大步。作者读书之勤，广征博引令人钦佩。出于职业的本能，我有必要写点心得向读者推荐。

中华人民共和国建立以来，西南民族考古取得的丰硕成果足令世人瞩目。但是直到20世纪80年代初以前，这一重要地区的考古发现在分布上还比较零星，时代缺环也较多，即使是在那样的条件下，西南考古的研究者们仍努力探索取得了较大的成绩，如以铜鼓研究为切入点从而带动的整个西南乃至东南亚青铜时代文明的研究，取得过较大的成绩并产生了相当深沅的影响。与之相比，表面上看起来90年代倒似乎有些沉寂，实际上，大家仍在不停地寻找和探索。看看最近几年，由北京大学牵头在西部各省轮流召开的西部考古工作协作会上，每次都能见到许多新发现新成果，也能看到西南考古工作者表现出的前所未有的自信。所

---

* 谢崇安著《壮侗语族先民青铜文化艺术研究》，民族出版社2007年出版。

谓"叙往事，思来者"。我们的确需要对20世纪以来关于西南民族青铜文化艺术研究的学术史做一系统的总结。作者在书中首先将原壮侗语族青铜文明的发现与研究做了较全面的述评，这是该著为今后的相关领域研究确立了新的出发点。

"资腐帛于颓墙之下"，这是考古学者的神圣职责。然而，面对浩瀚杂芜的考古资料，如何使其重现古代文明的璀璨光芒，这是学者除了田野考古之外又面临的一大难题。崇安先生毕业于著名大学的考古专业，二十多年来不断有考古论著问世，近些年来虽远离发掘前沿，但在担负繁重的教学工作之时，仍不懈"求余光于灰尘之中"。该著从民族与青铜文化艺术的角度切入，综合了考古、历史、人类学、艺术与美学的方法论，重现了西南少数民族的一段早已鲜为人知的文明史，称得上是别开生面。

该著的论证是建立在考古地层学和类型学的基础之上，其分期断代和问题阐发的逻辑较为严密，这可以说是与众不同的一个特点。然而，过去有一些论著，全然不顾分期断代的前提，任意对文物做出各种阐释，这无异于架构空中楼阁。我以为，即便作者因地层学资料不足中拟构的文化发展序列存在有待商榷处，但其研究的方法论仍然是科学的。

作者就读于四川大学考古专业。大家知道，这个专业的创始人是哈佛大学人类学博士冯汉骥先生，其治学融考古学、民族学、人类学于一炉，其后继者如童恩正先生等教师的研究方法深受冯先生的影响。崇安先生治学也循着这一传统，那就是考古学、历史学、民族学三者并治。如书中对西南地区上古青铜文化的族属做了条分缕析的论述，对其族群关系也能提出独到的见解；对青铜文化反映的社会性质和文明形态，也能从一个新的侧面对中国古代文明的重大问题——文明起源的同一性和特殊性理论做出自己的阐发，作者在广泛吸收前人成果的基础上，对西南民族青铜艺术的文化构造也做出了不少新的诠释。因而，该著既不同于一般的考古、艺术专著，也不同于一般的民族学、历史学著作，它更能体现出人类学综合性、整体性研究的方法论特色。如该著后两章一是侧重论述民族文化关系与交流，二是通过分析青铜艺术品所反映的美学观来阐发原壮侗语族青铜文化的整体风貌，皆具有宏观研究与微观研究相结合的特点。

更为重要的是，在极为缺乏文献记载的情况下，要弘扬和保护民族优秀传统文化，填补西南民族古代文明研究的许多空白，除了大力发展民族考古学，并进行多学科的综合研究外，可说是别无他途。我想，这也是崇安教授新著所能体现的最大宗旨。

书中结束语说，西南民族考古事业仍然大有发展之潜力，其远道艰辛，其肩责沉重，但这是一个深受中华民族文化熏陶成长的学人所负的义不容辞之责任。读了该著，广大读者也许会与我同感，我们愿意同作者一道共勉，将西南考古继续向前推进。

考古调查成果进入四川今年高考试卷*

　　2009年4月29日至5月2日，因五尺道探险活动的需要和配合正在进行的三普田野调查，四川省文物考古研究院高大伦院长率领万娇、李亚、江聪等工作人员，利用"五一"节假日的间隙，赴宜宾考察秦"五尺道"及其沿线遗迹。考察队新发现和复查了30余处文物点，大大丰富了对五尺道的认识。5月5日，《华西都市报》以《历经2000年秦"五尺道"保存完好》为题，在第12版进行了详细报道。报道的相关内容，被高考出题专家选入2009年普通高等学校招生全国统一考试（四川卷）文科综合能力测试第Ⅱ卷第39题。高考试卷中，引用《华西都市报》对此次考察的报道为切入点，考查考生对"五尺道"意义的理解和掌握，并要求考生分析"五尺道"的历史价值和申报国家级文物保护单位的有利条件。

　　考古调查的新发现、新动向，通过媒体快速进入公众视野，在使考古与公众的距离越来越近的同时，也使社会公众更加关注考古活动。四川省文物考古研究院顺应社会潮流，成立了西部考古探险中心，长期举办考古探险活动。此次"五尺道"考察，就是"五尺道"探险活动的

*　本文由高大伦、万娇合写。

前期"预"考察，并在这类活动中与媒体形成了良好的互动，得到了媒体的长期关注。

秦"五尺道"为秦王朝七大工程之一，但由于地处西南，文献缺乏，山路崎岖，调查困难，其研究长期以来处于停滞状态。据记载，"五尺道"起于成都，终于云南曲靖，为川滇两省交通往来的官道。两千年来，虽历经修缮，几易其名，但由于崇山峻岭，选路与修路同样不易，所以其走势基本不变。今天，在某些峡谷路段，仍能看到古道、国道、水道、铁路以及高速路并行不悖、会于一谷的奇观。作为川滇交通的大动脉，"五尺道"在西南文化交流、贸易往来以及政治、军事活动中，扮演非常重要的角色。近言之，它是西南交通史浓墨重彩的一笔；远言之，云南与四川唇齿相依，成为中国密不可分的一部分，都同此道有着千丝万缕的联系。但由于缺乏关注，又没有振奋人心的大发现，"五尺道"长期以来受到学术界的冷落。

高考是一把重要的尺子，为大学遴选合格的学生。对于考古而言，高考同样是一把重要的尺子，丈量出社会的关注。《华西都市报》以报道入选高考试卷为荣耀，6月25日在第5版（《要闻》版）对高考试卷的题目和引文原文进行了再报道。自首次报道以来，仅仅一个月的时间，考古活动就在高考试卷上得到反映的，这应属第一次。

（原载《中国文物报》2009年12月18日）

民间三国·文学三国·历史三国·考古三国[*]

女士们、先生们：

　　今天很高兴能有机会来到这里和大家交流三国文化。我虽然生活在《三国演义》故事发生主要场地、自称汉室正统的蜀国都城，惭愧的是，我本人的三国知识很贫乏，更遑论研究。所以，今天，大家看题目就知道我要讲的是不成系统、支离破碎的东西。

　　在即将进入正题之前，我要借这个机会先简单讲讲去年汶川大地震对四川三国文物的破坏情况。

　　汶川大地震使四川212处不可移动的文物点受到不同程度的破坏。就三国遗址而言，受损较严重的有成都武侯祠、德阳庞统祠、绵竹双忠祠（为纪念抗魏入侵战死绵竹的诸葛瞻父子而建）3处，阆中张飞庙也有轻微受损。震后，国家文物局很快就启动实施受损文物灾后修复工程，计划用三年左右时间修复所有震损的不可移动文物，目前，全国有多个省市在对口支援灾区恢复重建。

　　地震发生后，四川文物的抗震救灾工作，很快就得到了日本各界

＊　本文为2009年随国家文物交流中心罗伯健主任赴日本参加"大三国志展"闭幕式活动学术交流会上的演讲稿。

的帮助，例如，在地震发生后几天，就有日本中国秦汉史研究会的专家给我打来电话，询问文物受损情况，表示愿提供帮助。今年2月中旬，中日两国的文物修复专家还专门就古建筑的抗震加固在成都召开了学术讨论会。借此机会，我要代表四川文博界同行向你们表达深深的谢意。

接下来谈三国。我想分几个层面来谈谈。

民间三国

三国在中国家喻户晓。在民间有众多的三国故事流传，它们有的本身有历史的原型，在代代相传中有所增减。《三国演义》中有些内容的创作源泉恐怕就是取自民间传说。所以不能小看它。当然，民间大人讲给小孩听的大量关于诸葛亮和三国的故事，并未收进《三国演义》中。举例：我的老家在四川南部，位于诸葛亮南征的路线上，我小时候就听到许多诸葛亮的故事，诸葛鼓，诸葛亮与僰人墓，一箭之地，诸葛亮扔纸，诸葛亮军队担水，武侯歇马石，等等。很多民间故事是讲给小孩听的，故事情节简单，但因是孩童时代听到的，给听者留下的是一生的记忆和多方面的影响。在20世纪80年代，国家组织以县为单位编写的《中国民间故事集成》中，四川的一些县就收入了不少流传下来的三国特别是诸葛亮的故事。民间三国故事基本进入不了三国研究家的视野。

文学三国

主要是指以《三国演义》为代表的文学创作作品。

在中国一家出版社出版的《三国演义》的封底印有这样几个名人的话：

胡适：五百年来，无数的国民从这部书里得到了常识和智慧，从这部书里学会了看书、写信、作文的技能，更从这部书里得到了做人与应世的本领。

毛泽东：读《三国》，不但要看战争，看外交，还要看组织。

金庸：在中国的古典小说中，《三国演义》享有崇高至极的地位，没有任何一部小说比得上。

钱中文：《三国演义》几百年来一直有着广大的读者群，其以情节取胜，以跌宕有致的写法取胜。这部小说常读常新。

在所有古代文学作品中，《三国演义》影响最大，流传最广，而且雅俗共赏，是历史学者以外的所有人谈三国的重要依据，许多人都把它叙述的故事当作真的历史事实。民间有"真三国（演义），假封神（榜演义），一部西游（记）骗死人"的流行说法，其实它离真历史还差很多。

历史三国

是指严谨的历史学家著作中所讲的三国史，如《三国志》及裴松之等人的注释和《华阳国志》等，作者既为名家，距三国时代又近，大家认为书中所述是最接近历史真实，也就最为可信。认为《三国演义》不可信的，就是将《三国志》等史书中所述拿来和《三国演义》比较，凡是和三国史书中说的不一样的就是错的，凡是三国史书中所没有的，就是子虚乌有的。中国一直都有人在做这件事，特别是三国比较热的时候，比如，电影《赤壁之战》放映期间，易中天在中央电视台《百家讲坛》讲三国后，报纸就会登些专家的文章，告诉读者哪些是历史，哪些是小说家言。我的两个搞魏晋史研究的朋友还专门写过比较文章。

考古三国

在近代考古学进入中国前，专家们研究三国史主要是靠史书和有限的一些金石资料。进入20世纪后，我们多了一条研究的路子——考古发掘。通过科学考古发掘，我们看到很多未曾见过的历史记载，或历史记载有误的东西，复原三国历史，告诉大家一个真正的三国。中国考古在20世纪后半期重大发现接连不断，引起了全世界的关注，有人将其誉之为"中国考古的黄金时代"。有关这一时期的考古发现，日方为本次展览专门出版的《大三国志展》一书中所载中国社会科学院考古研究所杨泓先生的《考古所见三国文化》中已做了很好的概括。

四川是三国之一蜀汉的故地，蜀汉政权在《三国演义》中被塑造为正统的合法的汉家政权的当然继承者，在蜀中的主要人物刘、张、赵、马及诸葛亮，特别是刘备简直就是大仁大爱，诸葛亮则成了智慧的化身。按一般的想法，四川应有很多三国特别是蜀汉的遗迹。但是，保存到今天，我们能确认的主要仅有成都武侯祠（刘备墓在祠中）、汉中武侯祠（今属陕西），德阳庞统祠、云阳张飞庙（今属重庆）、阆中张飞庙，奉节白帝城（刘备托孤处，今属重庆），以及赵云墓、蒋琬墓、马超墓（今在汉中）等处。这似乎与《三国演义》里轰轰烈烈的场面形成较强烈的反差，让后代远道而来的缅怀凭吊者惆怅失望。但是，考虑到中国古建筑多为木结构，除自然侵蚀外，天灾人祸毁损也很多，成都武侯祠近两千年来就是几毁几建，现在看到的是清代重建的。把这段历史放到五千年的中华文明史中去观察，蜀汉在四川前后也就半个世纪，能有如此多的遗存，对我们后代的三国爱好者来说，已是很幸运啦。

至于考古中发现的三国遗址，比地面现存的还少。

凉山昭觉三国军屯遗址。当地比较久远的传说认为该处是诸葛亮南征中的一个屯兵点，在20世纪80年代考古调查时发现，遗址面积约3万平方米，地层堆积约一米厚。地面上能拾到瓦当、板瓦、陶片等，初步断定在东汉至晋代。

德阳三国绵竹城。这座城保存较好。2003年，我们和德阳考古所联合进行过勘探试掘，找到了城墙、钱币、石雕、砖瓦等，可以确认就是三国绵竹城，试掘简报将在近期《四川文物》上发表。这是四川唯一考古确认的三国城。

我院和成都武侯祠博物馆曾有个三年合作计划，主要合作内容就是，用三年时间，全面调查四川境内的三国遗址，最后在成都以北（主要是北伐）以南（主要是南征）各选两三处进行发掘，以期更多地获取蜀汉时期的历史信息，该计划因汶川大地震而搁置，但是并未取消，只是延后一两年而已，我们欢迎日本方面的机构有兴趣来共做此项工作。此外，四川从前年开始的全国第三次文物普查，也把三国遗址的调查列为专题调查项目，作为工作重点，相信"三普"结束后，四川会新增加一批三国遗址。

考古遗存中另一大类就是墓葬。四川的汉墓很多，汉墓中主要又是东汉墓占绝大多数，主要分布在岷江、沱江、嘉陵江、长江流域，现在暴露在外的汉墓，估计不少于十万座。四川的汉墓又以崖墓占绝大多数，由于崖墓这种特殊的构筑方式，导致它比土坑、砖室墓都更易被盗，所以我们今天发掘的崖墓虽然不少，但都是十室九空。不过，只要发掘有一定的数量积累，总会找到三国时期的墓葬的。眼下的困难是，四川尚未建立起严格的三国崖墓的分期标准，发现了也不一定知道。最近有好的消息传来，有专家称发现了乐山麻浩崖墓是建于三国时期的证据，我们院有考古队员在青神崖墓中发现了蜀汉年号，加上有专家研究认为忠县20世纪70年代发掘的东汉崖墓有些也到了三国时期，有这些为基础，再在考古中发掘出一部分，相信四川三国墓葬的研究很快会有大的突破。

三国历史离我们已快两千年了，三国文化对后代的影响远远大于许多朝代。在20世纪以前，民间的文学的历史的三国，虽然其影响有大有小，但都在不同的阶层、不同的文化层面、不同的年龄段一代一代接力传播，并不断创作，形成了丰富多彩的、有各自时代特色的三国文化，我们审视三国文化时，不管是民间的文学的还是历史的三国，都要重视它。

从这个展览可以看出，《三国演义》成书不久就传到日本，受到日本人民的喜爱，三国文化也在日本有着广泛的传播。我想，如果展出的这些日本精美的三国文化的文物也能去四川展出的话，四川人肯定会很高兴的，必将大大推升三国热。文化交流是双向的，《三国演义》传到日本后，三国在日本的知名度大大提高，形成了长盛不衰的三国热。

在我看来，这几年，中国新一轮的三国热，如《水煮三国》《品三国》和电视讲三国等的出现，既是时代使然，又何尝不是受到自20世纪80年代以来日本三国热的影响呢。

三国热无疑还会持续下去。当然，不管是谁，不管他是从听民间故事、看《三国演义》，还是看《三国志》进入三国，他们都想刨根究底，了解一个真实的三国，在这方面，考古学家最能给大家提供帮助，如果三国爱好者多关注中国的三国考古新发现的话，我想您是不会失望的。

《大渡河文明密码》展览大纲前言

　　大渡河，奔腾咆哮，在横断山脉间激荡了千百万年。汉川水，时激时缓，穿过皑皑雪山徐徐走来。激流澎湃，波涛回旋，二水汇于汉源。两河交汇处孕育出大渡河中上游最大的一片平地。一万年前，有一群人在驻足，让这里从此迈入人类文明新纪元。

　　时间磨蚀了所有的过往，历史积累了厚厚的尘埃，渐渐消磨了大渡河边的故事。

　　20世纪50年代设立的县文管所，肩负起保护文化遗产的任务。60年代初因富林遗址的调查拉开了汉源考古大发现的序幕。进入21世纪后，因水库建设而对库区内持续八年的抢救性发掘，经过一铲一铲地刨刮，一片一片地拼对，发现了旧石器到明清连续的地层堆积，这不但在大渡河流域，即使在整个西南地区也属罕见。

　　聚焦汉源，解码大渡河文明。

　　附：版块目录

　　第一版块：富林镇上的神秘居民

　　第二版块：麦坪地下的传奇故事

　　第三版块：蜀夷交通的重要窗口

传奇蜀道

进入21世纪第一个十年，因一些国家对古代文化线路的保护利用做出了引人注目的成绩，促使国际古迹遗址理事会西安会议倡议世界各国关注古代文化线路。此后，之前国内早有零星的、散兵式作战的古道路考察逐渐成燎原之势，先后有蜀道、五尺道、川黔盐道、茶马古道、直道、唐诗之路、万里茶道、唐蕃古道、岭南古驿道的考察，刮起的一阵文化线路旋风，热度持续不衰减。华夏几千年文明，祖先一路走过来，用脚在广袤大地上踏出了如网一般密布的古道，但若要推举其中最有名的，我以为非"蜀道"莫属。这当然首先是与唐代大诗人李白专门著诗吟诵直接相关。李白是以文学思维，而且是用诗的夸张语言来描写蜀道之难行，实际情形是，和李白同时代的唐玄宗在安史之乱时都可携带大批大小太监、老少宫娥，大摇大摆地沿着蜀道走进四川。当然，这并不是说蜀道不难行。只是没有李白诗中夸张描述的那样难罢了。

蜀道，即由秦入蜀之主干道，起点在今天的西安，终点在成都。它以汉中为关键节点，往北主要有褒斜道、子午道、陈仓道、傥骆道，向南主要有金牛道、米仓道、阴平道（近年有专家研究认为阴平道是行政区划名而非道路名）、荔枝道（其说晚起）四条。蜀道之难首先在其高不可攀，所以东汉时就有"武功太白，离天三百。孤云两角，去天一握"的形容。高是一种自然现象，更重要的是，蜀道有很多传奇。其一是修筑的传奇。据古文记载的是，秦王用计诱贪财的蜀王以五个壮士开山修路，道路修通，蜀王得到能便金的石牛，但秦国大军也趁机畅通无阻地打进成都，把蜀给灭了。金牛道就是这个传奇的名证。其二是栈道的铺设。到战国中期，蜀道上栈道已是绵延千里。《战国策》中就有这样的记载。其三是楚汉相争时，刘邦被封迁汉中，先是张良建议刘邦火烧栈道，向项羽表示无意北返的心迹，以此麻痹项军；继又有韩信用重修栈道的计谋骗过项羽，得以悄悄绕道攻入关中，在楚汉之争中拔得头筹。小学以上文化程度皆知的"明修栈道，暗度陈仓"的成语，典出于后者。其四是蜀道上曾有用火烧水激法开凿出来的，也是世界上最早的人工隧道——石门隧道（长约16米，高、宽各约4米）。其五是三国时期诸葛亮北伐经由蜀道，因《三国演义》而家喻户晓。其六是因李白《蜀道难》对其惊险的夸张渲染。其七是对现代人来说，还有《蜀道难》编进中学教材与20世纪50年代末为庆祝宝成铁路通车创作且广为传唱的一首歌曲《下四川》的影响。

事实上作为一条连接中国南北交通大动脉，蜀道在历史上的政治、经济、文化、军事等方面的作用也是巨大的。以成都平原为核心的蜀文化和中原文化联系在西周以后主要是靠蜀道。考古确证蜀第一次见于记载就是在周原甲骨中，成都平原的考古发现也证实在西周后巴蜀和中原联系更为紧密。

秦利用蜀道吞并了巴蜀，进而有了人口、粮仓，以及对东方六国尤其是楚国的地理优势，是秦能一统天下的重要基础。正因为有了蜀道，秦汉时西南地区众多部族叛乱很快就被荡平，并将其永久纳入中华版图。在一定程度上可以说是因为蜀道，在两千年前就勾画出了沿袭至今的中国西南的政治文化地图。后来汉王朝对南越的征讨，也是从南方和西南方实行包抄，从西南进攻的大本营应该就设在成都。蜀道还是宗教传播之路。东汉末年张道陵创设的道教（五斗米道）大本营本在汉中，后来沿着金牛道、米仓道一路传播进入四川，并在四川再度繁荣，所以四川汉代道教遗存很多。再就是唐代以后，在北方盛行了上千年的佛教石窟寺艺术也主要是经蜀道大量传入四川，在巴蜀大地蜀道沿线上散枝开花，结出了中国唐宋佛教石窟艺术最鲜艳的果实。

筑路本身的艰辛和发明的创造性新技术，以及道路开通后发挥出如此重大的历史作用，让这条古道成为独特的文化遗产，沿线政府深感责任重大，纷纷启动世界遗产申报计划。为申报世界遗产所做的考古调查，让蜀道上有了更多的发现：在金牛道上的梓潼县发现了很重要的一个古城——西汉广汉郡郡治所在，在广元发掘了秦汉墓葬群和唐宋古窑遗址。在米仓道上找到了罕见的石栈遗存、唐代的郑子信修阁道题记、宋代修琉璃关道路题记、留存有唐至清计十多幅文人游记的菖蒲洞（当地又称太子洞）、发现了保存比较完整的抗蒙古城小宁城和数量众多的古桥、古栈道遗迹，还有大量的明清修桥修路石碑。在荔枝道沿线发现多处/龛唐宋石窟，其中有数龛就正是唐开元、天宝年间开凿的，极其耐人遐思联想。这些发现大大丰富了蜀道既有的文物遗存种类。在考古介入前的申遗资料中，只有金牛道的文物，且基本为明清的地面建筑和一些栈道孔而已，证据略显单薄。这些考古新发现年代跨度大，许多是与道路相关，有的甚至就是实证道路本体的重要新发现，这些新发现为2014年国家文物局将蜀道列入中国世界文化遗产预备名单提供了至关重要的支撑。考古考察后专家们得出几点新认识是：第一，可初步确认蜀道道路走向变化不大。这是因山脉河流走向所限定。第二，与北方沙漠黄土环境不同，位于南方的蜀道道路本体保存状况要胜过北方。第三，蜀道上古道及与古道相关的古遗存之丰富，在众多古道中尤为突出。比如古道上的石刻题记至少有上千处，因路而兴的摩崖造像更是在沿线形成带状、片状分布。第四，三千年来，蜀道本体经历了三次大的变化：第一次是南北朝以前，是以泥道和木栈道为主，所以刘邦能火烧栈道八百里。第二次大约是唐宋时期，许多地方木栈改为石栈，大约也就是李白的《蜀道难》中所讲到的"天梯石栈相勾连"中的"石栈"吧。第三次是明清时期特别是清代，在许多地段都铺成了石板路。因清初移民填川实施后，四川人口大增，经济繁荣起来，沿线人们有改善交通条件的迫切愿望。作为官道的金牛道本已修造得很宽敞，许多地方也早铺上石板路了，但作为民间道路的米仓道、荔枝道的石板路，多为民间集资或乡绅捐建，当时捐钱捐修路架桥被视为大善举，故道路桥梁铺设好后，或立石碑，或在石壁勒名纪事。沿线所见这类碑刻以清代居多。这其实也是清政府实施移民填川政策几十年后，四川经济再度繁荣起来的一个重要物证。

蜀道的传奇还在于它和一个现代文豪，也是四川人的郭沫若写的一首《蜀道奇》有大的关联。该诗写于1961年，那是中华人民共和国成立以后经济最困难的时期。郭沫若的这首诗除了讴歌1949年以来的交通建设让蜀道逐渐变成坦途的事实外，还以诗人特有的浪漫展望不远的将来，四川道路交通将更畅通无阻："开建成渝宝成成昆诸铁路""江轮增加千万吨""神鹰铁翼开云途"。然后一一列举因此会给四川经济带来的巨变："三峡况将成水库""万吨之轮可以直抵渝""发电之量可以直送拉萨与淞沪""铁有攀枝花""煤与煤气亦何富"。在那个最困难的年代，诗人对国家未来看法也如此乐观，这一定是有坚定的信念在支撑着他。但恐怕诗人都没想到的是他当时写在诗里的很具体的愿景，居然在四十多年后基本一一实现了。这也是几千年的传奇蜀道在当代续写的传奇吧。

未来，蜀道上的传奇故事还将继续书写下去。由于交通的迅速发展，传统意义上的蜀道已经成为线性文化遗产。蜀道就是我们祖祖辈辈几千年走过的道路的缩影，在这条路上我们可以追寻祖先的足迹，远眺爷爷奶奶的背影，体验父辈的生活。因此，这个遗产仍有着重要的价值和意义，所以必须竭力保护它。金牛道和米仓道上有价值的地段都位于西部的欠发达地区，也是红色革命根据地的腹心地带，但是文物遗存却最为丰富，地方上从百姓到乡县市各级政府为保护蜀道，数十年来已做了大量的工作。在要求文旅深度融合的当今，要保护好这一世界级的文化遗产，仅靠他们的努力显然不够，希望国家和社会给予更多的关注和投入。目前最迫切的是要积极行动起来，努力保护好沿线的各种文化遗存，让一些重要路段文物遗迹别再受到自然和人为的破坏。蜀道的保护不是将全路段都囫囵留住，而是宜优选沿线保存状况好的、遗存丰富的、有重要价值的若干文物遗存作为节点，这些节点连成线后能勾勒出蜀道走向，保存蜀道古今历史脉络，传承蜀道上远近人物、事件的传说和故事。

蜀道的保护利用也不仅仅是动辄建一个大博物馆或全路段都开发那么简单。我以为最应该走的保护展示之路是从宏观到微观都有呈现，既可以是为记住乡愁的某个祠堂、牌坊、土地庙的保护，也可以是为弘扬慈善的捐钱修路护碑的成片保护。至于展示利用嘛，既可以是小孩周末假期肩挑背扛走几百米到几千米，感受前辈生活；也可以是诸葛北伐路线体验，或萧何月下追韩信路线场景再现，或唐宋石窟艺术之旅，等等。既可以接纳大批的团队旅游，也欢迎零散的背包客远足，既有星级大饭店可入住，也有民宿旅店供睡眠。

保护利用好这条古道也是续写蜀道传奇。

我们要敢于为传奇蜀道永远充满传奇，承担起我们这一辈人的责任。

第三次全国文物普查对文物事业和
社会发展的推动作用
——以四川三普野外实地调查阶段成果为例

　　声势浩大的全国第三次文物普查（以下简称"三普"）自2007年正式开展以来，已满三年，全国的野外调查验收已基本结束。有关数据正在复核和自查，其成果也正在由有关部门和专家做科学评估。据初步了解，许多省、市（区）都取得了不俗的成绩。其中的四川，因既为文物大省，又地处西部、面积广大、经济欠发达，又因自普查初期即不断遭遇大灾大难，"三普"工作成效究竟如何，备受大家关心。本人作为四川省三普督导组成员，也还常到野外参加"三普"实地调查工作，对四川的"三普"工作有些了解和感想，虽为一孔之见，未必全面和恰当，但也希望能和大家分享。

一、创新方法、保证质量、提高效率

　　四川省各地在实地文物调查中，根据自身特点，建立了特别的工作机制和工作方法，保证普查质量，提高普查效率。如：省文物管理局安排省考古院负责全省业务督导后，省文物考古研究院立即在院内设立相应机构，将"三普"作为工作为院内的头等大事，院内的业务以"三普"为重点，行政后勤的服务也以"三普"为中心，还规定"三普"业务督导工作为每周院长办公会必议的议题。常年参与"三普"工作的人员达全院职工的50%、业务人员的80%以上，并把"三普"督导纳入单位、部门及个人的年度目标考核，与深造、出访、晋升相挂钩。按国家三普办的要求，省督导组的职责主要是对各省所辖市（州）的"三普"工作进行督促指导，但鉴于四川有的市州一级文物业务队伍力量偏弱，为了提高普查进度、确保普查质量，督导员们常常深入偏远地区，甚至亲自带队远赴工作第一线，如：四川的五江流域考古调查、五尺道、茶马古道等线性文物调查。据不完全统计，由省督导组实地调查发现的文物点就有2000多个，这在全国都是不多见的。督导组常常直接深入县、乡、村，会同当地普查队，对其进行勘查、测量、标本采集、绘图、拍照、录入等方面的指导帮助，以确保四川第三次全国文物普查野外调查在保证质量的前提下如期完成。

广泛动员社会力量参与"三普"调查是这次四川"三普"调查的又一大特色。在经过强大持续的"三普"宣传活动后，社会上若干文化遗产爱好者也行动起来。这些人，有的提供了大量线索，如广安等地实地调查前先向各乡镇发出成千上万份调查表，寻求社会提供文物点线索，经专业队员利用这些线索去调查，收获不小，还节省了许多时间，有的干脆直接参加进实地调查队伍中来。本人就曾在野外调查了解到，犍为县的一些文物点就是编外调查队员发现的，我在犍为调查时也曾由其中的一个编外队员带过路。此外，省"三普"业务督导组的专家，除了对市州"三普"队员做业务培训外，还进高校、下基层，做"三普"宣传。特别是做本次普查新增的20世纪遗产的宣讲，先后在高校和基层做的十多场宣讲，唤起社会认识、重视20世纪遗产，指导大家如何判断20世纪遗产，帮助我们寻找20世纪遗产。应该说，四川三普中能新调查到数量庞大的20世纪各时期的典型遗产，与此做法有较大关系。

二、成果喜人，亮点突出

四川实地调查成果中，20世纪遗产、文化线路遗产、乡土建筑遗产、民族遗产等新型文化遗产类型占有较大比重，特别是先秦古遗址、唐宋石窟寺、古镇古桥、清墓碑坊、三线建设遗迹等文物点的成批发现，充分体现了我省文化遗产类型的丰富性、多样性。

1. 古遗址类文物是本次普查的重点，共有新发现古遗址类文物点3000余处。以先秦时期遗址数量为例，相比较于二普，增长数倍。如：什邡桂圆桥遗址、乡城卡心坝遗址、屏山叫化岩遗址、若尔盖协玛坚遗址、广汉土城遗址等。本次调查，使四川的新石器遗址由以前的点状分布变成了线状、甚至是片状分布。

2. 新发现的古墓葬类文物众多。成批崖墓、清墓碑坊的发现更是本次古墓葬类文物点调查的一大特色。此次调查新发现的崖墓、清墓具有极高的研究价值，尤其是清墓墓前的碑坊，内容丰富，雕刻精美，是研究清代石刻艺术、民俗和丧葬习俗的重要实物，也是研究我省清代移民史的重要资料。此次调查发现的精美清墓碑坊包括南充南部宋青山墓群碑坊、泸州市古蔺罗崇燓墓碑坊等。

3. 新发现的石窟寺及石刻类文物点近3000龛，其中唐宋摩崖造像的成批发现，在第三次全国文物普查中也是极为罕见的，如：通江龙溪沟佛尔岩摩崖造像、安岳灵游院摩崖造像等，不但时代早，而且雕刻精，造像多，龛窟体量大，是研究唐宋宗教石窟艺术的珍贵实物资料。

4. 新发现的古建筑类文物点共上万处，特别是大批古镇、古桥的发现令人振奋。如：犍为芭沟古镇、铁炉古镇，泸县龙头桥等。此次对古镇古桥的调查、发现与登录，引起了各级政府的高度重视，目前已有不少地方政府正在规划，预计将会产生新一轮的古镇保护利用热潮。

5. 以工业遗产为主体的20世纪遗产是这次普查的新类型。根据四川的实际情况，我们全方位地调查了省内20世纪各时期的重要遗产。经统计，本次新发现的20世纪遗产共1万多处，收获颇丰。我省工业遗产的代表有五通桥区永利川厂旧址等，学大寨典型有剑阁化林大队、宜宾下食堂大队等，三线建设旧址有武胜西南玻璃厂、攀枝花地下战备电厂等，50至70年代的水利建设则有遍布全省的渡水槽等；"文化大革命"文物点有三台毛主席著作学习室等。作为特例，几处地震灾难遗迹也已经及时列入"三普"登录名单中（注：鉴于"三普"文物点的截止时间在2007年9月30日，地震遗址能否入选还要须由国家有关部门确认）。

6. 这次文物普查还新发现了大量的、丰富的文化线路遗产，如：西南丝绸之路，五尺道、茶马古道四川段，红军长征线路四川段等文化线路上的若干新发现。

三、"三普"对文物事业和社会发展的推动作用

四川地处西部，民族地区占了全省土地面积的一半以上。国贫、省贫县数量较多。在三普工作开始时，许多县文物管理机构和业务部门没有相机、电脑，更不用说手提电脑、数码相机、卫星定位仪、激光测距仪等。三年下来，每个普查县都有了这些设备，在基本设备的配置上与东部发达地区同行，处在了大致接近的水平上。如果没有全国第三次文物普查国家给予投入这个机遇，仅我们自身的努力，是难以想象能做到每个县都配备上这些工作设备的。

在"三普"工作开始以前，我省基层的文博单位业务骨干主要是1986年第二次文物普查中成长起来的，但是他们中最年轻的一批如今也处于快要退休的年龄，所以文博队伍事实上面临青黄不接的严峻局面。"三普"为我们健全各级文物管理机构，落实文物机构的编制，培养文物工作人员提供了绝好的机会。我们及时抓住了这样的机会，在"三普"开展后，各级政府都比之前更多感受到文物工作的重要，文物工作者也以其辛勤的努力和出色成绩赢得了更多的尊重，于是，有的地方新成立了文物局（处、科），有的则成立了文管所，已设有专门机构的，有的编制得到充实，有的工作经费更加有保障。三年来，参加各级培训

和野外调查的业务人员逾千人，绝大多数是二三十岁的年轻人，他们在工作实践中迅速成长，有的已崭露头角，如：沐川的"帅哥"调查队、雅安雨城区的"美女"调查队、新津文管所的"五朵金花"等闻名遐迩。通过这三年的"三普"工作，再结合"一普""二普"后成长起来的一批业务骨干的历史经验来看，我们可以说未来二三十年内，四川文物工作队伍骨架已基本搭建成形，毫无疑问，他们必然是未来四川各级文物机构中的主力军。

　　"三普"在野外调查的同时，也对全省人民进行了深入持久的文物知识的普及，增强了社会的文物保护意识，强化了文物事业在社会中的地位。据不完全统计，我省"三普"发放了上百万份各种宣传资料，专题宣讲数百场，各县的电视台和报纸、网站对"三普"的宣传报道不计其数。这种宣传力度和广度是四川历史上空前的，其对文物保护产生的积极的、深远的影响也是不可估量的。

　　"三普"的成果及时为四川各级政府机构制定"十二五"规划提供了坚实的基础，为公共文化体系的建设提供了重要的资源，还是四川文物事业可持续发展的重要保障。"三普"野外现实地调查结束后，各地的新发现陆续公布，而且新发现的数量大大多于"二普"，尤其是新发现中有不少是具有极高利用价值的珍贵文化遗产，由此大大地激发了社会各界和各级政府保护和利用文物的热情，实地调查的结束正巧赶上四川各级政府制定"十二五"发展规划，文物部门调查的新数据为本级政府在"十二五"的加强文化文物发展、加大文物事业的投入提供了充分的实物依据，三普的成果直接影响了许多市县的"十二五"文化文物事业发展规划，影响的积极成果就是，在新的五年发展规划中，文物事业更受重视，文物经费投入大幅度增加。

　　四川为全国公认的文物大省，"二普"以及第六次国保评审以后，我们的不可移动文物和国保单位的数量在全国大概可以排在五六位。三普野外调查结束后，根据我们的初步了解，我们不但继续保持了这种优势，而且排名相较之前更为靠前。我们预测，仅就数量而言，可以进入全国前三名；如果就综合数量、质量和门类而言，排名也许将更为靠前。我们乐观估计，这种优势将保持五十年以上。

四川各地普查机构积极将新发现的文物点纳入文物保护点，使一大批新发现的文物点在城乡规划和大型基本建设中得到了很好的保护，如：宜宾市向家坝库区在"二普"后只有50多处文物点，通过本次文物普查，文物点数量增加至120多处，使库区被淹区域的文物得到了最大限度的抢救保护。在刚结束的金沙江上白鹤滩电站淹没区文物调查中，共确认80多个淹没点，其中，"三普"新发现占了将近一半。又如"三普"新发现的茶马古道马上就被列入全国文物"十二五"重点保护项目，还有宜宾—曲靖的秦五尺道的发现，在社会上掀起了关注古道的热潮，促使当地政府更加重视文物保护，宜宾市领导在听完考察专家汇报和呼吁后，当即指示有关区县认真研究专家建议，在一周之内，就把专家建议应予保护的十几个文物点全部公布为县级文物保护单位。

全国第三次文物普查是我国历史上规模最大、调查手段多样、记录内容最丰富、科技含量最高的一次文物普查，实地调查既有的成果已充分证明开展第三次文物普查工作的必要和及时，其意义也绝非仅仅体现在发现多少新文物点那样简单。站在更高的战略高度来看，我们可以说：新发现的文物点是我国文物事业可持续发展的重要资源，是制定未来几十年内我国文物事业发展规划的重要依据。在中国全面迈向现代化的进程中，在城市化前进步伐明显加快、城乡一体化建设拉开大幕的前夕，我们进行的文物普查工作，事实上也是在做抢救文化遗产、保护文化传统、留住民族根脉这个千秋大业。根据"一普""二普"的经验，我们可以肯定地说，再过几年、几十年，随着时间的推移，"三普"工作和成果的价值和意义将愈加凸现。作为文物工作者，能投身此项工作，是一种幸运，也是一种幸福。

2010年12月4日

康巴地区民族考古的重要收获

　　四川人口众多，有约9000万人，面积约48万平方千米，是中国的人口大省、国土大省。甘孜州、阿坝州、凉山州是四川省的三个少数民族自治州，三州的面积占了四川的一半以上。其中甘孜州、阿坝州聚居的民族以藏族为主，凉山州境内也住有不少藏族，其中的木里县还是藏族自治县。这样看来，藏族居住区域大约占四川面积的三分之一以上。作为承担着四川全省地下考古、地面文物保护的唯一省级文物考古科研机构——四川省文物考古研究院，自然应当把这片区域的古代文物考古研究纳入我们的工作范围，而且还应是工作的重点范围。几十年来，我院也确实是这样做的。如我们在甘孜州的丹巴、炉霍，阿坝州的汶川、理县等地的考古都取得过可喜的成绩。但是，盘点既往的工作，我们发现，在这片区域以往做的事主要集中在汉代以前的早期考古发掘和明清时期的古建筑修缮。而对这一区域的藏文化尤其是藏传佛教文物的研究我们涉及甚少。20世纪90年代后，藏学大热，但康巴地区相对来说有些受冷落。我们感到作为藏文化的一个独特区域，四川藏区的研究及受关注的程度和他在历史上的地位相比是远不相称的。此事归结起来，原因是多方面的，我们想，这片区域丰富深厚的藏文化文物资源调查不够是其中一个重要的原因。

进入21世纪后，我们把四川藏区的文物考古纳入我们的工作计划。尤其是当我们在这一地区有所发现或获知一些重要发现的信息后，更深切地感到必须尽快全方位的、有计划的开展藏区的藏文化文物调查工作。但现实是，国家基本建设带来的繁重考古发掘任务我们都还可以在完成后腾出手来做，但资金和专业人才的匮乏，却令我们几乎无计可施，真可谓心有余而力不足。就在我们心情十分纠结时，2004年下半年，故宫博物院李文儒副院长来川考察，我们向他汇报四川藏区的一些新发现，引起了他的极大兴趣。他也向我们介绍了故宫博物院收藏的藏传佛教文物的基本情况、研究专家队伍及院里的研究计划，随后，又主动表示了两院在康巴地区联合做民族考古综合考察的意愿。听了他的一席话，我们深受鼓舞。我们知道，能与故宫博物院这样有实力的文博机构合作是我们梦寐以求的。随后。我们拟出的五年五次合作考察计划，很快在郑欣淼院长和故宫博物院领导那里顺利通过。自2005年夏天开始陆续做了"穿越横断山脉"的"川藏北线""乾隆金川战略""川藏南线"三次考察，行程20000公里，鉴定寺院唐卡、铜佛像3000件、访问40多座寺院、新发现文物点200多个。每一次考察都有重大收获，如2005年在石渠发现了丹巴中路明代经堂碉壁画、松格玛尼石经城、巴格玛尼石经墙、照阿拉姆唐代石刻佛像。2006年在小金现场对比确认了故宫藏金川战略图的具体位置。2008年发现了康定的4处明代经堂碉及壁画遗存。虽然每次考察后都有中央电视台随团拍摄的专题片在央视播出，我们也出版有考察图录专书，但严格说来，这都属于介绍性的科普类书籍。我们合作双方觉得，有必要将在康定发现的4处明代经堂碉壁画整理公布，为此组织了以考察团藏学专家（这四处壁画也是他带领的考察组首先发现）挂帅的调查报告编写组，我院则派出姚军和崔航（承担建筑调查、测绘、描述、断代等工作，并编写报告中相应部分的文字）、王婷（承担调查、绘图和后期资料整理）、江聪（承担摄影工作）等年轻专业人员全力协助，据我所知，双方编写组的人在各自的院里都承担有繁重的工作任务，他们常常是挤出时间来完成此项工作。为了编写出真实、准确、翔实、完整的报告，编写组几进康区，现场调查一丝不苟，克服高原野外工作的种种困难，群策群力，经过三年多的艰苦作战，终于付梓，可喜可贺。

本报告的内容与水平高低，因与我专业相距甚远，不敢也不能置喙。倒是通过康巴地区民族考古综合考察项目和本报告的编写给我院和四川文物考古工作的促进方面，我还想叨上几句。

经过几次考察后，参加考察的来自全国的专家们都认为，四川藏区地面、地下古文化遗存数量大而种类多，远超考察之前的想象，有待考古学家和藏学家们去深入发掘和研究。这一地区在藏学研究中有着不可替代的地位和独特的作用。

随着考察的推进和调查资料的陆续公布，四川藏区的许多古遗存渐渐为外界所知，文物的重要性也渐渐被越来越多的人所认识。电视专题片播出和书籍出版，大大提高了这一地区在学术界和社会上的知名度。有的文物点刚一公布，就立刻吸引了许多的研究家关注。有的本是旅游点，经考察专家新的价值评估后，短时间内游客就大幅度增加。受惠于此，这几年，不断有国内、境外、国外学术机构希望和我院合作在此区域开展专题研究。事实上，也有日本九州大学和我们在甘孜合作考古，发现了早期石棺葬，甚至还首次发现了四川吐蕃时期的地下遗址。有了几年的持续考察，我们也坚定了在这一区域持续开展工作的信心。这些年不断在甘孜、阿坝有新的发现（如石渠的吐蕃石刻群、金川的刘家寨新石器遗址），很大程度上就是我们持续关注才有的收获。

最后也是最重要的一点，依托此项目我院的专业人员得到多方面锻炼的机会。我院乘此机会，先后派出二十多人参与考察，在故宫博物院和参团专家的言传身教下，我院的一批年轻人成长迅速。今天，参加考察的这些人中，好些人都已是院内业务骨干，当问起他们到院后的成长经历，他们都说，参加康巴地区的考察给了他们难得的锻炼机会，短时间内学到了不少东西，很受用。

所以在此我要代表我院特别感谢故宫博物院的领导对我们这个小

院的信任与提携。感谢故宫博物院专家对我院的帮助，对年轻人的谆谆教诲。

当然，本报告的出版也离不开甘孜州康定县文化文物部门领导和文物干部的大力支持。

按合作计划约定，我们和故宫博物院还有两次野外考察。有了前三次的成功合作经历，我院仍会一如既往做好工作。我深信我们未来的合作会更愉快，成果会更丰硕，友谊会更深厚。

这本报告和已经公布的一些发现，虽然只是我们计划的五次考察中的三次考察成果中的一部分，属于阶段性成果而已，但我们已有充分理由推测，当我们合作计划结束后，定会有更多的新发现、新研究成果奉上。

对此，我们充满期待。

对此，我们信心满怀。

蜀道探源*

中国南北分界线的秦岭两侧，在东周时期有秦、蜀两个大国，若干文献记载和神话传说中，也说秦、蜀之间有交道是始于东周时期。大概是把秦放在中心主导地位，大家就把由秦关中通往四川成都平原的这条道路称为蜀道。由于秦岭横亘，崇山峻岭，深涧绝壁，莽莽林海，在生产力较低下的古人，尤其是铁器时代以前的人看来，这是无法逾越的天然障碍。即使在已成官道的自秦汉以后近千年的时间里，人们都视蜀道为畏途。蜀道之难，主要在汉中以北的秦岭。困难可想而知，所以诞生些近乎荒诞的神话和传说，也是可以理解的。

按《华阳国志》等书记载和传说可知，秦蜀间原本不通道路，春秋以后强大起来的秦国打起了灭蜀的主意，以财宝为诱饵，哄骗蜀人修路至秦领取，蜀人派出五丁壮士，费尽千辛万苦，终将道路修通，秦却趁机攻入，由此蜀人路通而国亡。而《史记》所记秦灭蜀在公元前316年。二者相差上百年，也许可以理解成开始修路在春秋，路通已是战国时期，暗示修此路非短时间内能完成吧。

以李白为代表的古人们看到秦岭如此高险，可能还真认为在五丁

* 本文为广元市委市政府蜀道申遗研讨会上的发言。

开山前秦蜀间真是无路可通，两国人从不通音讯。有类似看法的直到20世纪中叶都还大有人在。现在我们想探讨的问题是，在此前是否真是像李白他们想象的那样。要想解决此问题，仅从文献中去找，肯定找不到超过李白他们认识的范围。我们倒是可以从这几十年突飞猛进的考古发现的一些遗迹遗物中寻找出若干证据，来证明两地早在春秋前一两千年就有密切联系，事实上是有路可通的。

上古时期，蜀地和中原的联系，主要是有两条路。一条是东出夔门三峡，另一条是北过汉中翻秦岭。前一条道路，原本几乎不被注意。只因成都平原和峡江地区近二十多年来的考古发现，渐渐被人重视。确实，从四千多年近五千年前的大汶口文化的镂孔陶豆，良渚文化的玉锥形器、玉琮，石家河文化的灰白陶在成都平原的古遗址中不断出土，无不看出长江中下游文化对成都的深深影响，而来自关中的无论是仰韶文化还是龙山文化的因素，至今难觅踪影。虽然这几年在大渡河流域、茂县、汶川、岷江流域，发现的一些遗址中的外来因素都来自西北的甘青一带同期或略早的文化。进入夏商时期，成都平原以三星堆为代表的早蜀文化遗址中，出土有和二里头文化一样的典型器形，虽可晚到商代晚期，但他们可考的传播路线仍是：郑州—武汉—沙市—巫山—涪陵—宜宾—成都，这其中一点也看不出来自关中和汉中方向的文化因素。考古发现，二里头文化分布基本未到关中，在关中，商早中期遗存也很罕见。这样来看，蜀和夏、商的交往可能还是走沿江走三峡的水道。至于汉中城固、洋县出土的商早中期铜器，由于在其广大的北面并无同期商遗存发现，其来源更大的可能是郑州（二里岗）—武汉（盘龙城）—（溯汉水抵）汉中盆地，以郑州为出发点，走这样的路线也并不太绕，而且走水路比翻秦岭要容易得多。有的说在商甲骨文中出现"蜀"字，并据卜辞中的"征蜀""伐蜀""蜀受年"等记录，从而得出商、蜀为邻，且交往频繁的结论，但是，早已有专家指出，商代甲骨文中的出现"蜀"，根据卜辞中的事项、前后关联地名以及从王都到达蜀的距离等因素来分析，当在今山东境内。而且此蜀不从"虫"，与周原甲骨的从虫之蜀当不是同一地名。周原甲骨中的蜀就是位于四川的古蜀国。文献中最早出现蜀，说的是蜀加入周的讨商联盟，并在灭商决战中做出了贡献。因有此记载，故而20世纪50年代末期，彭县竹瓦街窖藏中出土了青铜器后，有好些专家推测它可能是周王赐给蜀王的伐商战利品。这就充分证明蜀、周之间有了交往。其实周能动员蜀入盟，一定是两国已有一段时间的交往，互相也应是比较了解的。鉴于周是从文王父亲起才勃兴，从那时起至灭商，前后不过几十年，所以，我们可以大致锁定他们的交往发生在商晚期。再看蜀国本身，虽然立国较早，以三星堆遗址为代表的一批重要发现，揭示出在成都平原上，从新石器晚期在本地文化基础上发展起来的早蜀文明，在夏商时期已达到发展高峰，不过，刚才我们已指出，这一时期，主要是中原和长江中下游文化通过峡江对成都平原产生着较大的影响。但是，到了商代晚期，古蜀文化发展到顶峰，这时，这个长江流域甚至整个中国南方最强大的文明以三星堆为代表却迅速向外辐射传播，自20世纪长江三峡库区的大规模考古发掘，发现了一批与三星堆文化因素相近的遗址。刚开始，大家以为三星堆的这些东西经此传来，后经地层和类型学研究，其中出土的尖底器、鸟头形器柄与三星堆尤为接近，才弄清是从三星堆东传的。不仅向东，再往北看，20世纪90年代，在汉中城固宝山商晚期遗址中出土的高柄豆、小平底罐，尤其是尖底器、鸟头形器柄等典型器物最为接近三星堆所出，环顾四周同期文化，它只能是受三星堆的影响，甚至就是三星堆向北扩张到此区域。蜀、周始成近邻。至此，政治、经济、军事等迅速强人起来的周人有了与周边发展关系的强烈要求和条件；另一方面，走向文明顶端的蜀势力扩张到汉中，当然也不会就此止步。无论从中国还是世界范围来考察，强盛的帝国，总是有大举开拓交通的要求和行动，西方的罗马，东方的秦、汉、唐皆无例外。到这时，周蜀交通的主客观条件均已具备。

于是，不管是从文献记载还是从考古发现来看，越过秦岭的周蜀式正交通，应是发生在商末，其标志性大事件就是蜀派军队参加了周武王灭商之战。这里需要强调的是，我们并不因此而认为此前两地真不通人烟。此前，艰难险阻、时通时断的羊肠小道应当存在，蜀能派军队循此道进入关中，显然此道便已较为通畅。退一步说，即使蜀军通过时是小道，但因此著名事件，令其知名度大大提高，带来行人的增多或道路的修筑，使之成为了两国间交往的主道，也可说相当于后来的官道。所以用此事件作为蜀道开通标志。虽然史书未明载蜀人加盟周武王的讨商大军是走东道出三峡还是北上翻秦岭，但从以上考古遗存分析和当时商周对垒的情势来看，必然是走的北道。

作为蜀道在商末开通的另一重要佐证是，20世纪70年代末在宝鸡发掘了有名的強国墓地。经研究，该墓地延续时间从西周初期到中期，墓主人和蜀人关系紧密，蜀文化特有的标型器如柳叶形剑、陶尖底器，在墓中频繁出现，其国（族）名曰強，证实与蜀国大名鼎鼎的鱼凫必有关系。強国人能举族翻越秦岭到渭水流域定居，正说明周初经秦岭的周蜀间的道路已畅通。

还要说明的是，古代，在崇山峻岭中修筑道，非一蹴而就，要经过无数代人的努力才会使道路越来越宽畅易行，道路行走的难与易是相对的，商末开通的蜀道，相对之前可能是通和不通的对比，随着交往的扩大和频繁，人们对道路要求增高，仍觉得难行，于是若在春秋又有五丁开山，确有其事的话，我以为当是大规模修整拓宽之壮举。

2011年9月14日

《寻踪五尺道》序*

　　由我院联合故宫博物院等多家单位进行的"穿越横断山脉"考古探险活动，始于2005年，按我们当初的计划，是要用三至五年时间，把四川的甘孜、阿坝、凉山的藏区基本考察一遍。坦率地讲，考察前，对于能取得多大成果，大家心中并无太大把握。谁知第一年的川藏北线考察的收获就令我们来自省内外的考察专家们很激动，也让全国同行欣喜和羡慕，于是我们有了成立考古探险中心的想法。很快我们就付诸实践把"西部考古探险中心"成立起来了。

　　按我们的设想，除了和故宫博物院联合进行的四川藏区考察要继续以外，我们院还应该在四川境内的横断山脉的其他区域也做像联合故宫博物院所做的这种以考古为中心的多学科考察。接卜来做的第一个活动就是"走进俄亚"考古人类学探险活动。"走进俄亚"的成功，进而促使我们很快又有了再做几个探险项目的冲动。这时恰逢国家文物局主持的第三次全国文物普查进入野外实地调查阶段，第三次全国文物普查是我国历史上经费投入最多、调查涉及面最为广泛、调查记录内容最为

* 　四川省文物考古研究院编《2010年穿越横断山脉：寻踪五尺道》，科学出版社2011年出版。

全面、调查手段最为科学先进的一次文物普查。本次调查，特别强调要重视对线性文物的调查。我们认为我们所进行的考古探险正好可以和全国第三次文物普查的工作内容契合，于是把目光投向历史上声名显赫，现实中却扑朔迷离的五尺道。先是利用2009年五一大假的几天时间，我带上院里几个年轻同志到四川高县、筠连和云南盐津、昭通五尺道沿线选了几个点做初步考察。在豆沙关发现的早晚期道路遗迹、横江发现的不同时期的修路碑等使我们大受鼓舞。当年四川教育厅还把此次调查出在六月的高考历史试卷中，产生了比较大的影响。这些因素促使我们最后下决心进行五尺道考古探险调查，并将其作为四川第三次全国文物普查的线性文物专题调查项目来开展。我们的这一设想得到了省文物局领导的大力支持，相关市、县文物部门的积极响应。

大家知道，五尺道是西南地区第一条由中央王朝主持修建的大型交通建设项目，修此路之目的当然是为加强秦和西南夷的联系，巩固秦王朝西南边疆。这样一个艰巨浩大的工程，在历史文献记载中，史家却好像惜墨如金，一笔带过，文献中给我们留下的有关此路的资料只有片言只语，历代给予关注的人也少之又少。二十世纪三四十年代开始陆续有专家做实地考察。80年代后，因西南地区学者提出"南方丝绸之路"一说，五尺道作为南方丝绸之路中的一段，引起过历史、民族、历史地理、考古、民俗专家的多次考察。但即使如此，关于此路的开凿年代、起止、走向、作用，特别是与道路遗迹及与道路相关的等若干实物直接证据一直仍几乎为空白。成为五尺道研究中的不小遗憾。大概正因如此，直到最近一些年，都还有人认为五尺道是个行政区划的单位名，不应该是条道路。我们知道自己专业的特点和优势，尤其是有了五年考古探险积累起来的经验，对通过考古探险来解决五尺道的有关重大学问题，充满了期待，于是联合了国家博物馆共同探险五尺道。

细审20世纪以来的历次南丝路考察，我们认为成绩很大，主要表现在：一、文献搜集得很丰富；二、对沿线已知的古迹几乎都做过考察。因此当我们提出考察这条路时，我们常常问自己，会不会有超越此前的新发现新收获？老实讲，我们心中是无多大把握的。不过，我们也注意到，我们之前的多次考察，都没提到有早期道路遗迹和古遗址古墓葬的新发现。我们认为，这两点才是考察道路的工作重点和确认古道路的最重要的证据。有鉴于此，我们把这两项作为我们本次考察的主要内容和突破方向。专业团队的组织和工作准备也围绕这两方面来进行。至此，我们对工作能取得预期成绩也有了较大信心。

这里我想有必要向大家介绍一下我们的专家团队。在专业队伍组成方面，除我院专业人员外，我们特别邀请了几位秦汉考古经验丰富的专家，如陕西考古院张在明先生，数十年都在做秦汉交通的考古研究，这两年正在主持的秦直道发掘，成绩斐然。同院的焦南峰先生，不但主持了著名的汉杨陵发掘，还是陕西境内长城调查的负责人。内蒙古博物院塔拉院长，是著名考古学家，在内蒙古自治区和蒙古国都主持过多项秦汉考古发掘调查的大型项目。南京师范大学的汤惠生教授，除了有在西北工作多年的丰富的田野工作经验外，还是在岩画研究方面成就卓著的专家。国家博物馆考古部主任杨林先生，更是我们多次探险都倚重的专家，他见多识广，探险经验最为丰富，我们的很多重大决策都来自他的智慧。至于特邀的泰山出版社的葛玉莹总编，他本人就是一个探险爱好者，又对探险成果的出版有浓厚兴趣，我们提出希望他前期介入，他欣然同意，放下繁忙的事务，远道而来加入我们的探险团队。需要特别指出的是，本书能较快顺利出版，是与葛玉莹总编的早期介入和辛勤劳动分不开的。探险中的经历和探险后的结果表明：专家团队是这次能取得丰硕成果的最重要保证。

为期半月的考察，行程三千多公里。考察的收获是多方面的，简要总结，我想应该说有这几个方面：

其一，五尺道确实存在，它是秦代开凿，北起自四川宜宾，向南到昭通，再向南到达曲靖，若按古里算，长达千里，是连接中原和西南地区的一条重要交通道路。

其二，虽然岁月沧桑，但沿线仍可有若干秦汉时期的遗存。如：

屏山、巧家发现的秦墓，高县出的（汉）半两钱范，盐津河边发现了汉代栈道孔，宜宾、横江、筠连、盐津、昭通发现的汉—六朝时期崖墓，朱提故城遗址。

其三，找到了有关五尺道的直接证据，如在筠连、盐津发现多处早期开凿痕迹和道路加宽遗迹与早晚道路的打破关系，修筑道路的凿、砌、铺要素在好几处保存较好的古道上都能清楚分辨得出来。

其四，发现大量秦汉以后历代与道路相关的遗迹，如长江中的南宋水下石刻题记、明代关隘、明清渡口等。

其五，还发现了数处与酒文化相关遗迹。

有了以上实地考察的经历和发现，我们初步的结论是：五尺道工程绵延千里，经横断山脉，上云贵高原，其间跨数条江河，在秦的道路工程中最为浩大艰巨，堪与阿房宫、始皇陵、长城、直道、驰道、灵渠等国家工程相提并论，同为秦王朝的七大工程。秦虽短祚，但根据汉以后西南地区的历史进程来看，两千多年前开通的五尺道，在其后的两千多年里，对中央巩固西南边疆，西南地区加快融入中原文化，促进西南经济发展发挥了巨大的作用。

以上提到的考察成果还是初步的，相信考察团的专家们回去整理考察资料后还会有新的发现。

我们计划本次考察成果为：在央视播一部电视专题片；由出版社出版一本考察图录；再适时召开一次以五尺道为主题的国际学术讨论会，会后出版讨论会论文集。电视专题片央视已在去年6月播出。图录马上出版，国际学术讨论会也已在筹划之中。我们之所以做以上这些事，是希望两千多年前的这一项伟大工程受到更多的关注，有关五尺道的遗迹能得到妥善的保护和合理的利用。

令人欣慰的是，我们的考察成果在向考察经过的地方自贡、宜宾、昭通的领导汇报后，都受到了高度重视。昭通市市长、宜宾市委书记都分别专门听了考察团的五尺道考察专题汇报。宜宾市委书记在听了考察团汇报后，当场指示有关区县把专家汇报中提到的14处重要的不可移动文物点马上公布为县级文物保护单位，据我们所知，不到一个月的时间，这14处文物点相关的各县区政府都发了列为县级文物保护单位的文件。

本次考察进行得非常顺利，我想除了专家团队的敬业不用多说以外，来自地方的大力支持是我们不得不称道的。机缘巧合，考察前一个多月，偶遇宜宾市委宣传部副部长黄德生同志，聊谈中得知他对宜宾五尺道深有研究，而且正在做保护开发方面的前期工作，于是我也说明了我院将要实施的五尺道考察计划，共同的追求令我们一拍即合。因此，在接下来的考察中，得到了宜宾市委宣传部、市文化局、市文管所，以及下属各县的大力支持，黄德生副部长还陪同我们几乎跑完五尺道考察全程，既做后勤，又当考察队员，其工作干劲和专业程度赢得了专家们的敬佩。宜宾市文化局汪局长也亲自给下属的文管所、博物馆及县文化局部署接待、配合事宜。自贡、昭通、曲靖的文化文物部门都全力支持我们的考察。这样，考察沿线的后勤都有保障，考察团一路畅通无阻，得以专心于考古考察。我们要借此机会，再次对他们，以及在这次考察中所有给过我们帮助的地方政府、部门和个人表示衷心的感谢，我们的成果里有他们的贡献。

最后，我们还要深深感谢五粮液集团公司对本次考察给予的大力赞助。

2011年2月9日于成都

夜以继日一千天[*]
——写在汶川大地震四周年之际

　　本书是四川省文物考古研究院投入"汶川大地震震后文物抢救保护"及为"典型地震遗址选址"、"地震遗址博物馆建设规划方案"编制、"地震文物资料征集"、"地震遗址博物馆陈列"所做工作的真实完整记录。在2011年5月12日，即汶川大地震三周年同时也是国家灾后重建全面完成之际，各受灾地区和参与灾后重建单位纷纷推出各种出版物之时，我们并未推出此书，其原由，一是我们所承担的有关灾后重建工作并没结束，二是我们觉得三年走过来实在太累太忙，还没时间好好总结一下，不敢急就成章，仓促出书。

　　给四川造成巨大灾难的汶川大地震转眼已过去快四年了，但作为大灾大难亲身经历者的我们，许多事仍历历在目。

　　地震刚发生，四川省文物考古研究院的同志立即投入抢救生命的大救援和受损文物的统计抢救保护中。在受损文物统计及抢救保护之初，可能是出于职业的敏感性，我们是属于较早呼吁"征集地震文物，建立地震遗址博物馆"的文博单位之一。但是没多久，我们从呼吁者变

174　　　* 四川省文物考古研究院编著《夜以继日一千天》，文物出版社2012年出版。

成了任务的承担者。

在2008年5月下旬这一非常时期，四川省文化厅、文物局领导要求我们放下手上一切其他工作，专心做"地震遗址选址""地震文物资料征集""地震遗址博物馆建设规划"这三件大事。老实说，若在平时，三个任务中的其中一个派给我们，都得全院勉力方能完成。现在三大任务一齐下达，尤其是其中有两项任务在专业分工上并非考古研究机构业务范围及业务擅长之处，困难之大可想而知。但在特殊时期，这三件事都是当时海内外各界高度聚焦的大事，事关四川文博人的荣誉，因此我们不但应承接下，还必须出色完成。

接下来的整整三年里，几乎是全院上下为此拼搏。我们在不到一个月的时间里拿出了《地震遗址选址建议书》，国家级汶川地震址的"一馆三地"保护方案，就是采纳了我院主持编制的方案中提出的建议确定下来的。紧接着，我们在不到两个月的时间内编制出《5·12汶川地震遗址博物馆建设规划方案》（送审稿），并一次就通过了由国家文物局和国家地震局组织的专家评审。很难想象，这样一个全国专家一次评审通过的、中国投资最大的博物馆规划建设方案出自一个省级考古科研单位。

地震文物征集历时三年多，在三项任务中持续时间最长，成为四川省文物考古研究院的重大项目和日常工作。为此，几乎全院出动，广泛利用社会关系，甚至还动员家属和亲友资源。因有如此尽心尽力，才有10余万件文物资料的收获。为采集到最真实的见证物，我们冒着余震多次进入危房，仅灾区学校就进了40多个，青川、北川、汶川、绵竹、什邡等核心地区去了不下10次，桃坪、向娥、平通、白鹿、东河口这些小地方也去过多次。有时夜阑人静才满载而归，有时风餐露宿却所获甚微。

在征集地震文物资料的工作思路上，我们群策群力，尝试做了一系列开创性的工作：发布地震文物资料征集公告，既送国家单位、民营企业，又露布电线杆上、村头墙壁，还邮寄到亚欧美许多国家和地区；

在陕西等地设省外地震文物征集站；先后在成都、北京、上海、南京等地做地震文物征集的巡回讲座；发动员工亲友乃至国外友人当志愿者。

以一个考古科研单位主持大型博物馆的建设规划编制方案，去征集文物而且是当代文物，环顾世界，前不见古人。而且这三项任务都是在没有一分钱专项拨款的条件下完成的，大家凭着自觉在做事。

受委托为北川地震遗址纪念馆设计主题陈列设计方案，我们拿出了概念设计方案——《山川永纪》。本来委托方只要求方案通过上级主管部门组织的全国专家评审，但我们认为，北川地震遗址纪念馆受到海内外的高度关注，设计方案必须是获得广泛认可的。因此在设计方案初稿出来后，寄送给专家、领导、社会各界人士、大中小学生和灾区灾民上百份，并通过《中国文物报》向海内外公开，广为征求意见。

是什么驱使我们这样努力？是一个专业团队的基本素养，是事业使命感和责任心，是全国人民对灾区声势浩大的支援行动鼓舞着我们！是灾区人民在大灾袭时来不低头的精神感动着我们！凡此种种，是促使我们拼命奉献力量的源泉。

而要完成这几大任务，天时、地利、人和缺一不可。人和更是成功的最重要保证：四川省文物局领导除了现场专题办公，还多次亲临一线和我们共同征集文物；国家文物局领导三年里多次专门来检视我们的成果；全国许多省级文物考古科研单位、博物馆都给我们支过招，出过力；文物征集工作还得到灾区文物部门的全力支持，北川、绵竹、什邡、青川、平武、汉源等地博物馆、文管所的同行，不但为我们提供了许多重要的征集线索，还常常陪同我们一起到现场采集，始终和我们并肩战斗。贡献甚多的还有四川省地震局彭晋川、四川博物院谢志成等专家。

任务太重太难，上级要求我们停下其他工作，专做"地震文物征集"和编制"地震博物馆规划建设方案"。但我们还在四川非灾区承担着多项大型基本建设工程的抢救性考古发掘任务，工期紧，任务重，即使在平常年份，每年的野外发掘都得加班加点工作，所以要停下其他工作事实上是不可能的。为此我们全院一盘棋，既有分工也有合作，每一个人都参与了三大任务。

三年过后，我们不但交出了三大任务的漂亮答卷，单位的其他目标任务工作也年年超额完成。这个团队的出色表现、高效率运转以及高质量的成果，这些年也偶有媒体报道。在此我还想以三年亲历者身份告诉大家，这个团队特别能吃苦、特别能战斗、特别讲团结、特别能奉献。在路上不顾流沙飞石，进危房不怕余震来袭，曾经有连续一个月基本夜以继日、通宵达旦的工作，有大约半年时间，不知节假日为何。在大灾大难的考验面前，在非常时刻执行重大任务时，大家奋不顾身，勇敢担当，漫漫三年，一路走过来，生死与共，经过无数次战斗洗礼，大家重新诠释了生命的意义，再次认识了事业的价值。

《险行米仓道》前言*

　　我院自2005年组织考古探险活动以来，到今年已是第七个年头。我们的探险内容主要是对四川古道路的考古综合调查，计划是每年探险一条古道路。2010年4月，我院组织的宜宾至曲靖"五尺道—盐道考古探险"收获颇丰，新闻媒体报道深度广度空前，在考察结束后不久，中央电视台摄制组随团考察拍摄的三集专题纪录片《寻踪五尺道》在中央电视台播出后，社会反响热烈。原计划再去考古探险蜀道的金牛道，却因我院考古探险骨干成员临时被抽去宜宾喜捷槽坊头遗址发掘而作罢。

　　早在五尺道考察途中，省文物局赵川荣副局长就给我来电话说巴中市想做米仓道考古调查，希望我们院去帮助。其后朱小南副局长也向我们转达过巴中文化局的意愿。到去年12月下旬的一天下午，我正有事在院安岳考古工地上，突然接到巴中文管所汪所长的电话，一定要我当晚回成都和他们新任文化局局长见面，商谈米仓道考古调查的事。当晚8点过，在成都磨子桥音乐大厦，我，以及我院考古探险中心王鲁茂主任和巴中市文化局黄明局长、秦渊副局长、汪所长见面，连寒暄都省

＊　四川省文物考古研究院、巴中市文化广播影视新闻出版局、巴中市文物局编著《险行米仓道》，四川大学出版社2012年出版。

了，立即进入正题。汪所长介绍了巴中方面所知米仓道的现状和考察的目的意义，我院王鲁茂主任介绍了我院考古探险中心的主要工作内容、已做过的工作及项目运作模式，然后双方进入实质性谈判，不到两小时就谈妥了米仓道考古调查的合作方式、专家团队阵容、路线起止和走向、野外工作启动日期和工作时间、调查内容、调查成果要求和研究成果出版等合作主要内容。

商谈中，我们强烈感受到，巴中文化文物系统对文物保护事业有强烈的责任和使命感，对我们院高度信任，对和我们合作信心满怀，对米仓道的考古调查新发现和研究成果多有期盼。这既是我们做好米仓道考古调查的动力和前提，同时也备感压力。

我们双方商定今年3月初就要启动野外调查工作，由于其间有个春节，留给我们的准备时间并不宽裕。巴中希望我们的调查团队能邀请到历史地理、交通史、考古学、地方文史方面知名专家参加考察，所以我们马上就预约专家。也许是我们这几年搞考古探险的影响和米仓道的神秘魅力，除了少数所请专家因工作不能分身抱憾外，我们想请的人都愉快地答应来参加米仓道探险，支持我们的工作，这为我们高质量完成米仓道野外调查和拿权威研究结论报告打下了坚实的基础。

春节过后，我们还专门去巴中就米仓道探险的准备工作和巴中做进一步对接磋商。

3月5日，从西安、北京、上海、重庆、广州、汉中、成都来的专家齐聚巴中市巴州区，并开始了为期半个月的米仓道探险。探险的过程在本书中都有记载，不用我唠叨。但作为我院历次道路探险的参加者，我还想谈谈这次探险的收获和体会。

这是一次以考古为主，融入历史、交通史、历史地理、地方史、艺术史、文化遗产规划的综合性大型科学调查，正因为如此，学术上的收获也是多方面的。首先是确认了这条道的存在和走向。米仓道在历史文献上有记载，虽也有个别历史地理学者做过部分路段调查，但据我们了解，还没人做过全程的考古调查，更别说多学科的。这次综合考察在巴中通往汉中的数条古道中初步确认了这条古道的存在、开凿时代和走向，这对米仓道的研究和保护是极为重要的。其次是调查了古道沿线文物点约200个，其中与古道直接相关的文物点约百处，还新发现15个文物点，文物遗迹之丰富超出所有专家的预想。比如，在调查结束后我们又去对沿线摩崖题记拓片，共拓得80幅之多。文物遗迹的种类有古道、古栈道、古桥、跳墩桥、古村、古寨、古墓、古城堡、古遗址、古碑、摩崖题记、石窟寺、古驿站、古城、古井、古关隘等，为我们在川多年古道调查所仅见查。而众多文物古迹保存状况之好也出乎大家意料，其中小宁城、安辑寨、渡头溪、琉璃关、石板河、两河口等地古道上的古遗存级别之高，令见多识广的专家们也吃惊不已，久久驻足，叹为观止。再就是这条路之艰险，文献上虽有记载，但探险团走过后有了实际感受，我们今天所走的大多数路段唐宋以降已经多次修整拓宽，但仍十分难行，很难想象隋唐以前行走此道该是多么的艰难。

探险能取得骄人成绩，我想是至少有这几方面的有利因素促成。第一是我们有一个高水平高素质的专业团队。我们的专家来自全国各地，其中多数人年纪不小，但大家在团队中非常团结，自觉接受分组安排，努力做好团队内分工承担的工作。遇险处总是抢着上前，有活儿干却又尽量多担。王子今教授赤脚蹚过雪水河，杨林教授、王建新教授既当专家又兼司机，张在明教授、白云翔教授、孙家洲教授、秦建明教授在攀陡坡时的坚持，王子今、彭邦本、郭声波三位教授辨认摩崖题刻时的执着，焦南峰教授、白云翔教授对所考察点定性时的科学严谨的态度，秦建明教授、张在明教授、郭声波教授的细心，杜晓凡先生对遗产保护的独到见解，李烨教授对米仓古道的广博认知，王建新教授、郭声波教授在篝火晚会上的即席赋诗……都给大家留下了不可磨灭的印象。

第二是巴中市、汉中市内各级领导、专家和普通老百姓的全力支持，是我们顺利开展工作和取得成绩的重要保证。市长的接见，巴中文化局黄局长的亲自部署，秦渊副局长、汪所长和汉中李烨所长的全程参与，所到区、县文管所人员的全部出动，路遇老百姓的无私相帮，我们的探险团队出发前，米仓道所在区、县文管部门就专门派人对所辖区域的路段做过文物初步摸底，对行走危险路段更是事先派人实地去危险路段行走过，他们的所作所为感人至深。大量的后勤协助工作，使我们的探险能按计划推进，工作效率大大提高。

第三是志愿者的参加。以前我们的探险虽一直有志愿者参加，但每次都只有一两位，这一次来了两家公司，一是西安十月科技公司有3人，他们自带车辆，还带来了包括无人机在内的最先进的测绘仪器，另一家是上海公司，他们有丰富的户外活动经验和以摄制纪录片见长，还为我们提供了不少实用的户外用品。他们的加盟，使我们的团队更加强大，工作效率大大提高。

本书能及时成稿，得感谢参与考察专家提供的考察资料，也要特别感谢我院陈苇、王婷两位年轻专家。

考古探险考察结束，依循惯例，要编图录出版，清样送来，翻阅时有所感慨，故敲出以上文字。是为序。

在四川省全国第三次文物普查表彰会上的致辞

台上的领导和台下的嘉宾：

大家早上好。

岁月催人老，站在这里扫描一下会场，直觉台下坐的人多是八九点钟的太阳，年龄最大的大概非我莫属吧。早餐时所见年轻人很多，心中窃喜：这场景不就是四年前"三普"开始时我们极力想追求的效果和要达到的目标么。我们曾说过，1957年以"一普"为契机，给全省集中培养了足够工作三十年的大批文博基层工作人员；1987年的"二普"，又为全省培养了一支够用三十年的文博专业队伍。"三普"开始时，领导就说过，这次"三普"不仅仅是文物数据上的普查，还要锻炼队伍，培养文博新人。我看台下的诸位，平均年龄也就三十岁左右吧，如果我的估计还靠谱的话，那四川未来三十年文博事业何愁后继无人。"三普"和领导们，功莫大焉。

刚才发言的，说到"三普"的辛苦，所闻所见，那真是字字血，声声泪啊。作为全省督导和业务责任的我院，真可谓感同身受。补充举例来说，为了"三普"，我院就有四人被狗咬伤，请大家别笑话，这可是历史上同期被乡下土狗咬伤人次的最高纪录。

辛苦归辛苦，"三普"给四川文博界带来的收获是多方面的。除了以上所说的专业队伍的新老交替外，因为"三普"，绝大多数县以上的文博单位从办公设施到办公设备都有了大的改善，有的单位甚至可以说用脱胎换骨来形容也不过分。新办公室、新电脑、新相机比比皆是。全省各级政府对"三普"的专项拨款总汇，是四川历史上最大的一笔文物专项拨款。受惠于"三普"，大家也学会了许多现代办公操作技能，业务水平明显提升。得益于"三普"，文博机构和文博工作者在政府内部和社会上的地位大大提高，形象也有大的改善。这主要是因为我们以辛勤的劳动，脚踏实地的工作，扎实的专业素养，做出了靓丽的成绩，交出了自问无愧、领导满意、社会认可、全国同行称赞的答卷。那就是——65000个文物点，这可都是我们一一用脚丈量、用手测绘过的数字啊。经此一役，我们的文物点从"二普"的全国第六位，跃升到今天全国第三。这可又是令不少同行既羡慕又嫉妒的排名啊。

是"三普"给了展示我们形象的窗口，是"三普"提供了我们锻炼成长的舞台。回想四年前，当刚接到"三普"任务时，想推掉的，想调离的大有人在。但四年挺过来，收获满满，我们也更加充满自信。这再一次说明，要干事，要干大事，要主动从领导那儿承接重担，才会有更多的成长机会。

我提醒大家千万别忘了，正是在台上领导的坚强和正确领导下，我们才冲进全国前三。为此，我万分盼望也大声呼吁，第四次文物普查快些启动吧，如果那一天真来临，如果领导仍然是台上的领导，冲锋陷阵的仍然是台下诸位——在领导培养下成长起来的队伍，那么我在此大胆预测，我们将毫无悬念地勇摘全国第一桂冠。

文物展陈的实践历程[*]
——《文化遗产展陈设计创意策划方案集》前言

　　这是一本我和我的同事十多年来断断续续做的展览文本汇集。之所以说是断断续续，是因为虽然我参加的第一份工作就是在博物馆，但我报到的那个博物馆，在我报到前半年刚搞出一个在全国很轰动，在当时的人看来也很另类的展览，等我报到时于展览事实上已无事可做。领导安排我做的是一件十分具有挑战性工作——创建博物馆小卖部。我在这个馆干了一年，直到离开都没参与展览的任何工作。等我再进入博物馆已是在此十二年后，才开始我的展陈实践，三年之内，和同事们一道自办、联办、引进大大小小展览几十个，当自觉颇有心得，渐入佳境之际，因工作变动，自己的文物展陈实践又戛然而止，一断就有七八年之久。一段时间我都曾觉得这辈子恐怕真是与文物展览无缘了，2008年5月12日突然袭来的汶川大地震，又让我连带我现在供职的这个单位——四川省文物考古研究院的同事们干起了很专业的也很现代的博物馆工作——"汶川地震遗址选址""地震遗址博物馆规划""地震遗址博物馆文物征集""地震遗址博物馆陈列大纲编写"。也是从2008年后，文

184　　　* 高大伦著《文化遗产展陈设计创意策划方案集》，文物出版社2013年出版。

化遗产保护突然热起来，"考古遗址博物馆"的建设、"考古遗址公园"的公布、"文化主题园区"的打造，民营博物馆雨后春笋般地冒出、公立博物馆的扩大免费开放，都促使行业和社会更加重视文化遗产的展陈设计。在此大潮裹卷下，我们几乎是被信任和了解的单位或个人找上门来——被动地又做了几个展陈设计创意策划方案。

以上所说的方案凑在一起就成了此书的主要内容。

我国有现代意义上的博物馆不过百年的历史，1949年以前的博物馆是以建立机构、收藏文物为主，纵有些博物馆有陈列，也就简单地摆放些文物标本。由于内忧外患，在最严峻的历史关头，全国博物馆剩下不到十个，连生存都成问题，遑论做出像样的展览。20世纪50年代以后，出于为政治服务的需要，全国的大多数博物馆搞起了通史陈列，这一搞就是二十多年。改革开放初期，一些有识之士已看到长年一贯的通史陈列的弊端，但国家百废待兴，各博物馆囊中羞涩，大多无可作为，90年代初期兴起的文物精品陈列就是对带有很强说教味的通史陈列的一次革命，"全国十大精品陈列展"奖就诞生在那个时期。我们做的第一个展览"四川民族文物精品展"（1998年）正赶上这个时期。这是上级下达的任务，但却是在几乎没有经费的情况下。怎样才能把展览做好？我们广泛征集馆内外意见，一批人认为，把馆内的民族文物挑选部分精品出来摆放好就算完成，这也符合当时搞精品展的潮流取向；可另有一些专家认为，省博不是艺术馆，民族文物中的许多文物是成批成套有计划征集来的，如能既成体系展出又能兼顾精品则再好不过。我们采纳了后者的建议，在宋治民先生的启发下，我们将古代四川少数民族的葬俗作为主题，把考古发现的四川古代石棺葬、崖墓、大石墓、火葬墓、悬棺葬中出土的文物精选展出。这种精品展的思路在全国也算比较特别的。开展以后好评不断。事后总结，这大概就是精品展后渐渐发展起来的主题展的滥觞吧。坦率地说，对此当时我们只有朦胧的认识。整个展览面积约500平方米，投入5万元，出乎包括我们在内的许多人预料的是，此展获得1998年全国十大精品陈列提名奖。这对当时条件下的博物馆职工是很大的鼓舞。

初战告捷，全馆的精神面貌发生了可喜的变化，最重要的是初步找回了自信。第二年，恰逢中华人民共和国建立五十周年，上级给我们下的任务是要办一个四川考古事业五十年成就展，几经讨论，大家觉得四川考古成绩斐然，新发现层出不穷，但光摆精品远不能把发现的意义和四川考古人的追求表现得透彻，怎么办？于是有了主题展加讲故事的创意。主题是考古五十年成就，故事分两条线，一条是文物发现及文物所反映的历史故事，另一条是考古人特别是发掘人的发掘故事。展览取名上我们也集思广益，赵殿增先生建议从寻找文化来源方面去想，启迪我们有了"巴蜀寻根"这一响亮名称。展览分为"追踪远古文化、寻找失落文明、再现天府之国、他们铸就辉煌"四个版块。前三个版块是讲考古发现及文物故事，第四个版块主要是讲考古人的故事，特别将为四川考古做出过大的贡献、有过重要考古发现的专家，不分年龄大小，一一上展版介绍，这样做在此类展览中算是开先河了。这个展览使用面积约1500平方米，投入不到50万元，获得1999年全国十大精品陈列奖。

从那以后十多年，十大精品陈列又评了多少届，我们也没太去留意，但以上两个陈列肯定至今都还保持着经费投入最少的提名奖和经费投入最少的十大精品奖的两项纪录，这恐怕是没疑问的。今天办展览的投入是当年我们做梦都不敢想的，不过当年一个评上十大精品陈列奖的项目，据我们了解，投入经费几百万上千万的也不在少数。

我们可能还较早关注到假日文化消费现象，自觉行动、自筹经费、自定任务。1998年底，我们看国家为拉动内需调整假期，大假增多，我们做了两个决定：一是自筹经费在春节期间办一个与春节民俗相关的展览，即"汉代摇钱树展览"，同时也将绵竹年画，馆内旧藏新收的剪纸一并展出；二是为此，一改多年春节闭馆的传统做法，春节期间天天打开大门迎接观众，还送所有参观者一人一份吉祥礼物，创新年画"汉代摇钱树"。

2001年后，我离开博物馆，后又到省考古院工作，2008年后，一场大地震打乱了我们固有的生活工作秩序，开始是上级安排做地震博物馆的选址，继而文物征集，紧接着是博物馆规划，最后又是地震博物馆找上门来要我们做展陈设计，我们这个正经考古单位，面对如此紧迫而艰巨的任务，在省文化厅省文物局的坚强领导和相关单位及同行的大力支持下，我们举全院之力，一次性通过地震遗址选址方案省级评审；一次性通过了地震遗址保护及博物馆规划方案国家级评审；一次性通过了地震博物馆内容陈列概念设计方案——《山川永纪》的国家级评审；三年内为北川地震博物馆征集文物10余万件。这些都让考古界、博物馆界见识了我院的实力。

接下汉源县博物馆陈列方案的直接原因是我院因瀑布沟水电站建设的考古抢救发掘工程，在汉源发掘了八年，出土了大量精美的文物，地方上有建博物馆的计划，县上党政领导和文博单位的专家都高度一致的认为，考古发掘单位才是这批文物最权威的诠释者，书记数次来蓉要我们承接此事，令我们深受感动，恰在此时国家文物局也要求考古发掘单位要积极主动参与所发掘遗址的保护和考古类文物陈列方案的编写，再就是我们想让大家看看考古发掘者做出的陈列大纲是啥样，最后有了《大渡河文明密码》。

《传奇蜀道》的问世，实属偶然，我们和建设单位在就建设工程受影响的文物该如何保护的艰巨谈判中深入了解了彼此，建设单位想在路上融入历史文化，我们建议他们考虑把蜀道的变迁好好表现一下，他们多方了解后觉得我们是较合适的人选，故委托我们做策划方案，主要要求有两点：一是创意策划不能和已有的雷同，二是尽量不用大家已熟知的元素，如三星堆面具、金沙太阳神鸟等。最后完成的，就是大家看到的书中收录的《传奇蜀道》。

展览既是一个博物馆收藏实力的体现，也是其研究水平的集中反映。好的展览既能紧扣时代脉搏，还能引领时代潮流，是博物馆综合业务水平的集中表现。该怎样做才能办好展览？当今一些博物馆建筑越建越大，设施越换越新，与本该多在文物藏品征集、主题提炼、内容取舍上做足功课相比，一些单位和个人似乎更乐意在环境、展具和形式设计上投入更多财力、人力、时间。其实我们稍稍了解一下就知道国际上许多博物馆的知名度提高主要靠藏品和展览。国外很多博物馆来国内和我们谈文物借展时，往往都带上不一定是他们馆的，但必定是他们国家该专业的权威专家同行，这些专家直接参与到文物的挑选和业务谈判，甚至还直接参加到展览主题确立、大纲编写、撰写展览说明等。反观国内，有些展览公司，主业其实就是搞装修的，一个与即将承接或已经承接的展览内容的公司连相关的专家都没有，却哪里有招标就去哪里投标，什么展览都敢接，真是无知者无畏。另一方面，我们的业主单位为投标者设置了很多限制性条件，却鲜见有对投标团队组成人员提出明确的专业要求。如此，即使经过严格的招投标程序，中标公司弄出的展览是啥水平也可想而知了。我们给自己定下的原则是，即使有很诱人的条件，也绝不承接我们专业范围以外、拿不出有独特创意策划方案的展览。我们把策划一个展览视为创作一件作品，力求做到主题鲜明，视角独特，贴近时代，充满创意。而要做到以上这些，需要创意策划方案的编写者起码应有与展览内容相关的专业知识，熟悉学术研究动态和最新进展，具有创作激情，最好还有深入研究，以及了解观众需求，市场定位准确，找准热点看点，展览视角独特，该庄则庄，可谐则谐。例如，我们的"巴蜀寻根"展览取名就是在十来个名称中反复斟酌后确定下来的。而"山川永纪"的"纪"则是在广发英雄帖后，受到一个中学生回复短信的启发而敲定的。至于版块的划分，重点的营造，看点的设置，说明的撰写，无不一一反复推敲。

　　一个完善的展陈创意策划方案还应该有营销策划。据我们所知，这是社会上的策展公司在承接展览时基本都不会考虑的。我们早在1998年第一次做《四川民族文物精品展》时就做了营销策划。比如，设计印制展览招贴广告，除在本地各处张贴外，还寄往省外国外数十份，委托同行朋友张贴，也派人到茶馆高校直销，事后看到效果奇好。我们还可能是最早注意到大假期间假日经济带来的文化消费，并为此特别推出展览的文博单位之一。1999年春节，国家实行大长假的第一个春节，我们策划了一个年味很浓的展览——"汉代摇钱树展览"。此前的省博已多年都是春节期间闭馆，因为节日参观者寥寥，选在这时举办展览，好些人并不看好。我们知道，要让展览取得成功，必须花大力气做好营销。为此，我们设计了展览专用广告语"新春出门去哪里？省博物馆摇钱树"，并设法将此广告弄到成都市中心最大的电子显示屏上滚动播出；又设计印制了一幅《创新年画——汉代摇钱树》，将其作为礼品赠送给所有节日期间来馆参观者。本来办此展览我们的底线是每天只要有观众来就算没白费心思。谁知大假期间来的观众竟然是平时的数倍。展览大获成功，令大家心情为之一振。此后，春节开馆遂成为常态。其后，我们联合天天渔港餐厅为"巴蜀寻根"搞的"天天渔港就餐，省博物馆参观"营销，为引进马王堆出土文物展搞的学生观后感作文大奖赛（为获奖者提供成都至长沙往返机票和长沙两天交通住宿参观费），为引进故宫博物院宫廷生活文物展览搞的观众留言大奖赛（为获奖者提供成都至北京往返火车卧铺票和北京两天参观住宿交通开支），以及为"巴蜀寻根"展览而策划的在成都高校的系列专家讲座，当时在当地有过较大的影响。这些做法对低迷时期博物馆的行业营销做了大胆的探索，所产生的正效应远超预期。

还想谈谈我们做考古文物展览的一些体会。2000年以后，国家文物管理部门非常重视编制考古遗址保护规划，一大批遗址的保护利用规划开始编制，几年实践过来，不少单位发现规划和考古是脱节的，没有充分反映考古所做的工作，尤其是规划的灵魂——遗址的考古价值挖掘不够，保护的重点找得不准。究其原因，乃是一些规划编制团队并无考古专业人员做业务支撑。文物管理部门早就注意到此问题并高度重视，对考古遗址保护利用规划的编写专门指出必须有考古发掘单位参加，并鼓励有规划资质的考古单位积极承担规划编制任务。其实，考古文物展览策划方案又何尝不是同理呢。以我们的经历而言，以上提到的展览中，"四川民族文物精品展""巴蜀寻根展""汉代摇钱树展""大渡河文明密码展""传奇蜀道展"都是考古文物或以考古文物为主来做展览策划。几个展览创意策划经历后，我们的共同体会是，当有机会为自己的发掘成果做展览策划时，考古人理应当仁不让，考古发掘单位和发掘人是最适合担当考古类文物展览的创意策划人的，退一步说，也应当吸收他们作为创意策划团队的主创人员，至少要多倾听他们的意见。总而言之，在这方面考古发掘者是有很大优势的。

促使我将这些方案汇集出版的一大动因是2011年冬天，国家文物局委托北京大学在陕西周公庙办考古领队培训班，领队培训班负责人，北大考古文博学院雷兴山、孙庆伟两位教授盛情邀请我去跟同学们讲讲课，我报给他们的讲课题目就是《文化遗产展陈创意策划实战》，能不能在考古领队培训班上讲这类课，坦率地说我们都有些许担心。不久，他们告诉我说获批了。我讲课中主要就是拿我们做过的几个展览方案举例。要在考古领队培训班上讲这种课本来该如履薄冰，出乎预料的是，我和大家交流了一个下午，感到大家兴趣盎然，提问十分踊跃，课程结束后还和大家交流了许久。有不少同学希望看到方案文本，还有同学直接建议尽快出版。受此鼓励，我也有了将展览创意策划方案汇集出版，呈请同行指正的冲动。我的想法得到北京大学徐天进、雷兴山两位教授，北京大葆台西汉墓博物馆馆长白岩，文物出版社张自成社长，四川省文物局的赵川荣、李蓓、何振华同志，以及和我一起做过展览策划方案团队的许多同事的热情鼓励和大力支持，于是，我也鼓起勇气，不揣浅陋，有了本书的付梓。

这里要说的本书收录的20个方案，时间跨度十多年，有的早已实施，有的至今没有实施，可能由于种种原因，有的甚至也不知将来会不会实施。不管它们今后是啥结局，我们都收进本书，主要是想反映我们做文化遗产展示创意策划的一个比较完整的探索历程。

这里还要特别指出的是，本书不仅仅是我一个人的成果集。在每个文本前都列出了参与相关工作的人员名单，但因时间久远，所列未必是全部也不一定准确，如有遗漏，深表歉意。

这里还要感谢我在省博物馆、省文物局、省考古院工作期间参与以上工作，以及给予我们帮助和支持的同事和前辈们。

最后更要感谢我从1998年到省博物馆工作以来得到的省文化厅、省文物局历任领导和上级相关处室的支持，尤其是张仲炎、郑晓幸两位厅长，梁旭仲、徐荣旋、王琼三位局长，他们都给了我这个到现在都被不少人认为是很不成熟的人提供了一个适合搞文化遗产展陈创意策划的宽松环境和能设施方案的舞台，以我的了解，这种环境和舞台并不容易能遇到，所以，我认为自己实在是很幸运。

2013年8月8日

年轻人令考古事业充满活力[*]
——《青年考古论文集》前言

　　当今社会上，一说起考古，许多人都会自然地想到，这一定是一些天天戴着老花镜、白发苍苍、脸上满布皱纹的学究们在从事的工作。这当然是大家把从事考古学研究的和历史上做金石学、古代史研究的人相混了。我在这里想指出的是，我国近代科学意义上的考古——田野考古学其实很年轻，从事这门职业的人也比大家想象的要年轻得多。

　　了解中国考古学史的人都知道，中国田野考古是从20世纪20年代才由去英、美留学归国的年轻学者先发展起来的。后来赫赫有名的李济、梁思永当时都不过三十岁左右。中国近代考古的摇篮殷墟从1928年至1937年进行了十多次发掘，当时承担主要工作的除李济、梁思永两人外，如董作宾、石璋如、郭宝钧、夏鼐等一批后来鼎鼎有名的大专家也不过二十多岁、三十多岁而已。著名考古学家苏秉琦、宿白先生青年时的考古成果至今都是考古学的经典。就是后来，自二十世纪七八十年代起蜚声中外的如安志敏、张忠培、严文明、邹衡、俞伟超等先生为代表的中国考古学家，实际上在五六十年代，他们才三十岁左右时，就在考

192　　* 四川省文物考古研究院编《青年考古文集》，科学出版社2013年出版。

古上已取得了卓越的成绩。今天还在岗位上工作的五十多岁、六十多岁的考古学家们，二三十年前，他们中的许多人也已有了出色的业务表现。这些各个时代的考古大家，都是考古青年的学习榜样。

我院虽僻处西南，回顾院历史发展各阶段，年轻人也一直是单位的重要业务力量。20世纪30年代末期，四川考古事业开拓人，我院老馆长、著名考古学家冯汉骥先生从美国哈佛大学学成回国时，正处于雄姿英发的年龄，就做了岷江流域石棺葬调查和王建墓发掘这两件足以载入四川乃至中国考古史册的重要工作。王家祐、沈仲常、李复华等先生，50年代初期刚从北大参加考古领队培训班回来，就担起了四川考古的重任。70年代至90年代，一直到进入21世纪后，都有我院那个时代的一批批青年考古学家如赵殿增、胡昌钰、李昭和、莫洪贵、陈德安、陈显丹、王鲁茂、孙智彬、陈祖军、雷雨、周科华、黄家祥、唐飞、刘化石、辛中华等，一代又一代的年轻人，前后接力地活跃在四川考古舞台上。

考古工作中的年轻人如此重要，我以为实际上也是由于考古这门专业的特殊性所决定的：其一，考古是从国外传入，考古队是年轻人海外学习回来后创建起来的队伍。其二，考古是用全新的理论方法技术手段来工作，特别是还较多地用到了自然科学的理论方法。其三，考古需要做大量的田野调查发掘工作，这个工作十分辛苦，也需要强健的体质。以上三个原因，决定了到考古院所工作的考古专业毕业的年轻人，整体上相较历史、中文、经济、哲学等文科专业的毕业生似乎有较多机会更早地"独立主持工作"，也往往更早有"成就感"。

历史地看，我们年纪大的人都年轻过，年轻人也必然会成为老年人。我们考古界向来有重视年轻人的优良传统，我们听到一些名家大师谈起他们的成长经历时，往往都会讲到离不开前辈的栽培和单位的扶持。我们院成立几十年来，历任领导都非常重视对年轻业务人员的培养。院里一直流传着历任领导关心、培养年轻人的佳话。这些至今仍感生动的故事，时时激励着我们重视对院里年轻人的业务投资。大家的共识是，单位要发展、事业要传承，必须要有一代接一代的年轻人尽快成长起来，并且超越从前。扶持年轻人该从何做起，要做的事很多，千重要万重要，我们认为给他们提供公平竞争的环境才最为重要。决不能搞拔苗助长。我们也深知，科研是我院立院之本，兴院之基，强院之策，在进入21世纪之初我们就制订了"科研兴院、人才强院"的发展战略，为配合该战略的实施，特别制订了"院科研奖励管理条例"，设立了主要向年轻人倾斜的"院长科研基金"，出台鼓励年轻人的"进修深造管理办法"等一系列配套措施。总之，都是为了在院里创造促进年轻人尽快成才的环境氛围和院里当下能提供的最好经济条件。十年树木，百年树人。这些年我们的考古简报发表速度加快，数量增多，前年，我院博士文库工程正式启动，去年首批推出的两部著作，大获学术界好评。省史学会准备今年9月底在茂县召开"江源文明"学术研讨会，来向我院约参会论文，两个多月，约到10篇考古学术论文。而几乎就在同时，中国秦汉史研究会也计划在渠县召开"汉阙与秦汉文明"学术研讨会，我院也有7篇论文获选参会。我院向两个会议提交论文的研究人员中青年占了绝大多数。"科研兴院、人才强院"的发展战略实施十多年后的今天，当我们回头检视时，高兴地看到这些政策和措施有的已收到成效，有的则正在开始显现效果。

进入21世纪后，我院迎来自成立以来田野工作最为繁重的十年，对此，院里虽早有准备，自20世纪末就加快了年轻业务人员的引进步伐，硕士从无到有，从少到多，博士也从无到有，十年来陆续有二十多个硕士、博士加入进院里考古团队，现在我院大约80%以上的田野考古调查发掘工作是由年轻人在承担。但因受编制等诸多因素影响，田野工作业务人员仍然缺少，这就导致年轻考古队员超负荷工作，好些队员每年野外工作三百多天。即使在此情况下，他们还努力整理发掘资料，积极编写考古报告。更难能可贵的是大家还踊跃搞科研，不断写出了一批批有较高水平的学术论文。院里认为此劲可鼓，所以决定在我们前年出版"四川省文物考古研究院博士文库"的基础上，再把我院近十年来引进的硕士的优秀论文汇集成册出版。我们的想法得到省文化厅领导、省文物管理局领导、省文化厅人事处的高度肯定，接下来就有了本书的出版。

本书出版时，恰逢我院建院六十周年，我们也将其作为庆祝建院六十年的系列科研成果总结汇报的一部分推出，接受同行、特别是学术界前辈的检阅。在我院的年轻人成长为专家、大师的漫漫学术道路上，始终都需要得到你们的批评、指点、关心、提携。

2013年9月19日中秋之夜

考古重大发现的社会效益*

2003年1月，我曾在《中国文物报》上发过一篇小文，题目叫《我们应该怎样评估文博行业的社会经济效益》。我计算的结果是按直接投入和直接产出计算，四川文博行业每年还有不少的财务盈余。2004年，国家文物局有个招标课题《文物博物馆事业对社会和国民经济发展的贡献》，我们中标。测算出贡献率为1.1%左右，和后来的权威机构测算结果相近，可当时有的人说做题路径不太对。一篇文章、一个课题虽说都叫社会经济效益，但我们知道那时的大环境，就大概明白醉翁之意不在酒。

但在这里我们专门讲讲社会效益。

题目首先是讲考古发现，其次还要考虑是否为重大考古发现。讲考古发现基本可以做到，重大与否我认为是相对而言。对一个家族来说，找到了多少代以前的祖坟也是重大发现，对家族来说有重大的社会效益。一个县找到了最早的县城遗址，对这个县来说也有重大的社会效益。站在国家层面来看，对我们国家来说，至少以下几个方面的发现可以算重大考古发现：

1. 已成为国家级文物保护单位或具有成为国家级文物保护单位潜力的考古发现。

---

* 本文为南京博物院成立八十周年（2013）纪念会学术研讨会上的发言。

2.年度全国重大考古发现。

3.每年的全国十大考古发现。

4.成为世界文化遗产或列入世界文化遗产预备名单的考古发现。

接下来我们就围绕以上几个方面的发现来举例讨论。

还得先说说"社会效益"。

先解构成两个词加以解释：社会，《辞海》解释为"以共同的物质生产活动为基础而相互联系的人们的总体"。效益，简要地说是指效果、收益。

社会效益是相对经济效益而言。经济效益是指资金占用，成本支出与有用生产成果之间的比较。所谓经济效益好就是指资金占用少，成本支出少，有用成果多。

社会效益是指最大限度地利用有效资源满足社会上人们日益增长的物质文化需求。是指项目实施后为社会所做的贡献。《资源生态经济学》一书中将社会效益解释为，在再生产的过程中，人类的活动和物化劳动的投入，同人类所得家庭福利、公共福利水平的提高、人类本身合理的在生产水平提高和社会文明程度提高方面的产出的比较关系[1]。社会效益是指最大限度地利用有效资源满足社会上人们日益增长的物质文化需求。是指项目实施后为社会所起到的积极作用。其作用表现为：促进社会进步、促进地方经济发展、带动就业、提高人们的文化生活水平、增加社会福利等一些内容。

2003年，西南交大经管学院承担的《高铁社会效益指标体系研究》课题，就找出了高铁的"带动相关产业发展、时间效益、节能环保、舒适性、安全性、满足多层次需求、提高应急运送能力、公众自豪感"八大效益。

此外还有森林公园等，有人也做过社会效益的指标体系研究。

按照社会效益的定义以及参照高铁等项目的指标体系，也可尝试

---

① 马传栋：《资源生态经济学》，山东人民出版社，1995年。

建立我们考古大发现的社会效益指标体系。

1. 发现新的资源

全国考古发现的文物点在10万以上，其中国保单位、重要发现、十大发现、世界遗产总共在千处以上。这都是近代考古学诞生以后考古人员发现的。文物点是我国重要的人文资源。

2. 保存历史文脉

考古不是破坏。没有考古才是破坏，是无知到破坏了都不知自己在干啥。只有发现了才知价值，才知道保护保存的重要性。

3. 扩大地方知名度

二里头、三星堆、马王堆、擂鼓墩、米仓道、糟房头、红山、良渚、大云山、殷墟，原来都基本是本乡本县知道的地方，因大发现而扬名世界。考古是最好的免费广告。

4. 促进文博事业发展

有了不断的大发现，才有考古事业的从无到有从小到大，考古队伍从几人到几千人；才有了成百上千的以出土文物为特色和主要收藏的博物馆。国博、省博、市博、县博的收藏展览中考古出土物是主题主体。我们不能想象，如果没有大发现的文物在这些博物馆展出，他们的展览该怎样来吸引观众。

5. 增强人民的自豪感

国保单位、重大发现、世界遗产、出国展览、上电视、刊报纸、进教科书、丰富历史、填补历史空白、揭开历史谜团、八大奇迹，"中国之行到哪里？——北观兵马俑、南游三星堆"，都令当地人甚至国人激动不已，十分自豪。

6. 增进文化认同

南沙捞船、西沙考古、越南蒙古的发掘、新疆的调查、元上都和高句丽申遗。

7. 促进中外文化交流

丝绸之路申遗的前提、出国文物展览的巨大效应。

8. 提升人文素养

一个重要发现往往会引起专家和社会对某段历史某个事件的探究，使整个社会的人文素养得到一次提高的机会。马王堆老太太的民间故事、曹操墓的社会轰动。发现的文物精美艺术品居多，又给大众提供了一场美的盛宴——敦煌莫高窟和藏经洞、青州唐代石刻。

9. 普及科学知识

人类的起源、玛雅文明的衰亡、中国文明的演进。中国古代科技成就：青铜器、瓷器、纸和丝绸的发明。

10. 激发和满足人类好奇心

好奇心是人类的本性也是人类社会前进的动力。古墓的秘密之曹操疑冢、秦始皇陵的财宝、古蜀文明兴衰之谜。

11. 增加社会福利

当代国家政府要做的主要工作是满足人们不断增长的物质和精神文化需求。考古遗址公园、考古博物馆的建立就是有物社会福利性质。大家看看大假期间涌向文物景点的人流、博物馆免费开放前后的观众数量就知道这种社会福利对老百姓有多么重要，惠及了多少人。

12. 促进环境保护

重要发现所带来的古遗址保护的要求：划定保护范围及保护范围外的风貌保护，客观上使许多大发现文物点的环境免遭大开发的破坏——敦煌莫高窟、安阳殷墟、大足石刻、乐山大佛。

13. 带动相关产业发展

文博本身客观上就是产业，只不过是不以营利为目的产业。兵马俑博物馆、故宫博物院、十三陵这些地方想不让他们赚钱也难。文化产业：考古出土物衍生的旅游纪念品。旅游业：门票、餐饮、购物、住宿、交通，带动民俗商品热销。兵马俑、三星堆、金沙几个博物馆就是最佳例证。

以上十三点，未必都总结到了。

考古重大发现的社会效益，试举几例来说明：

1. 秦始皇陵兵马俑、随县曾侯乙墓、马王堆汉墓、法门寺等发现带来的社会效益。

秦始皇兵马俑坑的发掘投入400万左右。后三个的发掘经费甚至都没第一个多，加起来共投入才不到1000万。

但它们的社会效益非凡，有了世界第八奇迹美誉、有外国元首先访西安再到北京，有两千多年前的编钟奏出激动人心的现代乐曲，有至今仍是湖南省博镇馆之宝，有法门寺舍利及文物再现大唐盛世。由于有它们，四家博物馆在不管是收费时期还是免票时代都属全国观众最多的博物馆之列。

2. 三星堆遗址发现带来的社会效益。

三十年发掘投入不到400万，刚修复好第一次出国展十个月就收入750万，使四川人无比自豪，使广汉由农业乡镇企业县成为文化强县。三星堆成了四川一张亮丽的名片，与九寨沟、峨眉山—乐山、都江堰一起成为四川四个最佳旅游目的。

3. 四川明清白酒作坊遗址发现产生的社会效益。

以前大家都不太重视的晚期工业作坊遗址，通过考古发掘，夯实了四川白酒的龙头地位，在打历史文化牌的白酒商业竞争中川酒的地位无可撼动。中国白酒第一坊、1573、1618、永乐老窖、水井坊、国窖，灵感都来自考古发现，有的就是我们考古人的创意。今天的川人以产美酒自豪，更以这种美酒有悠久的实证历史而骄傲。六大作坊发掘约2000平方米，与所产生的巨大的社会效益相比，其微小的投入基本可以忽略不计。

4. 蜀道调查发现带来的社会效益。

蜀道的奇险天下闻名，可那主要是见诸文献。蜀道沿线的有关政府机构早有申遗的打算，并紧锣密鼓，志在必得，前后忙乎了两三年，耗资不菲，声势虽大，收效甚微。在前年的蜀道申遗会上，来自全国的专家认为，蜀道申遗，考古应先行。我们去做，花费不到100万，新发现了十多处重要古道遗迹，成为蜀道能列为世界遗产预备名单的重要筹码。

5. 对中国已有世界遗产数量中考古遗址所占比重的分析（总数42

处，考古或与考古相关的占8处，约为总数的20%），说明考古大发现的巨大社会效益。再对2013列入中国世界文化遗产预备名单中考古发现所占比重的分析（总数45处，考古或与考古相关的有23处，超过一半），说明这二三十年来考古成绩巨大，社会效益愈加凸显。

讲社会效益就不能羞于讲经济效益。社会效益也要产生经济效益，所以社会效益也称外部间接经济效益。

一般精神文化产品既有商品属性又有其本身的本质特性，这种双重性决定了精神产品必须注重两个效益，即经济效益和社会效益。精神产品的商品属性要求精神产品同其他物质产品一样，必须受到商品规律和市场法则的制约，力求以最少的投入获取最多产出，尽可能取得最大的经济效益。尤其是那些物质化程度较高的产品。我们考古也要算经济账，也不怕算经济账。与投入相比，中国考古大发现所产生的社会效益是巨大的，经济效益也十分可观。以列入世界遗产名录和预备名单的考古项目为例，与许多项目申报过程中投上亿甚至几亿巨资去发现、宣传、打造、规划相比，属于考古发掘项目的申报投入，尤其是发现投入之少，可能会令其他行业和社会咋舌。据我所知，海龙囤、水井坊、糟房头、天益老号、泰安酒坊、蜀道、五粮液、泸州老窖的发现发掘投入资金都只有几十万，三星堆、兵马俑、红山文化遗址、白鹤梁、钓鱼城、汞矿遗址等的发现发掘也就百万数级的投入。这是任何一个国家都该做的事，更何况几十年投入产出相比，我们国家肯定没做亏本事。

考古大发现的社会效益和经济效益两本账都要算，要实事求是地算，决不乱算，尤其是经济效益更不能乱算。毫无根据地胡乱拔高，拿出的效益数据类似于"大跃进"时期放卫星，缺乏基本的可信性。比如，如果有个地方说由于他们的某项发现，盖起了博物馆，使周边房价几年翻了几番。文博每一元的投资拉动了几十元甚至几百元的增长。假如再有地方说因文物遗址上的保护设施建设的拆迁中，老百姓百分之百心存感激，毫无保留地拥护，这恐怕都有些过头，不符合市场法则，只会给经济学家落下笑柄。这样宣传，其效果可能会适得其反。

《解码汉时阙》展览大纲前言

　　我国古代较高等级的建筑物前，多建有阙。作为古代使用时间较长、应用较广的建筑物，阙有其独特的历史与文化。在历经了千百年的风霜雪雨后，绝大多数的阙已荡然无存，更多地保留在文人的诗词里，成为一种符号。人们对阙的概念也日渐模糊。

　　幸运的是，在全国保存了汉代石阙30余处，"中国汉阙之乡"即有6处7座汉阙，数量居全国之首，为保存汉阙最多、数量最集中、保存状况最良好的县。这些汉阙在考古学、历史学、建筑史和艺术史研究等方面都具有较高的价值。

　　因为有了这些汉阙实物，我们对于汉阙的认识不再那么模糊。

　　仔细观察这些汉阙，阙上的每一幅图像，每一个铭文，它们都在无声地诉说着自己的故事，诉说着建造者的故事，诉说着生活在久远时代人们的故事。

　　现在，请让我们为你讲述汉阙的故事，"解码"汉阙的秘密。

　　附：单元目录

　　第一版块：汉阙的故事

　　第二版块：汉阙上的故事

第三版块：故事里的故事

第四版块：汉阙主人的故事

第五版块：考古学家眼中的冯焕墓

面向公众的甲骨学[*]

甲骨学的诞生，从王懿荣石破天惊的发现算起，到现在也就刚好115年。这一百多年来，甲骨从被当成龙骨的普通药材到成为甲骨学，经历了初始的刻文判断、文字初步释读到出土地的确定，再到以文证史，进而发展到科学断代、以甲骨文构建殷商史，重新认识古代社会，再到后来的大量甲骨文被释读，甲骨学专题研究蓬勃发展：钻凿、材料、刻技、辞例、语法，政治、世系、军事、祭祀，方国、地理、天气、历法，生产、生活，书法艺术，缀合、合集、集成、字典……从学术层面来看，大家能想到的方面，几乎都有人做过研究。一百年，在历史的长河里就是一瞬间而已，但对学者们来说却要经过好几代人的接力传承，正是几代甲骨学者的不懈努力，使甲骨研究独立成学，今天的甲骨学不但有自成系统的研究对象、方法、理论、范畴，而且其成果傲视学界。

然而，回顾甲骨学学术史，盘点甲骨学的研究成果，我们会发现还是存在相对薄弱的环节，比如甲骨学的科普工作做得不多，科普成果有限。这可能是甲骨学今后应特别加强的地方。在此，以面向公众的甲骨学的普及为题，来谈谈个人的看法。

---

　　* 本文为烟台王懿荣纪念馆开馆暨甲骨学研讨会提交论文。

纵观甲骨学发展史，甲骨文从发现、释读、研究，成为显学，到今天渐成常态化的一门学问，也是很多学科曾经和必然要走的道路。说得严重一点，可能有人已意识到甲骨学研究队伍有了一些危机，队伍在缩小，机构在裁减，即使机构在，有的方向也在调整，招生人数少报考人数更少，优秀青年报考者更少。现实是，有些导师在苦觅传人，当今的甲骨学与几十年前相比，成了不怎么吸引年轻人作为专业研究的学问。与同时在20世纪初兴起的敦煌学、考古学相比，甲骨学面向公众的普及似乎仍有许多亟待做的工作。比如说，敦煌有小说、电影（虽然是由外国人写作拍摄），依托有人气极旺的莫高窟和许多讲丝路讲敦煌的专家传记、探险故事、文艺作品及大小艺术展览等等。而考古，有得天独厚、长盛不衰的无数发现和出土文物展，也有像《古峡迷雾》一类专家写的科普书和《古今大战秦俑情》《盗墓笔记》一类很八卦的文艺作品，把考古行业和专家的知名度大大提高，即使这样，他们仍在办考古夏令营、成立考古公共指导委员会、建立虚拟考古体验馆、开放考古工地……向公众进行考古科普。

诚然，甲骨学也有过卓有成效的科普记录，举近的来说，如《建国以来甲骨文研究》[1]《古文字学初阶》[2]《商周古文字读本》[3]。发行量不小，有的还多次再版，都曾在那个年代成为初学者的必读书，或起到对门外人的指引作用，肯定有的人是看了这类书后，从而对甲骨学产生了兴趣，立下志向，走进甲骨学领域，成为专家。但是与敦煌学、考古学相比，我们的科普实是有待加强。

不说别的，拿古埃及文字做的科普相对照。看看这本《古埃及文字读本》，我是2007年在开罗机场买的。在埃及，古埃及文字的图案符号及以它为基础开发出的文创产品在机场、博物馆、饭店可以说比比皆是。而且在国内许多饭店也都已用古埃及文字来装饰生活用品了。

①　王宇信：《建国以来甲骨文研究》，中国社会科学出版社，1981年。
②　李学勤：《古文字学初阶》，中华书局，2006年。
③　刘翔：《商周古文字读本》，语文出版社，2004年。

甲骨学是小众学问，搞研究的应是精英团队。而对甲骨学的了解则是人越多越好，有更多的人了解甲骨学，才会有更多的支持和理解，才能吸引到精英投入研究队伍中来。仅从这一点来说，我们也该积极推进甲骨学的普及工作。何况，我们财政供养人，是有义务告诉社会大众我们在做什么、我们为什么要这样做、我们的工作对国家和社会有什么价值意义的。

借鉴类似行业的做法和国内外的成功经验，我以为面向公众的甲骨学可从以下几方面入手推进。

编写面向社会的甲骨文读本。这种读本可以分为面向成人、青年、少年、儿童、幼儿的多种版本。破除甲骨文的神秘性。

编写介绍甲骨文发现、甲骨文破译、甲骨文断代的书籍，以宣传甲骨学的科学性、维护甲骨学的权威性。

出版甲骨学大家的传记。提升专家和学科的影响力，赢得社会对专家的尊敬，好的专家传记对青少年来说同时也是好的励志故事。

甲骨学科普既要有科学性、严肃性，更要增加趣味性。甲骨文的创造过程，象形字、会意字的构造，文字演变与社会思维的关系，趣味事多多。多讲就能引人入胜。央视去年以来推出的《中国成语故事》和《听写汉字》节目的热播其实也可给做甲骨文这方面的科普以大的启迪。

出版书籍，但不仅限于书籍。以上以书籍形式出版的宣传品，也可制成卡通片（识字本等），拍出纪录片（大家传记、发现过程等），或即时利用新媒体新方式来科普。

举办大型甲骨学专题展览。甲骨文多，甲骨学成就巨大，但似乎还没有人做过融甲骨文、甲骨学、甲骨文考古发现于一体的综合性大展或其中某一专题展览。有关机构和学术团队现在就着手，在甲骨文发现一百二十年之前推出这样一个展览，必将在学术界和社会上产生大的影响。

盘活国家博物馆、中国文字博物馆、中国社科院考古所陈列室、安阳考古工作站这几处有较多甲骨陈列收藏机构，以此带动中国有甲骨收藏的博物馆有计划地做好甲骨学科普工作。

定期开放甲骨学研究学术机构，如中国社科院历史所、考古所、北京故宫、北大、清华、复旦、吉大的古文字研究中心。每个机构每年都有一定时间的开放日接待社会人士来访并答疑解惑。比如可以是在遗产日、博物馆日，也可以是在该机构的成立日，或该机构创始人的诞辰日或自定的其他什么日子对公众开放。

主动积极举办科普讲座。专家们要放下身段去做。这种讲座也是分各种层面的，既有面向专业人士也有面向非专业人士的，既有面向成年人的也有面向未成年人的。

文博机构要大力开发甲骨学相关的文创产品。看甲骨书的毕竟是一个数量有限的人群。博物馆的甲骨陈列是固定的，来博物馆看展览的人也是有限的。以文物为出发点开发出的文创产品是可以带走的，它可能会是移动的（如衣物或饰品），也可能是进入千家万户的生活用品，这些产品销售多了就会产生良好的影响，潜移默化地影响看到接触到文创产品的人。通过文创产品，也从另一角度宣传了甲骨文，科普了甲骨学知识。

总之，甲骨学的研究是必须继续的，但甲骨学的科普也必须加强。科普也应该是专家们的工作。在学术提高方面我们已做了很多，没有提高就不能做好普及，仅有提高不做普及，学科就缺乏生命力。普及也不仅仅是为了甲骨学后继有人，更重要的是要保护利用好这批珍贵的文化遗产，提高整个民族的科学文化素质。

科普是个系统工程，其方式和内容也是随时代而不断调整，以上所列并非全部，也不见得就能适应各位和各位所在的单位。科普方式可能会变，做科普却应是永恒的。关键的关键是我们学术人要行动起来，从我做起，从点滴做起，从各自单位做起，渐渐汇成全体学人和全行业的集体的、自觉的、持久的行动，在实干中摸索出适合我们这个学科的科普方式。相信甲骨学会迎来更加光明的未来。

2014年8月10日

加强自贡盐业文化遗存考古学研究之浅见

　　本人虽是吃着"自贡白糖"长大的，但对自贡盐文化的研究领域却从无触及，直到今年，自贡文化局和自贡盐史博物馆的同志来成都谈起合作调查盐运古道时起，才开始关注自贡井盐史的一些问题，所以在盐业史研究上，是个实实在在的小学一年级学生，这次盛会机会难得，为了来向诸位请教，把9月初参加在自贡的盐运古道考察中和考察后的一些思考在此抛砖。

　　自贡产盐有两千多年历史，清代至民国产盐达到其鼎盛时期，得到了"盐都"的尊号。以历史的记载来看，自贡的盐井遗存应很丰富①，近现代都还曾井架林立②，但现实是，我们在20世纪70年代以前还可见的如上百井架天车大多不知所终，仅剩三五处被作为省级、国家级文物保护单位。传说中的有两千年以上历史的古盐井遗存富世井和

---

① 　马宗瑶、聂成勋：《自流井大坟堡盐岩体开发状态及开采历史解析》，《井盐史通讯》1983年第1期。文中统计，今天的自贡地区，历代开凿的有记载可查的有一万三千多口。

② 　20世纪80年代初都还能看到井架林立的盛况，本人多次坐火车路过自贡，仅在铁路沿线看到的井架就有十多个。2010年五尺道考察路过自贡时，承自贡同志告诉，三十年前竖立有井架的盐井都还保存有一百二十多个。

一千五百年以上历史的大公井①是自贡盐井之祖。20世纪90年代富顺县城的旧城改造中，曾在传为明以前的富世井旧址处挖出铁锅、灶台和上千立方米灰烬堆积，遗址惜未发掘并已毁坏②，失去一次为自贡悠久的盐文化考古实证的绝佳机会。今天竖立在街上的富世井遗址招牌，仅是一个现代城市雕塑而已，不保护原址，花再多的钱，请再有名的书画家来粉饰，都改变不了假古董和破坏文物的事实。而在釜溪河畔的大公井遗址，虽定为市级文物保护单位，但也是仅据文献所述在明代东岳庙下的记载加以推定③，并未有任何遗迹遗物可以证实。以两井为源起，绵延到今天，近两千年来，自贡盐井采废兴替无数，有专家统计出的就有一万三千多口④，平均到两千年，每年开采也就五六口，实际上应该远远高于此数。所以说，自贡的盐井数量用星罗棋布来形容，一点也不夸张。

自贡是中国井盐史研究中心，这里有特色鲜明的盐史博物馆，有在海内外学术界都有重大影响的盐业史研究学术期刊，还有老中青接力耕耘的盐史专家和一批很有分量的学术成果。但是综观博物馆的陈列和

---

① 自贡一带产盐最早见于东汉，但文献中只是笼统地提到江阳产盐。最早出现的井为富世井，见于成书于晋的《华阳国志·蜀志》"江阳县，有富义盐井"。任乃强注引《元和志》："富义，县本汉江阳县地。周武地于此置富世县。贞观二十三年改为富义县。"又云："富义县境在县西南五十步，月出盐三千六百六十石。剑南盐井，唯此最大。""盖李冰式之陂井，以盐汁浓，自汉魏即已开凿，晋已有富世之名，后周因井以置县。至唐犹大盛。宋代筒井兴，此井乃废。"以常理推之，任说可从。又唐《元和郡县志》卷三四："荣州公井县：本汉江阳县地，属犍为郡。周武帝于此置公井镇，隋因之，武德元年于镇置荣州，因改镇为公井县。野客山在县南六十里，县有盐井十所，又有大公井，故县、镇因取名。"

② 今年9月初，参加"自贡盐运古道考察"，在富顺县城，听当年经历此事的文管所老所长王先生介绍了这些发现，他们据此认为是挖出了富世井。遗憾的是，虽然可能是发现了古盐井遗址，但既没发掘也没有考古专家现场考察，因而，是否是古盐富义井非但不能确定，严格来说连它是不是井盐遗址都值得怀疑。若破坏的真是富世井遗址，那么尊重科学的无知蛮干，与重大考古发现可能失之交臂，对地方来说，已铸成千古遗恨。

③ 据说今天竖了文物保护单位牌子保护的大公井遗址，早已被建于明代的东岳庙所叠压。

④ 马宗瑶、聂成勋：《自流井大坟堡盐岩体开发状态及开采历史解析》，《井盐史通讯》1983年第1期。

专家们的成果，可以看出，在古代盐业史的研究中，历史文献研究方面所涉及的盐业的历史、文化、生活、经济、科技几乎都有研究，但研究要再深入下去就遇到了两个大的困难：一是新的资料即实物资料匮乏，二是文献研究成果的验证。两方面都得靠地下发掘出的遗迹遗物，这就是在20世纪初在中国学术研究兴起的地下出土资料和传世文献互证的"二重证据法"。遗憾的是，由于种种主客观原因，自贡丰富的古代盐井和井盐遗存的考古科学调查和发掘工作基本没开展过，因此许多盐业史上的重大问题长期找不到解决的线索和答案，这严重地制约了自贡井盐史的全面深入研究。也可以说是自贡井盐史研究的世纪遗憾。

令人欣喜的是，我院和自贡有关方面都意识到了这个问题，四年前"五尺道"考察时我们已把考察起点定在自贡，并对自贡的代表性盐井和水陆盐运古道有所注意①，并有所商讨和行动②。今年初更定下了行动计划，9月初开始的以盐运古道为切入点的考古综合调查就算是拉开了自贡盐业考古的序幕。由自贡和我院联合，并邀请到了全国的汉唐考古、盐业考古、交通考古、文化遗产等方面专家进行的为期一周的考察，收获丰硕，成果超过预期。自贡从今年年初就在组织从自贡出发到贵州、重庆、云南等地的盐运古道，也有不少发现。其中特别令人惊喜的是我们的考古队员在传为大公井遗址的地方的断坎上清理出相当于或可能早于唐代的文化层，其中的大面积红烧土和厚厚的灰烬堆积更令人自然联想到熬盐的作坊遗址——如是的话，盐井也近在咫尺啦。这些给我们下一步的工作提供了新的思路和方向。我们认为自贡要全面、准确弄清本地盐业的发生、发展、辉煌的历史，找到大量成体系的物证，甚至发现盐业史上许多已不为人知的故事，进而打造盐都历史文化，以下考古工作不但非做不可，而且越早着手越易出成果。试从以下几个方面

---

① 四川省文物考古研究院编：《寻踪五尺道》，科学出版社，2011年。参见其中有关自贡部分的内容。

② 当时在自贡考察期间就和时任自贡市文化局的万一副局长探讨过考察自贡盐运古道的可能性和必要性。从某种程度上来说，这次考察也是那次考察的深入和延续。

来简要阐明自贡井盐遗址及盐运古道考古的重要性和迫切性。

第一，全面调查自贡境内的井盐遗址。我国虽然自20世纪50年代以来到现在共做过三次全国文物普查，经过三次普查，两千多处文物点中，和盐业相关的文物点数量不多，这对作为有悠久历史的盐都来说，与井盐相关的点确实还是偏少，与"盐都"的尊号严重不相称。这并非是自贡地下没有井盐遗址，而是我们在80年代以前没有这种意识。三普时虽有朦胧意识，但也没作为一个专题去做，或者想到了也缺乏考古专业调查人员去做。上月我们在大公井遗址旁略做清理就有很丰富的文化信息，而在富世井纪念地旁听富顺文管所退休王所长的介绍，也知道富顺地下是存在着古老的井盐遗址的。推而广之，自贡地下肯定是有着众多的古盐井遗址的。不但文献记载的古井、名井应可通过考古调查勘探找到，还有无数没有记载的古井用此法也可让其重见天日。乐观地估计，通过充分的考古调查勘探发掘后，找到成百上千古盐井的概率是很高的。除了文献记载有明确地点的古井外，考古工作的重点似乎应放在釜溪河、旭水河流域。有条件的时候，应在可能有古盐井遗址区域搞些勘探试掘。

第二，盐井是自贡盐业史的重要遗存，但仅仅去找盐井，对井盐史和井盐文化的研究来说是远远不够的。我们要寻找和发掘的是盐井和盐的勘、采、产、销、运的遗存。比如，打井时用的工具钻杆、钻头、钻出的岩芯，甚至打废的井、引卤水的沟渠竹筒、烧锅的灶、熬卤水的锅，以及盐工作坊、坊主和盐工的住房和生活用品，直到水路运输的闸、堰、槽、船、堤、码头、船厂，陆路的桥、关、铺路石、亭、碑、牌坊、驿站、栈房、村、镇，等等，与盐业相关的地面地下实物遗存都是考古调查的内容。唯其如此，我们所了解到的盐业史才是全面而丰富的。

第三，参加自贡盐运考古的专家们以自己的远见卓识，得出的初步结论是，自贡井盐遗址和盐运古道初步具备成为国家的世界文化遗产预备名单的潜力，但同时也郑重建议立即启动考古调查勘探工作①。以我理解，主要就是指要快做以上第二项的工作。毋庸讳言，自贡虽然盐业的历史悠久，但盐文化遗存太少，对"井盐遗址及盐运古道"而言，从横向来看，其完整性、真实性方面尚有不少工作要做，从纵向去看，历史缺环较多尤其是早期的井盐遗址奇缺。考古调查勘探发掘的成果，除了研究本身外，其发掘的遗迹遗物还可充实馆藏，改进博物馆陈列。现在的博物馆盐史陈列定位准确、主题突出、特色鲜明、雅俗共赏，在业界有很好的口碑，但是，毕竟受到场地、空间、面积、经费，尤其是藏品的不足所限，特别是当新馆修成后，要有新的陈列，那时会严重感到缺藏品。听现在馆领导讲起过对新馆和展陈的宏伟设想，可能将是一个全方位展示自贡井盐诞生发展历程并涵盖了盐的文化、经济等全方位展示的新陈列，以前由于认识的局限等多种原因，我们的藏品种类可能比较倾向于科技和历史的，现在的陈列可能更多的要充实文化、民俗内容；以前我们多关注井盐的勘、采，现在我们要关注勘、采、产、销、运及相关的产业及遗存；以前我们多关注文献，现在可能更需要瞄准实物。现在全国的许多博物馆，建馆、陈列都不缺钱，但就是缺藏品展品。要想批量新增系统、科学的古代文物标本，最好的办法就是通过考古调查、勘探、发掘获得。考古新发现往往会新增加很多新知识，改变我们对一些在学术上似乎已成定论的固有看法，如有重要发现还会再引起学术界持续关注和在社会上掀起热潮，这对博物馆计划推出的陈列来说无论在学术上、宣传上都正好巧借，常常能起到花大钱都达不到的效果。考古上这种成功案例数不胜数，我们何乐而不为呢。

第四，虽然以前自贡没进行过井盐遗址的调查发掘，但并不表明他们都还完好地静躺在地下，几十年来的经济飞速发展、公路铁路厂房的建设不知已毁了多少重要遗产，现在我们再不紧急行动起来，正在如

---

① 参见四川考古院编：《自贡井盐遗址及盐运古道考古综合考察报告》（未刊稿），2014年10月。

火如荼展开的新农村和城镇化建设，可能造成的破坏会更大，甚至可能是毁灭性的破坏。这也绝非危言耸听。

第五，井盐遗址及盐运古道是自贡历史的重要组成部分，要保护好自贡的文脉，让大家记得住乡愁，进行考古工作也是必须的。若要更进一步彰显很多传说或语焉不详的地下遗存的价值，相当程度上来说也只有靠考古工作，才能发现文物点，或提升既有文物点的保护级别。专家们初估自贡井盐遗址及盐运古道初步具备了成为世界文化遗产预备名单的潜力，我的理解是，要进入预备名单，还有许多基础性工作要做，如调查、保护、研究、宣传等，再如从我国前些年高句丽、元上都、丝绸之路、大运河、土司城、传统白酒作坊、蜀道等的申遗或进入预备名单过程来看，有计划的、系统的考古调查发掘工作是必不可少的。2011年秋天，在广元召开的蜀道申遗工作会上，我们曾提出"蜀道申遗，考古先行"的倡议，得到大家赞同，随后开展的工作有力助推蜀道很快成为世界遗产预备名单。根据在自贡的初步考察所见所获，我以为与蜀道申遗有共通之处，因而也可以把"蜀道申遗，考古先行"的倡议移到这儿，只是稍加改为"盐井申遗，考古先行"。

需要指出的是，井盐遗址及盐运古道的调查不仅仅是狭义的考古调查所能全部包括的，比如，漕运遗迹大都暴露在水面，并不需要考古勘探发掘，许多宫、庙和盐业究竟有无关系有多大关系，都是需要深入调查厘清的，这也不需考古发掘，但是我们在调查中也可以借鉴考古学的方法。当能确认某建筑与盐业有关后，我们就要穷追它的深层关系，其因何而建、何人所建、始建年代、建筑工期、建筑特点、历代使用维修情况、兴衰过程，尤其是历代主人的情况都应尽可能调查清楚，这些工作都做了后，我们才能有足够的理由给它们定性。要保护它们的理由才充分，自然的，很容易让文物活起来。每一处文物点都尽量研究清楚，所有这些点有机组合起来，让文物说话，我们就能相对完整和系统地保护井盐遗址及盐运古道这一珍贵文化遗产。这也是申遗的必要条件之一。

任何一个学科都有自身的研究和适应范围，考古学不是万能的，但对古遗址的调查和研究来说，考古学却是必须的。9月初的盐运古道考古调查后，我们已看到了将考古学特别是其田野考古的理论和方法用于自贡盐业史研究所取得的重大成果。初战告捷，相信随着接下来的考古工作的有序展开，将会不断有新发现新研究成果问世，如果我们运气好的话，也许短期内就会有重大发现。这里不妨大胆预测，从一定意义上来说，考古很大程度上改变人们对自贡盐业史的传统看法，也是极有可能的。自贡盐业考古，大有可为，前景光明。

（原载自贡盐业历史博物馆编《川盐文化圈研究》，文物出版社2016年出版）

米仓道作为世界遗产的价值意义[*]

一、米仓道文物资源

1.何谓米仓道

米仓道是蜀道的一条支线，从汉中经巴中到达州，一直延伸到了重庆。汉中到巴中段也有多条路线。一般认为，到秦时此道已存在，汉唐是其兴盛阶段。对米仓道沿线的居民来说，直到汉南公路开通，米仓道对大家生活生产的重要性才最终成为历史。现代研究过米仓道的专家有中科院地理所的黄盛璋、台湾"中研院"严耕望、人大王子今、川大郭声波、西南大学兰勇等。

2.米仓道的文物资源

米仓道的文物资源非常丰富，以前我们不清楚。我本人2002年主持中日南丝路考察时其实曾有机会实地考察，但因有其他事与之失之交臂。整整十年后才看到，很遗憾但也有意外惊喜。当年的考察成果见《中日合作南丝路考察报告集》。

3.2012年的米仓道考古探险

这是最近也是规模最大、规格最高、学科最多的，以外省和北京国家级专家为主的考古综合考察。

这次考察能成，必须感谢巴中政府，尤其是市文广新局黄局长和他领导的团队，以及具体实施此项目的文管所汪所长，没有他们的执着

* 本文为巴中市机关干部大会上的报告提纲。

215

高谈庄谐集

和魄力，不可能有这次考察。

这次考察的时间对米仓道申遗十分关键。如无这次考察，就几乎没有被列入今天的申遗预备名单的可能。

4.探险成果的汇报和宣传

考察结束后我们商定做了如下几次宣传：向省厅领导和省内考古历史专家汇报；向媒体发布重要成果；在《中国文物报》刊通版；编多集纪录片在央视九套滚动播出。

意外的宣传收获：向全国政协文史委蜀道考察团汇报；资料被收入宣传四川建设成就的大型专题片《蜀道》中；在和陕西省文物局共同举办的联席会上专题汇报；向国家局的申遗地实地考察团专题汇报；在北大、人大、中大、上大、南大、暨大做专题报告。

5.米仓道文物资源的价值评估

在所有申遗的川陕各路段中以米仓道文物点最多，遗迹种类最丰富、保存状况最好，与道路相关的文物点也是最多的。

6.蜀道的价值评估

二、米仓道与世界文化遗产

1.何谓文化遗产

1972年，联合国教科文巴黎17届会议《世界文化和自然遗产保护公约》明确文化遗产定义：文物；建筑群；遗址。

2.何谓世界文化遗产

日本的发明：文化财，重要文化财，国家重要文化财。

3.国际的借用

事实上，国际遗产组织的世界遗产是由自然遗产和文化遗产两部分构成。

4.世界遗产组织

1972年发布公约，1992年世界遗产组织总部在巴黎成立。

5.世界文化遗产现状

从1972年公约通过算起，现在全世界有800多处世界遗产。成员国189个，其中有40个无世界遗产。意大利50处、西班牙45处、中国47处。

6.中国的世界文化遗产现状

1986年起，我们才有了第一批世界遗产，已比别国晚了10多年，但经过30年努力，有了47处，自然遗产10处、文化遗产33处、双遗产4处。位列世界第二，成绩巨大，来之不易。四川有熊猫栖息地、乐山—峨眉山、九寨、黄龙、都江堰5处。

7.世界文化遗产的申报程序

签约成为缔约国；缔约国要把本国有突出普遍价值的遗产列入预备名单；从预备名单中筛选出申报名单；填表呈报联合国；联合国检查后提交自然遗产联盟和国际古迹遗址理事会评审；专家现场评估；提交评估报告；世界遗产委员会主席团7名成员审查题名报告，并提交推荐名单；21名成员组成的评委会最终决定入选、推迟、淘汰名单。

申报周期18个月。

到2015年，世界遗产预备名单，我国有45项，300个点。

申遗是国家为单位，每年1项。跨省区捆绑打包。

四川预备名单：蜀道（金牛道、米仓道、荔枝道、阴平道）；古蜀文明（三星堆、金沙）；藏羌碉楼（甘孜、阿坝）、中国白酒作坊遗址群（糟坊头、剑南春、五粮液、水井坊、泰安作坊）。

8.世界文化遗产对巴中的意义

成为全世界都要保护的遗产。

所在国需加强对遗产的保护、保存、展出。

向世界遗产委员会申请技术援助——专家帮助、专业培训、设备支持、危急情况下的紧急援助。

向世界遗产基金会申请援助——低息或无息贷款、无偿援助金。

吸引更多游客，增加旅游收入。

更好地保护环境。

激发居民的自豪感，促进文物保护意识。

提高文化实力，扩大地方知名度。

三、我们该怎么做

1.摸清家底

文物点，文物点的时代、范围，文物的数量，平立面图，拍照、基本描述。

2.保护第一

3.别破坏、别消失、加固、防朽、修缮

4.考古先行

如，考古调查和发掘的必要性。

5.规划为重

6.保护修缮利用规划

7.研究为本

如，道路走向研究、道路价值的研究、文物的考释、考古调查报告的出版

8.加大宣传

图录、论文集、国际学术讨论会、夏令营、自驾游、徒步、探险、电视片、文学作品等。

9.联合之路

跨市跨省为必要必须，敞开胸怀，主动对接。

10.重在过程

目的在保护，目的在利用。过程走完，目的就水到渠成。

2015年6月16日

考古探险与文化线路调查

——以四川省文物考古研究院为例

美国两位考古学家在他们编写的考古学教材的前言中说到，一说起考古，就容易令人联想到探险。对考古学史稍加追溯，就会更加明白此言不虚。近代考古学的兴起，如早期法国、德国、英国为代表的考古学家在埃及、两河流域的考古，就是一场场探险活动。19世纪末20世纪初，以斯文·赫定、斯坦因为代表的西方学者在中国西部进行的一系列探险，也与考古紧密相关。二十世纪三四十年代，中国人或与国外联合组团，或单独在西部的考古调查，也可视为考古探险活动。这些活动很多都有重要发现，并取得了重要的学术成果。

20世纪50年代以后，可能是体制的改变，计划经济造成了考古学研究上的条块分割，而且，考古学的研究多是寻找遗址和对重要遗址进行发掘，小范围内的调查虽也较多，但主要是以各省为单位，而且是小区域的，以找遗址为主的。很少见到跨省的、以考古为主的考古探险活动。

四川省文物考古研究院（后称我院）是在2005年开始涉足考古探险活动的。当年我院和故宫博物院联合进行康巴地区民族考古综合考察，此活动虽以两家单位名义，但我们根据考察的专业需要，邀请了中国国家博物馆、中国人民大学、西南民族大学等学术机构的专家参加。考察的地点是四川甘孜州的北部几县，海拔多在三四千米以上，还要翻越5000米以上的大山，野外工作条件艰苦险恶。考察为期半个月，收获大过预期，在考察快结束时的一次考察途中小憩，李文儒、王子今、杨林、罗文华和笔者等在一起聊天，大家在盛赞活动的组织、地方的热情和发现的喜人后，感叹这类活动太少，热切希望类似活动能持续开展下去。王子今讲到，现在探险很热，但多是攀登大山的户外运动，其实如搞考古探险，则更有意义和品味。他话一说出来就得到大家的热烈响应，认为是个极好的创意，希望我院牵头来成立个考古探险机构，于是就有了我院西部考古探险中心的成立。自那次以来，我们共进行了包括以"穿越横断山脉"为主题的11次大型考古探险活动，具体如下：

（1）康巴地区民族考古综合考察（2005）

（2）乾隆金川战略考察（2007）

（3）走进俄亚（2007）

（4）川藏南线民族考古综合考察（2008）

（5）"五尺道—石门道—盐道"考古探险考察（2010）

（6）川藏茶马古道考察（2011）

（7）米仓道考古探险调查（2012）

（8）阿坝藏羌文化走廊民族考古综合考察（2013）

（9）唐蕃古道考古探险（2014）

（10）自贡井盐及盐运古道考古调查（2014）

（11）荔枝道考古探险（2015）

以上11次探险，以我院为主，陆续有故宫博物院、北京大学、中国国家博物馆、中国人民大学、西北大学、西南民族大学、西南大学、暨南大学、南京大学、四川师范大学、中国社会科学院考古研究所、陕西省考古研究院、湖南省文物考古研究所、内蒙古博物院等单位的专家参加，总行程在30000千米以上，共有200人次以上的专业人员和30多人次的志愿者，有科研单位、政府机构、公司和个人共13家给予赞助。

我们设定的考察基本是以考古学为主，多学科专家参加的综合性考察。无论是在文化线路的定性、走向、变迁，还是在沿线的文物点新发现或对既有文物点的新认识上都获得了全方位的突破。例如，对五尺道、米仓道的考察，基本确定了线路的开凿时间和走向，在米仓道新发现数十处文物点和上百处道路题刻，为蜀道申遗提供了坚实而丰富的物证；在唐蕃古道考察中，首次在四川境内发现吐蕃墓葬；在川藏北线考察中发现的多处吐蕃石刻获评当年度全国十大考古新发现；在自贡的盐道考察中找到了1500年前的古盐井遗址；在川藏南线的探险中，发现了4处明代经堂碉中的藏传佛教壁画。总计新发现文物点500余处，其中有不少于50处列为新的省级文物保护单位，10处列为新的全国重点文物保护单位，3个点列入国家文物局世界文化遗产预备名录。

考古探险在学术界产生了良好的影响。首先是这种方式为学术界接受并赞赏。开始是我们团队单枪匹马，渐渐地，也有其他单位开展了类似活动。如内蒙古文物考古研究所前几年连续地进沙漠，陕西在2014年进行的秦直道考察，2014年5月川陕甘青藏五省区联合开展的唐蕃古道探险，基本都是借鉴我们的考古探险模式。这几年的米仓道、盐道考古探险都是地方邀请我们去做的，大多数项目都有志愿者参加和社会赞助。到现在为止，我们的考古探险是自筹经费进行。多次探险活动都被中央电视台全程跟踪并制作成纪录片在中央电视台纪录频道播出。现在，考古探险已成我院一个品牌，在业内和社会上产生了较大的影响。

考古探险开阔了学者们的学术视野。我们把考古探险作为特殊的考古调查。其特殊性在于多学科的合作，在以考古为主的团队中，根据调查对象的专业要求，邀请交通史、历史地理、民族史、藏传佛教、遥感考古、古建筑等方面的专家参加，因而每次探险的收获也是多方面的。比如，经堂碉壁画、石经墙和石经城，如果仅靠我院年轻的考古学者调查是很难确认其为文物的，更遑论认识到其重要价值了。

考古探险给学者们提供了许多难得的学术机会。著名交通史专家王子今教授就说，因为多次参加西部考古探险，令他有了更深入的研究西南古代交通的机会，从而对秦汉的西南地区在国家版图中的重要性有了全新的认识。藏传佛教文物研究专家罗文华教授则说，从2005年起的川藏北线考古探险，是他事业飞跃的新节点。

考古探险让年轻专业人员快速成长。每次探险都有多方专家和多位名家的参与，并且一起工作的时间都在半个月以上。老专家的工作思路、野外工作方法、对同一研究对象的不同看法，甚至对事业和生活的态度，直接影响着年轻专业人员。和老专家朝夕相处，耳濡目染，通过他们的言传身教，我院年轻人业务进步较快，让他们谈体会，都说考古探险给了他们机会，是他们成长的重要台阶。最近几年，还有高校毕业生表示愿到我院工作，一个重要原因是这里有个"好玩儿"的考古探险中心。

考古探险对文化线路考察十分重要。我们知道，一般来说，文化线路空间距离远，往往跨市跨省甚至跨越国境，这就需要我们在调查时需要多省区考古机构合作；延续时间长，所涉及的文物时间跨度大，需要研究不同历史时段的专家参与调查；文物种类多，地面地下、不同时代、不同文化、不同族群的遗存都有分布，这就要求我们在调查时要多学科协作，联合攻关。而考古探险能满足以上条件要求。如蜀道申遗时，有地方政府部门费时费力费钱搞了三年，并无大进展，当专家们几近失望之时，因我们的一次米仓道探险成果而峰回路转；丹巴藏羌碉群万事俱备，只差时代确认，我们的川藏北线考古探险恰恰在一座经堂碉内及时地发现了明代壁画；刚刚晋升世界文化遗产的丝绸之路，几十年的考古调查做出了重要贡献，而大运河为申遗而做的考古调查发掘则是人所皆知的。多学科的考古探险（调查）是文化线路申遗的必要工作，也是申遗路线的捷径。

考古探险是对考古发掘的一种补充，更多的是发现文化传播路线及路线上的文物点。今天的中国，因丝绸之路和大运河成功申报世界文化遗产，线性文化遗产或文化线路遗产引起了大家的高度重视。现在回头看，我们早在2005年6月时就注意到了文化线路，而国际古迹遗址理事会到2005年10月才提出了"文化线路"这一概念。这是我们比较自豪的一点。从一定意义上来说，考古探险拓展了考古研究的领域。

最后想指出的是，考古探险真的很险。四川位于我国西部，多山多震，一半的地域和西藏地理条件接近。我们这十年的探险又多在青藏高原和横断山脉中进行，曾经露营海拔4500米的高原，也曾经整个团队迷失在无人区，和外界失联达10多个小时。有过在原始森林中被泥石流困住一天一夜的遭遇。有过踏着1米多深的积雪登上光雾山的壮举，等等。这也是考古探险与一般的考古调查的一个重要区别。

蜀之行*

来自全国各地的小朋友们：

感谢你们对四川的好奇和向往，选择了古蜀文明之旅的夏令营活动。现在我们头顶烈日，严酷的天气不允许我跟大家展开讲三星堆、金沙考古的大故事，但又不能不讲点什么。那就让我们来学习或复习几个与蜀有关的谚语和成语吧。

蜀道难

这句话出自李白的《蜀道难》，按李白诗中描写，由秦入蜀之道比登天还难，可是你们都是坐飞机或高铁来的，要了解蜀道有多难，还得找机会去走走蜀道啊。

乐不思蜀

说的是蜀汉后主刘禅国灭后被安排在河南一个小地方安享晚年，曹魏皇帝为了试探他有无复辟之心，问他在新家过得好不好，他回答说："此处乐，不思蜀。"对此，有人说他真傻，有人说他装傻。不知

224　　　* 本文为北京大学资源集团资助北京鸣鹤书苑俱乐部全国小学生夏令营开营式上的讲话。

在座的小朋友们怎么看。

得陇望蜀

是说一个人一山望得一山高，贪得无厌。

蜀锦吴绫

《西游记》书里某回对一个女妖的出场的描写，用到这个成语，说她穿得时尚而华丽。历史上，成都的织锦天下闻名，今天都还被称为锦城哟。

蜀中无大将，廖化作先锋

是嘲笑三国蜀汉晚期人才匮乏，培养不出青年人才，总是让廖化老将出马迎战。

蜀犬吠日

四川是个大盆地，空气流通不畅，导致艳阳高照的天气不多，夸张地说连狗看到太阳都视为怪物，汪汪乱叫。借此嘲讽四川人局限在盆地里，见识太少。不过，据说这些年北京的狗看到太阳也开始乱叫了，这是啥原因呢，来自北京的小朋友知道吗？

蜀江水碧蜀山青

语出白居易《长恨歌》。这也是今天四川人的愿景。广而言之，愿我们的祖国永远山青水绿，呼吸自由。

以上成语不知你们学过多少？但愿今天共同学习复习后，你们能记得更牢，不枉四川之行。

谢谢小朋友们听我唠叨。

2015年7月28日下午3点于成都东郊记忆广场

考古大国标本资料库建设的几点思考[*]

我在文博行业工作三十多年，高校、博物馆、考古所都待过，各有各的优势和不足，要说共同之处，我认为库房管理运作都差。

高校有考古实习，可没看见带回来几件标本。

有专家，但也很少看见他们在不断地为系里院里征集标本。

有的也有博物馆，不过博物馆的藏品几十年也没见有大幅度的增加。

博物馆，家底不清，守着几十年前的那点家底儿，坐等或爱等不等考古部门移交文物。

考古院所，看似有不少标本。一普的结果，大胆估计全国考古院所标本在一百万件内吧。

我国是考古大国，但却是标本资料小国。

一、现状

1. 标本数量和所做的工作相比并不算多

* 本文为2015年参加河南郑州考古院"考古院所库房建设研讨会"发言提纲。

2. 标本单一

3. 标本记录的信息太少

4. 信息化数字化程度差

5. 业内利用率低

6. 对社会开放程度不足

7. 对标本资料的人才队伍建设重视不够

二、对 策

1. 重视资料标本库人才队伍的建设

2. 加快既有资料标本的整理

3. 标本种类采集要更丰富，尤其加强对晚期标本的采集

4. 资料标本要加快数字化建设

5. 常年对专家开放

6. 定期对社会开放

7. 建设考古（标本）馆

8. 全国考古所标本库人员要有定期的研讨交流机制，更要有国际交流

9. 标本资料室的硬件配置也很重要

10. 把标本资料库建设作为大型基建考古的一环；考古所和上级部门要有常年和专项经费支持

11. 要尽快启动考古标本资料库大数据的研发

走出国门第一铲

——记十年前的越南考古

回顾中国一百多年的考古历程，从20世纪20年代的外国人来中国探险和考古调查，到此后的中外合作，再到拒绝外国人来，后来再次中外合作，中外考古学术交流一派繁荣。但是，冷静思考就会发现：这些合作交流都是在中国境内考古，还没有中国考古机构有组织有目的地到国外去考古，从学术和文化交流来说不应该也不正常。僵局的打破，就在2006年。

大势所趋机缘巧合

2006年四川省文物考古研究院和陕西省考古研究院联合在越南所做的田野考古发掘，是我国内陆省级考古研究机构在国外的第一次田野考古工作。也有人说这是国内考古机构第一次在国外独立发掘完成的考古发掘。

说起这迈出国门的第一步，可谓机缘巧合、亦是大势所趋。

1992年夏天，香港中文大学召开郑德坤教授80寿辰的纪念大会。四川因为刚发现了三星堆遗址举世瞩目，尤其是遗址中出土了大量的玉器，加上四川是郑德坤教授工作过的地方，受到了特别的邀请。四川省文物考古研究所和四川大学都有专家参加大会。后来，听说越南学者在会上介绍了本国著名的冯原文化遗址中出土的玉牙璋照片，并认为这与三星堆有联系。这个消息给我留下了深刻的印象。

1998年，香港中文大学召开了比1992年规模更大的东亚古玉研讨会，本人参加了那次盛会，和越南参会学者面对面交流并看到了那张玉牙璋的照片。越南学者还表示欢迎中国考古机构去越南考古调查发掘，我不由怦然心动。

光阴荏苒，到了2004年夏，已调至四川省文物考古研究所工作两年的我，有机会考察了越南国家博物馆。在与馆长交流时，我问他，我们单位如果到越南考古发掘，有无可能性？馆长热情地发出了邀请。

回国后，我立即向同事们汇报了此事，得到了大家的赞成。大家认为，中国考古是该走出国门了，而去越南发掘一处与三星堆遗址同时代，且出过与三星堆相近的文物的遗址，对我院的考古事业发展是个机遇，对推动三星文化的学术研究意义深远，我们应该抓住这个机会。

文化自觉风险共担

好事多磨。相关部门虽然高度重视并认真研究此事，也认为是件好事，但由于史无前例，只能表示爱莫能助。

咋办，放弃还是继续？

机会难得，不能轻易放弃！出国考古虽是地方考古所所为，但若成行，在国外一定程度上也是代表中国考古的形象。于是我们决定作为院里自拟项目来实施。为了把工作做到尽善尽美，我们找到了田野考古力量更强、经验更丰富的陕西考古研究院。我们向时任院长的焦南峰先生介绍了情况，也说了面临的困境。他当即表示，这是大好事，愿意和我们工作同进退、风险共担当，很是令人感动。这也更增强了我们去做这件事的决心和信心。到2006年秋，我院和陕西考古院自立项目、自筹经费、各出2人组成的赴越南考古队终于成行了。

考古队到越南后，受到越南国家博物馆的热烈欢迎，他们派出了专人配合我们的业务和后勤工作。我方考古队详细调查了越方提供的几处遗址，最后选定永福省义立遗址作为发掘点。在越南前后工作近三个月，发掘取得了丰硕的成果，尤其是我们亲手发掘出了与三星堆同时期的、与三星堆文化有一定联系的一批遗物遗迹，收获远超预期。

发掘期间，考古队开放工地让当地民众参观，这支中国考古队的工作得到了越南国家博物馆的首肯和社会的良好评价，考古队员的敬业精神、认真态度都给越方留下了深刻的印象。我们中华人民共和国考古从调查、发掘，到修复、整理自成体系的理论方法，也在越南的考古工地中得到了较好的应用展示。

2007年春天，川陕两省考古院在北京举行了越南义立遗址发掘的汇报会，与会的老一辈考古学家徐苹芳、张忠培、严文明、李学勤等先生，对这项工作给予了高度的评价，认为川陕两家考古院共赴越南的考古发掘，在中国考古发展史上有极其正面的示范效应，给中国考古走出国门开了个好头，中国考古发掘应该走出去，也到了能走出去的时候。当然，专家们对出国考古发掘应该着手的语言、专业、文化、外交上的准备也提出了很多好的指导意见，令我们受益良多。

随后，我们还邀请越南国家博物馆的同行到陕西、四川两地访问交流。2010年后，陕西考古院王炜林院长也一如既往地支持赴越南的考古工作。2011年底，应越南国家博物馆的邀请，我、焦南峰和当年参加发掘的队员们专程前往越南，主要商讨考古资料的整理和出版事宜。此后，报告编写驶入快车道，今年春节后，报告正式交付文物出版社。我们的第一次国外考古——越南考古，画上了句号。

迈出国门走向世界

如今，我们非常高兴地看到，在我们越南考古之后不久，国内陆续就有考古机构去俄罗斯、肯尼亚、越南、老挝、孟加拉国……特别是在今年3月全国两会期间，全国人大代表、中国社会科学院考古研究所所长王巍先生和全国政协委员、中国社会科学院考古研究所研究员袁靖先生同时呼吁，国家应高度重视中国考古走向世界，提请国家把考古走出国门作为国家间的文化交流项目，上升到大国的文化发展的战略高度来对待。

5月21—23日在郑州召开的首届中国考古学大会，主题就是"走向未来，走向世界"；大会还特别安排了近年在柬埔寨、洪都拉斯、蒙古国、乌兹别克斯坦做考古的国内四家考古机构做报告，国际味极浓。

最近有朋友对我们说，从十年前你们出国考古的一小步，到今天中国考古界出国考古迈一大步；从十年前你们出国考古的一个蝴蝶翅膀振动，到今天中国考古即将刮起走向世界的大风，很佩服你们两院当年的勇气和担当。我回答他们说，别把我们当年的决定和行动拔得那么高大上，我们只不过是把考古当事业在做。是职业使命感的驱使、是时代和机遇、是同事们的努力和担当、是领导们的支持和老专家及同行们的鼓励，成就了我们这次国外考古行动。仅此而已。

（原载《光明日报》2016年6月10日）

三星堆祭祀坑发现三十年[*]

女士们、先生们：

早上好。

能代表国内顶级大学、最权威考古历史研究机构和国家一级博物馆在这里致辞，我院和我都将其视为崇高的荣誉和难得的机会。这里首先要请受托单位原谅的是，因为机会难得，我还是要趁机多讲我院和今天的主题——祭祀坑。虽然被推为五家代表致辞，我心中清楚并不是我们比他们更有能耐，而是因为三十年前我们发掘了两个祭祀坑。我想这也是今天这里欧美亚高朋满座的主要原因，当然，对省外、国外来宾和专家来说，次要原因可能还有四川的佳肴和美女。

中国人都说一个大道理：没有共产党就没有新中国。我院同仁还明白一个小道理：没有祭祀坑就没有四川文物考古研究院的今天。祭祀坑的发掘，让我院的人更加充满自信自尊，也让所有的四川人有了更多的历史优越感和自豪感。

祭祀坑的发现是几代考古人孜孜以求结出的硕果，在今天这个特殊的

---

* 本文为三星堆与世界上古文明暨三星堆祭祀坑发现三十周年国际学术研讨会开幕式上的致辞。

日子里，我们倍加思念和感谢四川前辈考古学家。我们院里对年轻人做院史教育时常爱说的一句话就是，"吃水不忘挖井人，幸福有赖祭祀坑"。

祭祀坑的发现已是三十前的往事。自那时以来，我们在三星堆、在成都平原、在巴山蜀水又有无数考古发现，可从价值意义上来说，还没有一项超过祭祀坑的发现。在中国话语境中，"挖坑"是个于人于己都很损的词，但对我们是个例外，我们喜欢挖坑，我们挖的坑还惠及了别人，诚如大家所知，广汉的领导和市民也喜欢我们挖坑。我们不但想挖到3号坑、4号坑，甚至还想挖到更大的坑——蜀王墓的大坑。遗憾的是，三十年过去了，第3号坑都还没露头。请大家来这个会，除了分享我们的自豪自信外，也想请大家支支高招，指点迷津，到底有没有第3号祭祀坑甚至更多更大的坑，我们是坚信有的。如有，又该怎样才能快点找到。若真在在座的您的指点下找到他们，我承诺将立即把今天在座的专家和嘉宾全部请来见证大发现和分享发现的快乐。

如果这一天在这一两年内来临，我愿出钱邀请大家再次欢聚三星堆。大家知道我的经济能力有限，但别失望，不足部分，我会向广汉、德阳、省上申请补助。若真有那一天，请大家一点不要担心，我相信我们在座的领导一定会痛痛快快补足不足部分的。

谢谢大家。

2016年7月21日于三星堆博物馆学术报告厅

主导考古类文化遗产策展是考古人应有的担当[*]
——《文化遗产策展方案集》前言

2013年，我们曾把我院在那之前十多年来做过的几个文化遗产展陈创意策划方案汇集成书出版，即《文化遗产展陈创意策划方案集》一书。该书是为纪念四川省文物考古研究院成立六十周年出版，初衷是想总结我院所做的文化遗产展陈业务，纠正大众认为考古工作仅仅是挖宝的根深蒂固的印象，从而展示考古人的多面业务人生。《文化遗产展陈创意策划方案集》出版后，不断有朋友索要，偶尔也有一些单位请我们去交流文化遗产展陈创意策划的经验，甚至还有单位径直上门，委托我们编制策展方案。因此，三年来我们又累积完成了几项方案。常遇朋友或同行与我们探讨文化遗产展陈创意策划的做法和经验，我们想，与其一一解释，不如公诸于世，任方家评说。

本书收录了我们近几年完成的四个文化遗产展陈方案，以下我想在此一一介绍下方案的编制背景。

第一个策展方案是《解码汉时阙》。渠县是中国汉阙之乡，渠县县委县政府计划建汉阙博物馆，时逢我院正在渠县城坝遗址发掘，县文

---

* 　高大伦主编、四川省文物考古研究院编《文化遗产策展方案集》，上海古籍出版社2016年出版。

物部门前来向我们咨询。鉴于汉阙博物馆规划展示的文物只有6处7个不可移动的汉阙，因而可以说是没有博物馆可陈列的文物。听闻因渠县拟建汉阙博物馆，有不少策展公司闻风而动，自称可以拿出很好的展陈方案。只有我们把缺少陈列文物而建博物馆的无操作性，以及建成后博物馆开放经营的利弊评估，向渠县方面如实相告。然而，渠县的汉阙博物馆仍势在必行，出乎意料的是他们坚持委托我们编制策展方案。此后我们还从专业角度出发，先完成了县境内汉阙遗址的调查、钻探和试掘工作，并编制了保护规划。汉阙博物馆展陈方案的编制亦将考古新成果和保护新认识融入了展陈大纲中。经此，我们对渠县汉阙的认识更加系统，展陈大纲的内容出奇丰富，我想这是其他任何一家策展的公司很难想到，即使想到也不会大费周章去做的工作吧。《解码汉时阙》去繁从简，化雅为俗，设计了"汉阙的故事""汉阙上的故事""故事里的故事""汉阙主人的故事"4个板块。曾听闻现场参观的当地老百姓说，一直以为汉阙很高大上，看上去冷冰冰的，难以亲近，但是看完展览，通过听故事的方式学到了许多汉阙的背景知识，既容易看懂，更记得住，还深深感受到了汉阙的亲和力。我们把这种评价视为对我们展陈方案的最高褒奖。

第二个策展方案是《三星堆国家考古遗址公园规划大纲》。国家考古遗址公园是中国大遗址保护的新举措。我院陆续发掘三星堆遗址已六十多年，还在遗址里设置了考古工作站，对三星堆的了解和研究较为全面。据说先后有多家单位做过规划方案，但是没得到遗址管理方和专家的认可。在这种情况下，我们接手了这一具有挑战性的工作。项目初期，我们的思路是，全国有数十个考古遗址公园，如果对遗址内涵不进行深度提炼，展示就可能零乱无章，或者说展示的是同类遗址高度同质化的遗迹。因此，我们将遗址公园规划的思路调整为：提炼主题、串起线索、突出重点、强调特点、做大看点。最后完成了以"一个都城遗址、两条旅游线路、三片遗址区域、四大互动工场、五个重要看点"为主题的《三星堆国家考古遗址公园规划大纲》。

第三个策展方案是《雅州古城概念性规划及展示策划方案》。该方案是芦山"4·12"地震灾后重建项目——雅安雨城区古城区重建规划方案。这个项目是我们从一家建设规划公司接手的，业主认为原方案文化元素和历史内涵挖掘不够。我们编制这个策划方案前，考虑其特殊性，先完成了雅安市文化文物普查和雨城区文化文物详查，我们希望在历史、文化、政治、经济、商业民俗背景，特别是文物、文献资料的研究上下足功夫，从而提炼出我们的创意。《雅州古城概念性规划及展示策划方案》提出了依托一山一水一城的自然环境，重点规划好一道（茶马古道）、三街（明清古街、民国风情街、当代时尚街）、两中心（观音文化中心、茶马古道体验中心）的设计理念。

第四个策展方案《考古宜宾五千年》，展出的文物分为地面和地下两个类型，都是我们主持四川向家坝库区文物发掘和保护工作的成果。这个展览从市场调查、主题定位到展陈大纲的编写，甚至场馆美术设计、讲解词撰写、展览营销推广方案编制、开幕式筹划、文创产品设计制作和首发式，特别是团队观众的组织、展前展中的广告、展览新闻发布会、配合展览的大型系列公益学术讲座、展后总结等，我们都主导或很大程度参与其中。作为策展人为一个展览所做的各项工作我们都做了，其中恐怕还有一些工作是策展人不涉及的，我们也做了。

多年来，在业界和社会上似乎都颇为流行的一种说法，专家做的展览，尤其是考古专家做的展览，只有专家才看得懂。这是把专家做的展览绝对化了，因而把专家和社会大众对立起来。搞科普的都明白一个非常浅显的道理，没有专业研究就没有科学普及；没有精深的专业研究就做不好科学普及。我们愿积极行动起来，通过一个个考古成果的展览的精心策划，尽力做好公众考古，也就是大家所说的考古科普工作。事实上我院多年来都把策划好展览视为是做好公众考古的重要抓手。

这几年"文化创意产业"的概念提法较多，很是流行。我们认为展览策划也应归属于文化创意产业。一个好的展览策划，往往能带来观众的大批涌入，还能带动相关产业发展的效应。三年前，我们的《文化遗产展陈创意策划方案集》出版时，和者不多。然而，现在文化创意产业的发展已上升到国家层面进行规划和督促。我们认为，在这个文化创意产业大发展的时代，考古人不能仍停留在"挖出文物—编写报告—发表研究论文"的传统作业模式里，理当在坚守传统工作的基础上，积极拓展新的方向，主动投身到包括文化遗产策展在内的文化创意产业这种新型事业中去。我们完全赞成复旦大学高蒙河教授在"首届中国考古大会"的演讲中发表"考古人要参与到考古类展览的策展中"的倡议。同时我们亦认为，在具有条件并时逢机会之时，步子还可迈得更大些。正如2015年秋天我在武汉参加"文化遗产保护论坛"时曾提出"考古人应尽可能主导历史文物考古类的策展"。

以上四个方案即是我院在参与和主导历史文物考古类策展方面的一点探索和尝试。

三年前，我们的第一本展陈方案集出版时，未想到一个更贴切的书名，就用了"文化遗产展陈创意策划方案集"这一名称，本书其实是前一本书的续篇，按理当用同一书名。但我们认为书名稍显冗长，希望能更精练、准确地表达书中内容，从而进行了书名调整。因为近年开始有人把做这方面工作的人亦称为"策展人"，我认为以上介绍的几个方案都是展览策划中的一部分，故将本书命名为《文化遗产策展方案集》。

最后要说明的是，本方案集是集体成果，每个方案的编写参与人员都在文本的前面列出，但仍可能有疏漏，特别是院里，想参与编写的同志也不少，编写文本时有的人正在野外等原因未能参与，当涉及的相关问题询问有关业务人员，他们都毫无保留地提供相关的田野考古第一手资料，这是我们的策划文本编制能顺利进展的重要前提和基础，我们很感谢他们的奉献和支持。

还要特别指出的是在本书最后的汇集和总纂过程中，我院王婷、赵宠亮等同志费心、费力、费时，任劳任怨，也应致谢。

2016年6月8日写于成都

长江考古行动计划[*]

"一带一路"和"长江经济带"都是国家发展大战略部署。

两者是密切相关联的。我以为可以这样来理解两者的关系：长江经济带是一带一路的重要经济支撑，而一带一路又是长江经济带商品的重要出口。

作为一个地方区域性的科研单位，由于所处的位置关系，我们更关心长江经济带建设。

怎么融入长江经济带建设的国家发展大战略中，我以为当各司其职。

从考古学来看五千年前跨入文明时代的长江文化的特征就很鲜明：

稻作农业；舟船交通；玉作发达；艺术细腻，信仰神秘；上下游交流畅通。

文明中心在不断移动：

5000年前后在浙江良渚，4000—3000年前后在成都平原，2000年前后在江汉平原。汉以后与中原趋同，但仍有自身的鲜明特点。

---

* 本文为2016年6月泸州市长江经济带建设高峰论坛发言提纲。

长江经济带建设中无疑应该高度重视并努力发掘长江文化。

拿考古来说，这几十年的新发现、大发现不断，这些年大有超越黄河流域之势。

我们的长江考古行动有：

1.长江考古联盟

良渚、石家河、三星堆、盘龙城、叶家山、熊家冢、海昏侯墓、三峡考古、金沙江下游梯级电站。川南长江支流考古调查、川渝石窟保护工程。

2.长江矿冶考古联盟

这些年兴起的考古学重要分支。铜绿山、茅沟。

3.长江考古探险

2005年起的西部考古探险，已有12次，还有万里茶路、茶马古道、岭南道。接下来是长江考古大探险计划。

4.长江水下考古

中山舰打捞、千岛湖沉村、江口张献忠沉银、长江沿岸滩涂（码头）考古。

5.蜀道和白酒作坊申遗

蜀道和白酒作坊遗址已列入国家文物局申遗预备名单。这两项都是我院的考古成果。

蜀道申遗：需跨省，牵涉面太广，投入经费太大。

白酒作坊申遗：共6个，其中有5个都在四川，投入经费不多，有愿牵头的可随时启动。

长江考古大有可为。

长江考古必将为长江经济带建设源源不断注入活力。长江考古本身也应是长江经济带建设的主要内容。

石刻题记抢救工程及其意义[*]

一、古代石刻题记著录及研究历来是传统金石学的主要内容。金石学开始就主要是由研究青铜器铭文和碑刻题记构成的一门独立学科。如宋代吕大临《考古图》就著录了碑刻题记，赵明诚更是把碑刻和铜器并列两类编为《金石录》。元明清学者的持续接力，累积到清末，金石学研究队伍蔚为壮观，著作也有上百种，但凡比较有名的国学专家多少都涉猎一些基本的金石学。在一定意义上可以说金石学是大多数文人雅士的基本修养。

二、19世纪至20世纪之交安阳殷墟甲骨文、敦煌遗书、居延汉简、明清内阁大库档案中国学术"四大发现"，开始时只是少数学者参加，但却掀起了出土文献的新高潮。随后一批到西方留过学的青年人带来的西方考古学在中国落地，引发了传统学问研究方法的革命，加之考古工作铺开后尤其是20世纪50年代后，甲骨文、金文、简牍、帛书都不断有大批新的出土文献问世，已令学术界目不暇接。碑刻的研究渐渐趋冷，一些地方连拓碑的技工都难找，碑刻题记研究似乎都快成绝

240

* 本文为2017年向四川省财政厅汇报院自拟项目"四川石刻题记抢救保护工程"而写，汇报后本项目获省财政厅3580万元专款资助。

学了。

三、金石学本身也有抱残守缺的问题。拿碑刻题记收藏和研究来说，虽然碑拓片是很多博物馆的重要收藏，比如国博、北大图书馆、故宫、上博，都收藏有上万件的拓片，但基本都是宋元以前的，而且很多是重复的。新资源的匮乏，加上研究方法和理论上创新不多，难以为碑刻题记研究注入新的活力，并获得社会的关注。

四、新资源在哪里？就石刻题记来说，宋人关注的是汉唐的石刻题记，明清人关注的是在宋人研究的基础上多了宋元的碑刻题记资源。这才是与时俱进的研究思想。我们今天距离明代已是三四百年，距离清末也是百年有余了。而明清时期承接秦汉以来的刻碑勒石传统，在各地都有大大小小的碑刻题记，碑刻题记资源十分丰富。但我们所知，很多反映地方史的重要碑刻资料并未收进20世纪80年代开始的地方志书，可见很多人没有意识到这部分资料的丰富和重要。地方从另一个角度来看，即使宋元以前的碑刻题记，时人受时代认识和调查方法局限，也未必搜罗殆尽。比如石窟、崖墓里的很多题记，大量书法不那么精美，也非重要人物重大事件碑刻题记，很多都未见明清以前的人著录。明清时期的碑刻题记实比宋元以前的多得多，所记内容也丰富得多，有开展系统专题调查的必要。

五、全国存在着大量的碑刻题记，以明清时居多。仅以四川而论，其数量是宋元以前的十多倍甚至几十倍。这些碑刻题记的内容，以前大多不为文献所记，也不被重视。在传统史观看来价值并不高，但是在重视地方史、乡土史、家族史、村落史、会馆移民史、慈善公益史的今天，却有着非常重要的价值，他们可以提供难得的、鲜活的历史资料，在一定程度上复原历史生活。

例一，落赶庙。除正殿框架还可看出个轮廓，整个庙宇已基本被毁，地面建筑已荡然无存。文献里找不到任何记载，乡里老人的回忆支离破碎，幸有庙里80多块碑的记载，把庙的始建、大修、捐建、重要活动都记载得清清楚楚。

例二，自贡得名的年代和缘由，发现的石刻资料比文献记载早了几十年。

例三，苍溪寻乐书岩的150多处石刻题记，把该乡的乡贤事迹记载得很翔实，和周边的祠堂、家族墓地、义田、民居构成了一个完整的乡贤文化遗址，而该遗址因书岩石刻的记载而鲜活起来。

例四，通江小新场的一组碑刻（共6块），记载了从康熙到光绪年间小河从无桥到建跳墩桥到石板桥再到石拱桥的过程，还有多次维修的捐资人姓名、石匠姓名以及工程竣工后的褒颂词。

例五，移民资料。四川各地家族墓地来的墓碑和祠堂碑有大量的明清移民信息。既是家谱族谱的重要补充，早期的移民碑刻也应更真实。这部分资料以前基本不见移民专家的利用，近年有一些专家利用了少部分，已得出了很多新的结论，相信随着更多碑刻资料的发现，会将四川移民史研究引向深入。

例六，达州荔枝道上的石刻题记。因文化线路热而引发对文化线路的考察。传说达州境内有一条为杨贵妃送荔枝的荔枝道，但苦于没有实物证据，一直没得到承认和重视。我们组织的考察在沿线发现了唐代天宝年修阁道的题记和5处开元、天宝年的石窟题记，虽不能直接证明就是荔枝道，但这种发现很令人深思和遐想，为进一步的考察打下了坚实的基础。

例七，长江水下石刻的发现。在宜宾南广的长江江心有名的"太子石"侧面发现的"武侯歇马石"题记，写于宋开禧元年（1205），是长江三峡工程实施后长江上游唯一能见到的水下石刻。

例八，石刻上的乡规民约。

六、这些石刻的石材主要是四川的青砂石和红砂石，原材料容易获得，雕刻容易，但是易碎易风化；再加上人口增长、经济社会迅速发展、道路交通的变化，许多石刻已毁损，还有许多正受到各种人为的破坏，抢救保护刻不容缓。当我们向上级报告这些碑刻题记的价值意义和保护的紧迫性后，四川省财政厅便给予特别支持，破例批准了这个项目，获3580万元专项经费。我们计划用三年时间，拓录四川约5万处碑刻题记并用现代考古调查的方法记录整理，还将引入考古地理信息系统和大数据分析，以期更多更好地保护展示利用好这批资料，在全国起到示范作用。

张献忠沉银遗址出水文物学术研讨会开幕式致辞

尊敬的各位领导、各位专家，女士们、先生们：

在这春光明媚的时节，因江口沉宝出水而令这里高朋满座，我谨代表主办承办方向各位来宾、各位朋友的到来表示热烈的欢迎；向精心承办本次会议的有关方面致以诚挚的谢意！

本次会议的主题是张献忠沉银遗址与出土文物的学术价值，在这里请允许我先简要介绍一下发掘工作的来龙去脉。

1646年，张献忠在与清军作战中被射杀身亡，其生前搜刮的巨大宝藏到底埋在何方？几百年来成为历史学界的难解之谜，众说纷纭，无从定论。《蜀碧》《蜀难纪行》、嘉庆《彭山县志》等书记载的沉宝地点彭山县江口镇被认为可能性最大。清代以来江口水域不断有金银首饰出土的记录，值得一提的是2005年和2011年，在岷江河道工程建设中，当地两次发现大量文物，其中包括一页有29字铭文的残金封册、"大西"年号的银锭及"西王赏功"金币、银币等珍宝，均与张献忠关联。由此也招致了不少觊觎宝藏的"淘宝者"，自2013年以来，在江口沉银水域盗捞文物的活动日渐猖獗。2015年，彭山区检察院联合警方破江口文物盗挖案，追缴市值过亿的珍贵金银器，其中有多件被定为一级文物。

为防止江底文物再次被盗，四川省文物考古研究院、国家文物局水下文化遗产保护中心和彭山区文管所联合起来，经国家文物局批准，共同开展发掘保护。根据初步勘探，文物基本处于河道内两条沙石埂之间，联合考古队确定了发掘方案：在冬天的枯水季节，利用已有的沙石埂营造围堰，进行科学的发掘。1月5日下午，江口沉银遗址水下考古启动通报会在彭山区召开，标志着张献忠江口沉银遗址正式开始水下考古发掘。

经过两个半月水下考古，截至3月15日已发掘10000余平方米，遗址现场出水文物超过10000件。除西王赏功、金币、银币、大顺通宝铜币、金册、银册、银锭以及戒指、耳环、发簪等各类金银首饰，还出水铁刀、铁剑、铁矛、铁箭镞等兵器，成为确认张献忠江口兵败沉银这一重大历史事件最直接、最有力的证据。3月20日下午，四川省政府新闻办举行了"江口沉银遗址水下考古"阶段性工作新闻通气会，向新闻媒体公布了发掘工作已取得的阶段性成果。

本次系四川首次开展水下考古发掘项目，通过工作理念的创新，利用围堰解决发掘平台，为今后滩涂考古、浅水埋藏遗址的发掘提供了工作范式和借鉴经验。同时，发掘中采用了现代化的工作方法和最新的科技手段，前期通过金属探测、磁法、电法和探地雷达等物探手段确定了发掘区域，发掘过程中采用PTK精准记录每一件文物的出水位置，在重点区域安装延时摄影，搭建整个遗址的考古数据管理系统等，保证了考古工作科学、有效地进行。

目前发掘工作即将暂告一个段落，对于已出水的文物，我们的长远计划是在遗址旁边修建"江口沉银博物馆"，选址于江口镇江口街以东、江口镇镇政府和原彭山县崖墓博物馆西南侧，总用地面积25亩，博物馆建筑面积在8000平方米以内，将成为彭山城市地标式建筑，以期更好地向公众展示沉银遗址考古发掘的成果。

夏鼐先生有一句名言：历史与考古为"鸟之双翼，车之两轮"，形象地指明了两个学科相互协同的关系。希望通过发掘所得，能对张献忠的大西政权以及当时的经济、社会、军事等一系列历史问题有深入及更新的认识，企望各位专家能对昨天参观的江口遗址及其发掘品进行评判和研究，并对今后的整理工作提出指导意见。这也是我们与中国社会科学院历史研究所合作，组织本次遗址现场考察和座谈会的初衷。谢谢！

祝愿各位专家学者在成都期间身体健康！心情愉快！

2017年4月12日

《盛世考古》展览大纲前言[*]

蜀山邈邈，岷水滔滔，

四川大地，物华天宝。

地处祖国西南腹地的天府之国四川，因其独特的地理环境和丰饶的物产，很早就有我们的先民在此繁衍生息。四川一直是西南地区文化积淀最为厚重之地，种类丰富的文化遗产成就了四川文物大省的显赫地位，多项重大考古发现谱写出了中国考古黄金时代的重要篇章。三星堆、金沙、罗家坝、城坝……四川不断有一鸣惊人、蜚声中外的考古大发现。

进入21世纪以来，四川考古和全国一样，续写着上个世纪的辉煌。

今年初，考古工作者发掘的彭山江口沉银遗址，就是四川在新时期所取得的考古事业成就的一个缩影。该遗址以创纪录的发掘规模引起世界瞩目，其发掘场面之恢宏，多项新技术、新方法的综合运用，以及出水文物之丰富，堪称当代考古的典范。

---

[*]　《盛世考古》为四川省文物考古研究院2017年拟举办的四川彭山江口沉银遗址出水文物特展览大纲。

有专家说：看到发掘场面令人震撼。

又有专家说：发掘犹如打开了埋在水下的明代百科全书。

还有专家说：这是属于世界级的考古发现。

是半个多世纪的长治久安，是党和国家对文化遗产保护的高度重视，是国家发展迅速进入盛世，推动了我国考古事业的蓬勃发展，而考古事业也随之迎来了自身的盛世。

考古盛世，盛世考古。

请您移步观赏来自四川彭山的江口沉银遗址出水文物特展。

在罗家坝与巴文化学术研讨会上的学术总结

各位专家领导好。

在代表中国社科院考古所和四川省文物考古研究院做大会总结前，请允许我先讲个小故事：近五十年前，"文化大革命"闹腾得很厉害，重庆武斗全国闻名，有个重庆小孩回父母老家躲武斗，在我们小学三年级插班学习。这下蜀人和巴人就较上劲——用今天的话来说就是怼上啦。争论是蜀还是巴更厉害，大家比词、比词组和成语。

我们宜宾的自认为是蜀人，先说：蜀道难。

重庆人对：巴山险。

说：蜀犬吠日。

对：下里巴人。

说：蜀江水碧蜀山青。

对：巴山夜雨涨秋池。

接下来说方再也想不起还有啥了。重庆小朋友却像连珠炮一样说出：巴心、巴肝，黄巴（粑）、麦巴（粑）、苞谷巴（粑）、泥巴、哑巴、结巴、伤巴（疤）、篱巴（笆）、巴豆、巴（笆）篓……

蜀人比输了，心情郁闷。

直到后来我才知道，按《华阳国志》说法，宜宾在巴国的管辖范围内呢。

言归正传。本次大会从中央到地方有21家科研单位、120人参加，在会上做学术发表的有30个专家。还有中央到地方的17家媒体和省、市、县党政领导全程耐心旁听。大会完成了4件大事：遗址公园和遗址博物馆开工，参观遗址出土部分精品文物，学术研讨，达成共识。

学术发表的30篇论文主要涉以下几个大的方面：第一，理论探索。比如巴的概念，巴的起源，巴的疆域，巴的消亡。这些看似老的问题，但因新资料、新理论的运用而注入了不少新意。第二，巴的考古文物研究。涉及巴文化分期与分区，巴的周界，巴蜀、巴楚关系，等等。尤其是罗家坝专论文章有10篇之多，33号大墓成为热点，这令宣汉方面无比欢喜。第三，巴蜀历史学的探讨。共有6篇，篇篇闪光。还有民族学2篇，文化遗产4篇，相邻区域文化3篇，篇篇充满智慧。要对这些高论做个总的评价的话，可以简要概括为：1.理论更深厚，讨论更有针对性，同时也更有指导意义。2.研究更具体更微观。如陶器、石器、铜器、水陆攻战纹等都有专论。3.敢碰硬骨头。如一向难啃的巴蜀符号研究有3篇论文，讨论中形成小高潮。巴文化考古分期这次拿出了最系统的体系，令巴的发展脉络渐渐清晰。3篇水陆攻战纹论文推陈出新，发人深省。4.新的方向。如环境考古、动植物考古第一次用在罗家坝考古上。第四，从参会代表的分类来看：就年龄来说，老年的，老当益壮；中年，如日中天；青年人，朝气蓬勃。就行政层级来说，中央、省上、地方各有特色，三三分成，三分秋色。从性别上来看，美女学者多，和本地的美女共同在宣汉城乡拉出了一条靓丽的风景线，她们提交论文水平高是一大亮点。美女不难找，才女也不罕见，但集才色于一身的考古历史女专家还是不多见。由于她们的参与，大会更加充满活力，相信很多男士知道后，会更加积极参加下一次巴文化会。从目的上来说，我们筹备时希望通过这次大会能达到以文会友、以文惠主（宣汉）、以文旺文（兴旺文化）的目的，都已圆满达到。同行发表高见，犹如高手过招。30篇高论，给地方文物保护考古研究献上大计，专家们还给当地的文化产业发展指点迷津。目的之二，借此大会达到回顾、研究、展望、保护利用之效用。专家方、主办方、地方政府各有所求，各取所需，皆大欢喜，其乐融融。目的之三，通过这次大会，唤起更多的部门和专家关注，投身到巴文化的保护、研究、展示利用之中。从媒体初步报道和反馈信息来看，远超预期。

最后，我想说，为了报答宣汉人民的古道热肠，为了做大做强巴文化的文物考古事业，接下来我们要撸袖挽裤加油干。尤其需要呼吁：巴蜀并重，川渝携手，邻里互动，全国关注，跨界联合。希望在两年后罗家坝博物馆落成开馆时，有更多的考古发现面世，更多的专家赴会，更多的高见发表，不负宣汉人民一往情深。

宣汉已是山青、水绿、土地红，相信以后还会注入更多金色的文化。

2017年9月

在"蜀道上的石刻题记展"开幕式上的致辞[*]

女士们、先生们、领导们、朋友们：

下午好。

从大家脸上可以看出，诸位还沉浸在十九大胜利闭幕和学习贯彻十九大精神的喜庆气氛中。感谢大家来这里为撸起袖子加油干的我们捧场助威。

路，都在走。蜀道这条闻名遐迩的古道，四川人都不陌生。它已被列入国家文物局的世界文化遗产预备名单，四川省政府也正在为蜀道申遗做全面的工作部署。但是以拓片形式从题记这个角度来展示蜀道的魅力，传播蜀道的文化底蕴，我们可能是第一家，坦率地说，做这样的决策是需要一定的勇气的，我们的勇气就来自蜀道上成千上万的石刻题记这一丰富的文物资源。

为什么能推出这样一个展览呢？事情要从2005年说起。从那年起，四川省文物考古研究院设立了西部考古探险中心，坚持了十多年的西部考古探险，到今天为止已考察了16条穿越四川的古代文化线路。近期，我们还计划把考古探险学术活动延伸到国外去。现在，西部考古探

* 此致辞后作为《蜀道石刻题记》"前言"发表，四川人民出版社2018年出版。

险中心已成为国内外业内都很知名的品牌了。因此，常有朋友向我咨询哪里的古道最值得考察，我总是不假思索地向他们推荐四川的古道。我对他们说，世上古道千千万，唯有四川古道"好吃"又耐看。若你还不信的话请听我细说。

先说"好吃"。若要吃得饱，请走米仓道。饭后还想有果盘，再走荔枝道。旅途小憩想喝点啥，那您可走茶马道。若想日子过得有滋味，应当去走川滇盐道。要是您想富甲一方，那您必须走走金牛道。

至于耐看嘛，有无限的自然风光，众多的文物古迹，更有见证了古道沧桑，本身已成为古道一部分的无数的石刻题记——最后这一点，相信大家一会儿看展览就会有体会了。

说蜀道上有石刻题记，人尽皆知。说蜀道上有历朝历代成千上万的石刻题记，知之者大概不多。从十多年前我们在蜀道上探险考古就注意到了，然后开始拓录。功夫不负有心人，如今已有数千张我们自拓的拓片，虽不敢自夸集腋成裘，但也可谓积少成多、积土成山吧。正如本展览展品中的一副对联所云——"细流不择能成海；撮土虽微可助山"。今年年初，我们和四川省艺术研究院同行谈及我们正在做的这项工作时，双方深感交流甚晚，于是一拍即合，立即联手起来，于三四月份拓制了苍溪县寻乐书岩的所有石刻题记。

上半年，获悉十九大将于今秋召开，新蜀道西成高铁又将于年底前正式开通，蜀道申遗也进入冲刺阶段，我们按捺不住激动的心情，商量策划了这个展览。

蜀道是古代蜀人征服自然的奇迹。蜀道难，因李白吟唱而天下闻名。郭沫若说蜀道奇，知道的就不多了。难也好，奇也罢，我们今天要努力去做的就是保护好蜀道这一重要文化遗产，发掘文化价值，讲好蜀道故事——让蜀道活起来。蜀道上的各种题记也是丰富的文化资源，是能让蜀道活起来的灵丹妙药，我们理当重视它、保护它、研究它，并将其广为传播。

随着交通现代化步伐的加快，古老蜀道的经济交通作用、文化传播功能已渐渐消失。但它是我们儿时的记忆，从那里能看到父辈祖辈们远去的背影。它是我们的祖祖辈辈肩挑背磨、洒满汗水的道路，是我们共同的乡愁。

　　我们相信，看看蜀道，能帮助我们找回四川人的文化自信。

　　我们还坚信，走走蜀道，能增强我们四川人的道路自信。

　　感谢省文化厅文物局的支持。

　　感谢蜀道沿线各相关单位的帮助。

　　感谢省图书馆提供宝贵的场地。

　　感谢来宾的捧场指导，还耐着性子听完我的唠叨。

2017年11月17日于四川省图书馆

新时代考古人的新追求*

党的十九大报告全面总结了在中国共产党的坚强领导下五年来走过的不平凡道路和所取得的巨大成就。作为考古人自然特别关注报告中对文化的论述。读了报告之后，立即能够产生联想到的是我们这个单位的五年奋斗历程。

畅谈过往，干啥说啥，我以为四川五年来的考古可以用"大、新、快"三个字来概括。

先说"大"。考古项目大。位于国家一带一路建设重要节点的四川，基建考古中既有乌东德、白鹤滩等特大水电站，也有成昆复线、成贵等高铁建设的大量考古发掘，其中任何一个项目的工作量都超过前五年的所有项目。而三星堆遗址的主动发掘调查的经费投入更是超过过去几十年的总和。此外，江口沉银第一次发掘就成为全国最大的考古工地，联合重庆的川渝石窟寺文物保护工程也是全国最大的专项文物保护工程。这么多大工程大项目齐聚巴蜀大地，大家想象是多么壮观的一幅景象。大，还表现在我们所做的工作影响大。我们的工作被国内各种类型媒体追踪，不少还被海外媒体大篇幅长时间关注，作为一个内地考古

———————————
* 本文为2017年12月份在四川省文化厅中心组学习大会上的发言。

单位，所做的工作能在几年之内两上全国高考试卷考试题（2012四川、2017北京），绝非仅仅用巧合就能解释得通的，足见我省考古的影响远超考古本身。

次说"新"。四川考古这些年大胆尝试新方法、新技术、新理念。水下考古从无到有，无人机航拍勘测、考古地理信息系统、植物浮选从偶尔为之到成为日常装备。考古探险、国外考古，文物医院、虚拟考古体验馆、水下考古、从发掘到展陈一体化，其中有的做法多年前几乎只有我们在特立独行，但若说这几年已燎原全国之势也决非夸张。

最后说"快"。考古成果公布快、转化快。据统计，我院五年来出版的田野考古报告数量也超过院成立以来的任何一个五年，此外还出版了古建筑、石窟寺、探险、古建测绘等几大系列的多本丛书，有些是考古发掘调查结束一两年就有简报或报告出版。一般每个探险结束一年之内就有考察成果问世，向家坝水库发掘刚结束就举办面向社会的大型专题展览，罗家坝遗址成为国家大遗址一年内我们就编写出保护展示方案，三星堆发掘还在发掘中，重要发现就被搬进展厅，江口沉银百天发掘举行三次新闻发布会，发掘还没结束，已开起了博物馆建设专家论证会、保护规划专家咨询会，考古人用一个个实际行动让发掘出来的文物活起来，这样的效率在十几年前、几年前都是不可想象的。

其实，五年只是历史长河中的一瞬间，但因为底气十足、走得踏实、方向明确、目标远大，因此未来五年，五个五年的蓝图已可见可触，形势喜人。

这几年，见到我们考古的前辈，无论聊什么话题的内容，他们常常会以羡慕的口气对我们说，你们赶上好时代啦。而我们对更年轻的下一代爱说的一句话是，更好更新的时代已经在向你们招手啦。现在，如果有人问我们，更好更新的时代从哪天算起，我认为很多同行的共识是：从2012年11月，十八大闭幕那天天开始的。

未来五年我们更加积极努力地接事、找事、做大事、做成事。

接事。就是随时承接上级交办的特殊任务。比如说，中国考古大会——上千国内外考古学家来参加。再比如说，古蜀文明传承创新工程。

找事。发现机会，走事业创新之路。创新就是自己找事做。在全国已有名气的文物医院、考古探险、水下考古、公众考古、国外考古、虚拟体验馆都是我们自找的。我们过去十多年的系统、全面创新，从一个很落后的省所成为综合实力全国前三、创新全国第一的考古研究所。我们尝到了甜头，认准了这是条大有奔头的大道。除已经在做的继续做外，还将全面启动四川野外石刻文字抢救保护工程、东南亚考古项目、中美文物考古合作项目、四川散见龛窟总录项目、蜀道石刻题记巡展项目等。

做大事。一个文物大省，全国学科门类最齐的省级考古院，要立足做大事，做有全国和国际影响的大事。未来五年我们将做的大事有：

1.三个大型水库的文物抢救性保护：乌冬德、白鹤滩、双江口，文物总投入约4个亿。

2.四条高铁的考古抢救发掘，总投入预计1亿。

3.彭山江口发掘，两年投入约0.2亿。

4.四川野外石刻题记抢救保护，预计投入0.3亿。结项后会为四川增加5万处20万张拓片，集结出版成上百册的大型资料书。

5.当川渝石窟保护工程的主力军。十二五期间，30亿（四川占22亿）预算的保护规划方案是以我们为主力编制的。

6.完成或基本完成《四川石窟大系》《四川古建大系》《四川散见龛窟总录》《院博士文库》《考古探险系列》《四川考古报告系列》《四川古建测绘系列》等。

7.早期古蜀文明遗址寻找力争有新的大的突破。继续抓住一带一路考古和文物保护（我们是全国唯一在国外一带一路都有考古项目的考古院）、中美合作考古、南亚廊道考古、四川石窟研究、古蜀文明探源、巴文化考古（要后来居上）。古建筑、革命文物保护规划、考古出土文物保护都要多承接大项目——一定要立足四川，让他们在四川的影响要比在西藏和省外一些省的影响还要大。

8.协助宣汉建成罗家坝考古遗址公园和罗家坝遗址博物馆。

9.虚拟考古考古体验馆3.0版——四川考古体验馆建成。

10.继续以创新为引领，一批专业院校毕业的真才实学的博士、硕士已崭露头角，使他们为全省业务的中坚力量，在全国甚至海外都有较大的影响。

做成事不能仅仅是完成任务。要把事做好做优。要把事当作事业来做。要把考古调查上升到四川文化资源调查的战略高度来来看待；要把考古发掘上升到抢救保护珍贵文化遗产来看待；要把保护展示规划上升到创作四川文物故事的高度来看待；要把遗址公园和遗址博物馆的展示当作传播四川文物故事来看待；要把人才培养当作四川文物事业传承壮大的百年大业来看待。在方法、思路、做法、理论上大胆创新，走新路做新事。

让全国考古更加重视：四川说法、四川看法、四川做法、四川办法。

2017年12月12日

《居于南土》序[*]

郭明博士，是近年来在商周考古研究领域中的后起之秀。她的以商周建筑为主的一些研究成果，已在学术界产生了较大的影响。由于工作和专业的关系，我知道她这几年潜心于南方商周建筑考古，不过没想到的是，很快就有如《居于南土》这样成体系的大著成稿问世。她将新著清样发我，在先睹为快的欣喜之余，我忍不住还想唠叨上几句。

20世纪50年代后，长江流域南方商周考古的一系列发现和研究，大大拓展了商周遗存的空间分布，一些具有敏锐眼光的学者，早在四十多年前就提出了要重视商周时期南方的考古发现。随后陆续开展的研究是学术界提出"长江文明"的重要基础，而长江文明又是中华文明的重要组成部分，所以南方商周考古研究在中华古文明的研究中的重要性不言自明。这二十多年来，先是夏商周断代，继而是文明探源两项国家级科研工程，但重心主要放在了北方黄河流域。南方文明尤其是南方商周文明虽然成果不少，但主要是单篇论文多，且集中在个别遗址和单件文物的研究上，即便如此，研究内容也多集中在传统范围如断代、定性、陶铜器研究（近些年渐渐拓展到了金属矿的寻找和金属器的冶铸、动植

---

* 郭明著《居于南土》，科学出版社2018年出版。

高谈庄谐集——

物考古等方面），但系统的研究成果并不多见，更鲜见开辟新的研究方向的著作。我以为《居于南土》就属于商周考古中既另辟蹊径，又自成体系的新著。

一般的综合性研究考古著作，如果对材料驾驭不当，容易陷入资料堆砌为主的编辑之中而难以自拔，但在郭明这部著作里，从建筑形制考察开篇，到建筑构造、建筑材料、建筑功能性质、南北建筑对比，最后以个案研究收了个豹尾，读后给人以一气呵成的强烈感受。全书既独立成章、逻辑严密，又环环紧扣、层层递进、首尾衔接。若不是对考古材料和研究动态了然于胸，是很难有这样的突出成果的。建筑遗迹、遗物是我国商周考古各类发现中较常会碰到的，但诚如作者所言，关注者中描述的多，研究的少。即使研究，也是研究单个建筑的居多，做综合研究的少。从地域上来看又是关注北方中原的较多，也主要集中于其性质功能方面。在本书中，作者扼要介绍了长江流域已发掘公布的商周考古建筑，然后从构造、材料、功能性质等几个方面一一剖析研究，除古建筑考古必须研究的几个方面都有深入研究和独到的见解外，还对大家不太关注的诸如作坊、仓储、门道、台阶、散水都有专论。本书可以说是对南方商周古建筑第一次做了全景式审察。对商周时期长江黄河两大流域文化异同，作者也下了很深的功夫。我知道，作者此前已做过黄河流域商周建筑的专题考察，所以本章的比较研究，彰显了作者丰富的知识储备，若是关心商周考古南北之间的文化传播及文化异同的读者，建议一定要细心读这章，相信您读后一定有所收获。如果说南北对比可以窥见作者知识宽度的话，那个案研究这一章，则很好地反映了作者研究的深度，譬如，成都羊子山土台这种已是近七十年前的考古发掘资料，她都能从大家深信不疑的、几成定论的三级台阶结论里，发现原来当是五级台阶（我个人完全赞成这一结论），还能在大家都倾向于一些建筑为宫殿的大背景下，力排众议，充分论证，提出府库一说。凡此种种，读后都令人耳目一新。

有必要强调指出的是，从本书的体例和章节设计以及研究方法和思路中，大家可以看得出这是一部学术界期待已久的而又新颖少见的建筑考古著作。这一点，由于作者的专业学习背景和工作经历，大家自然能够想象得到。这里要特别指出的是，从建筑形制、种类、构造方式、发展演变、地域差异考察，以及总体和个案研究，都娴熟地运用了考古学的理论方法。大家知道，聚落考古在我国方兴未艾，但从遗迹遗物平面布局的研究多，聚落建筑本身的研究，尤其是立体考察的少，从这个角度来说，本书为建筑考古、聚落考古注入了一缕清流。

此外，本书是一部南方商代建筑考古的总结性著作。书里不但收录了既有发现，也系统地综述了既往研究，而且既不乏对大型建筑的审视，也有对建材如柱础石、散水、砖瓦的微观考察。从这个意义上来说，本书也是研究商周考古，尤其是南方商周建筑考古的重要参考书。当然，本书更是一部在南方商周考古开辟新方向的研究成果，能把商周时期南方比较零散的建筑遗迹遗物发掘资料，以考古学的方法理论加以整理，进行系统、深入研究，然后成书，据我所知这是第一部。

还有一点值得称道的是，本书在结语里特别列了一节来专谈本书局限，这种做法虽然在博士硕士学位论文中常有，但在正式出版著作中是很罕见的。记得多年前，贵州考古学家梁太鹤先生在田野考古报告《赫章可乐二〇〇〇年发掘报告》一书中，大篇幅谈到报告的不足，李零先生看到后惊呼为考古界新鲜事，高度称赞梁太鹤这一"自爆短处"的君子之为。时隔多年，我们又在一个青年考古学者著作中看到设立专节自述研究不足之处，我认为这也是值得高度肯定赞扬的。任何一本著作都有不足之处，本来不说也无妨。不过，我以为由作者说出来，对读者来说，更有参考价值。话说回来，其实，作者书中总结到的几点局限之处也未必就是不足。例如，作者说书中南方商周建筑考古研究中文献利用不足，大家知道，有关南方商周建筑研究，文献基本就无可征引，反倒是以前关于北方的同期古建筑研究，有部分学者认为存在过度征引对比文献的现象，所以本书基本依靠考古资料研究得出结论，不能说是不足，要说也是矫枉过正吧。再比如，作者说由于自身的专业所限，遗憾的是较少做复原研究，我也认为不是不足，学有专攻，各有所长，我们不能强求每个研究者都是全能冠军，在社会专业分工越来越细的今天，作者把自己的成果刊布，能给长于复原者提供全面、科学、可信的复原基础、数据、思路等，就已做得很好啦。

最后还想说的是，郭明硕士、博士阶段皆就读于北京大学考古文博学院，师从德才兼优的刘绪教授。她博士在读期间就参加了四川省文物考古研究院组织的文化线路考察的考古探险科考活动。博士毕业后，她被引进四川省文物考古研究院工作。根据她的研究方向，院里安排她到古建研究所工作，她很快就在人才荟萃的年轻人中崭露头角。她是院里第一个获得国家青年社科基金资助的人，也是院博士后创新实践基地和山东大学博士后工作站联合招进的第一个博士后。进站后，她在规定时间内高质量地完成了科研课题，并顺利通过评审出站。因工作和研究方向的关系，她在院里工作的这些年，我们也偶尔共同探讨学问，交流学术情报。她的关于羊子山土台、商周建筑的对称性和巴蜀符号研究等论文，在撰写中我们就有切磋，我得以先知为快，也受益良多。这是一段值得回忆的美好时光。我们共同认为，作为一个文物大省的省级考古研究单位，专业人才是兴院之本，唯有紧紧依靠人才，把科研作为主业和中心工作，才是强院正道。

据我所知，郭明博士这部书的主要部分，是她在四川省文物考古研究考古院工作期间完成的，因此得以纳入该院的"博士文库"出版计划。一年前，因家庭原因，她已调入上海科研部门工作。有四川的几年工作经历和不菲的科研成果积淀，希望她今后的研究中仍能用一部分精力，一如既往关注巴蜀考古，不断有更多更新的科研成果馈赠四川和整个学术界。

安阳车马坑乔迁新居落成
暨南科大文化遗产实验室成立仪式上致辞

各位大咖男女早上好：

昨天我就提醒你们既然来捧场就要送点礼，大家不信。现在，这么重要的场合将宝贵的时间都安排我这个来自西蜀的小人物发言，有了露脸机会，大家该知道送礼的好处了吧！

看到大家站在车马坑周边，我的脑海立即浮现出四十多年前的批林批孔时代，工农兵站在安阳殷墟人殉坑旁边的热闹场景，除了没呼口号，其他何其相似啊。但其实两者有本质的不同，今天这活动显现出的是特区人办事重效率重实际，我们都该学学。玩笑归玩笑。回顾夏商考古学术史，60年代以前说商朝王畿不过千里，70年代后商文化过江成为热词，90年代争说长江文明，进入21世纪，南方文明异军突起，而今天大家亲眼所见，安阳车马坑瑞现南方科大。商人以一种特别的方式进入中国大陆最南端，用一句蔡依林的歌词稍加改动就是，"南科大，不思议"。其实也没啥不思议的，《诗经》不是说，"相土烈烈，海外有截"吗？南科大还没在海外哟。南科大校园里有大片高级别商代遗址。车马坑的到来正应了古圣贤那句名言，"道不孤，必有邻"。近年文物界的一个热点是一批理工科大学纷纷建文化遗产科技实验室，如西工大、复旦、上交大、浙大、北科大。但此前似乎都是北方的事，今天起，这一局面被打破啦。标志就是南方科大的实验室开张啦。以南科大的雄心和实力，我坚信他很快就会成为文化遗产保护的南北极中的"南极"。中国考古走到今天，许多问题需要科技的介入，所谓功夫在诗外也。我个人看好这个中心。大胆预测，车马坑一定会成为南科大校园一景，而且它和实验室必将载入南科大校史。

这也是让文物活起来的一个大胆尝试。

四川考古院祝贺你们。

2018年5月

国博江口沉宝展开幕式致辞

尊敬的雒部长、刘局长，女士们先生们：

大家下午好。

看到这里高朋满厅，嘉宾云集，我不由得联想到恰好是一年前的一个晚上，正在四川开会的雒部长来我院视察指导，鉴赏了部分江口考古出水文物和听取了我代表三家单位做的发掘汇报后，深情地对我们说："你们干了一件大事，这是一个创举，这批文物一定要尽快拿到博物馆展出，这个发掘工作一定要广为宣传，文化部支持你们首展进京。"

今天，真的来到北京了，我们引以为荣。

如果我没记错的话，巧合的是，今天还正是部长到我院一周年的日子。

大家都知道，江口考古发掘很难，很特别，无论是发掘对象、发掘方法，还是技术手段，我们面临的都是中国考古学史上前所未有的挑战，在一些方面甚至都超出了传统考古学研究领域的认知范围。但是，我们在国家文物局、省委宣传部、省文化厅文物局的大力支持和坚强领导下，依靠全国各方专家，群策群力，终于令江口考古发掘成就了盛世才有的壮举。

这项前所未有的艰巨考古工作，轰动世界的考古发现，如果严格计算，经历两个年度的考古发掘，每年实际发掘时间也就100天都不到。今年3月下旬，我还有幸见证了咱们四川文化厅周厅长在这里和国博王馆长用不到半个小时就商定了共同举办即将要开幕的这个展览。我认为大家从江口考古和本展览看到的是四川，当然也是全国考古博物馆同行们积极探索、敢于担当、勇于创新的大好局面的一个缩影，是撸起袖子加油干的典型，更是让文物活起来的生动实例。

我们现在初步掌握的江口战场遗址的分布面积约1平方千米，即100万平方米，两年发掘了3万平方米。发掘可能已找到遗址核心区，也可能都还在核心区外围徘徊，也可能遗址实际面积比现在所知还要大得多，更不排除存在多个核心区，我们唯有继续脚踏实地，一锄一铲地努力发掘，以期解答专家和社会大众尚存之疑惑。

对考古人来说，事业上高兴的事莫过于考古有所发现（所以每年都在评全国十大考古发现），更高兴的莫过于和大家分享考古发现，最高兴的莫过于在首都国博这样誉满全球的博物馆里和观众分享自己的考古大发现。我们特别感谢国家博物馆王春法馆长的盛情邀请和谢小诠副馆长所带领的团队的精心策展和辛勤高效的运作。

四川本来就有悠久灿烂的历史文化，类似江口这样的考古大发现在四川并非孤例。如三星堆、金沙、刘家寨、石柱地、罗家坝……大家都已耳熟能详。近些年，省委的古蜀文明传承创新工程和四川的数个大型基本建设工程考古发掘项目的有机整合，不断有新考古发现、新研究成果问世，四川的考古应该也必将对中国考古做出较大的贡献。我们以为，今年10月将在成都召开的第二届中国考古大会，既是对四川以江口考古为代表的考古工作的高度认可，更是对四川未来考古的殷殷期待。

三个月的展览时间比较短暂，但是对寸土寸金的国博展厅来说，我们已相当满足。如果有观众在这三个月里没看到没看够的话，还有机会。据我所知，可能在10月份后，这批文物还会在四川省博物馆展出。更大的机会，足以让您大饱眼福的是，我院和地方共建共管的江口战场遗址博物馆正在紧锣密鼓的筹划中，预计在不远的将来，将在江口落成开馆，那里边保管展出的将是江口考古出水的至少4万件文物标本。

我们还希望，我们知道你们也希望，江口有更多的发掘和更大的发现。过去几年江口的考古成功又一次说明了领导的支持、专家的帮助和社会各界的点赞缺一不可，未来也同样如此。

请继续关注江口考古，继续为我们呐喊加油。

在此也郑重恳请领导，既然已让我们撸起袖子加油干了，那就让我们一张蓝图绘到底吧！

最后，江口考古的成功还要特别感谢江口镇上的本地村民，还要特别感谢来自全国的江口考古发掘志愿者。

2018年6月29日

四川百年考古大数据*

一、百年回顾

四川是最早有外国专家进行考古发掘，还留下了影像资料的内陆省份。

——1914年，四川广汉鲍三娘墓

四川是最早开展基建考古的省份

——1950年，成渝铁路资阳人遗址发掘

——1951—1953年，成都羊子山土台发掘

——1953—1957年，宝成铁路考古发掘

——1957—1997年，三峡水库考古调查与规划

四川是最早考古发掘帝王陵的省份

——1942—1944年，成都永陵前蜀王建墓发掘

但是，在各方面真正获得全国同行的赞誉，还是1999年，中国考古学会在四川召开的中国考古年会后，催生了四川考古二十年辉煌。

---

* 本文为2018年10月在四川召开的"成都·第二届中国考古大会"开幕式上主旨发言提纲

三星堆遗址新发现的金沙遗址、罗家坝遗址、老官山汉墓群、城坝古城、江口沉银遗址、四川白酒作坊群、成都平原古城群、刘家寨遗址、桂圆桥遗址以及200本以上各类文物考古论著。

包括大会但不局限于大会，授予我们以思想上的胆略，给予行动上的支持，陆续完成了考古事业11大创新举措：

1.给年轻人插上腾飞的翅膀

2.走出国门考古（此举开启了中国考古一个新领域）

3.调查—发掘—整理研究—科普—保护利用规划—策展一体化

4.设立院博士文库

5.考古探险（文化线路考察）

6.系统开展晚期明—清—民国考古

7.首设虚拟考古体验馆

8.首设文物医院（文物移动医院）

9.联合大学办学——文物考古技术专业

10.公众考古（加考古文创）

11.江口水下考古——中国第一个内水考古遗址（此举开辟了中国考古一个新领域）

二、展望2025年

1.基础设施建设

四川考古体验馆（以进商场、进机场为契机，打造虚拟考古体验馆4.0版）

四大工作站或整理基地（三星堆、江口、城坝、罗家坝）

2.巴蜀并重的考古发掘研究

古蜀文明传承创新工程（寻找蜀源、蜀王陵和更多的祭祀坑）

巴文化全面调查重点发掘

三大秦汉郡县城址的发掘（广汉、武阳、宕渠）

三、基建考古工程

金沙江下游梯级电站考古工程。

成昆复线和川藏铁路考古工程；乐山岷江梯级电站和阿坝双江电站考古工程。

四、石窟寺和古建筑考古

以国家石窟保护工程为依托，完成《四川石窟寺大系》（14部）与《四川散见唐宋龛窟总录》）（12部）、《四川古建筑大系》（15部）与《四川古建测绘图集》（13本）。

五、四川石刻题记抢救保护工程

三年制作5万块全拓片（5万×4份＝20万份），整理出版《四川石刻题记集成》（150册），在国内外举办不少于30场专题展览。

六、考古探险与文化线路考察

今后是以跨省区的、深度的考察为主。

七、跨界融合

和清华大学、电子科大、南方科大、西北大学、吉林大学、四川大学等985、双一流高校合作。打造高校精品课程《走进考古》。

培养一批全国行业抢手，集"发现""发掘""研究""教学""传播"五项全能的特色人才。

据此，我们也有充分理由相信，未来二十年，四川考古会迈上更高的学术阶梯，走进更宽广的学术殿堂，创造出更多更大的辉煌。

到那时，大家会总结成此目标的各种主客观因素，相信在我们考古人的总结里一定把现在正在召开的中国考古大会写进去。

为此，作为一个考古人，我真诚地希望二十年后的某一年，如2041或2049年前后的中国考古大会也在四川召开，以验证我们今天的推测究竟是预言还是梦呓。

为此，我是充满憧憬，信心满怀。

如果真有那一天那一次盛会，一定会强力推动再下一个二十年四川考古的大繁荣。

巴蜀考古百年回顾与前瞻[*]

——以四川省文物考古研究院工作为中心

历史的车轮走到今天，很快将迎来近代考古在中国诞生一百年的纪念时刻。在此谨以一百年为时间轴，简略回顾我们的奋斗历程，分享我们憧憬的考古梦。

百年考古历程回顾

四川虽地处内陆省份，但是却因机缘巧合，成为国内有图像记录资料考古发掘最早的省份。这是指1914年法国著名学者谢阁兰（早期多译为色伽兰）在四川广元昭化的"鲍三娘墓"发掘。其后还有1931年华西协合大学博物馆在广汉三星堆遗址里发掘、20世纪40年代初中央博物院的彭山江口崖墓发掘等。此外，1942年至1944年的成都前蜀王建墓的发掘，也使四川成为中国考古史上第一个考古发掘帝王陵的省份。

时间进入20世纪50年代初，四川考古队伍做了几件大事：

---

* 本文据2018年10月24日在成都召开的第二届中国考古大会开幕式上的发言录音整理成稿。2021年正式发表刊于中国考古学会主编《成都·中国第二次考古大会会志》，刊登时略有删节。感谢陈苇博士的录音整理。

1950年开始的成渝铁路建设中的"资阳人"考古发掘，是中华人民共和国最早的基建考古项目。

1951年至1953年成都羊子山考古发掘，因规模大、发现丰富而成为全国最重要的考古发现。出土的汉代陶马曾专程运到北京参加建国五周年特展。

1953年至1957年宝成铁路工程的考古发掘，其中以在广元昭化宝轮院的船棺墓发掘最为有名，由此拉开了四川船棺葬大发现的序幕。

1957年开始到1997年结束的"长江三峡库区文物考古调查与保护规划"，是中国历史上基本建设工程中最大的抢救性考古发掘项目。

60年代以后，则有巫山大溪文化遗址、涪陵小田溪墓地、新都马家乡战国大墓、广汉三星堆遗址和祭祀坑、成都十二桥遗址等发现。

考古事业创新举措

但是，我认为，真正全面得到推进，并有长足进步，又获得全国同行的颇多赞誉，还是在1999年以后，中国考古学会当年在四川召开的中国考古年会，是催生四川考古二十年辉煌的重要因素。请看：

三星堆新发现金沙遗址、罗家坝遗址、成都商业街船棺墓地、成都江南街遗址、成都老官山汉墓群、渠县城坝古城、彭山江口沉银遗址、四川白酒作坊遗址群、成都平原古城群、金川刘家寨遗址、什邡桂圆桥遗址、瀑布沟库区考古工程、向家坝库区考古工程……

约200本各类文物考古报告和论著。

包括但不局限于1999年的中国考古成都年会，给了我们以新的思路和胆略。我们充分认识到，事业要发展，要继承，更要创新。团结老、中、青接续发力，二十年如一日地拼搏。陆续完成了考古事业十大创新举措：

1.给年轻人插上腾飞的翅膀

由于历史原因，到2000年前后，与全国同行相比，我们的专业人才青黄不接、人才断档的现象很突出，为此我们出台了一系列的青年人才扶持新政。十年树木，初见成效。今天，无论是任考古领队、承担考古项目，还是全国十大或六大考古发现的汇报、参加国内外学术会议的专业人员，在我院都是年轻人占绝对多数。2013年，我院还出版了全国考古院所的第一本青年考古论文集。

2.走出国门考古

探寻三星堆文化的影响所及，一直是四川的考古工作重点。在得知越南有相似发现后，我们主动联系越南同行，表达到他们那边去考古的愿望。在获得越方同意后，我们联合陕西考古院，共筹经费，共组发掘队伍，于2006年到越南永福县义立遗址独立开展了考古发掘。此为中国考古划时代的事件，被誉为"走出国门第一铲"，开启了中国考古人出国考古的先河。今天，据说在亚、非、拉同时活跃着20多支中国考古队。

3.调查—发掘—整理研究—科普—保护利用规划—策展一体化

传统的考古作业流程是：调查—发掘—整理研究。新时期要求考古人既是调查发掘研究能手，也要勇敢承接考古成果的科普和文物遗址的保护利用展览的任务。我们比较早意识到应由考古人主导考古类文化遗产的保护规划和利用展览，多年来，参与或主导的这类项目已有20多个，主要有：渠县汉阙勘探—保护规划—展陈大纲，汉源瀑布沟考古发掘到展陈大纲，罗家坝考古发掘—遗址保护方案—展陈大纲，三星堆遗址发掘—考古遗址公园规划大纲，向家坝库区考古调查—发掘—展陈大纲，江口沉银遗址调查—发掘—展陈大纲，还编导了全球首部考古科普动画片《考古训练营》，对一件重要文物深度解读的数字动漫故事片《神树的传说》，创意设计系列成套的文创产品（家庭生活系列和礼包系列），真正做到从调查、发掘、整理研究、保护规划、展示大纲到文创的一体化运作，还出版了全国第一部、第二部文化遗产策展专著。

4.设立"四川省文物考古研究院博士文库"。

为了吸纳青年才俊，我们设立博士文库，划拨专款，为到我院工作的博士出版博士论文。据了解，这一做法在全国各科研教学单位里我们是第一家。到今年，博士文库里已收入三部博士论文。

5.考古探险（文化线路考察）

早在2005年，我们联合故宫博物院，通过自筹经费和寻求社会赞助的方式，开始了以考古为主的文化线路多学科综合考察。从第二年起，院内专设考古探险中心主抓其事。十多年来，考察了川藏南北线、金牛道、米仓道、荔枝道、五尺道、唐蕃古道等14条，历年下来，发现遗址遗迹上千个，拓展了考古研究领域，积极服务于社会需求。文化线路"蜀道"申遗则主要依赖我们的调查成果而被列入国家文物局的世界文化遗产预备名单。五尺道文化线路考察事迹和成果还进了四川2011年高考历史卷考试题。

6.系统开展明—清—民国手工业考古

通过参与一些博物馆展陈方案编写，我们意识到，我国不少的各级博物馆和文管所收藏明清文物数量有限，远远不能满足博物馆事业发展的需要，于是在野外工作中我们通过以调查发掘明清—民国传统手工业遗存为契机，加大遗址调查和文物标本征集，多年坚持下来，成果喜人，不但发掘了以水井坊、糟房头为代表的四川6大酒坊遗址（均被国家局列入中国的世界文化遗产预备名单），且已获得了文物资料10万件以上，成效斐然。

7.首设虚拟考古体验馆和文物医院

随着考古事业的不断发展和社会对获取考古知识的渴望，要求考古人有固定的科普宣传阵地，同时，传统的文物保护思路和做法也必须有大的改变才能适应新时期的文保要求。有鉴于此，我们主要通过自筹经费，2013年创设了全球首家"虚拟考古体验馆""文物医院"，以及首家"文物移动医院"。前者，大大改善了我院的形象，扩大了社会影响。虚拟体验馆还曾被北京2017年高考语文卷选中。文物医院和文物移动医院的设立，改变了文保工作者对考古出土文物的保护方式和工作程序，尤其是文物移动医院将保护作业阵地前移，为出土后易损文物的保护赢得了宝贵的时间。

8.联合大学合办文物考古技术专业

进入21世纪后，考古事业迅速发展，急需大量考古技术人员，鉴于我院文化遗产保护专业门类比较齐全，省厅安排我们和省艺术职业学院合作，共办文物考古技术专科专业。该专业的外语、政治、语文以外的所有专业课和专业基础课均由我院专业人员承担。到今年已招收三届180余人，已毕业学生在受聘单位普遍口碑不错。

9.积极持续开展公众考古

当今，公众考古能在全国形成燎原之势，这与一批有识之士的呼吁和若干考古机构筚路蓝缕、持之以恒的努力密不可分。我院是全国较早开展公众考古和设立相应部门的考古院所。始于2005年的考古探险就吸纳社会人士参加，2011年启动大型公众考古科普活动"三星堆进校园"，凭借一院之力，一年之内走进了全省104所大中小学，创造了一项公众考古新纪录。江口沉银水下考古，在进入重要遗迹遗物出水的关键敏感时刻，我们非但没有采取封闭措施，反而面向全国成批招募志愿者参加核心区考古发掘。此外，如虚拟考古体验馆的创设、卡通书《少儿考古入门》的编写、考古发掘现场婚礼、考古文创产品发布走台秀等，都是充满创意的公众考古系列活动，深刻而广泛地科普了考古。

10.做内水考古先行者

我国有约28万平方千米的江河湖泊内水水域，比一个陕西省的面积还大，其下积淀有丰富的历史文化遗产。受技术、经费的局限和固有理念的束缚，考古人只能望水兴叹。我们抓住彭山江口明末水下战场遗物露头的机会，联合国家文物局水下考古中心，将滔滔岷江围堰分流，在中国内水开展了第一次水下考古发掘，已收获包括45000件金银器在内的大批珍贵文物。这一举措为中国考古开辟了一个崭新领域。

展望2025年及以后

拟围绕以下八个方面推进工作。

1.基础设施建设

建设四川考古体验馆。以进商场、进机场为切入点，打造上万平方米展示体验的虚拟考古体验馆4.0版。

依托四大遗址，建立四大考古工作站（整理基地）。它们是：广汉三星堆考古工作站、彭山江口水下考古工作站、渠县城坝考古工作站、宣汉罗家坝考古工作站。

2.巴蜀并重的考古发掘研究

今天的四川、重庆范围内，古先秦时期主要有巴和蜀两个大国。1997年重庆直辖后，属于四川的川东川北大片地区仍在古巴范围内，所以四川仍可称巴蜀。四川的考古工作当然也应巴蜀并重。在此基础上以三个大项目为抓手，寻求重点突破：一是古蜀文明传承创新工程，重点在寻蜀源觅蜀流、调查蜀王陵、发现更多的祭祀坑。二是巴文化遗址的全面调查和重点发掘。三是四川秦汉三大郡县城（广汉郡、武阳县、宕渠县）城址的发掘。

3.基建考古工程

如果国家的文物保护政策不做大的调整，我们预计在未来7—8年内，四川的考古工作仍会是以配合国家大中型基本建设工程为主。

金沙江下游梯级电站考古工程。主要指向家坝、白鹤滩、乌东德三个金沙江下游梯级水电站考古抢救性发掘工程，总计有约40万平方米的发掘任务，其中向家坝野外工作已结束，乌东德发掘还在进行中。我们估计到完成以上三个考古工程最后的整理出版任务最快也还需要7—8年时间。

成昆复线和川藏铁路考古工程。预计会有7—8万平方米的考古发掘任务，需要5—7年时间。

乐山岷江梯级电站和阿坝双江电站考古工程。计划发掘约4万平方米，用5年左右时间完成野外发掘任务。

4.四川石窟寺的全面调查研究

这是我们2003年起就作为院里重点建设扶持的专业方向。石窟寺文物保护方面，早在2014年，和中国遗产院合编的《川渝石窟保护方案》已获国家批准通过。我们还联合西北大学，从一龛一窟的调查测绘做起，日拱一卒，不期速成。盘点十五年的成果，石窟田野调查报告《四川石窟寺大系》丛书已编著出版6部。以摸清家底为出发点，以市州为基本单位编著的《四川散见唐宋龛窟总录》已出版3部。需要特别指出的是，也许和许多高校院所有所不同的是，以上项目所需经费的绝大部分是我院自筹解决的。

5.四川石刻题记抢救保护工程

这是我院自拟启动，在做出初步成果后获省财政厅3580万元经费特别支持的文保项目。项目承诺用3年时间，调查拓录全省全部约5万块碑刻，每块拓录4份总计得到不少于20万份拓片。其后整理出版《四川石刻题记集成》（约150册），在国内外举办不少于30场以四川石刻为主题的专题展览。

6.考古探险与文化线路考察

今后是以跨省区的、深度的考察为主。

7.跨界融合

拟和清华大学、北京大学、四川大学、电子科技大学、南方科技大学、西北大学、吉林大学等985、双一流高校合作。

8.打造高校精品课程《走进考古》

培养一批全国行业抢手，集"发现、发掘、研究、策展、传播"五项全能于一身的特色人才。

四川已有了一批在全国崭露头角的青年考古人才，还有三次文物普查储备起来的数量居全国第三的文化遗产资源，这是把我们事业做大做强的坚强根基，以此为基础，只要继续秉持创新精神，就一定能牢牢抓住未来的机遇，也能战胜未来的挑战。我们要自觉深入到国家的文化强国和文旅融合的发展战略大格局中，让四川考古迈上更高的学术台阶，再创百年辉煌。

成都·第二届中国考古学大会闭幕式致辞[*]

各位代表：

刚才赵辉副会长做了很精彩的大会学术总结，接下来我做的就是大会后勤生活总结。生活是小节，应该尽量讲得轻松一点，我想我应该努力不让大家失望。

各位还在会的以及已经不在会的代表：

大家下午好。

众人皆念过的一句唐诗说"相见时难别亦难"，没想到这种情景描写在我们这个大会上的此时此刻成为很残酷的现实。在此我还是要奉劝，请大家别过于伤感，好在我们很快还有下次大会可期。在下次大会之前，我们各专委会、各兄弟单位之间，还有无数的小聚可以小慰各位相思之苦。

两年前，当四川省委宣传部决定支持中国考古学会在四川举办"第二届中国考古大会"后，立即安排我们三家单位协助承办，从那时起我们就开始忙碌起来。大约在半年前，由三家单位组成的会务组将会务准备工作驶入了快车道。在省委宣传部、省文化厅、省文物局和学会

---

* 录音整理：四川省文物考古研究院陈苇。

的支持下，我们全力以赴，力争做好每一件事，发誓要让代表们带着期盼来，揣着喜悦走。此时此刻，室内会议圆满结束，刚才主持人和赵会长表扬会议开得很成功。我的理解赵会长对大会的表扬也是对我们后勤工作的最高褒奖。粗略检点，后勤方面到现在为止好像也没出什么大的差错，或者说可能已经有了些小差错，但是客人顾及主人面子，自己就隐忍了。所以这里要感谢大家对我们会务组的支持、理解和宽容。

我们这个大会是在国家对超大型国内国际会议出台详细新规后召开的，规模空前，会议的组织形式和后勤服务方式对大家来说都是全新的。比如说：酒店要网上自订（直到离会都要自行负责）、无迎送、无酒饮、无宴请。面临这些全新的问题，我们做后勤服务的时候，既多有收获，也少不了疏忽甚至失误。但是我要说，代表当中恐怕也有人对新规有些许不在意的地方。八项规定都执行五六年啦，网上预约也早已渗透我们生活的方方面面，在公差吃住行上若您还在按惯性来思维，如果在会上出了差错，我们承办方确实当负主要责任，但各位有差错的人还是要负一点次要责任吧。例如：我们有个协议酒店，一百多个人来预订，实到三十个人，酒店在接待方面当然就有怨气，现在还在找我们理论，要我们支付一百个人这三四天的住宿费。所以说我以小人之心揣摩，这就很可能导致人家在餐饮上面、服务上面会差一些。当然我要说一切责任都该我们来负，起码我们负主要责任。想一想，现今的工作逐渐都在和国际接轨，这种大型会议有那么多内宾外宾涌来，我们把这次失误作为一种教训，也是给大家以后工作提个醒吧！从这个意义上来说，不管是我们的主要差错还是你们的次要差错，对以后也是有借鉴意义的。

大家来到四川，是来指导我们的工作，发表你们的高见。这三天下来，无论是友谊还是学问，我们都收获满满。特别是老专家发表的学术高见以及对考古事业未来的前瞻性指点，我相信会让很多年轻人受用一生。作为我个人来说，精神上的收获是既见到了很多老朋友，又结识了一批新朋友，还有一个收获就是让更多的人也认识了我。至于物质上的收获嘛，为了这个会，我的家属专门给我买了一套西服，还有一件衬衣，所以说我也是收获满满的。

以常人之心来揣摩，我总觉得很多代表，特别是男性代表，恐怕他们来四川前就在想，既然到了成都，希望还是能够喝上美酒，尝遍佳肴，看够川妹儿。但是到现在为止又如何呢？先说说酒吧。会上连酒瓶都没见到啊！但这奇怪吗？我们本来就是要开一个无酒的考古大会啊！一个考古大会居然做到了无酒，这也是个小小的奇迹。再说说菜，大家看到的全是家常菜。我们聊以自慰的说辞是，真正好吃的川菜其实就是家常菜。大家觉得是不是呢？所以说我觉得我们这也可以搪塞得过去。至于美女嘛，倒真没想到，这次会议来的美女专家比想象的多得多，会上大家应该看得差不多了。不过，对美女专家们来说，又有什么收获呢？我的回答是，我们考古大会，从来不缺帅哥和气质男，所以美女们也没亏。美女们说是不是呀？

以上这几句大家权当调侃。我们心中明白，真是非常对不住大家。在此我庄严承诺：欢迎你们以后常来四川，多来成都。我已为你们做了私人订制、市场细分、点对点、人对人的专门接待预案，力争好好的补偿。个人在此提出两点恳求：第一，我虽不喝酒，但偶然的原因，让家中存上有二十箱一百二十瓶的高度白酒，这应是酒君子都想喝的，因为据说这是喝了以后能成为"人上人"的"酒中酒"，所以求您下次到成都后，一定要告诉我，我会带酒前去敬你灌你。第二，让我带你去天府广场转悠，那个地方据说是外省人到四川看美女的最佳地段。别以为我在忽悠，实不相瞒，后天以后，我自己支配的时间跟现在相比是按几何级数在增长。所以说，今后十分盼望常常有朋自远方来。

特别感谢大会期间在会场以外招待了部分代表吃香喝辣的团体和个人。为什么？因为你们的慷慨，稀释了大会的怨气，增添了大会的欢乐，也没违反规定。这是第一个特别值得感谢的！

第二个特别感谢，准妈妈曹蕊以及曹蕊的妈妈，为大会筹备贡献甚多。特别感谢刘国祥处长为学会专门设立的会务团队的辛勤付出。特别感谢河南省的孙英民老局长，是他无私地传授和分享了郑州大会的经验。

当然也要特别感谢省委宣传部、省文化厅和省文物局对我们三家单位的充分信任。另外两家承办单位对我们也信任无比，几乎把大会上的一切服务工作都放心地交给我们。关于此，相信各位与会期间也一直有充分的感受。

特别感谢新闻媒体的倾力支持，让四川人民这几天都在过遗产日，过博物馆日。但是有人说这两个说法都不对，准确恰当的说法应该是在过"考古节"。

大会结束以后，会务工作进入后考古大会时期，我们一定积极地配合学会的秘书处，着手善后，启动《大会志》的编写工作。一定赶在下一次大会开幕时把本届《大会志》分发到每一个参会的代表手中。直到下一次大会的召开，四川的这个会务组才可以正式解散。

最后祝大家明天考察平安。

祝大家明天或者后天归程平安。

祝年轻人多子，老年人多孙。

祝大家一生吉祥。

祝我们的考古事业更加灿烂辉煌。

以上是我个人的感言，如果有错误的和不当的地方，那应该由我个人负责，正确的地方，那就当仁不让代表三家了。

谢谢大家。

2018年10月25日

《青川郝家坪战国墓木牍考古发现与研究》序言[*]

今年是四川省文物考古研究院在展示利用上值得炫耀的一年，代表性的展示利用成果就是我们现在正有三个大展在博物馆展出。一个是年初开始在全省巡展的"蜀道石刻题记展"。第二个是6月下旬在国家博物馆隆重开展的"江口沉银展"。第三个是我院部分参与的，也是在国家博物馆开展的"巴蜀华章展"，最后这个展览精选了四川近七十年来考古出土的文物120件/套。以四川这个文物大省几十年来重大考古发现不断的地区来说，能入选120件/套的文物，一定应当是精品中的精品，有着重要的历史价值，见证了四川历史的重要文物。

青川战国墓地出土的《更修为田律》木牍就是这120件中的一件。

这件木牍是20世纪70年代末期我院的考古专家在青川县郝家坪战国墓地发掘出来的，距今已是近四十年了。在这片木牍出土前，全国很多省，如甘肃、内蒙古、新疆、青海、湖南、湖北、江西、江苏、安徽、陕西、河南、河北、山东有过竹简木牍出土，而四川却一片也没出过。青川出土木牍填补了四川考古的一个空白。其次，四川发掘了无数

---

* 青川县文物管理所编《青川郝家坪战国墓木牍考古发现与研究》，巴蜀书社2018年出版。

先秦时期的遗址和墓葬，铜器、陶器、漆木器也出土了不少，但最缺的就是成篇、成段，甚至成句的文字实物资料，大家都盼着有诸如甲骨文、金文、竹简木牍出土。因此青川木牍的出土，确实令四川考古界兴奋了好一阵子。

小小一片木牍，其貌不扬，但刚一发表，就引起海内外专家的浓厚兴趣，其缘由显然不仅仅是四川首次出简牍而已。真实原因是简牍上的文字，它记载的是秦的一篇完整的法律文书《更修为田律》。这篇法律文书不见于早于它几年出土的湖北云梦睡虎地上千支法律文书中，在学者们看来弥足珍贵。时间上的巧合，给正在被大家热议的秦法律文书研究注入了新的第一手资料，互为补充，相得益彰。所以海内外的秦汉史、古文字学者纷纷撰文发表高见。大家名家如杨宽、李学勤、裘锡圭、于豪亮、林剑鸣、大庭脩，后起之秀如胡平生、李均明、罗开玉等青年学者。青川木牍一时形成了一个海内外关注的大热点。墓葬的年代、墓主的身份、墓地的性质、文字的释读、秦田亩制度、秦的土地管理等都有所涉及。众多学者的参与，犹如一次国内外学者的联合学术攻关，帮助发掘单位解决了许多学术问题，在四川考古史上留下了浓厚的一笔。学术热点因时代不同而有变换，但学术研究永无止境。当年的研究中学者们争论的一些问题因新资料的出土而得以解开，有一些问题，如墓地主人是秦人抑或楚人、木牍的定名还有不同的意见、个别文字释读也存在较大的分歧，以上都有待更多的发现和更深的研究来解决。

青川历史悠久，地扼秦蜀之间，尤其在秦汉以前地理位置十分重要。郝家坪墓地就是其重要性的一个见证。自四十年前发掘后，墓地得到较好的保护，后来因基建工程做过小规模发掘。2008年汶川大地震，青川属于特重灾区，因灾后重建的需要，我们组织过再次发掘。前几年墓地被公布为第七批国家级文物保护单位，受到了更严格的保护，对此，青川县委县政府和文物管理部门所做的努力有目共睹。

当下，在国家对文化遗产空前重视，四川将文化遗产保护利用放到前所未有的高度的大好局面下，青川县政府抓住机遇，乘势而上，在文化遗产保护尤其是郝家坪墓地的保护展示上做了不少实事。现在又将几十年来木牍研究很专业的论文搜集整理，汇编成册出版。遗产保护，研究先行——我以为这走的是文化遗产保护的正路。作为发掘单位，在赞誉他们的同时，也对这一壮举深表敬意和感谢。我想所有论文作者和研究同好的心情和我们是一致的。

青川木牍出土后，我们曾希望四川再出些竹简木牍，但这一等就是三十年。直到前些年成都天回镇老官山汉墓出土上千枚竹简，我们才在四川又一次见到这类文物出土。据悉，老官山汉墓竹简整理已杀青，近期将出版。更值得期待的是，在我写这篇小序时，我院在川东北的渠县城坝遗址考古工地也传来喜讯：在汉井和遗址地层堆积中都发现了竹简木牍。这是个好兆头。我们希望它是四川大批出土竹简木牍的新开端。

即使到那时，不管如何，请大家都不要忘记青川木牍。它才是四川考古发现的首例竹简木牍。

编辑出版本文集目的是推动文化遗产的研究保护和展示利用。其意义也是多方面的，不仅仅是为了今天，也不仅仅是为了青川，是为了日后四川大批量出土竹简木牍做学术准备。可以预判的是，如若真有那一天，编辑出版这本论文集的意义将愈加凸现出来。

2018年8月12日

《酒都酒风》展览大纲前言

　　宜宾人最引以为豪的是浓香型白酒世界闻名，但宜宾的酿酒之盛，爱酒之深，饮酒之风，敬酒之俗，很多人却未必知道多少。

　　宜宾特有的地理环境和不可复制的气候条件，诚然重要，悠久的酿造史，深厚的酒风酒俗，更是不可或缺。

　　把酒注入文化，

　　把酒融进礼俗，

　　把酿酒作为艺术，

　　把饮酒作为生活，

　　把好酒作为待客之道，

　　把佳肴配美酒视为饮食最高追求。

　　酒几乎就是一切，

　　一切又都离不开酒，

　　一句话：视酒如命。

　　本展览一系列的文物资料告诉您，宜宾美酒根植于其深厚的酿酒、饮酒、敬酒、爱酒的传统风俗。

　　酒风酒俗成就了酒都。

　　酒都光大了酒风酒俗。

《四季乡愁》展览大纲前言

十里不同风，百里不同俗。

被横断山脉缠绕，有数条大江穿过，毗邻滇、黔两省的宜宾，广袤数百里，几千年的民族融合和文化积淀，形成了仁厚、淳朴、好客、尚文、乐饮、喜食等独特风俗。

这些风俗是川南民俗的代表。只要您生长于宜宾，不管现在在哪里工作生活，血液里一定流淌着这些习俗的基因，也会随时随地自然地表现出来。

近代以来，宜宾社会发展加速，或多或少引起了民风民俗的改变。我们的工作就是抢在变化前尽可能多地征集民风民俗文物，努力做好记录和研究，并进行科学的展示。

为宜宾人留住民俗，

让宜宾人记住乡愁。

本展览尝试以自然四季为纲，将有代表性的民间生产、生活、文化、节庆、娱乐等植入相应季节，同时以人生四季为线，从儿时、青年、父辈、祖辈的不同记忆，全方位展示宜宾的民风民俗。

一方水土养一方人。宜宾水土养育出的必然是——习性鲜明的宜宾人。

《我住长江头》展览大纲前言

滚滚三江东逝水，浪花淘过楼东。

文明兴替埋草丛。

翠屏依旧在，东方又彤红。

男女老少馆阁上，细看石陶铁铜。

一壶烧酒喜相逢。

古今多少事，都在展陈中①。

附：单元目录

第一单元：悠悠家园一万年，远亲近邻不一般

第二单元：江边驻有秦官兵，门前大道五尺宽

第三单元：仁名远播传千秋，诸葛大军再进发

第四单元：亲聆诗圣吟夸篇，喜看文豪书颂赞

第五单元：文能治国武安邦，世界奇棺村头看

第六单元：熙熙攘攘叙州府，家国天下情满怀

---

① 特别说明：这篇仿明杨慎《临江仙·滚滚长江东逝水》作为前言的最初创意来自四川省文考古研究院万娇博士，本人只是在她创意的基础上小改了几处而已。

良渚申遗与文化自信

如果一定要评出这几天中国文博界最热议的话题，我说是良渚遗址成功申请成为世界文化遗产，估计不会有啥异议。考古发现成功申遗在中国这既不是第一次也不是第二次，譬如，远的有十多年前至二十多年前的如敦煌、秦兵马俑、殷墟，近些年的则有湖南、湖北、贵州的土司遗址。但我认为良渚遗址申遗成功在中国学术界引起的反响却要大于以前的各处。这是为什么呢？从历史学的研究范畴来说，我国以前成为世界级的考古发现，都属于历史时期即中国历史"信史时代"的考古遗存，也就是大家所说的3500年来有文字记载时期的考古发现，而良渚遗址属于距今约5000年，属于中国没有文字的"传说时代"的考古遗存。良渚遗址成功申遗，的确令中国考古界为之一振。

近代考古学进入中国前，对我们商代以前的历史，西方学者基本不信文献里的记载，中国学者也有不少是抱着怀疑态度的。经过近百年的努力，中国考古学者不但用一系列目不暇接的发现，让商史成为信史，连夏以前的许多新发现，也足以让学术界对中国国家文明的认识和研究走得更远。早在20世纪80年代初，著名学者李学勤先生就撰发专文，呼吁重新估价中国古代文明。继而在苏秉琦、张忠培、严文明等一批考古大家的倡导下，早期考古古文明遗址的发掘和成果大大丰富起来。这次良渚申报资料中就直接提出该遗址是5000年前中国古文明的遗存。遗址获批说明这一发现和研究成果得到了国际遗产组织的认可。当一些学者还在为夏遗存在哪里争论不休时，考古新发现的良渚、陶寺、石峁、石家河等，直接跨过夏代，呈现给我们一个个距今5000至4000年前、东西南北都有分布和联系的灿烂辉煌的古文明遗址，这是何等令人高兴的事！大家知道，考古界关于国家文明的标准是西方学者提出来的，当时中国考古尚未开展，从这个意义上来看，其归纳总结也未必全面。这几十年来中国的史前晚期考古的一系列发现，足以让人重新思考文明的新形态和新标准，给国家文明以新的定义。

中国近代考古学从理论方法到技术手段都是西方传入的，直到今天我们仍在不断吸收外来的新方法、新手段，这些并不妨碍我们通过吸收、实践、消化、创新后形成自己的特色。近百年以来中国的考古发掘都是中国学者独立完成，其方法、理论、技术思路都获得了国际同行的高度认可。我以为，类似良渚这样可以成为世界遗产的考古遗址在中国并不少见，如已发现的石峁、陶寺、二里头、三星堆、海昏侯等。这些就是考古人是敢于在良渚申遗中提出中国有5000年文明遗址的底气和实力。

中国考古人经过几代的努力追求，有了一大批发现，让中国人找到了文化自信的根源，中国考古学者自身也充满了文化自信。

（原载《人民日报（海外版）》2019年7月9日）

我们和彭山江口的缘分

　　这两年四川彭山江口因考古出水了4万多件金银器而被评为全国十大考古发现，全世界的各种新老媒体争相报道，江口一时大火起来，成为从学术殿堂的大专家到市井田间的老百姓热议的话题。跟着火的还有主持发掘的四川省文物考古研究院和参加发掘的考古队员们。

　　一些专业人员和许多社会人士见到我们都在说：

　　"你们把江口沉银给找到了，真能啊，佩服，佩服。"

　　"你们运气真好。"

　　"你们运气咋这么好呢？"

　　似乎这是天上掉馅饼，还掉到我们也正好张开的嘴里。

　　说到底真是我们运气好吗？

　　真实情况还真不是这样。考古学这门学科的兴起，主要就是为了寻找远古时期失落的文明遗存。西方的考古，从古埃及王陵到特洛伊古城，从两河流域古文明到美洲的玛雅文化的探寻，中国早期考古，以外国人安特生发现新石器时期的仰韶文化和中国人李济等在安阳找甲骨文为代表，也都是早期的遗存。通常来说，早期的考古学家是不太重视晚期的考古遗存的。在中国是因为自20世纪50年代起国家对文物考古事业确定的方针是"保护为主，抢救第一"，考古发掘主要任务是配合国家大中型基本建设，国家主动性的考古发掘一般是不涉及晚期（明清）遗址的。也就是说，若是在大型工程建设中碰到晚期的遗存，才进行考古发掘。如因十三陵水库建设，才有明定陵发掘。因为有大型基本建设项目，才有20世纪70年代成都蜀王陵的发掘。即使如此，晚期遗址不是考古院所工作的重点，鲜有主动去发掘的。除了特别重大的发掘发现，发掘一般也就仅仅是发掘而已，后续整理、研究、发表还得给早期遗址让路。

但是进入20世纪90年代后期，情况发生了变化。

随着发现的增多和研究的深入，学术界一部分人首先认识到，一些晚期遗址的重要性也并不亚于早期遗址。晚期的考古遗址也可以研究、解决很多重大历史问题，也可以了解到很多文献里记载不清，甚至压根没记载的事。晚期遗址出土文物，还可大大充实很多博物馆的晚期陈列。很多博物馆藏品重早轻晚的不正常状况，从晚期遗址的发掘入手，在很大程度上可以大大改善。当今，只要你留意到大多数年份的全国十大考古发现大评选都有明清遗址（个别甚至包括民国遗存），就知道早晚期遗址都重要，已渐成学术界共识。

我们是较早注意到晚期遗址的重要且抓住不放手的单位。早在20年前，我们就以成都水井坊酒坊遗址的成功发掘为契机，系统、全面、有计划地在晚期遗址考古上着力。在接下来的十多年里，还相继发掘了泸州老窖、绵竹剑南春天益老号、宜宾五粮液长发升作坊、射洪泰安作坊、宜宾糟房头作坊遗址，每个遗址都发现了酿酒遗迹和大量的生产生活用具，特别是酒具。其中两处酒坊遗址还被评上当年的全国十大考古发现。这些发现大大丰富了四川白酒的历史文化内涵，使其在全国白酒历史文化大战中处于无可争议的优势地位。这6处发现还在2014年荣列国家文物局的45处申报世界遗产预备名单殊荣。进入21世纪后，我们从2005年开始到江口水下考古发掘时，我们已进行了十多年、十多条古代文化传播线路的考察，比较著名的就有川藏南线和北线、五尺道、米仓道、川黔盐道等。通过这些考察，我们接触到大量明清时期遗存，开展文化线路考察的考古探险活动，拓宽了院考古队员的学术视野，丰富而且改变了对晚期遗址的传统认识。而从2007年起，由四川省文物考古院督导全省的"全国第三次文物普查"，在普查督导中，我们不但一如既往重视明清文物，甚至是全国第一家第一次提出全面调查20世纪文物点的单位，这一提法得到同行和上级的高度认可。当全国第三次文物普查结束后，四川文物总数量从全国第6位升到第3位，这可以说与我们重视晚期文物点有极大关系。再就是2008年汶川大地震后，地震遗址选址和地震博物馆的规划方案、展陈大纲、文物征集四件大事落在我们肩上，我们用3年时间圆满完成任务，仅地震文物标本资料就征集了11万件。

正因为有了以上多方面的历练，所以当有江口水下考古机会时，出于职业的敏感和事业的担当，我们不但不会无视、退缩，反而会抓住机会，迎难而上。因此，当2011年听说江口挖沙挖出了明清文物时，我们就立即去现场了解、调查，和当地文物管理部门的同行一起研究，并初步确认其为明末农民起义领袖张献忠和四川杨展发生"江口之战"的战场遗址。但是，遗址在岷江河心水底，河宽、水深、浪高，河底还有数米厚的淤沙，正因为如此，水下才可能会有埋藏物，这让很多人都觉得若要去发掘，虽不是大海捞针，却也是望江兴叹，无从下手。当时国内水下考古虽有南海一号、碗礁一号、南澳一号的打捞，但内水考古还尚无先例，而且水下考古所要投入的经费，对地处西部的四川来说几乎为天文数字。更为重要的是，虽然从一开始我们就坚持出水文物是真的，但当时的四川传世文物鉴定专家、部分历史学家和我们之间，对这批文物的真伪看法存在严重的对立分歧，这极大地影响了有关部门的决策。那时，我们和彭山文管所本来是准备做调查和发掘的，眼看发掘搞不成，我们退而求其次，商量尽快划出保护范围，提请当地政府公布为文物保护单位。另一方面，我们利用各种机会，邀请全国专家来江口实地考察。2012年，我们把参加米仓道考古调查的专家白云翔、张威、杨林（其中张、杨二位还是水下考古专家）等邀请到彭山文管所库房，鉴定地方文管所收集的江口历年出水文物并到遗址现场勘察。2013年，我们又请到国家文物局水下考古中心的宋建忠副主任专程来江口实地勘察。两批专家都赞成我们对遗址的初步判断，认为应该高度重视，做好发掘的准备工作。2015年底，我们认为时机基本成熟了，于是联合彭山区委宣传部，邀请到中国社科院考古所王巍所长、故宫博物院的李季副院长、国家文物局水下考古中心张威主任、北京大学齐东方教授、人民大学毛佩琦教授、四川大学江玉祥教授等召开江口沉银考古发掘专题论证会。在听取了我们的汇报后，专家们开展了热烈的讨论，最后形成的意见是：文献记载和彭山收集到的出水文物作为一个个证据，都把导致张献忠被杨展致命一击的大战战场所在地指向彭山江口，并建议尽快对江口沉银遗址进行考古发掘，以科学方法最终确认是否江口之战战场遗址，进而弄清遗址的范围、堆积及保存状况，以回答四川人民关心了几百年的大事。专家们还指出，这也是为进一步的保护利用必须做的基础工作。

2016年1月，国家文物局在北京召开全国水下考古工作年会，落实当年的发掘任务，我们争取到了在大会做汇报陈述的机会。我们的执着和激情打动了在场的领导和参会人员，不久国家局的发掘执照批下来了。然而大江大河水下考古怎么搞，经费在哪筹措，相关机构如何协调，工地怎么管理，如何在有限时间内完成发掘……都是全新的问题。好在我们一年多前就已在院内设立水下考古中心并公开招聘了中心主任，从专业上、人才上、设备上、经费上都有了初步的准备，临到发掘，又搭建起了队伍。很快，千米围堰、机场式安检门、抽水机、挖掘机、筛选机同时启用，接着我们又召开发布会、招募志愿者，遇水架桥，见招拆招。发掘过程很顺利，经过100天的苦干，收获远超预期。我们的工作始终得到彭山区各级领导的全力支持配合，他们敢作敢为、甘做我们的坚强后盾、愿与我们风险共担的一系列表现，感人肺腑。

江口水下考古工作能够得以实施，大的背景是国家经济实力明显增强。大家知道，同单位面积的遗址，水下考古的投入费用比陆地考古高得多。地处西部的四川，经济属于欠发达地区，十多年前当江口零星出水金银器的时候，水下考古是我们想都不敢想的事。但当到2015年的时候，四川的经济实力让我们有了往这方面想的底气。同时，经过十多年的摸索，水下考古在我国也从无到有，进而发展到有一定的规模，摸索出了一套行之有效的方法。我们的发掘就是和国家文物局水下文化遗产研究中心联合进行的。

中国许多重大考古发现都是考古学家多年努力的结果，远的不说，就说这些年很热的石峁遗址、良渚遗址、陶寺遗址、二里头遗址、三星堆遗址，都是几十年辛勤考古才有大的发现。即使是在大型基本建设中发现了大墓或重要遗址，也必须要由有丰富的田野考古经验，有较多研究的资深考古专家来主持发掘。优异的成绩来自辛勤付出，机会青睐有准备的人，做事要敢于担当，对认准目标的奋斗要执着。长时间的追求和坚守，天时、地利、人和，传统史学要求的才、学、识综合素养，是收获考古大发现的主客观前提条件——江口沉银考古的成功也绝非例外。

（原载《中国文物报》2019年8月6日）

从良渚申遗看中国考古学对文化强国建设的贡献

　　这次良渚成功申遗，在学术界和社会上都引起热议，有何特殊背景呢？在我看来，大背景至少有这几方面：一是文化遗产热和公众考古的蓬勃开展。文化遗产热，所有人都感受到了，无须我在此多言。全国考古人这十多年自发地进行公众考古，坚持不懈、勤勤恳恳做了许多考古科普工作，考古人工作的意义价值越来越被社会所理解和认同。浙江考古所的公众考古也做得有声有色，据我所知，他们和北大考古文博学院、北京鸣鹤书苑俱乐部合作，以良渚遗址为基地，共同举办了多年的全国中学生考古夏令营，都受到学生和家长热烈追捧。夏令营扩大了良渚遗址的影响，提升了考古行业的社会地位。二是国家在20世纪末实施的"夏商周断代工程"取得巨大成果后，乘势启动"文明探源工程"，良渚遗址的考古被纳入该工程中，获得一批重要发现（其中有的发现还被评上当年全国十大考古发现）并及时公布，持续不断地吸引了各界的关注。三是自20世纪80年代中国加入世界遗产组织以来，虽然有敦煌、秦兵马俑、殷墟、大运河、丝绸之路等遗址或与考古相关的遗址被列入世界文化遗产，但在历史考古学科的年代范畴来看，他们都属于历史时期即有文字记载以来的遗存。而良渚遗址属于有文字记载以前的时代，即历史考古学家所谓的传说时代。中国的传说时代究竟进没进入国家文明时期，不少西方学者基本是持否定立场的。但是，经过几十年中国考古一系列传说时代的大发现，考古发掘出很多古城、大墓、大型工程和精美文物，从中可以看出礼乐文化发达、社会分工细化和存在严格的等级制等特殊现象，又促使一向用材料说话的中国考古学者认真思考中国文明的起源和特质等重大学术问题。良渚遗址申遗的成功，既与考古人数十年的不懈努力相关，又与文明探源工程积极实施相关，是对文明探源工程的最高褒奖，更是对中国五千年文明的崇高致敬。

一般来说，根据人类文化发展进程和考古发现，中国考古学家们把距今约10000年前作为中国新石器时代的起始，而把距今约5000年前起至约4000年前，划为中国历史的传说时代。这几十年尤其是20世纪80年代以来，不断有传说时代的考古大发现，如红山、陶寺、石峁、芦山峁、石家河、良渚，以及稍晚于以上遗址但属于传说时代的三星堆和金沙遗址等。许多这一时期的发现刚露头时连考古学家都很吃惊，深感用既有的知识解释起来比较吃力。把这些发现串起来，足以证实传说时代的分布地域很广（东西南北都各有约千里的范围），但文化之间联系却很紧密，文化高度发达，已具有形成文明的诸多必备要素，这和文献记载的传说时代文化之间的深入而频繁的交流、文化面貌的趋同、礼乐文化的发达，倒是高度吻合的。

那么考古在遗产保护和申报以及利用中所占的分量有多重呢？

笔者不掌握权威全面统计数据。十多年前，我带的团队承担过国家文物局的一个"（四川）文博事业对社会和经济发展的贡献"科研课题，这几年没做过这方面的研究了。这里倒是想讲几个与所问问题有关的现象，供大家参考。这要分几个层面来说：中国和西方的古代建筑用材上一大不同是，中国多用土木作为建筑材料，西方多用石材，因此中国古代很多建筑在沧桑巨变中被掩埋在地下，这就要靠考古学家去发掘才能重见天日。所以我们的很多古代遗产是靠考古学家挖出来，比如上面提到的中国列入世界遗产的几处遗址，要么是考古发掘出来的，要么是经过考古发掘进一步揭露过的。此外，大家认为已列入或足以列入国家世界遗产预备名单的城头山、红山、石峁、石家河、陶寺、凌家滩、二里头、三星堆、海昏侯和6个传统白酒作坊等遗址、蜀道、秦直道、海上丝绸之路等文化线路概莫例外。这样大批已列入和作为预备名单列入的古遗址基本都经过考古发掘，而且绝大多数是近二三十年来的考古发掘成果，这在世界遗产领域和考古范围内可能也是中国才独有的现象。

考古还改变了旅游（格局）。有个很有趣的现象，20世纪70年代以前，除北京外，国家力推，国外来访贵宾、国内外游客最爱去旅游的人文景观是云岗、龙门、杭州。70年代起，考古人陆续发现了秦兵马俑、擂鼓墩大墓、法门寺地宫、马王堆汉墓、三星堆祭祀坑、南越王墓……于是更多的游客涌向西安、武汉、长沙、成都、广州等地。当今，中国博物馆事业大发展，是由于特殊的背景和历史原因，与世界上很多博物馆不同的是，我国的很多国有博物馆如果没有考古发掘品，恐怕连比较有内涵的展陈都未必做得出来。凡此种种，你可以联想到考古对经济社会发展的作用有多大吧。

国内的考古，相信国人都了解不少，但一介绍起来，我们老一辈著名考古学家的考古发掘工作都是在国内，在国外考古进行发掘基本是空白。而我们看到西方，甚至日韩考古学家都满世界考古发掘。中国的考古学家们在这方面是怎么做的呢？

考古是一门科学，科学无国界，学术也没禁区。中国最早的考古调查和发掘就是外国考古学家先做起来的，例如斯赫定、斯坦因、安特生等。从1949年起，我国的考古全是我国自己的考古学家在发掘，改革开放后，和国外考古机构广泛合作在国内调查发掘，2000年初，有四川、陕西、内蒙古等考古院所自发行动，主动作为，率先走出国门，到国外进行田野考古发掘，这成为中国考古史上的标志性事件。早期外国考古学家在中国率意行事，那时我们还没有自己的考古机构和队伍，1928年后虽有机构和队伍，但国力弱小，可能还有自信心不足等原因，导致我们直到改革开放前都是在自己的国境内做考古工作。改革开放积累起了雄厚的经济实力，拓宽了中国考古学者的学术视野，顺理成章地有了2000年初期四川、陕西、内蒙古等考古院所的考古学家们摸着石头走进国外考古这条大河，最后形成2010年后许多考古院所和高等院校赴国外考古呈井喷式爆发的局面，今天为止，在亚非拉先后有十多个国家30多个地点，都活跃着中国考古学家的身影。中国考古学家以过硬的田野考古技术，真诚的合作态度，科学求实的精神，赢得了合作国同行的尊敬。中国人在国外考古发掘，有的已出版中英文田野考古报告，有的成果已在所在国乃至国际上产生了较大的影响，这是中国考古所取得的成就，也是中国考古和考古人文化自信的重要标志。相信在不远的将来，中国考古人将会迅速成为具有国际视野的、常年活跃在亚非拉欧美考古工地的一支重要力量。

考古人在中国文化自信方面做了哪些重要的贡献呢？

这是个很大的话题呢，这儿没法展开说。举要来说，首先是通过引进西方考古学的理论方法、技术手段。我们主要靠自己的力量实践、吸收、消化、创新，初步形成了有自己特色的理论、方法、技术手段的中国考古学。其次是一大批史前到明清各个时段大大小小的考古发现，大大丰富了我们对古代中国的认识，让国内外的人们对中国古代有了更多的直观认识，从实物遗存上清晰地看到了贯穿中华文明几千年来发展跳动的脉络。特别是20世纪90年代开展的夏商周断代工程，主要就是依靠考古发现，第一次建立起了夏商周完整的年代序列，而21世纪初开展的中华文明探源工程，将中国文明史整整往前推了千年以上，红山、石峁、芦山峁、石家河、良渚、三星堆，一提起这些熠熠生辉的遗址，令我们中国人的骄傲感和自豪感油然而生。而在近百年前，西方主流学者认可的中国进入国家时期也就在距今3000年前而已，古文明的地理范围也局限于黄河中下游一隅。到20世纪结束时，是考古人的发掘发现让中国文明的形成提前到距今4000年前，范围跨过了长江南岸，这一结论成为学术界的主流共识。进入21世纪所进行的"中华文明探探源工程"，得益于一大批前举新石器时期晚期重要遗址为代表的大发现，一批中国学者大胆地把中国古文明又往前推进了一千年。考古发现为文化自信源源不断地提供了依据和底气。新获批成为世界遗产的良渚遗址就是中华文明五千年历史的代表性遗址。考古人自身的工作也赢得了世界同行的尊敬，我们也是一个充满工作自信、文化自信的专业群体，正因为有此自信，才愿为国家文化强国的建设付出常人难以想象的艰辛努力，并做出了卓越贡献。

（原载《中国文物报》2019年10月11日）

《宜宾酒史》序

　　20世纪80年代末在学术界兴起的文化热一直延续到今天，热度也不见减退。林林总总的文化研究中，酒文化研究一直是一个热点和亮点。我想这其中既有酒文化博大精深，它确为中国文化重要组成部分的一样，也是有国人喜酒爱酒、文人嗜酒，更是有酿酒企业推波助澜等诸多因素所促成的一面。如果仅仅是把这近40年来公开刊布的酒文化论著目录罗列出来，也一定是蔚为大观。以上成果的研究大军中，文史类专家绝对是主力军。可能是史料太丰富，一般说来许多论著中都不乏宏大叙事，历史从杜康造酒、纵酒亡国到巴拿马金奖，文学则从《诗经》、汉赋到唐诗、宋词以至明清小说，能收全收，能引尽引，论著确实很多，但雷同者也真还不少，看多了也觉得有些乏味。在这轮酒文化热的早期，文物考古专家在酒文化研究中发声不多。

　　我以为，文物考古积极主动参与酒文化研究的代表性事件，是1998年夏天的成都水井街明清酒坊遗址的考古发掘。从那时起，20年来，四川相继发掘了泸州老窖窖池作坊区、宜宾五粮液长发升作坊区、绵竹剑南春天野老号作坊、射洪泰安作坊、宜宾糟房头共计6大作坊，省外也有江西李杜酒坊、河北刘伶醉酒坊，以及安徽口子窖作坊的考古发掘。一系列的考古发掘为酒文化研究注入了全新的实物资料，也促使了研究者重新审视既往研究的方法和成果。这些考古成果不能仅停留在简报和论文里，需要尽快让社会大众普遍知晓，为此，主要做法是尽快通过文物展示来实现。要完成这项工作，本来由考古发掘单位来承担最好，但是，我国考古机构的主要职能是田野考古发掘和发掘资料的整理和研究，考古机构纵有做展览之心，也没有展览的场所。所以，虽有新资料发现，却难以在博物馆里看到反映新成果的专业性展览。进入21世纪后，一些实力雄厚的酒企陆续建起了酒文化博物馆，我有机会参观过其中的几个，给人的总体印象是，建筑气派、内部奢华，但不足之处也显而易见——爱做宏大叙事。论宏观，展陈内容的年代上上下下涉及文明几千年，地域上南北东西几乎囊括全中国；说细处，讲到本厂历史，明明几十年前不过就是个小作坊，却旁若无人地夸夸其谈。即使如此，讲述自身历史却也语焉不详，似乎几十年甚至几百年来，偌大个区域仅此一家别无分店。其实，稍有常识的人都知道，若没经过残酷的同业竞争，没经过天灾人祸的十磨九难，他们又怎么可能成长为称霸一方的名企呢。坦率地说，由于研究的不足和企业自身局限，一些酒企博物馆展陈或多或少存在自炫和文物缺少的通病。

　　宜宾是以产美酒闻名天下。历史上这里的美酒数不胜数，在唐诗宋词里就有提及，近代以来先有提装大曲、五粮液、李庄白酒，改革开放后，五粮液声誉日著，叙府大曲、华夏酒、金潭玉液、故宫液、红楼梦酒等也异军突起。从20世纪90年代初，泸州老窖窖池获评国家级文物保护单位的金字招牌，立即给自己带来了出乎意料的市场营销积极效果，后四川许多酒企也纷纷关注自身酒窖品牌的历史。宜宾这片土地酿酒历史悠久，酒坊星罗棋布，酒文化根基深厚，酒礼酒俗自成体系。改革开放以来，白酒一直是宜宾经济的支助产业，新建成的宜宾机场都打上了深深的酒的烙印，中国第一个白酒学院也刚诞生在宜宾。保留宜宾酒文化的历史见证物，研究地方酒文物，自然也应是宜宾博物院的业务重点之一。据我所知，成立近四十年的博物馆一直把酒文物的征集收藏、酒文化的研究作为自己的本职工作。近些年来，他们又联合四川省文物考古研究院，发掘了城区内五粮液长发升老酒坊和宜宾糟房头酒坊遗址，普查了市域内的酒坊遗址，并专题收集宜宾酒文化文物。以上工作都取得了不俗的成绩。2014年国家文物局公布的中国世界文化遗产预备名单中的"白酒作坊遗址"群（7个）中，宜宾是唯一拥有两个的城市。几年前，乘宜宾博物院新院建设启动之机，酒文物研究大有提速之势。他们又加大投入，充实力量，配置人才队伍，特别在新馆里规划设置"酒都酒风"为名的宜宾酒文化基本陈列展览。《宜宾酒史》一书，就是博物院在这样的背景之下适时推出的最新科研成果。

我们常说，博物馆有收藏、研究、展览三大功能。受惠于国家的博物馆免费开放政策，这几年许多博物馆的展览搞得很热闹，但在一些博物馆，除了引进展览外，以自己馆藏品为主的展览，虽几年一变，参观者会发现，主要是变在场景如展墙、展柜、灯光以及展品摆放位置，至于展陈大纲文字并无大的改动，展品亦无明显增加。何以至此？恐怕与研究没跟上、藏品征集有限都有很大关系。据我所知，一些博物馆改扩建后，增加的主要是后勤管理人员和讲解接待人员，建馆经费投入很大，但文物征集费的投入几乎可以忽略不计，长此以往，必然会导致三大功能中的两大功能被弱化，这种情况下再怎么改动陈列展览，新意匮乏实属必然，也就只有绞尽脑汁在形式上下足功夫。这样的展览，充其量能让其看上去有个光鲜的外表而已。因此宜宾博物院在新馆建设中，在新展览的设计中"以研究为本，收藏先行"，这是博物馆新馆建设中理应坚持的办馆原则，在当前大背景下，宜宾博物院能做到这一点，十分难能可贵。这种思路和做法应该大力宣传提倡。

在我看来，本书有如下几个特点：

一、如上所述，宜宾博物院来做酒文化的研究，不但可以弥补这一地区纯文献研究和纯考古研究的不足，还可以将二者有机结合，从本书的篇章设计就可以看出这样的优势和特点。本书虽名"宜宾酒史"，但在叙述中也涉及全省乃至全国的酒史，作为中国酒史特别是晚期中国酒史重要的地理单元，必然应当把宜宾酒史放入全国酒史中考察，方能更充分了解、正确评估宜宾酒史在全国酒史中的地位和作用。

二、宜宾酒史当然是全书叙事的主体和核心。宜宾有悠久的历史，名酒根植于本地深厚的喜酒爱酒悠久传统。此书通过历史、考古、文物、文学、文化、民俗的研究，较好地阐释了一方水土酿一方酒、山水美技艺精的宜宾人能酿出世界名酒的缘由。全书梳理出了宜宾酒文化发展演进的清晰脉络，讲好了宜宾酒史的鲜活故事。

三、本书的一大特色是文物考古资料的大量引用。大量利用本馆所藏、本区域出土文物来佐证书写本地酒史，图文并茂，文献实物互证，无论叙述还是论证都不觉空泛，尤其是四川几大白酒作坊遗址，特别是对宜宾糟房头发掘资料的充分利用，将会令读者欣喜不已。

宜宾博物院一向重视科研。据我所知，早在20世纪80年代初，他们就办起了馆刊《川南文博》，进入21世纪以后，又通过和科研院所联合、引进青年才俊、恢复馆刊、自拟或承揽科研课题、举办展览等多种有力措施，令院里的整体业务水平上了几个大台阶，经过这些年的辛勤耕耘，从院里馆藏文物的快速增加，不断推出新展览、新论著来看，成效喜人。如院里举办的"宜宾城市史""考古宜宾5000年"等展览，观众人数屡创新高，业内好评如潮，在本地乃至全国都产生了较大的影响，已出版的《宜宾戏剧史》、主办的《西南半壁》文博杂志，其专业程度和研究质量之高，都让同行刮目相看。我相信本书出版，会进一步提升宜宾博物院在同行和社会上美誉度。

最后特别要提到的是，有此书作为基础，我大胆预测新馆的"酒都酒风"将会是很值得业界和社会期待的专题常设展览。

2020年2月19日

《秦汉阙》序[*]

刚从埃及考察回来，我的思维似乎还沉浸在尼罗河畔卢克索一带的古埃及神庙里徜徉，突然接到高子期博士索要她的大著《秦汉阙》书序的微信。我有幸参加过她的以汉阙为主题的博士论文答辩，多年来对阙也略有接触，汉阙里有大名鼎鼎的本家高颐阙，今天本家人研究秦汉阙的新著问世，阙还是四川的特产（例如四川渠县就被文化部授予了"中国汉阙之乡"），凡此种种，不应承她的请求，于情于理都却之不恭，所以也就接下这一命题作文了。

秦汉有四百多年文明，除了像《史记》《汉书》这些文献典籍里有生动详细的记载以外，还留下了丰富的物质文化遗存。有赖于中国考古事业的发展，即使在以年为时间单位统计的考古大发现，在我的印象里，秦汉考古几乎每年都没缺席过。不过，这些发现都是从地下挖出来的，地面上能够看得见的秦汉遗存，除了长城和关中高大的帝王贵族坟丘，其他还真是屈指可数。这与西方古埃及古希腊罗马文明留下的神庙、剧场等巍峨挺拔、体量庞大的遗存，形成鲜明对比，我们知道这是由环境、习惯、价值取向等因素导致的，并不能由此而得出孰优孰劣的结论。凡事都往往有例外，阙就是秦汉物质文明遗存中，今天都能见到

* 高子期著《秦汉阙》一书，待出版。

的、为数不多的地面石砌建筑遗存，因而弥足珍贵。

我国研究者很早就注意到了汉阙，从它被引起注意的宋代起直到清末，大家主要关注的是阙上铭刻文字所反映的历史和书法价值。首先将其作为建筑物来看待，并整体考察汉阙的是清末到中国考察的英国学者巴伯、陶然士，法国学者谢阁兰。20世纪60年代初中华人民共和国国务院公布的第一批全国重点文物保护单位里，也是将阙作为建筑物公布的。在20世纪的大部分时间里，除了书法研究外，有学者开始对阙上所刻图像展开了研究。到20世纪后二十年，有了一些关于阙的著作，但多是图录类的出版物。我本人比较关注阙，缘于做渠县汉阙的保护规划。2011年前后，我们在编制渠县汉阙保护规划前查阅它的"四有"档案，才发现渠县虽贵为全国汉阙之乡，县境内的阙有6处7座之多，但所划定的保护范围总共加起来才200多平方米，这和阙的地位极不相称。再进一步追寻下去，才发现到我们接手时，不管书法历史艺术还是建筑专家研究，大多数的研究者能关注到阙全身已经是很不错的了，好像阙本体以外都和阙无关一样。但是从考古角度来说，只关注阙本身还远远不够，比如阙的断代，阙所处环境。如果现存是单阙，那另一个阙的位置在哪？找到双阙了，神道位置和走向也就大致可以找出来了，再探究下去还可以继续找主墓和墓园，还可能发现阙遭损坏后的残件……如果把渠县汉阙当作墓阙来考察，这些阙并非一直孤零零地存在，它其实是墓园的一个组成部分。依据勘探结果，我们重新划定了汉阙的保护范围，比以前面积扩大了100倍之多。我们将其编入保护规划，我们的保护思路和规划编制前考古先行的做法，在国家文物局组织的专家评审会上获得高度评价。说了这么多，我其实是想说，秦汉阙的研究可探讨问题还很多，不能总在图录、书法、图像诠释等普及性介绍上转圈。

高子期这部专著，就是在秦汉阙被关注渐多，但进一步研究又遇到急需突破瓶颈的这一大背景下，选择秦汉阙作为博士论文。她力图通过对所有秦汉阙和疑似秦汉阙的脚踏实地的逐一考察，全面梳理文献，总结前人研究成果和得失，再借助西安学习考古得天独厚的地理优势，加上导师的考古学、艺术史专业背景，以及自身的美术专业深厚基础，对秦汉阙来一个全方位检视，并在多个重大学术问题上发表自己的见解。通览全书后，在好些方面都给我留下了较为深刻的印象。

第一，这是一部秦汉阙的田野调查报告。秦汉阙和相关遗址都在野外，作者为了得到第一手资料，走遍了大半个中国，有的地方还反复考察，我在成都时就接待过她的专题考察多次。这种脚踏实地、求真务实的作风无疑是值得赞扬的。即使我们有幸处于21世纪，交通条件的改善远非我们上几辈学者所能想到的，但任何现代交通都取代不了徒步考察。这种吃苦耐劳的精神在现代年轻文物研究者中应该大力提倡。正如她在书中自信说到的那样，她是实地考察秦汉阙最多的也是把所有秦汉阙都考察过了的人。付出和收获是有成正比的。有了这些坚实的基础工作，全面拥有了亲自调查所得的实物资料以后，才能对秦汉阙既有深入研究又有新发现。

第二，这是一部秦汉阙研究史专著。大家知道，规范的学术研究，尤其撰写专业论著时，首先要做的是搜罗尽可能多的所要研究问题的学术资料和论著，其次是要对所研究的问题做学术史的回顾与总结。我觉得本书在这两方面都下足了功夫，是我看到的秦汉阙研究最丰富的文献资料和全面的回顾总结。有此书在手，对以后要再涉足此领域的研究者来说可以省去很多基础性工作。

第三，全书篇章架构合理，有绪论、文献记载与时代背景、遗存、分类、审美探讨、流风、艺术创造和审美标识、结论共七大章，章节设计前后逻辑性很强，几乎涉及了学术界关于秦汉阙的所有方面，没有较广博的知识是很难驾驭的。但是高子期博士的论文无论资料的汇集、观点的取舍、问题的提出，还是论据的罗列、结论的阐释，都做得很到位。

第四，敢于大胆提出自己的新见解。学术研究，贵在创新，就是通常所说的资料新、观点新、结论新"三新"。用这三新来衡量，可以说在每一章都有创新。比如搜罗到以前大家不常见到的近代学者早期考察资料，比如以作者的视角发现了数量客观的秦汉阙，又比如对阙的流风的探讨，无不是该书的创新之处。尤其是作者充分发挥自己专业所长，设立艺术和审美两章，专题探讨秦汉阙的艺术创造，进而放到时代审美大背景中去考察、去理解。这些都是以前的研究中较少或者没有被关注到的方面。读者去翻阅一定还会有更多的发现。

今天，国家给予文物保护的力度空前，汉阙所在地的人民政府对汉阙的保护利用也给予了前所未有的重视。做好保护利用，让秦汉阙活起来的重要前提，就是要对它有深入的研究。从这一点来说，高子期博士的著作出版正逢其时。本人乐见此书将成为秦汉阙研究和保护利用规划的重要参考书。我们身处的世界正在越来越紧密地联系在一起，文明之间需要互鉴，古代各大文明的发展以及文明之间的联系也越来越受到考古学家的重视。汉阙是近代最早进入中国的西方考古学家最先关注到的中国汉代地面建筑遗存，实际情况是，与墓阙相关的神道上，常常也排列着西方传入中国的有翼兽。由此可以预测，以后的文明互鉴考察研究中，汉阙会受到更多东西方学者的关注。

在接触中我强烈感受到高子期博士对学术很执着，将秦汉阙的研究作为自己的使命，很多时候到了忘我的境界，《秦汉阙》一书的完稿出版，可视作是她学术道路上的一个重要站点，我相信她绝没将此作为终点，期待她以后不断推出更多的成果。秦汉阙还有很多学术问题并没结论，包括此书中的一些结论也仅是一家之言，可能随着阅读的拓展和阅历的增加、研究的深入，作者自己也会修正一些研究成果。秦汉阙是珍贵的、也是美丽的，但更是脆弱的，它已屹立两千多年，仅存的都已是百孔千疮，摇摇欲坠，阙的保护迫在眉睫，因此希望高博士在今后的学术研究中，除继续以秦汉阙研究为己任外，还应为家乡，为四川，为全国的秦汉阙的保护奔走呼号，以科研成果，以实际行动，带动更多的人们和团体参与到秦汉阙保护的队伍中来。

2020年5月1日于深圳南山区崇文花园

期待文化线路考察惠及社会

　　四川省文物考古研究院的考古探险活动，从2005年的康巴地区民族考古综合调查开始，到2018年甘川文化走廊考察之前，已连续进行了十三年。十多年来，四川的古道路我们走得足够多了，但有一条很重要的古道，我们虽早有想法，却因种种原因一直未能成行，这就是甘川文化廊道。

　　甘川文化廊道主要是指甘肃与四川之间古代物质文化交流的一系列道路体系。早在20世纪30年代末，考古学家冯汉骥从海外学成归国后进行的第一次田野调查——岷江上游考古调查，大体就是沿着这条走廊进行的。继后的童恩正早就关注到了中国东北到西南的边地半月形文化传播带，指出从石器时代到青铜时代大量的文化因素沿着这个地带传播，而川西和甘青地区则是这一传播带上空间相连的关键部分。尽管这一地区地形复杂、地势险要，但却无法阻挡早期的人群流动以及大石墓、石棺葬、彩陶、青铜器等文化因素的传播与扩散。秦汉以后，这些路线似乎不那么引人注目，但早期佛教文化的传播是经由这些路线展开，传统意义上的蜀道支线包括阴平道、祁山道等成为甘川两地交流的重点。

　　进入21世纪以来，有几个因素促使我们更加重视甘川文化廊道。

一是在四川汶川姜维城、茂县营盘山新石器时代遗址发现了零星彩陶，后来又在金川刘家寨发掘出大批仰韶文化晚期的文化遗存。二是随着三星堆研究的不断深入，有学者认为，三星堆玉器的原料和器型受到甘青地区齐家文化的较深影响。三是陕北神木石峁古城遗址中也有和三星堆相似的文化因素。四是经过初步科学观测，四川境内大渡河、金沙江、岷江流域从新石器到商周时期各类遗存出土的海贝，存在从西北往西南传播的可能性。同样是这些流域发掘的石棺墓里，发现了大量西北文化要素。

鉴于甘川文化廊道的重要性，2018年初，我与时任甘肃省文物考古研究所所长王辉共同商定并开展了这次考察。这是继2014年唐蕃古道考古探险尝试多省区联合考察之后，我们双方的又一次合作。除了两省的考古工作者外，我们还邀请了来自北京大学、中国人民大学、国家文物局文物交流中心等高校和科研机构的专家学者参与考察。

长期以来，各省的文物工作者往往对本省的文化遗存熟悉，但对与之相邻和相关的其他省份的遗存可能缺乏了解。这种情况对于完整和准确地还原古代文化的面貌非常不利。通过跨省区联合考察，让参与的专家和考古工作者在一个相对完整的空间下展开科学的考古调查，对这一范围内的自然和人文环境以及相关考古遗存都有了直观的认识，这无疑有利于进一步研究工作的开展。我们的另一个目的是，通过考察活动的报道宣传和研究成果的陆续公布，吸引更多的学者、学术机构和沿线各级政府对这条廊道及廊道上的文物遗存给予更高的重视。

自2005年以来，我院组织的考古探险活动走过了14条古道，总行程数万里，考察文物数以万计、不可移动文物点数以千计，新发现文物点数以百计。绝大多数考察都出版了图录，累计发表简报论文数十篇，在高校和考古所、博物馆所做的主题报告也有数十场。四川省全国不可移动文物点数量在第三次全国文物普查后从第六名跃居第三名，蜀道和藏羌碉楼在2014年被列入中国世界文化遗产预备名单，都和我院考古探险中心的工作有一定的关系。

值得一提的是，一开始我们把古道考察视为探险活动。2007年国际古迹遗址理事会西安年会提出"文化线路"的概念后，我们立即认识到，已经开展了几年的考古探险就是文化线路考察研究，这更坚定了我们的信心，让我们加快了前进的步伐。近年来，各地陆续开展了类似的活动，比如秦直道、万里茶道、南岭道、陕川古道等文化线路的考察。我们最初的摸索也许起到了先行和示范作用。

当下，不少省区市把文化线路的考察、保护、利用作为本区域文物工作的重点，已有数条文化线路入选世界文化遗产或被列入中国世界文化遗产预备名单。这是我们在考古探险之初没有想到的，却也是最令人欣喜的。在文旅融合持续深入的今天，文化线路的研究和保护利用必将迎来新气象、新局面。期盼我们的发现和研究能尽快转化成文化旅游资源，让社会各界早日享受考古发现的成果。

（原载《人民日报》2020年9月22日）

集大成开新篇*

——严志斌等新著《巴蜀符号集成》简评

文字的出现是国际历史考古学界公认的进入古文明的重要标准之一。环顾三千多年以前的东亚地区，唯一的文字就是我国中原地区诞生的商代甲骨文。文字的诞生也可看成是衡量古文明高度的最重要的标准。正因为如此，中国考古学者在发掘商代前一千年左右的高规格的遗址墓葬时也非常留意有无文字的发现，早商以前的考古时不时也会传来一些激动人心的发现，但欣喜之后，过一阵又归于平静。至于商代以后到战国的遗址、墓葬、窖藏等发现的铜器铭文、盟书、简帛文字，和商代甲骨文是同一体系在后代的延续罢了。

以上所说东亚范围内也可能存在例外。早在20世纪40年代，考古学家在四川发现一些巴蜀铜器上铸有好些种不同的符号。自那时以来，陆续有这类符号出土，也偶有专家收集和研究，但要说其中持续关注时间最长、用力最勤、最有成果者，我以为非严志斌先生莫属，新近出版的严志斌等编著的《巴蜀符号集成》就是我以上说法的最好的证明。该书前面李学勤、王仁湘、孙华三位大家的三个序已对本书做了全面而精

---

* 严志斌、洪梅著《巴蜀符号集成》，科学出版社2019年出版。

准的学术评价，笔者完全赞同。

在此，我还想特别强调的是，该书还有"全"和"新"这两个很鲜明的特点。

所谓"全"，一是指书的资料收集全面丰富，书名和内容名实相符，共收录883件（含附录）带符号的器物，把已公开著录和展示的所有巴蜀符号都悉数收录，是已出版的该类书中收录最多最全的。二是指编纂体例设计科学缜密，考虑周全。按字书编纂体例，传统的多采取《说文解字》排列方式，现代的不外乎按笔画多少，或是偏旁部首，或是现代汉语拼音为序。但巴蜀符号，究竟是文字、图语还是符号都未得到确认的背景下，该怎样编排成书，对任何编者来说，确实比较费周章。该书从分类入手，符号从少到多，兼顾时代、地域分区来编纂，将看似杂乱纷繁的巴蜀符号梳理得条理清晰、检索方便、内在逻辑性强，是目前认识水平上最为科学合理的编纂体例。

至于"新"，我以为至少从以下几个方面反映出来。第一，与不少文字资料类集成书不一样的是，一般叫《某某集成》的书，从书名的字面理解该书是资料集成，比如《先秦诸子集成》《中国野史集成》等，但我要强调它既是资料集成，更是研究集成。据我所知，巴蜀历史考古研究同行中早就有人有编纂巴蜀符号集成类似的想法，早在20世纪80年代就有人有所行动。但以前这些成果出来后，大家总期盼能有更全面、专业和严谨的成果早日问世。严志斌本在古文字专业领域受过系统严格的训练，近年专门研究巴蜀符号且卓有成就，是编纂此书的最佳人选，因而《巴蜀符号集成》成果远超大家的期待。编者在《巴蜀符号集成》一书中充分吸收学术界既有成果，又融进了自己的最新研究，从巴蜀符号的确认、定性、分类、附录等无不浸透了编者的心血。本书的三个序和编者前言也是笔者认为其新的第二个方面。李学勤先生的序，开宗明义，把巴蜀符号的发现和研究放在世界古文明的视野中，又言简意赅地指出本书绝非仅仅是符号的集成，实在是一项基础性的研究。王仁湘、孙华两位先生分别撰写的序里对巴蜀文化和巴蜀符号都有很深的研究，在各自的序中都结合自己的研究和认识谈到对巴蜀符号定名、定性、归类、释读的看法，还对今后努力的方向等都发表了高见，对严志斌的研究和《巴蜀符号集成》一书也有极高的学术评价。特别是编者所撰的前言，对巴蜀符号的发现史，对分类、时代、地域、组合以及方向性、器物性、族群性都做简要的总结概括，当今所有研究者已注意到的、应该注意到而实际上比较疏忽的问题他都提出并有所思考。所以我认为本书是资料集大成也是研究集大成。我认为，书前的三篇序和前言都是研究巴蜀符号甚至从事巴蜀考古历史研究者必须认真阅读的。第三个新是全书考古专业思维特色鲜明。我们知道，如果掌握了考古学最重要的两个方法即类型学和地层学，在使用和研究考古资料时，更能得心应手。在编者以前的"释钟形""释船形""释栅栏形"等考证巴蜀符号的系列论文中，我们已见识了其将考古学这两个方法在考证研究中的娴熟运用，从而有了一家之言的成果。本书之所以比此前同类书显得技高一筹，主要也在于与编者实际上用了类型学（分类、组合、地域）和地层学（如时代判断），这样就将看起来杂乱无章的巴蜀符号初步整理出了比较符合逻辑的分类、组合和时空分布头绪和发展规律。从这个意义上来说，本书也是从考古学方法入手对巴蜀符号的全面研究和总结。本人也认为，目前最合理科学，也最应该做的主要应该是用考古学的方法来梳理研究巴蜀符号。

对已无法释读的古文字的破译要有两个必备的客观条件，一是像商代甲骨文这类，到西周春秋乃至秦汉，字体字形虽然发生了很大的变化，但并未死亡。二是像古埃及文字那样，虽已死亡，但赖有著名的罗塞塔三体石碑的发现，为学者破译提供了钥匙。假设巴蜀符号是文字，但它在西汉以后，既无蛛丝马迹传承下来，也没有类似罗塞塔三体石碑的发现，因此严格说来，尚不具备破译的基础条件。但这并代表我们就不去研究这些符号，我认为，恰恰相反，应该有人去收集，分类型、分地域、分时段梳理，探讨一些符号的含义，一些抽象符号源自何种实物形象以及符号的排列组合方式等，都是有积极意义的研究。不管以后巴蜀符号的研究结果是文字还是其他什么，严志斌先生的成果都既是已有发现和研究的总结，也为新的研究提供了捷便和创新的思路，这在巴蜀符号研究学术史上无疑具有划时代的意义。去过开罗考古博物馆和伦敦大英博物馆的人，一定看过罗塞塔三体碑，也就都知道法国人商博良破译了古埃及文字。但也许很多人不知道的是其实商博良之前两百多年起，已有学者开始破译，并取得了一些成果，如在17世纪，阿萨纳西乌斯就认识到科普特语是由古埃及象形文字衍生而来，到18世纪，巴斯里米设想那些环绕着一些象形文字词汇的圆圈是神名或王者名，后来证明这些研究成果是正确的，对商博良的研究也大有裨益。就这个意义上来说，古埃及文字的破译是一场接力赛，而绝非一蹴而就。对比而言，也可以把严志斌先生的《巴蜀符号集成》看成是巴蜀符号破译接力赛中的一个重要节点。

巴蜀符号，作为一个四川人，我非常希望它是未破译的巴蜀文字。鉴于巴蜀文化特别是古蜀文明在先秦时在中原地区周边的各区域文明中独树一帜，文化内涵最为瑰丽奇特，文化延续时间之长，在先秦时期中原周边是仅见的，我们了解又极其有限，若能破译这些符号，也就获知了巴蜀历史的许多宝贵信息，其中一定也蕴含不少早期古蜀文明信息，所以我也希望它能早日被破译。但是巴蜀符号被学术界注意到也不过几十年，而且破译的钥匙并未找到，所谓巧妇难为无米之炊也。前面提到的古埃及的罗塞塔碑，从1799年被发现起，就算具备了破译的充分条件，可是到1822年被商博良成功破译，也都足足花了二十多年时间，如加上此前其他学者的努力，则有大约两百年持续不断的研究。因此，我们对巴蜀符号破译的期待也要有足够的耐心。

我以为，未来若要破译巴蜀符号，主要得寄望于三方面的努力，第一，希望巴蜀考古有更多的巴蜀符号发现。过去几十年，四川考古虽常有令人吃惊的意外发现，但发掘的面积还远不如中原和湖北、湖南、山东等省，所以四川的考古特别是巴蜀考古发掘还大有可为，值得期待。今后应将此作为一个科研课题，列为主动发掘项目，有计划有目的地去发掘，为的是发现更多的巴蜀符号。第二，关键是要找到类似罗塞塔碑这样的破译巴蜀符号的钥匙。譬如，能找到中原系统文字和巴蜀符号共同存在于一件器物上，且表达的都是相同的意思。第三，希望严志斌等巴蜀考古和巴蜀符号研究专家，以此书的成果为基础，以此书的问世为新的出发点，在学术道路上继续不懈努力，这样必定会不断有新成果问世。我坚信，巴蜀符号总有破译的那一天，但若多有严志斌先生这样的学者执着研究，这一天一定会早日到来。

（原载《中国史研究动态》2020年第5、6合集）

在四川省民俗学会第五届会员代表大会上的讲话

尊敬的李主任、张主席，还有江会长，老前辈、同辈以及跟我相比年龄小一点的晚辈：

大家上午好。

我现在坐在这里比较忐忑，也许大家觉得我说的是客气话，还真不是。因为在我看来，我们这个学会作为一个民间组织，跟我以前在体制内，或者说现在仍然在半体制内的组织是不一样的。体制内组织是靠一种行政管理，个人要服从管理；而民间组织要有生命力，必须有号召力，当然还得要有影响力，才能把大家团结在一起。所以说，我觉得我本人面临了一个新的挑战，这个新的挑战就是大家的重托——要把学会继续办下去。

我先讲讲自己为什么愿意来承担这个责任。江会长在川大就是我的老师辈，我的第一份工作实际上是跟江会长在一起工作——在四川大学博物馆，所以说，他对我、我对他都是知根知底的。但是我觉得，更重要的不是这个原因。而是以江会长为代表的学会相当一部分的领导和专家等，我们的三观是一致的。学会里面常常用短信、微信联系的一些前辈、同辈，以及学会里面比较活跃的晚辈，大家通过联系就感觉到三观是一致的，三观一致才能够在一起共事。我想这是最重要的，我愿意来为大家服务，这是一个前提条件。

第二个，我把它当作是一个服务的工作。我不是民俗学的专家，我参加过多次学会的学术活动，但我没有写过学会会议文章，但是江会长跟我说，考古学、博物馆当然是民俗学的重要的一个分支，从大的专业来说，我们都是人类学的一个分支。但是我自己觉得，以后还是应该写一些文章。此外，我估计还是由于年龄等原因，比我能力强的、影响大的、有成就的，由于职务和工作的问题，不能来当这个会长，这种情况下，我因为退休了等等原因，所以才由我来为大家服务。为什么要给大家服务，不可能有无缘无故的服务，我觉得首先是那么多年来，我本人和以前所在的单位受到过四川省民俗学会很多的恩惠。我当时是作为单位的法人代表，虽然说我是代表单位来求学会给我们帮助、支持，但是事实上我觉得很大程度上也有个人因素。所以我个人觉得欠了学会很多情，然后从这个意义上来说，我把它当作一种回报的机会。在这种情况下，我愿意来承担学会会长的职务。

第二方面，我想讲一讲我们怎么做？因为学会的新班子还没来得及一起商量，所以说，下面讲的完全是我个人的意见和想法。原本秘书处已经写了一个很好的稿子，我就不照着念了。我想讲的一些内容大概也是与稿子相关的，有一些是我自己的一些想法。未来，我认为学会至少应该要做到这几个方面。第一是守业，守住家业。第二要敬贤，尊敬老同志。这不仅仅是一个敬老的问题，我们学会的老同志都是四川的社会贤达，都是专家、领导，对我们学会做出过巨大贡献。第三是民主，第四是团结，第五是学习，第六是拓展，第七是创新，第八是注重学术。下面，我简单地讲一讲自己的想法。

首先，谈守业。大家知道，刚才听了江会长对三十年特别是最近十来年工作的回忆，我也接触过不少省内外的学会，我觉得四川民俗学会虽然是省级学会，但在全国所有的学会当中都是名列前茅。很多学会基本上就是从理论到理论的开展学术研讨。我们学会是理论做得好，在实际操作、为经济发展服务、为四川很多地区的文化工作发展指导等方面也做得非常好，这是我作为民俗学会的一员，感到很自豪和高兴的地方。这个学会本来基础就很好，这也是我愿意来继续接替学会工作的原因。大家都知道，创业容易守业难，民间说法，"兴一个家要三代，败一个家只要三年"。从这个意义上来说，我想我们必须首先是要守住，必须全力以赴地守住家业。守住家业有很多做法，其中一个就是要尊敬老同志，尊重他们过去所做出的贡献，还有我们要听取他们为今后发展的一些指导性的意见。这也是民俗学会做得非常好的一个方面，也是学会三十年来能够不断发展壮大的一个主要原因。

另外一个就是民主。江会长讲得很好，学会没有哪个人搞一言堂，绝不应该，也不可能。我们学术上都是民主的，很多议题讨论的结果是开放性的。我前几天参加一个高考面试，很多学生面试的时候战战兢兢，我们就告诉他：你别战战兢兢，你说的没有正确与错误，我们只看你的思维，只看你的语言组织和临场发挥能力。但是很多学生还是照本宣科的，不知道事实上我们最喜欢听到与众不同的一些看法。我觉得我们这个学术讨论是开放性的，民主是最重要的，还有要把一个学会带好，团结最重要。全国很多学会我参加过几个，有的学会几十年来矛盾重重，很多学会基本上就没法开会。好多学会十年八年不开会，或不敢开会，不是不想开会，恐怕是有的时候不敢开会。但是我们这个学会就没有这种情况，每次开会都非常和睦，非常和谐，这也是我们要继续做的。就是说，我们新一届学会领导班子有责任、有义务团结大家，通过学术、通过活动来团结学会会员，把我们的学会办得更好。

再一个就是学习。我们跟老同志相比，也自称算是年轻一点，我们要带头学习。以前对民俗学关心比较少的，那么现在我们既然进了这个组织，特别是还担任了一定的职务，就应该关注动态，应该学习理论，应该积极撰写文章或者参加活动。

另外一个就是拓展。前几十年，我们学会做得很好，一个学会要生存要发展，在新时期都有自己新的工作方向、努力的目标。正如刚才江会长讲的，比方说我们利用微信，利用一些自媒体宣传我们的学术，我们要走进社区。如成都的东门市井，它就是我们博物馆研究说的那种社区。我们的学术是最应该走进社区的，最应该与老百姓打成一片的，我们民俗学会在这方面大有可为。当然还应该有文旅融合这样的拓展，同时扩大新的方向。另外，我本人以前在博物馆工作过，在考古院工作，我自己也做过一些民俗的展陈、博物馆的展陈，也征集过民俗文物，如北川的羌族民俗博物馆，它成立的时候一件东西都没有，整个展览3000多件东西，基本上是我在考古院的时候我们一个团队做的大量工作。现在四川有一个博物馆在做民俗方面的展厅，"春夏秋冬，四季乡愁"展览的策划，这个展览的文物收集与展陈策划和我们考古院以及全国一些搞民俗学的专家都有联系。做出来以后，我们发现确实大受欢迎，一下就改变了很多博物馆没有晚期文物的窘况。在我看来，我们不能只了解三星堆，我们不能够仅仅只了解四川有3000年、5000年的辉煌文化，从新闻传播的角度，从一个人的关注习惯来看，离你最近的时期、最近距离的东西你应该越关心。随着地理距离和时间距离的延长，你的关心应该是减弱的。但中国很多事情做反了，我们了解5000年之前的事情，如数家珍，但50年前很多事我们不知道，其实这个原因是什么？是很多博物馆对明清以来的东西不重视。有一个博物馆要做一个明清展览，我看它一上来展陈的就是保路运动的展品，我说他这个不好，这是清朝最后几天的东西了，负责人说明清时期没有展品。我觉得这方面，不能仅仅就是一说起明清就是官窑、皇家，当然蜀王府的东西，张献忠的东西应该要，但是我们老百姓这三四百年过得怎么样？我们没有展品展现。我们老说我们巴蜀地区有自成体系的文化，但是我们能拿得出多少跟湖北、跟陕西不一样的展品。这些展品应该很大程度是民俗方面的展品。日本为了办东京奥运会，1964年在东京附近的千叶县专门搞了一个国立民俗博物馆。我们现在有很多博物馆说要搞分馆，分馆仍然把东西一分为二，本来东西都不够，所以说我们能不能呼吁四川建立自己的民俗博物馆，至于成不成，我们都要大声呼吁，提出必要性和可行性。经验证明，现在抢救和征集一些民俗文化的实物，还是可以征集到一批东西的。我们要利用基层来支持，我们学会市州基层工作同志比较多的话，我们应该积极呼吁市州的博物馆积极建立民俗展厅。这样的话，留下的是永久的资源和产品。我的想法妥不妥，大家可以商议。这样的话，当然研究的对象也有了，在这个方面我们可以大大的努力。还有一点就是规划，旅游规划很多时候是传统村寨的规划，需要我们民俗学专家和旅游专家进行规划，所以这些都是我们可以拓展的领域，可以拓展的方向。

还有一个方面是创新。我们处在新的世界和时代，工作当中有新的要求，特别要听老同志的意见，创新也是厚积薄发，而不是关着门来想，没有丰厚的积淀，不可能提出一些创新的思路、创新的项目，即使有时候提得出来，也工作不下去，因为没有基础，没有详细的论证，所以我们要在创新上，比方说在理论方面创新。我今天要表态，既然大家信任我，经过一番激烈的思想斗争，我还是愿意来当会长。

我今后要用比较多的时间来做学会方面的服务工作，但是我们大家事实上跟我一样，心里面很清楚，现在我们的江会长和江会长以前的一些会长，今天70岁、80岁思路非常清晰，身体也非常非常棒的大有人在。我们前边三位，我觉得他们身体再让他们干过5年、10年绝没问题。我们是按民政厅的要求，按管理我们的省社科联的要求，进行会长换届，但是我们很多工作实际上做最后决策时，一定要尊重请教他们，由他们来拍板做决定。

还有我们学会第一个要做的工作，就是多活动多跑腿，对上边的老同志，也对下边的全省各地的同行。大家的联系也不仅仅在学术，除了学术以外，我们还可以聊生活，可以聊感情，可以聊友谊。大家有工作以外的事情，信任学会的也可以跟我们学会说，能够帮助的一定要帮助大家。我们今后更重要的是，学会的领导班子做好服务工作，这是非常重要的。我想接下来，学会领导班子应该很快开会，决定我们未来工作的重点、工作方向和上一届学会要求我们近期要完成的什么任务和什么指标，以及确定未来要努力的方向。以上我讲的，很大程度上是我个人的一点看法，有不妥之处的话，大家针对我来批评，不代表学会新一届的班子的意见。

　　谢谢大家。

2020年7月

考古博物馆策展断想

考古机构该不该拥有自己的博物馆，这本来不应该是问题，但多年来都存在争论。有人觉得，考古单位集中力量发掘就是了，发掘品交给博物馆得啦。但考古人中也不乏主张考古机构应该有自己的博物馆的专家。多年前，由于职业的经历，我曾思考过考古和博物馆的关系，在2013年，还策展了全球第一家虚拟考古体验（虽然是虚拟的，但却也还是中国第一个考古博物馆）。在还没有考古博物馆的时期，鉴于我国很多省、市、县公立博物馆藏品展品以考古出土文物为大宗，本人也曾大声呼吁考古人应主动参与，甚至主导这类博物馆的策展。形势发展很快，到今天，国内有数个考古机构出手不凡，已经或准备建设大型的考古博物馆，可能还有不少考古大省在紧锣密鼓地跟进。

现在的考古机构，面对的已不是该不该有考古博物馆，而是该怎样策展，才能把考古博物馆展览做好。博物馆策展是个系统工程，自有其较为规范、完整、成熟的运作体系，我以下要谈到的几点想法，自我揣度可能是现有考古博物馆策展中可能疏忽或重视不够之处。

首先我想说的是，考古博物馆展陈应是有三个基本的要求：专业、科普、特色。毫无疑问，考古博物馆是一个专业的专题博物馆，所以一定要在专业上下足功夫。考古学是一门独立的学科，有自己的理论、方法、技术手段、独特的语言表达和叙事方式，这些都应该在展陈凸显出来。考古学又是小众学科，专业性强，专业理论深奥，田野技术和文物保护手段既传统又尖精，但考古博物馆却主要是面向社会大众的，所以在展陈上一定要处理好专业和科普的关系，该专业的专业，该说人话的地方一定要说人话。不要把专业和科普看成一对不可调和的矛盾。在当今中华大地，已有5000座博物馆，还在以一周一座新馆开馆的速度迅速增加，做好展陈，才能在数以千计的大小各类博物馆中占据重要一席，不要轻易以为只要是个考古专业馆就能独树一帜。特色是博物馆的重要生命特征，考古博物馆展陈主题提炼一定要有创意，形式设计一定要有创新，而且要力争做到后来跟进者很难模仿。

其次是"两避免"。由于体制和历史的原因，我国文化文物系统所属的国家到省市博物馆，多以历史主题作为基本陈列，而且这些陈列的展品基本都是从考古部门移交过去的发掘品，能够建考古博物馆的又一般都是首都和省会城市所在。都是考古出土文物，我们稍不注意，考古博物馆的展览即可能和同城的历史类博物馆同质化。因此一定要尽量避免这种状况出现。一要避免和历史类博物馆的通史陈列无显著区别，这样就不宜仍按历史年代顺序来组织展线，也不宜用历史叙事方式来展开故事。二要避免和历史博物馆做展品攀比，较劲儿谁的大、谁的重、谁的多、谁的精。尤其不能给观众留下和历史类博物馆赛"宝"的印象。这样做不是说不挑选出土文物，特别是精美文物，考古博物馆当然必须是出土文物标本为主的展览，但应多选成组成套的文物。它们是当时社会、生产、生活、信仰的整体反映。考古博物馆应尽可能多挑选遗迹、标本、样本来展览，还应展示考古仪器、设备、技术手段和其发展历程，以及考古人的工作、追求，等等。展览主题、内容和历史类博物馆形成互补，达到良性竞争，同城双赢。

展品的组织举例

展品是展览的核心，是策划一个好展览的重要前提。没有好的展品，没有能很好反映主题、充分演绎故事的展品，再好的主题，再漂亮的装修都不可能策划出一个成功的展览。那展品怎么组织和挑选呢？循着前文提到提到的"三要求""两避免"思路，我们尝试来挑选一些展品来看看。

一、考古人挖出的地层

四川忠县中坝遗址12米深剖面样本。该剖面是中国考古最深的文化层剖面。从耕土到生土12米深，划分出70多个地层，更奇的是从新石器晚期到夏、商、西周、春秋、战国、西汉、东汉、三国两晋南北朝、隋、唐、五代十国、宋元明清一个不落下，很多时代延续长的朝代还可以划分出早晚、早中晚，甚至4期以上。据我所知，这是考古人挖到的唯一的中国五千年文明史延续不断的地层证据。

再就是，考古学史上著名的后岗三叠层、仰韶文化早于马家窑的地层证据。

以上样品今天也不难采集到。

二、考古人对类型学的运用

这方面有苏秉琦先生的宝鸡斗鸡台瓦鬲的排队分期。邹衡先生的殷墟文化分期、董作宾甲骨文断代研究，以及洛阳中州路分期、洛阳烧沟分期，等等。此外，像青铜器、瓷器、铜镜、钱币都可选取某一时段的典型器物，也就是将那些标型器直接按分期摆在展柜里，让观众看着一目了然。

三、考古课题研究

这其实不用我多置喙。从一片空白到数以十万计的各类遗址的发现；从第一次全国文物普查到第三次全国文物普查；从单个遗址发掘到考古学文化的确立；从孤立的遗迹到聚落观察；从酋邦、方国到帝国的研究；从以地层器物判断相对年代到碳-14测年，再到多学科交叉的科技考古；从黄河文明到长江文明；从中原到边疆；从国内走向国际；从夏商周断代工程到文明探源工程等再到考古中国……都是可以展览的好素材。

四、考古事业成就

伴随考古发掘发现增加的是考古事业的壮大。比如考古机构的设立和考古队伍的壮大、考古报告的出版，考古出土文物对博物馆藏品起到的至关重要的支撑作用，考古服务于国家经济文化建设和国家重大建设工程（如三峡库区考古工程、南水北调考古工程）的考古发掘，国家考古遗址公园建设、考古与文旅深度融合，全国十大考古发现的评选，近年方兴未艾的公众考古，考古发现与中国世界文化遗产申评，考古与国际文化交流，考古对社会和国民经济发展的贡献……重大成就不胜枚举。

五、考古人

考古事业是人做起来的，正是有几代考古人上百年执着努力，才有今天的辉煌成就。毫无疑问，考古博物馆库房里应收藏有关他们的文物资料，展线上应有他们的身影和成果。个人觉得展览形式上那种照片挨照片，扎堆组成展墙的表现方式也太普通老套了一点，建议把做出重大贡献的专家穿插于重大发现、考古学文化研究、重大工程、重大项目、重大成果的展览中，让人随物随事走。

以上人和事，要用展览表现出来，仅仅用考古出土文物标本显然是远远不够的。这就要求我们另辟蹊径，改变对展品的传统认识：动植物标本（如最早的水稻、最早的小米、最早的小麦、最早的家禽家畜骨骸）是展品；重要遗迹、标本（复杂的打破叠压关系的遗迹，最早的陶片，如仰韶发现的第一片彩陶、龙山遗址采集的第一片黑陶片——以上如果保存有的话）是展品；著名考古学家记录、日记、遗迹遗物绘图、手稿和办公生活用品是展品；民工、技工也可以进入展览；勘探发掘检测工具也是展品；重大发现、重要会议的见证物也都可以是展品；考古重大工程的相关文件、规划、成果都还是展品。

当然，数字化的记录和展示肯定也是必不可少的。

六、考古体验互动

考古是一门实践性很强的学科，观众在参观考古博物馆后动手的意念很强烈。所以考古博物馆最好留有足够大的空间供参观者和大中小学校参观团队到考古博物馆来做考古实践活动。至于该怎么设置独具特色、寓教于乐活动的内容和形式，那就该真正承揽具体某个考古博物馆策展人去大开脑洞，拿出创意啦。

以上说的是全国大型考古博物馆比较理想的展陈策划。大家知道，一个展览，往往都会受场地、经费、藏品、时间、时代等诸多因素制约。考古博物馆不要刻意追求大而全，或小而全。各个考古博物馆都应该根据自己的藏品去做策展。好的展览，一个展览就是一件作品，这件作品有许多规定动作要达标，比如专业、科学、准确。但一件优秀作品还应做到无论内容还是形式设计都敢于大胆创新，充满创意，与众不同，可识别度高，不断给观众以惊喜。中国特色的评判标准似可概括为：自己满意，专家认可，领导称赞，百姓喜欢。

我特别期待这样的考古博物馆早日诞生在中国。

（原载《中国文物报》2020年8月7日考古专刊）

《苍溪寻乐书岩：清代洞藏摩崖石刻调查报告》序[*]

四川是文物大省，数以万计的石质文物是文物大省这一光荣名号的重要支撑。说到四川的石质文物，可能很多人立即就联想到的是遍布四川的五千多个大大小小的石窟寺文物点，这当然很重要。但是在我国，对石窟寺文物的重视，主要还是近代考古进入中国以后的事，此前的上千年时间内，历代学者对石质文物的关注，主要是集中在碑刻题记方面。宋代兴起的金石学，主要研究工作是金、石两大类文物，尤其是对其载体上的文字的著录、考证。四川的石刻文字资料，自宋代起，就不断被著录在全国性的石刻文字专著中。明清时期，四川本地学者的书中著录比全国性的总录更为详细。当代则有人编有专书出版。碑刻及拓本一直是国内博物馆、图书馆的重点收藏。故宫博物院、国家图书馆、上海博物馆、四川博物院这些大馆，每家收藏碑刻拓本都在数千到数万件之间。许多著名的金石收藏家也同时着力搜罗碑刻拓本，著名金石学家、曾担任过故宫博物院院长的马衡先生就收藏了数量可观的碑刻拓片，在他捐赠给故宫博物院的文物清单中就有四川芦山的樊敏碑拓片。

---

* 四川省文物考古研究院、四川省艺术研究院、广元市文物局、苍溪县文物保护中心编著《苍溪寻乐书岩：清代洞藏摩岩石刻调查报告》，文物出版社2020年出版。

但是，检视国内各大博物馆、图书馆的碑刻拓片收藏，很容易会发现一个共同的特点，那就是他们收藏的拓片基本都是宋元以前的占了多数，明以后很难入藏。其实这也不难理解，明清时期的人收集研究石刻文拓片时，看重的是宋元以前的，忽视距自身较近时代的。但历史走到当今，明代立国距我们都好几百年了，清代退出历史舞台也足足百年以上，野外大量的这一时期的石刻文字，保留了丰富的历史文化信息，理当受到文物部门和研究者的重视。

据我所知，在1986年开展的全国第二次文物普查，宋元以后的碑刻文物就进入了四川文物工作者的视野，并做了初步的调查统计，这在全国都是比较有前瞻性的工作，遗憾的是在当时并未引起更高层的足够重视。进入21世纪后，四川省文物考古研究院因承接国家大型基本建设的考古专项调查增多，在调查中接触到大量的明清时代占绝对多数的野外碑刻，我们达成的共识是，都按田野考古调查的方法做调查拓录，纳入基本建设中的文物保护项目范畴，做好保护规划。日积月累，几年下来，按张数统计拓片已超两千件，对一个主要从事田野考古发掘研究的考古机构来说，数量已十分可观，有的都可自成小专题推出展览。例如，我们就把向家坝库区的一批明清碑刻拓片放到在宜宾举办的一个展览中，大受市民欢迎。这愈加坚定了我们调查收集这类文物资料的信心和决心。于是我们主动出击，扩大范围，计划列为专题，全方位调查四川所有的时代的碑刻文物。主动出击的第一个地点就是去广元苍溪寻乐书岩。我清楚记得，那还是和广元市文物局俞长喜局长工作接洽聊天时，听他谈起才知道有这样一个特别的文物点。听完他充满激情、绘声绘色的介绍后，我不禁怦然心动，很快就邀约到四川著名书法家，同时也是四川戏剧研究院副院长王飞先生，在2017年2月初，春节大假后第一个上班日，就前往苍溪寻乐书岩实地考察。

现场看到的寻乐书岩，体量较大，布局合理，雕刻精美，石刻题记多，相关遗存比较丰富，书岩在整块岩石中凿洞，上下三层，大小不等的石室7间，面积近400平方米，有石刻题记152处，刻了篆、隶、行、草、楷书体文字共19000多字，还有浮雕5处，壁画9幅，神像34尊，整体保存完好。在如此体量的空间里，布局雕刻了这么多艺术作品，放眼全国，在整个明清时期也是不多见的。

这个洞室还是清代当地乡办义学所在，开办人是当地有名的乡绅贾儒珍。更难能可贵的是，这处书岩和周边的贾家老屋、家族墓地、祠堂、义田、牌坊等构成一个比较完整的乡贤文化遗产体系。如此众多乡贤文化遗产汇集在一起，还保存基本完好，实属罕见，特别是在推进文化强国建设、提振文化自信、重视乡贤文化历史作用的时代大背景下，重新审视这样一个文物点，无疑也是有重要的现实意义的。

寻乐书岩，时代近，内涵丰富：与白莲教、书院、义学、慈善、乡贤、教化、儒家、道教密切相关，题刻记录的有名有姓的地方名士就有20多个。有了这些为基础，足以梳理研究出许多让这处文化遗产鲜活起来的文物故事。我以为，我们并不缺文物和文化遗产，但我们的文化遗产故事不多，甚至没有故事。比如许多民居、祠堂、文武庙、寺观、会馆历经风雨沧桑，能留下来的基本也就是个空架子，不仅当年里边的生产、生活、礼仪、娱乐用品和装饰早已荡然无存，而且连历代传承人的大小故事也基本是一片空白，几十年来，也鲜见文保单位有人去搜集整理。坦率地讲，这样的遗产要活起来也难。改革开放以后，国门打开，文物人走出去考察欧美的许多文化遗产，走进他们的很多城堡、故居，其中的主人的变换，几代人的传承，发生过哪些重要事件，都能被讲解陪同娓娓道来，参观者也听得津津有味。我以为这就是真正的、最高层次的让文物活起来。这些年国内广为人知的是，美国一家博物馆在安徽买了一栋民居，不辞万里迢迢，除了所有建筑构件、地基石、室内物件一件不留，都拆散搬过去复原以外，还花费了近十年时间和投入不菲的经费，把这栋房子里的七代人的家族史都研究得清清楚楚，在展出房子时同时也展出了七代人的文物资料故事，让参观者流连忘返。由此看来，国内许多看似仅剩本体的文物，实际上故事也是多多的。若要让文物活起来也不难，那就是要深入研究，广搜文物资料。曾经，省文物考古研究院在宜宾长宁落赶庙遗址发现了80多块石碑，经整理后，把庙宇的建造、扩建、慈善功德、捐修、重装过程，特别是该庙宇在当地所发挥的作用，初步梳厘清楚，让一座濒临废弃的寺院活络起来。而寻乐书岩这类有丰富内涵的遗产，应该能挖掘出许多鲜活故事，在当地一代一代传承下去。

这处遗产在这几年热议的如何记住乡愁方面，对当地来说，也是可以大有作为的。众多文人墨客来访及吟唱、挥毫，诗文题记和山水画里对该处景观的描述赞美，都为我们留住了乡愁。我一直认为，文化遗产展示，既要有对少数文物点宏大叙事的大投入，更要有对大量小文物点合理的小投入，两者互补，不可偏废。在一定意义上来说，小的、偏远的、经济落后地区的小文物点的保护展示更为迫切和重要。无数个小的文物点的保护展示做好了，故事讲好讲活了，文物保护事业这盘大棋也就下活了。以寻乐书岩自身所具备的条件，是可以将其作为记住乡愁的典型遗存来保护展示的。

基于以上认识，我们在对它做第一次考察后，立即安排启动了寻乐书岩的考古调查（调查简报已发表在《四川文物》2017年第5期），并对所有石刻文字做了拓片记录保存，同时建议当地文物管理部门做了三维数字化采集。2017年秋天，省文物考古研究院联合省川剧艺术研究院在省图书馆举办的"蜀道石刻题记展"，寻乐书岩的拓片入选不少，展览社会反响热烈，后来还在省内外多地巡展。一系列的学术活动，让寻乐书岩走进了更多人的视野。中央电视台《国宝档案》栏目还来现场拍摄制作了专题片。

现在，四川省文物考古研究院又将寻乐书岩石刻调查报告正式出版，工作继续得不亦乐乎。本报告当然比简报更全面详尽，提供信息更准确。可以乐观地预见，报告的出版会使寻乐书岩这处富有特色的遗产得到更广泛的传播，为研究者所欢迎，当然也将为保护展示提供更科学的基础资料。更令人高兴的是，四川石刻专题调查，已从省文物考古研究院自拟自筹项目上升为省文物局领导、获省财政特别专项巨额经费支持的文保专项工程。此报告就是计划中的项目执行中期的成果之一。

寻乐书岩在中国五千年悠久文明中确实是很晚期的文化遗产，但是文化遗产的重要性与其历史远近并不总是正相关的关系。我们的文明历史是连续不断的，各个时期都有代表性的见证物留下，在保护文脉时，不能厚此薄彼，特别是早期文化遗产稀有的基层文保单位，更应该把主要力量投入晚期文物保护。某个文化遗产重要与否，不是动辄拿到全省全国去比，首先是看它在本辖区内的历史艺术科学价值。每当看到许多花巨资建起的博物馆的展览，早期展厅文物还差强人意，但一到晚期展厅，按常理文物展品该更加丰富，实际却却空空荡荡，以至要靠新做蜡人、泥塑、场景来填充的地步，就深感我们的文物机构对晚期文物收藏保护要补的功课还很多。我们预估，四川石刻调查项目完成后，将会获得20万幅以上的石刻拓片文物资料，这将大大增加四川的馆藏文物数量。许多连新编县志都没注意到的很多文字资料，因这次调查而被发现，其中家族、移民、会馆、寺观、祠堂、民俗、交通、慈善的资料数量惊人，还可自成系列。估计所有拓片文字总数在1000万字以上。它们恰恰是我们今天在相关文物点和传统乡村保护展示规划编制时深感欠缺的，是历史、民俗、宗教、地方志研究所期盼的。这批资料也必将为四川的传统乡村振兴和锁忆乡愁发挥巨大的作用。

近代考古学兴起后，地下发掘出土的文物资料所包含的历史信息的丰富程度，远超传统的金石资料，研究理论方法都更科学，技术手段也更丰富多元，金石学的地位自然就有所下降，石刻文物文字的研究也大不如从前。大量明清以后的石刻题记散落野外，在社会急速发展和环境巨变中，就全国范围而论，说几乎每天都有消失，恐怕也不夸张。我们想以自身的积极行动，从而带动更多的人参与进来抢救保护。这也是我们看重寻乐书岩并为之专门出版调查报告的一个初衷吧。

为什么是考古？

最近社会热议的话题是考古专家应邀走进中南海向党和国家最高领导人汇报中国考古21世纪所取得的巨大成就。虽然自1949年以来，惊世考古大发现绵绵不断，考古事业一直受到党和政府高度重视，但作为一个冷门的小众的专业，在今天能受到最高领导人的特别重视，我想绝不仅仅是因为新发现多。除了这段时间以来很多专家提到的方方面面的理由外，可能还有至少这样以下几个方面的原因。

第一，考古以最少的专业人数干出了惊天动地的大事业。民间对行业的统计有"七十二行"之说，考古属于其中一行。这个行业人数不多（可能是最少的）。历年来，以能主持考古发掘的领队数量为例，获得国家文物局颁发"考古领队资格"的总人数包含退休的大约不足两千人，而常年在田野发掘一线工作的仅有数百人。每一个行业都有自己对社会和国民经济的贡献，但以人数和做出的事情的专业成就以及社会影响力知名度综合来比较考察，考古应当位列第一。一个重大考古发掘能纠正或补充历史或填补历史重大空白的事，屡见不鲜；一次重要发现成为街谈巷议的话题之事，不胜枚举。举目四望，难有第二个这样的行业。

第二，考古本身就是让历史文献活起来，成为可以触摸的历史，大家都看见考古出土遗物遗迹在博物馆展示又让文物活起来。在中国广大百姓富起来以后，进博物馆学习、休闲越来越成为许多人生活的一部分。但是如果仔细了解，你会注意到，中国的省、市、县的绝大多数历史类的公立博物馆馆里，是考古发掘品支撑起了展览的框架，成为陈列的主体。若是把其中的考古发掘品抽掉，毫不夸张地说，许多博物馆恐怕都很难组织搞出比较像样的历史陈列。比如国家博物馆、陕西历史博物馆、湖北省博物馆、广州市博物馆、成都博物馆、宝鸡博物馆、荆州博物馆等等。这是因为我国绝大多数博物馆的成立晚于国家考古发掘工作开始后，这些博物馆成立后，相当长一段时间因认识的局限，又将考古出土文物作为藏品的主要来源（有的小博物馆甚至还当作唯一来源）。不管如何，这愈加凸显出考古发掘品对这类博物馆的重要性了。

第三，考古改变了中国文化旅游路线和格局。20世纪70年代以前，许多游客爱游的地方是黄山、泰山、杭州、桂林、石林、西双版纳等名山大川，80年代以后，因为兵马俑、马王堆、三星堆、擂鼓墩、良渚、南越王墓等一系列重大发现，国内外游客逐渐都把参观五千年华夏文明考古遗物遗迹作为重要旅游选项。最鲜活的例子就是去年7月因良渚遗址申遗成功，国庆大假期间涌入良渚的游人如织。今年国庆大假，海昏侯博物馆开馆令江西南昌一跃成为全国旅游旺地。近年我国的许多重要古迹如殷墟、高句丽、大运河、丝绸之路天山廊道等申报世界文化遗产，最重要的学术助力也是来自考古发掘和研究。考古人有了更重的使命——发掘阐释传承中华文明。考古人本身并没把考古当成产业，但他们通过百余年的耕耘，几代人锲而不舍的努力，客观上为文旅融合打下了坚实的基础，在旅游已成为国家支柱产业的今天，考古的重要性也就不言而喻了。

第四，考古人严格的职业操守和对崇高事业做出的奉献，为整个行业赢得了社会的高度尊敬。在几十年的改革开放历程中，潮起潮落，大浪淘沙，以我的观察，考古行业是整体经受住了各种冲击和诱惑。到今天为止，持续火热的各类"赏宝""鉴宝"商业娱乐活动中几乎看不到考古机构和考古人的身影，考古行业里极少传出偷梁换柱、违规收藏、知假买假、知假卖假、为假文物站台背锅一类的负面新闻。这批人在长期拿着很低薪酬的状态下，还勇于吃苦、乐于奉献、甘于寂寞、严遵职业操守，守住文物考古工作者道德底线。这样的表现，不但在文博行业圈内，即使放到社会七十二行里，也是非常扎眼的。

第五，中国考古是守正创新的行业典范。因为行业的特点和文艺作品的过度渲染，一提起考古，社会上许多人立刻就联想到一批成天沉浸在古书和古董的世界里，刻板、迂腐、冥顽不化的老头专家。实际情况却大相径庭。考古在中国的历史也就刚好一百年，这个队伍一直是中青年人居多，难能可贵的是，他们不仅古文献功底扎实，文字、音韵、训诂等传统国学基本技能训练有素，牢牢守住传统学问研究的方法，又兼收并蓄，紧跟国际国内研究热点，在研究课题范围上不断拓展，考古文化年代的构建、重构中国古文明、东西文化交流、夏商周断代及文明探源工程……简直就是时代弄潮人。考古行业还历来都主张借用高新科技来建设发展考古学科，例如从20世纪50年代的碳-14测年等新科技的运用，到今天的热释光测年、动物考古、植物考古、出土物岩相分析、古人类基因检测、标本数据库建设、实验室考古等都一直走在世界学术前沿。

第六，考古人一专多能的表现特别突出。考古专业本来的任务是调查发掘遗址、整理报告、研究遗迹遗物，几十年来大学的考古专业基本也是围绕这些来设置课程和培养人才的。但是进入21世纪以来，在人员并无增加，传统考古发掘工作量却大幅度增多几倍到十几倍的背景下，一方面是学科的进步，社会和经济发展对考古提出了新要求，更多的是考古人的高度自觉。考古单位作为科研单位，对它的正常要求是考古调查、发掘、编报告、发表科研论文就够了，但是我国的许多地方考古机构是划在文化系统（三年前又划归文旅系统）管辖，这在很大程度上导致所有地方考古院所都得承担或主动加码了可以说是额外的"文物和遗址保护利用展示规划""考古遗址公园""文化线路考察""考古博物馆""公众考古""文化创意"等方面的工作，岂止是一专多能，考古人几乎成了文博、文旅融合的通才，活生生的文旅全才。

当然，我们不否认，以上六点，或全部或部分在各行各业都不同程度存在，不过当您了解了这个行业后，如果听我说在考古行业表现得尤其充分也最为典型的话，估计您也会赞同我的看法的。

这是一个为社会发展和国民经济增长做出了巨大贡献的行业。

这个行业里有一批有着崇高理想和远大奋斗目标的人。

这是一群值得社会各界尊重的人。

（原载《中国文物报》2020年11月5日）

在大学博物馆建设论证专家演讲会上的总结

各位专家领导同学们：

大家下午好。

三分钟前，我即使做梦都不曾想到自己会有在台上表演的机会，而且还是荣誉极高、难度也很大的总结发言。对唐老师这一突然袭击式硬性任务安排，我还真是爱恨交加，好在我这个听众对今天下午的讲座听得比较认真，自忖还可胡诌几句，也就无知无畏地站在这里了。

说到高校博物馆，和在场所有人比较起来，我应该是心情最为复杂的了。为什么这样说呢？35年前我研究生毕业后的第一份正式工作就是在四川大学博物馆里做事，虽然一年后我就离开了，但那毕竟是人生获得的第一个饭碗，终生难忘。后来我到了四川省博物馆、四川考古院，在省考古院还搞了个虚拟考古体验馆，现在再弄个破陶片展览，如果唐老师愿意发任命书，大概也会让我当个陶片馆馆长啥的。大大小小、虚虚实实干过至少三个博物馆，不少人说我有博物馆情结。

高校为什么需要博物馆，综合刚才刘会长、白教授、杜馆长、郭馆长、马院长、曹所长的报告，加上我的理解，我认为有四大理由。且听我简要道来。

第一是教学和科研的刚需。大学教育需要标本和实习场所，若干大学根据自己的教学科研需要建立自己的博物馆。据说中国高校现在已有100多家博物馆，实物标本的观摩、检测、研究，是教学的重要内容，和文字教科书相得益彰，是文字教科书不可取代的。普遍来说，针对中国学生观察能力、动手能力、科研能力有待进一步提高，大家的共识是，实践动手做得不够，恰好博物馆就是很好的教学科研实习场地。

第二是一种责任。大学里聚集着社会最高文化层次的一群人，得为文化遗产的保护、文脉的传承、科学的探索和普及做出自己的贡献。刚才刘会长以翔实的数据告诉大家，在我们这个国家，博物馆里的文物并不多，和五千年文明一万年文化相比，甚至可以说文物比较贫乏，这就需要我们积极行动起来，努力去收集各个时期的文明见证物，进而建立博物馆，保存、研究、展示文物标本。

第三是一种品味。一般说来，在许多人看来，相比综合性大学，理工科大学缺少人文的环境和教学课程，社会上对我们常有"理工男"的揶揄。大学时期是青年人性格的定性、定型阶段，学校应多管齐下，着力营造良好的学习氛围，培养出有专业水平、有人文涵养、有崇高理想、有道德情操、有良好操行的人才。为达成以上目标，校园博物馆是很好的推进器。

第四是一种情怀。为保留人类记忆，收集、研究、展示文物标本，可以促使人类进步。保存知识、记取教训，更加热爱生活，努力奋斗，探索未来，是人类应有的一种高尚情怀。

大学该不该建博物馆，与大学历史长短没有必然联系。在国外，牛津大学很早就有博物馆，他们的博物馆甚至影响了后来的大英博物馆——有人说牛津大学博物馆是大英博物馆的祖型。在国内，这几天博物馆界热捧的南通博物院——习近平总书记都刚刚才专程视察过。很多人只知道这个馆是中国最早的博物馆，其实它也是中国最早的高校博物馆——南通师范学校的教学实习场地，南通师范学校刚成立就有这个馆了。另一个博物馆是四川大学博物馆——前身为华西协合大学博物馆，号称中国高校藏品最多的综合博物馆。华西协合大学1914年刚一成立，这个博物馆就开始筹备，1919年正式开馆。巧合的是老布什和拜登任副总统访问成都时，都去这个馆参观过。

所以说，如果有人还在问你大学值不值得搞博物馆，您对他讲讲这三位领导人都去以上博物馆的事例，我想他就该明白值不值啦。

话说回来，我们今天在讨论的这个博物馆还在蓝图上，如果不出预料，估计在它建成时，都与我没啥关系了。但我为啥还如此用心地帮助呐喊呢，有许多人可能又会说我有博物馆情结。

是的，我承认。但你们说错了一个字，在此特别更正一下，不是情结，是情怀。

唐老师给我的四分钟唠叨时间到了，总结也该结束了。

谢谢大家。

2020年11月12日

《陶说》展览大纲前言

南科大　多奇迹　遗产室　尤特别

迷你馆　新陈列　仓储式　库展一

密抽屉　多宝格　全玻璃　通透剔

全真品　出处实　穷搜罗　四海聚

三十省　在名册　广来源　五洲集

十余国　献美色　一万年　三万片

排展线　强逻辑　首陶文　继陶冶

又陶怡　陶醉结　新高科　两特色

建神速　有秘诀　众筹建　享成亦

展陈新　创意特　化腐朽　幻神奇

小陶片　大学问　乐陶陶　观展毕

2020年12月1日

《考古罗家坝》展览大纲前言

宣汉是川东北褶皱地带的一颗璀璨明珠，其山峦之俊俏，山川之秀美，历史文化之深厚，一一为人们所陶醉。宣汉地处川东北，北依大巴山，南近渠江，隶属达州市，宣汉县历史悠久，人杰地灵。自东汉和帝永元二年（90）建县以来，厚重的历史孕育出宣汉的七张"名片"：全国最大的巴文化遗址、樊哙的屯兵地、精美的佛龛造像、荔枝古道的重要节点、川东民歌之乡、川东革命的策源地和全国最大的气田，这几张靓丽的名片，使宣汉在全省乃至全国都具有重要的地位。

本展览以罗家坝遗址的调查、勘探、发掘、研究、保护、展示为核心，突出罗家坝遗址在巴文化研究中的地位。在展览形式上运用模型、雕塑、多媒体、实景照片等辅助手段与文物展品相结合，力求灵活、生动地向您呈现罗家坝遗址。

附：单元目录

一单元：发现罗家坝

二单元：调查罗家坝

三单元：展示罗家坝

四单元：保护罗家坝

五单元：展望罗家坝

续写蜀道传奇

　　进入21世纪，古道驿路考察引人关注，先后有蜀道、川黔盐道、茶马古道、秦直道、唐诗之路、唐蕃古道、岭南古驿道的考察。但若要我推举其中最有名的，则非"蜀道"莫属。

　　蜀道，即由秦入蜀之主干道。起点在今天的西安，终点在成都。它以汉中为关键节点，往北主要有褒斜道、子午道、陈仓道、傥骆道，向南主要有金牛道、米仓道、阴平道、荔枝道四条。

　　"蜀道之难，难于上青天！"唐代大诗人李白的诗句吟诵至今。秦岭最高峰太白山海拔3000多米，所以东汉时就有"武功太白，去天三百。孤云两角，去天一握"之说。再加上其他的大山，蜀道之难首先在其高不可攀。

　　蜀道有很多传奇。其一是金牛道。古文献记载，秦王以计诱骗贪财的蜀王以五个壮士开山修路，道路修通，蜀王得到能便金的石牛，但秦国大军也乘机畅通无阻打进成都。真实存在的金牛道就是这个传奇的证明。其二是栈道的铺设。《战国策》记载，战国中期，蜀道上栈道已绵延数里。考古发现的多处栈道证实了这些记载。其三是大家熟知的"明修栈道，暗度陈仓"。楚汉相争时，刘邦被封迁汉中，张良建议刘邦火烧栈道，向项羽表示无意北返的心迹，以此麻痹项军。接着韩信又用修复栈道的计谋骗过项羽，得以悄悄绕道攻入关中，在楚汉之争中拔得头筹。其四是蜀道上曾有用火烧水激法开凿出来的、世界最早的人工隧道——石门隧道，长约16米、高和宽各约4米。三国时期诸葛亮经由蜀道数次北伐的故事也因《三国演义》而家喻户晓。

事实上，作为一条连接中国南北交通大动脉，蜀道在历史上的政治、经济、文化、军事等方面的作用是巨大的。"蜀"第一次见于记载就是在周原甲骨上。成都平原的大量考古发现也证实西周后巴蜀和中原联系更为紧密。

秦利用蜀道吞并了巴蜀，进而有了人口、粮仓和对付东方六国尤其是楚国的地理优势，是秦能一统天下的重要基础。

唐以后，在北方盛行的佛教石窟艺术主要是经蜀道传入四川，在巴蜀大地蜀道沿线上散枝开花，结出了中国唐宋佛教石窟艺术最鲜艳的果实。通过专家无数次实际行走的考古调查，在蜀道有了更多的发现：在金牛道上的梓潼县发现了西汉广汉郡郡治所在，在广元发掘了秦汉墓葬群和唐宋古窑遗址。在米仓道上找到了罕见的石栈遗存、唐代的郑子信修阁道题记、宋代修琉璃关道路题记。发现了保存比较完整的抗蒙古城小宁城以及数量众多的古桥、古栈道遗迹。大量的明清修桥修路石碑。在荔枝道沿线发现多处多龛唐宋石窟，其中有数龛正是唐开元、天宝年间开凿的，令人遐思。这些考古新发现年代跨度大，许多是与道路本体相关的重要实证，为蜀道列入中国世界文化遗产预备名单提供了至关重要的支撑。

我们通过行走，可初步确认蜀道道路走向变化不大。这是因山脉河流走向所限定。蜀道本体至少经历了三次大的变化。第一次是南北朝以前，是以泥道和木栈道为主，所以刘邦能火烧栈道八百里；第二次大约是唐宋时期，许多地方木栈改为石栈，大约也就是李白的《蜀道难》中所讲到的"天梯石栈相勾连"中的"石栈"；第三次是明清时期特别是清代，在许多地段都铺成了石板路。因清初移民填川实施后，四川人口大增，经济繁荣起来，沿线人们有改善交通条件的迫切愿望。作为官道的金牛道本已修造得很宽敞，许多地方也早铺上石板路了，但作为民间道路的米仓道、荔枝道的石板路，多为民间集资或乡绅捐建，故道路桥梁铺设好后，或立石碑，或在石壁勒铭纪事。

传统意义上的蜀道已经成为线性文化遗产。蜀道的保护利用不是建一个大博物馆或全路段开发那么容易，它的保护展示，需要从宏观到微观的多元呈现。既可以是让你记住乡愁的某个祠堂、土地庙的修复，也可以是捐钱修路碑群的成片保护；既可以是穿越诸葛亮北伐路线的复杂体验，也可以是中小学生周末或者假期肩挑背扛的栈道行走；既可以规划唐宋石窟艺术的研习之旅，也可以接纳成熟的团队旅游……

保护利用好这条古道，就是续写蜀道传奇。

（原载《人民日报》2021年4月3日）

中华古文明大格局中的三星堆

　　三星堆遗址新发现六个祭祀坑后，让沉寂一段时间的巴蜀考古又成为专业和社会热议的持续不衰的话题。各种发声中，既有专家的激烈交锋，也有社会的众说纷纭。本文拟讲的既有大家关心的也有大家尚不太留意的几个问题。

一、三星堆遗址在世界考古范围内也是顶级重要的

　　今年恰逢中国近代考古诞生一百周年，三星堆遗址断断续续也有近百年的考古发掘历史，以1981年至2021年考古工作最为连续，又以1986年至2021年的一系列发现最成体系，其中尤其以1986年和2021年两次发掘的共八个祭祀坑名声显赫，价值意义非凡。毫不夸张地说，这两次发现都是彪炳考古史册的世界考古大发现。其在学术上的意义就足以改变我们以前对中国古文明的一些基本看法。大家知道中国古文明是世界四大古文明重要组成部分，从这个意义上来说，说三星堆的发现，在一定程度上改变了人们对世界上古文明的固有看法也毫不夸张。著名历史学家、古文字学家李学勤先生当年在实地考察了三星堆遗址和两个祭祀坑的发现后，就激动地对大家说，这个发现一点都不逊于安阳殷

墟，其意义怎么评价都不过分。在世界考古史上的地位堪比特洛伊和尼尼微古城的发现。

二、说它在中国（乃至世界范围内）都是顶级重要的遗址，有哪些物证呢？

考古主要是依据发掘出来的遗迹和遗物组成的物证来观察认识古代社会的。我们就从这两个方面举例说明吧。首先来看他的古城。这是一个城墙范围约4平方千米的大型都会，同时代的郑州商城也不过这么大。更令人称奇的是，在这个遗址里埋藏的是距今4800年至2800年前两千年间连续不断的文化堆积。古城和祭祀坑只是两千年连续不断文化演进中的过客。许多人认同祭祀坑出现的商代中期，已迈入高度文明阶段，鉴于两千年文化堆积的连续性，我们可以说，古蜀文明就是在此孕育、诞生、成长、达到顶峰，然后开始衰落。放眼全国，大家认为，接近或达到文明阶段的都城级古遗址，如良渚、石家河、陶寺、二里头、偃师、郑州商城、安阳殷墟，一般都是短短几百年，没有超过一千年的，而且也只是存在于文明的某个时段，没有像三星堆遗址的堆积是一个文明从孕育到衰落过程基本连续完整的、丰富的堆积。纵观全国，甚至全世界，它都是研究古文明不可多得的考古标本。

三、三星堆青铜器的特色

在三星堆出土的金、玉、石、铜、骨等多种器物中，青铜器因其代表青铜时代科技最高成就而格外引人注目。祭祀坑的青铜器不但数量多，还不乏体量硕大、造型怪诞、工艺复杂的器物。比如有整个青铜时代最高的立人像（高2.62米），有青铜时代最高最大的青铜神树（高3.95米），造型最为奇特的铜神坛（器身有22个圆雕高浮雕的人像和怪兽，高约53厘米）。它们以其奇特夸张的造型和深邃的内涵而在青铜文明中独树一帜。这些青铜器，一定程度上可以看作是古蜀人生观、价值观、世界观的物化反映。

四、如何看待三星堆与五千年中华文明的关系

社会上是有一种说法，认为三星堆的发现将中华文明史提早到距今5000年前，又据祭祀坑出土青铜器进而论证三星堆比中原还早1000年进入青铜时代。这实在是类似关公战秦琼的时空穿越，是一个大误会。20世纪初，殷墟甲骨文的发现，将中国有文字记载的文明史推早到3000多年前，20世纪中期以后的考古发现，考古学界绝大多数学者认可了约4000年前的夏的遗存，20世纪后期特别是21世纪以来，因以良渚、石峁为代表的新发现，又有不少学者将中华文明的诞生提早到约5000年前。但这都是发生在黄河和长江中下游地区。根据最新考古发现，5000年前的成都平原，我们还只在边缘地带发现一二处遗址，从文化堆积来看，其文化比同期的中原落后上千年以上，三星堆遗址虽有早4800年前的历史和从那时起约2000年的文化传承，并不能因此而说三星堆遗址也有近5000年的文明。直到商代早期时，成都平原都还看不到多少文明的积极因素。三星堆乃至成都平原，推而广之到巴蜀地区，考古发现青铜器的最早时代也即一号祭祀坑的时代是在商代中期，其时的中原已有好几百年的青铜器历史了。

五、三星堆与长江文明

长江文明是考古学界特别是长江流域考古人几十年探索的重要成果。历史地来看，20世纪60年代以前，大家都认为中华文明摇篮在中原。70年代后长江流域的一系列发现（三星堆在其中举足轻重），到今天，长江也有古老辉煌的文明已成学界共识。但是和中原古文明集中在河南为中心相比，长江文明中心在不同的时段又有所转移。今天所知，

5000年前在长江下游江浙一带，4000年前在长江中游的湖北一带，商代中期到西周早期在成都平原一代，西周晚期到战国又转移到长江中下游一带了（以楚文化为代表）。所以，不能笼统地说，三星堆是长江文明中心。准确的表述应为：三星堆是商晚期（3300年前，以三星堆祭祀坑为代表）到周早期（2800年前，以金沙遗址为代表））的长江文明中心。

六、与同期中原相比，三星堆的青铜铸造技术达到什么水平

前面说过，青铜器是青铜时代文明成就的代表，以此做些比较可以看出两者的差别。从数量上来说，三星堆金沙为代表的古蜀早期文明出土的青铜器总数不会超过500件，而商中期到周早期，中原出土青铜器总数当在10000件以上。从器物种类上来说，商周青铜器种类丰富，应有尽有，古蜀国的青铜器种类远逊于前者。从工艺上来说，商周青铜器精致、细腻，古蜀国青铜器要粗糙一些，比如三星堆的一些器物上，垫片、沙眼随处可见，特别是一些重器上也出现这些瑕疵，显然是工艺的问题。又比如，虽然商的后母戊鼎和三星堆青铜器神树重量都超过800千克，但后母戊鼎器身重量估计当在600千克以上，显系一次浇铸而成。但古蜀国青铜神树却是树干、树枝分拆成至少10个部分浇铸。同样是浇铸，前者的难度系数应远远大于后者。需要指出的是，三星堆的青铜器一出现就表现出很成熟的技术水平，这恰恰说明它是从别处学到了青铜器的铸造技术，从铸造技术等相关证据链来看这个别处就是中原商人那里。总的来看，商周青铜器数量庞大，种类繁多，器大而厚重，雕刻精致细腻，代表同期青铜工艺最高成就。古蜀青铜器专注于少数几类，造型奇特夸张，辅以特殊工艺（比如贴金），器少而工巧，富于想象，以奇制胜。

七、三星堆为什么没有发现文字

从1986年三星队祭祀坑面世以来，包括学术界在内的很多人都在期待三星堆发现自己的文字。有的学者还大胆把陶器上的一些刻划痕作为文字来看待。新发现的六个坑公布后，一些人对三星堆发现文字的期待更加急迫。

这里我倒想不妨反过来思考，三星堆为什么必须要发现自己的文字？我们曾把文字的诞生作为衡量是否进入文明的重要标准。例如世界四大文明古国都发明了自己的文字。但这里别忘了世界有许多文明古国，四大是指其中最大者。这四个都是原生型文明，其实还有不少受到四大文明古国影响而诞生的继发型文明，他们中很多自身就没有发明文字。前者如日本、韩国历史上都有一段时间是借鉴借用了中国文字。又比如，能当天下盟主，联合包括巴蜀在内的多个小国灭掉商的周，在当盟主时，其文化文明发达程度应强于蜀，但周人并未另创文字，他们在甲骨、青铜器上的文字是纯正的商系文字。文字创造是很难的，受强大商文明影响而诞生的继发型周文明，显然是引进了商的全套文字系统。在此大胆推测：三星堆如果有文字，极可能会是在新发现祭祀坑出土的青铜器上铸有商系统的铭文（族徽）。我这样说的依据是：20世纪80年代，广汉文管所曾收集到出自三星堆遗址的一件商代青铜瓴形尊，在其器底圈足内有一"潜"字。如果在青铜器上发现文字（或族徽），那将极其有利于我们破解古蜀文明的许多未解之谜。退一步说，若真在祭祀坑里发现了与春秋后出现的所谓"巴蜀文字"相同的符号，如果没有同时写有商系统的文字（这是破译已死亡文字的最重要前提），我们也同样不认识甚至不能断定它究竟是不是文字。

八、三星堆遗址考古还有哪些值得期待

三星堆遗址面积有1200万平方米，核心保护区也有400平方米。由于种种原因，到现在为止，考古发掘的面积不到2万平方米，这在中国顶级大遗址中，属于发掘面积最少的。作为一个有高度文明的国度，其城址内的布局分区功能都远未勘探清楚，既有的发现虽然很重要，但并不丰富，我们尚不清楚青铜器作坊、玉器作坊、大型墓地、宫殿区、蜀王陵在哪里，如果不找到，这都将妨碍我们全面认识古蜀文明。既有的发现虽然解开了古蜀文明最大谜——确认了早期古蜀国的存在，但还有更多的谜团，有待对既有发现的深入研究和更多的考古发掘来破解。再就是，三星堆遗址的许多谜团要靠在三星堆遗址以外的考古来解答，所谓功夫在诗外也。例如，玉器和青铜器的原料来自何处，古蜀国势力范围究竟有多大、影响又有多远……凡此种种，都得到三星堆遗址以外寻找答案。等到以上问题都有发现可供研究时，再来探讨古蜀文明，古蜀文明和夏商文明的关系，那时我们的认识会更加深入、深刻、全面。

以三星堆为代表的中原周边地区，到夏商时期，加快了和中原文明融合的步伐。夏商文明强烈辐射周边，让周边地区加快社会发展进程，周边文化滋养夏商，使以中原为主体的夏商文明更加丰富多彩，从新石器时代晚期到夏商时期的一系列发现，特别是三星堆的发现，绝非淡化，而是更加彰显了中华古文明多元一体的特质。推而广之，这其实也就是中华古文明充满活力，长盛不衰的秘密。

小陶片，大用场[*]

　　古遗址的陶（瓷）片，在一般人眼中就是破烂货，有民间形容："远看像个讨口的，近看是捡垃圾的"。这里说的捡垃圾，主要就是指常常看见野外考古队员在捡拾陶片。陶（瓷）片究竟有多大用处，我们又该怎样收集利用，还有没有更好的办法收集利用？这是考古专家和专业机构要做的事。另一方面，在考古越来越走进大众的大背景下，能不能利用陶（瓷片）来做好考古科普，收藏研究展示三者兼顾，一举多得呢？南方科技大学的"考古陶瓷标本数据库"新近推出的"陶说"做了一次成功的尝试。

　　近年来的国内博物馆热进了高校，据说全国高校已有上百家博物馆。但一些高校临时抱佛脚搞成的博物馆，要么一开馆就引来一片质疑，随即关门大吉。要么就是既缺展品也缺藏品，即便有展品藏品，其展陈方式和既有的高校博物馆相比，也存在严重的同质化倾向。一段时间以来专家们谈到个别高校新开博物馆所作所为，似乎都有些谈虎色变，刻意回避。在此背景下，大家惯性思维中，一向缺乏文化亮点，位于改革开放最前沿的深圳，新成立才十周年的南方科技大学里，一个小

*　本文由高尚、董书合撰。"高尚"为本书作者笔名。

展览却出乎意料的一鸣惊人，吸引了海内外不少的眼球，颇获好评。

这是一个什么样的展览呢？

简要说来，它是和全国近30家考古院所共建共享的方式，以来自20多个省区、10个国家的新石器时代以来近万年的3万多块考古陶瓷片为主要展品，在不到100平方米的空间内，用500个抽屉、300个格子，全透明的玻柜，库房和展厅合一的方式，分陶文、陶冶、陶怡、陶醉四个单元，按东北起始，经华北—华东—华中—华南—西南—西北，最后以外国标本收尾的展线顺序，将3万余陶片悉数展出。

就是这样一个可能是博物馆史上面积最小、展品也是最不入眼的陶瓷片展览，却能得到专家和社会一致好评。在我们看来，主要有这几个特别之处。

首先，考古陶瓷标本收集是一个早该有人来做的工作。陶瓷片对考古研究的重要性当今所有考古人都知道。它历来是考古人发现人类活动遗址的重要线索，是考古发掘的主要出土物，是考古整理的主要对象，是考古研究的重要内容，故考古圈内有"小陶片，大学问"之说。这些年来考古中虽然引入科技越来越多，但陶瓷片的标本样本意义不减反增，在对大众考古科普，阐释人类一万年的文化进程史和五千年的文明兴衰史中，以陶瓷片及其所承载的历史文化科技信息作为实证的例子不胜枚举。

认识到重要性是一回事，但有没有人去做系统的、全面的、科学的收集整理又是另一回事。其实考古学科的特性，决定了它和地质学、生物学一样，必须进行大量标本样本的采集。据说英国生物学家达尔文在世界考察两年就带回300多箱标本，安特生在中国做地质、考古调查一次也能带回80多箱标本。虽然我们有的考古机构对某个小区域、某个遗址、某个类别的标本收集也有做得很不错的。但也应该坦率地承认，相比之下，我们在全面采集较大区域（比如省全省的、跨省的、多省区的）标本方面还有许多工作要做。由于中国考古的地方属地管理原则，我们认为，大学最适合来做这件事。于是在一年半前启动了共建共享

"考古陶瓷标本数据库"建设这个项目。"陶说"展其实是考古陶瓷标本数据库项目建设的一个副产品而已。

第二个特别之处是，该项目拥有一支高水平且很精悍高效率的专业队伍，研究工作做得扎实。这个项目的操盘手本身就是资深的考古专家，考古专业造诣很深是自然的，他们本身又有多年从事考古发掘和考古行业管理的丰富经验，熟悉国内外考古研究动态，在策展方面也是行业公认的权威，难能可贵的是，专家从项目可行性论证、合作单位的联系、标本的征集、采集、整理，到策展、大纲编写、形式设计、布展、开馆的每一个环节都亲力亲为，这就确保了项目的科学性、学术性、科普性。比如，为数不少的标本就是他们亲自在田野里采集的，这些运作方式在国内外恐怕都是不多见的。进而言之，从征集、挑选标本，到策展、布展甚至连书写摆放标签都是有考古专业背景的高级专家。多年前我们曾经呼吁：考古历史类主题展应吸收考古人参加甚至就该交由考古人策展主导，可以说这个展就是这样做的范例。

第三个特别之处是，这个展览无论是整体还是细微处都充满了创新创意。进入21世纪后，考古陶瓷片的科研价值被大家越来越看重，至于利用价值嘛，有个别博物馆将其镶嵌在为展陈特设的地层中，也有堆成一大堆，以向观众展示该遗址文化堆积丰富，比较常见的也就是演示拼接陶片，除此之外，展陈手法并不多。全部以考古陶瓷片来做个展览本身就充满创意，但同时也极具挑战性。这是因为，做好了，就是化腐朽为神奇；做不好，就仍是一堆破陶片。但这个展览用从"共建共享"的第一块展板，到最后以"英雄出处"命名的最后一块展板，可以毫不夸张地说，参观者在展线上每移动一步都能看到全新的创新创意。例一，在"共建共享"名录墙上，让发起单位低调到敬陪末座。例二，展览前言以自编的"三字经"形式来撰写（南科大，多奇迹，遗产室，尤特别。迷你馆，新陈列，仓储式，库展一。密抽屉，多宝格，全玻璃，通透剔。全真品，出处实，穷搜罗，四海聚。三十省，在名册，广来源，五洲集。十余国，献美色，一万平，三万片。……），诙谐幽默、琅琅上口，总共就100来字，把展览的缘起、特色、展品数量来源、时空跨度、展览的主题和意义都高度概括了，与许多博物馆千篇一律枯燥乏味的前言相比，本前言成为观展人乐意细看慢品之处，不少观者说，读罢前言，除了会心一笑外，一股想接下来一看究竟的冲动油然而生。例三，抽屉式展柜和仓储式全透明展览，令人耳目一新，既美观又实用，把有限的空间利用到了极限。开展后，仓储式展柜成为同行单位咨询最多的问题。学生们来参观时，最喜欢做的一件事就是拉开抽屉一探究竟，他们说这个设计让人觉得很有带入感。在国内，仓储式展览不是新事物，但与一些过分追求重形式的仓储式展览相比，这里的展厅也是储藏室、整理工作室，观众可以置身考古专家整理工作环境中参观，是真正的库展合一的仓储式展览。例四，尊重标本提供单位。在500个抽屉的每一个抽屉外，都不厌其详地写明标本的提供（或采集或捐献）单位（或个人），这在国内博物馆是很罕见的。我们知道，国内许多公立历史类文物展出的考古文物，基本都是考古发掘品，以现有体制，许多地方考古院所和博物馆是分属其不同的独立法人机构，其经费来源和考评机制都有很大的不同，考古文物进到博物馆展柜以前，考古机构的专家付出的劳动远超常人想象，在展馆里我们应该以某种方式体现这种劳动并表达尊敬之意，譬如在标牌上写"某某考古所发掘"，对博物馆来说，是举手之劳。我们认为对个人捐赠者也应在标牌注明。多年前我们曾呼吁博物馆这样做，遗憾的是很多博物馆都没行动，现在我们这个小展览却这样做了，这一做法在开幕式当天现场就感动了不少考古专业的参观人员。

第四个特别之处是，展览策展人和主办方的国际视野。和许多高校一样，南科大要办的是有世界影响的大学，培养更具有国际视野的学生。要达到这个目标该如何操作，其实在文物标本的征集研究展示中也可以做些努力和尝试的。中国博物馆诞生一百年之际，著名博物馆专家苏东海先生曾说到中国博物馆的世纪遗憾之一是缺乏国外藏品，没有以收藏展示国外文物为主题的博物馆。时至今日，这一局面似乎并未有大的改观。但是南科大的这个陶说展里展出了10个国家的标本陶瓷标本，虽然数量有限，已属全国首创，应该说是带了个好头，极具示范效应。这正是具有国际视野的最好说明。

第五个特别之处是，从标本展品的征集到整理，从"陶说"的策展到布展都有高水平的有考古专业背景志愿者参与其事。当听说我们要建考古陶瓷标本库，就有两位大学青年考古老师积极帮我们收集标本，有一个已离开考古行业的考古专业研究生把收藏的陶瓷标本无偿捐献出来。有退休考古老专家或献计献策，或亲自出马。有出身考古家庭的青年人不计报酬的贡献。在挑选展品和布展阶段，来自牛津大学的陶瓷考古方向在读博士研究生和深圳钛镀文化有限公司的老总主动来当志愿者（不要一分报酬，真正意义上的志愿者），特别是布展阶段，加上他们3位，总共也就5位布展人员，连续奋战5天，布展完毕，将3万件标本摆进了有500个抽屉、300个格子的展厅，还现场手写了1000个展品标签，安装调试了几十个视频。仅看这几个数据就知道工作量之大，工作头绪之多。志愿者的这种专业素养、工作的效率和敬业精神，更令人称奇的事是，三个布展志愿者非但没有报酬，而且都曾主动掏钱，为展览购买展具和辅助展品。凡此种种行为，深深地感动了周围的人。这恐怕也是国内文物布展第一次有志愿者参加而且还是布展主力军吧。

第六个特别之处是，建设速度快。考古陶瓷标本数据库从无到有，从有标本到"陶说"开展，直到今天也就一年半时间，其间还有整整一年是和新冠疫情共存。但是因为项目论证缜密、规划科学、目标明确、实施路线合理，操作性强、真诚合作、共建共享单位的认可，行动团队专业、高效、精悍并有高度的责任心和强烈的使命感，仅用一年半时间征集到覆盖30个省、时间跨度1万年的3万多件（包含10余个国家的20多个遗址）考古陶瓷片。据我们所了解，南科大当下收藏的考古陶瓷标本，若以省别和国别为单位统计，已双列国内第一。无论在建设速度，还是标本征集数量质量方面来说，都堪称小小的奇迹。丰富的标本就是办好展览的前提和基础。与当今很多地方和行业先修馆然后搜肠刮肚般找展品的做法不同，我们并不是为展览而收集标本。"陶说"展览是标本收集到一定程度的自然结果，是考古陶瓷标本数据库的副产品而已。这样的展览在挑选标本方面策展人可回旋的余地大，可以确保展览的专业性和高质量。

大量看似无用的陶瓷片在这里派上了大用场。这对许多本来就藏品匮乏，却还不切实际地幻想着花几百万几千万几个亿买进三五几件文物改变现状的那些博物馆，也可能会给予一些启迪。其实也不是啥启迪，说到底，博物馆的建设、展览、运营还是要回到常识：从领导管理到运作都要有专业团队；丰富的藏品才是硬道理；先有藏品后有展馆而不是相反；策展是专家的活儿；某类特定的展览策展需要特定的这类研究专家始终参与甚至主导。

（原载《光明日报》2021年3月28日）

百年中国考古：学术之外的贡献举要

今年是中国近代考古学诞生一百周年。好几年前就不断有回顾百年考古发展历程，总结百年考古学巨大成就，展望未来中国考古的宏伟蓝图的各种论著陆续问世。如果中国考古学会和河南三门峡市政府商定的10月在三门峡市召开的第三届中国考古大会能如期召开的话，预计那时一定会在学术界和社会上掀起一阵百年考古纪念高潮。根据以往的纪念文章来看，绝大多数都是考古发现和研究所产生的学术成果的介绍。比如，有总结为"复原和重建中国古史、补充纠正文献记载、扩大历史研究新领域"等等。也有谈社会意义的，这方面比较有代表性的是韩国河先生，从"揭示中华文明起源与发展的历史脉络展示中华文明重大贡献、增强民族凝聚力坚定文化自信、传承中华文明丰富历史文化滋养"三个方面高屋建瓴地阐述了考古工作的重大社会政治意义以总结百年考古①。虽名为重大社会政治意义，但仔细品味，主要还是从学术上来总结的。其后再谈百年考古贡献，若仍继续人家的话题，估计很难谈出新意。所以本文尝试要谈的，在我看来也是考古，可能会被不少人认为不是考古或不全是考古，即使认为不是考古的也不要紧，也可以看成是考

---

① 韩国河：《考古工作的重大社会政治意义》，《光明日报》2020年10月19日。

古衍生出来的成就吧。我以为这是从另一维度观察考古的成就。为此，本文从以下几个方面谈谈。

考古在中国开辟了一门新的行业

我们正在迈入云数据、机器人和智能新时代，不少人担心真正进入那个时代后，会导致很多行业消失，很多人失业。工业革命后的西方以及近代的中国，那时人也有这种杞忧。我要说从历史上来看，这类担心大可不必。今天的很多行业在近代以前的中国都是不存在的，例如大中小学幼儿园、公司、工厂、托儿所、公共交通、航空业、旅行社……百年前考古行业也是不存在的。可以预测，新技术革命也会带来相应行业的诞生。虽然说到考古行业，大家总爱拿曹魏设"摸金校尉"一职来挪揄，证明古已有之。但在华夏三千年的文献历史记录中，那只不过是短暂一瞬，是战乱时期的短期行为而已。我国历史上的几次盗墓高潮都在乱世。中国历史上的常态是：敬畏祖宗，严保祖坟。所以，唐宋以来的"七十二行"里边并无盗墓一行①。清末出现有"古玩"这一行业，但主要是从事指古董买卖收藏的。所以说考古这个行业倒真是近代才在中国诞生，而发展壮大却是在20世纪50年代后：北京大学大办考古培训班，全国陆续在省里设文管会办公室（考古队），市县设立文物管理所，以及改革开放初期的80年代起，各省市自治区纷纷成立考古研究所，这样基本就搭建起了考古的管理和发掘研究的组织管理的框架。由20世纪20年代末起的几处零星发掘，让有关专家和管理者看出了我国地下丰富的古遗址古墓葬。国家在百废待兴的50年代初，就预见到大规模的经济建设将引发地下文化遗产的大发现和发掘，因而在各级政府部门

---

① 据文献记载：唐朝就有"三十六"行之说，宋扩充到"七十二"行。徐珂《清稗类钞·农商类》："三十六行者，种种职业也。就其分工而约计之曰三十六行，倍则七十二行，十则三百六十行。"三十六也罢，三百六十也罢，都是虚指数，今天行业分工远不止七十二行。

及时成立文物管理机构。今天的中国，考古早已兴起为一个行业，据最新统计，到2019年，全国在编省级考古事业单位人员2021名，加上国家级机构在编，全国有约2100名[①]。在笔者看来，这个统计因为只是限于省级以上的考古机构，所以虽然精确，但并不全面。就全国而言，我想至少包括：1.地（市）县级文管所的考古人员（地县级文管所的文物工作理论上地上地下全面开展业务，但实际上许多文管所收藏的主要是地下遗存出土文物），如此，若以平均每个县按一个考古岗位人员计算，全国当有近2000名考古人员。2.各考古所聘用了与在编职工数量相若的技工后勤人员。3.各考古发掘工地常年使用民工数量，当为在编人数的十倍到数十倍之间，就算取低值十倍，总数也在2万人以上。以上几项相加，考古直接的实际从业人员当在2万至3万之间。即使这样，这也是一个从业人员极少的新兴行业。当然，必须指出的是，考古行业在中国的诞生和发展，不仅仅是诞生了一个新行业那么简单。更在于，这个以一两千人为专业骨干的一个行业，用不到百年时间，找到几十万处古遗址古墓葬，发掘了估计几千万甚至上亿平方米遗址墓葬，获得数千万件文物标本。小小行业做成了如此惊天动地大事业，让人民感到自豪，令国家为之骄傲，使世界刮目相看。这才是这个行业诞生的意义和价值所在。

考古为国家发现了大量的文化旅游资源

在地球总面积不变，但人口越来越稠密，各种生产资源寻找越来越难找寻的当代，哪个国家有更多资源，那么在未来的激烈竞争中，这个国家就等于握有更多制胜筹码。资源为王的说法在前些年流行了好一阵子。考古遗址也是资源，是国家的文化遗产资源。这些庞大资源是考古工作者动手动脚一个个找出来的。举例来说：1.三次全国文物普查，

① 陈星灿、常怀颖：《关于当前我国考古工作面临编制与从业人员严重不足的问题》，《文物调研》2021年1期。

总共找到约40万处古遗址，这些遗址下埋藏着丰富的历史艺术科学信息，是国家文化传承的重要基础，是文旅开发兴旺的重要依托。方兴未艾的国家考古遗址公园和考古遗址博物馆的建设，都是基于考古前期工作，而考古工作者发掘出土的数千万件文物标本已经在古遗址利用和相关类别博物馆的展示中发挥了不可替代的独特作用。2.就历史文化类博物馆的展览来说，国家博物馆的常设展览"古代中国"展出品中，考古出土文物约占了90%以上，省级博物馆如河南、陕西、湖北、湖南、河北、四川、云南，几乎所有省级博物馆的古代历史文化类展陈，也是考古发掘出土文物占绝大多数。若是扩充到全国地方史志类博物馆的基本陈列，绝大多数博物馆也是以出土文物占绝大多数。我们曾说过，若无百年考古发掘品作为支撑，可以肯定地说，以上博物馆几乎难以做出一个以文物标本为主，且丰富而生动的展陈的①。3.世界遗产中国热的背后是考古人的巨大贡献。今年泉州申遗成功，让中国的世界遗产数量稳居世界第一。这一来之不易的成绩背后考古人做了大的贡献。我们的许多文化遗产申报世界文化遗产能顺利成功，考古起着至关重要的作用。秦始皇陵兵马俑、殷墟、丝绸之路天山廊道中国段、土司遗址、高句丽遗址、良渚遗址、大运河、元上都、泉州古城等世界遗产都有考古人的贡献，其中不少是带着考古最新发现，直接走进世界申遗大会会场，作为重点、亮点申报陈述的。若检索被国家文物局列为世界文化遗产预备名录的清单，您会发现考古类遗址或做过考古工作的文化遗产仍占了大多数。

考古科普产生了广泛而深刻的社会影响

做好科学普及对科学工作者来说既是义务也是责任。考古人牢牢记住这个使命。虽然说从20世纪50年代起就有老一辈考古学家在做考古

---

① 参见高大伦《为什么是考古》，《中国文物报》2020年11月19日。

科普，这当然是不容否认的历史事实。老一辈的率先垂范，为后来的公众考古竖起了标杆。但我以为若论这一活动的广泛而有组织，且长期坚持下来并产生了全民的影响，还是在进入21世纪以后。标志事件是2003年春北京科学出版社发起召开了一次关于如何做好考古学传播的研讨会。作为那次会议的参加者，在我看来，会上达成的共识主要是：要让考古走进大众；要让考古发现的价值意义广为人知；要让社会理解支持考古事业；考古人在做好考古发掘研究同时也应积极主动做好考古传播。会后，积极行动的机构和个人渐多，一些考古单位陆续成立公众考古中心①，开放考古机构和发掘现场，撰写考古通俗读本②，大量拍摄考古纪录专题片③，考古进校园、进机关、进社区④，四川、北京、陕西、浙江陆续建立考古博物馆（或辟出对外开放的陈列室）。就电视纪录片来说，我以为国内这二十年来，科普做得最好的是天上（天文）和地下（考古）两个专业。如果一定要选科普做得最好的，我也投天文和考古的票。就天文来说，以宇宙大爆炸为代表的高深理论早已深入人心；就考古而论，以考古不是挖宝为代表的普通常识也已走进千家万户。今天，当您随便打开有线电视的纪录片频道，林林总总的纪录片里，天文和考古是两类数量特别大的存在。考古纪录片的背后是以考古人的大量付出为支撑的。据我不完全了解，以省级以上考古单位为例，总共也就

---

① 据笔者所知，山西省文物考古研究院、四川省文物考古研究院在全国较早成立公众心考机构。北京大学考古文博学院则是最早成立公众考古中心的高校。

② 各考古院所世界遗产日开放考古机构和考古工地几乎已成惯例，四川省文物考古研究院编《少儿考古入门》（文物出版社2013年出版）是国内第一本考古科普卡通书，而同单位编导的《考古训练营》则可能是世界上第一部考古科普动画片。

③ 以央视科教频道为代表的《探索·发现》栏目早在21世纪初就不断推出考古纪录专题片，后来四频道的《国宝档案》，十频道的《考古进行时》《百家讲坛》，一频道的《开讲啦》都长时间开设过以考古为主题的栏目，至于央视纪录片频道，考古专题片一直是其主要产品。

④ 2011年四川文物考古研究院的"三星堆进校园"活动，一年内走进分布在全省的21个市州的104个学校，是这方面的代表性事件。参考四川省文物考古研究院编：《三星堆进校园——一项新的公众考古新纪录诞生记》，科学出版社，2012年。

2000来名在编人员，每年的公益讲座数百场，工地对外开放上百个，就全国范围内而言，几乎每天都有考古新成果新闻发布。考古人的公众科普工作是在本身考古发掘工作已严重超负荷的状态下，上级并未要求，单位也无专职岗位，活动也无拨款的条件下做起来的。自觉行动，敢于担当，这才是考古人的特别难能可贵之处。我国把考古划归社会科学，与很多社会科学类学科不同的是，由于当代考古多学科交叉融合的特殊性，科普考古即使历史文化知识普及，也让科学理论方法得以广布，还有许多自然科学的新技术手段也借此得到了传播。国民接受考古科普教育后，普遍而言，听众的科学素养有比较大的提高，思想观念发生了质的变化的也不在少数。考古大发现因积极面向公众传播而成为全民文化狂欢盛宴的事例接连呈现，令人目不暇接。如海昏侯开棺、江口沉宝打捞、三星堆祭祀坑发掘直播，都让考古成为全社会热议、长盛不衰的话题。普通民众的历史思维方式和文化艺术鉴赏水平，在一次次科普熏陶后渐被潜移默化。今天的社会大众的历史、文化艺术、科学知识，比之十多年前已有较大的提升，其中，考古人贡献甚大。无论如何，考古毕竟还是一个从业人数很少的小众行业，在专业科普方面能做出如此显赫的成绩，大家可以想象得到我们的专业人员得有多大的额外付出。再说，当今考古专家能给最高级领导专题汇报考古，在我看来，这本身就也就是考古科普活动。仔细再一想，这和此前的几十年的考古科普活动相联系，应该不仅仅是时间上的早晚关系那么简单，实际上也还存在着内在的因果逻辑关系吧。

考古助推中国文物艺术品市场的持续繁荣

我国的现行法律明确规定，地下文物归国家所有，绝不让考古发掘品进入市场流通，盗掘买卖出土文物是犯罪行为。几十年来，考古可以说是文博系统里最能严于律己，模范地执行文物法和国家文物局文物博物馆工作人员道德守则的一个行业。既然如此，那该如何理解考古助推文物艺术品市场的持续繁荣呢？我以为可以从三个方面来看待。第一，大量考古发现引燃的持续不退的考古热和国家对文化遗产的重视营造了良好的社会市场氛围。从20世纪50年代初到今天，我国全面的大型基本建设工程从未间断，埋藏在地下的丰富文化遗存不断被发现。几十年来，这些重大发现一直占据新闻报道的显要位置，并为广大社会人士所津津乐道。第二，特别是中央把考古工作作为建立文化自信的重要抓手后，考古的重要性越来越被大家所认识。第三，基于前两个原因引起人们对考古知识的渴望，大家争相参观考古工地，不断涌入大小博物馆。以考古为主题的夏令营（以北大考古文博院为代表）、研学团（北京鸣鹤书苑考古艺术俱乐部为代表）雨后春笋般冒出来。我们知道，要想成为当代文物鉴定家，仅靠传统经验知识是远远不够的。最需要学习的是考古知识。于是在鉴定家的交流中，类型、地层、分期等渐渐成为口头禅，不仅如此，碳-14、热释光、同位素等考古人专用的科学检测手段也为收藏鉴定家们所了解。早在十年前，成都某民营博物馆就对标北京故宫博物院文保中心，购置了几乎同品质的文保检测设备。文物艺术品市场第一是求真，赝品泛滥的市场不健康，繁荣不可能持久。随着考古知识的普及，将把市场假货水分挤掉，迎来可持续的发展和繁荣。热爱文物艺术品群体的基数越大，收藏爱好者就越多；收藏爱好者群体的文物艺术品鉴赏知识越丰富，文化艺术品市场的整体品位就越高；文化艺术品市场整体品位越高，市场就越能持续稳定繁荣。这就是考古和文物艺术品市场的正相关连动影响。

最后，谈谈考古对国民经济的贡献。

这是一个20世纪考古人尽量避谈，进入21世纪后文博系统羞羞答答地谈过，今天却又几乎没人谈及的话题。

传统的观点认为，考古在中国属于社会科学，单位属于公益类性质，不该谈、不能谈经济贡献，而且认为也没法量化，所以大家谈得多的是考古对社会的贡献。世纪之交时，旅游行业发展势头正盛，各地都想搞成支柱产业，还煞有介事地搞经济测算，最后量化出某年、某大假假期、某旅游活动来了多少游客，给所在地带来多少经济收入，又拉动了当地国民经济百分之多少的增长，等等。旅游系统以此业绩为卖点，到处寻租他们认为可以获得商业高额利润回报的文化遗产景点，游说政府，让其承包开发。受这一大背景影响，我们可能是全国最早开始测算文物事业的经济账的[①]。旅游行业这一招很快就给文物部门造成了不小的压力，终于，在2004年国家文物局专门设了个《文物博物馆事业对社会发展和国民经济的贡献》的全国招标课题。笔者也参加投标还中标接下了课题[②]。据说时国家文物局同时委托了三家单位承接此课题。大家各做各的测算，至今我们都不知道另外两家测算的结果。我们提交的测算结果是：在2000年前后，四川文物保护事业对国民经济的贡献大约占GDP的1.1%左右。这一成果似乎并未引起多大注意。也不知道究竟被国家有关部门采纳没有。巧合的是，最近我们在研究英国的考古管理体制，看到英国有关科研机构测算2019年，文化遗产保护利用给英国带来310亿英镑经济收益，而当年英国的国民经济总产值为2.2万英镑，也就是占国民生产总值约1.4%[③]。看到英国这个测算结果，我们对当年自己提出的研究思路、构建的数学计算模型更充满自信。考虑到英国是文化遗产资源强国，保护利用历史悠久，早就是全世界不少人向往的旅游目的地，其文化遗产产业带来的经济收入在国家GDP中占比略高于我国，也是不难理解的。如果我们和英国的测算都还靠谱的话，中国去年GDP总产值刚过人民币100万亿，其中文化遗产产业的经济贡献即使按2000年的1%来测算，也是1万亿之巨。和旅游业经济产值动辄占GDP5%甚至10%以上相比，文化遗产经济产值似乎是有些微不足道。但若是考虑到文化遗产从业人数以及国家每年的投入资金等综合因素，你又不得不

---

① 高大伦：《文物保护事业对社会和国民经济的贡献》，《中国文物报》2002年2月9日。

② 高人伦、任栋：《文物保护事业对国民经济及社会发展贡献的研究》，《四川文物》2006年6期。

③ 可参考湛旭华、高大伦：《英国考古公司的诞生运营及前景展望》，南方科技大学社会研究中心编：《遗产》2021年第4期，待刊。

对以考古等为主导的我国文化遗产产业巨大经济产出深感震撼。一万亿的总产值，这可是相当于2020年陕西西安市或广东佛山市的GDP总产值啊！今天的中国，从行政管理上来说，为了让文化和旅游深度融合，两家管理部门已被合并，两家之间竞争文化景点的管理权，激辩谁对国民经济贡献最大等都已成往事。但我们要说，算清账目才能心中有数。考古人对经济的贡献也应该可以量化的。有此量化的测算结果，考古人更可理直气壮地要求扩大队伍编制，改善办公条件，提高薪酬待遇，挺直腰杆工作。这不是为个人为小团体在争取利益，真正是为国家文物考古事业争取应有的，进而希望也会是更好的生存发展空间。这样的近忧远虑，何尝又不是政治站位高呢？

无论学术还是学术以外，考古行业百年来都成就辉煌。以上所举学术以外几条仅为本人从业多年的观察思考，未必全面准确。在看到成就的同时，我们更多的还应该多看到不足。与世界同行相比，我们既有值得夸耀的成就，也有不少大的差距。例如：在公众考古方面，早在1922年，埃及图坦卡蒙墓出土文物运往开罗时，沿尼罗河观看者就有数十万之多。几十年前，英国的一个考古工地对市民开放，短短几个月，竟然接待了40万参观者。近期埃及国家博物馆迁址新馆，开罗市民将其办成了嘉年华，礼宾车队夹道护送文物，市民载歌载舞彻夜狂欢。又比如，英国当今有80多支注册考古队伍，一年竟有5000个发掘项目，法国全国考古从业人员有近3000人。对比中国来看，请大家要注意的是，英国国土面积不过24.4万平方千米，法国国土面积也就55万平方千米，前者约相当于四川面积一半，后者和四川面积相当。再比如英国为市政建设而开展的考古项目的发掘报告的编写，平均2—3年就能完成整理出版，并收入专门的数据库向社会公开。我以为这些都是显而易见的差距所在。对此，需要我们有清醒的认识。

但愿下一个百年到来之前，这些差距早已消失。

（原载《文物天地》2021年第6期）

赞米仓古道第一城[*]

蜀道自古称最难，
难在孤云两角山。
去天一握千年叹，
韩信夜遁两河栈。
剑南太守造阁道，
金兵难破琉璃关。
南北碑刻连成线，
道上石板脚踏穿。
上两南江廿四蹬，
孤云光雾古音转。
大明高墙今犹在，
米仓首城不虚传。

2021年9月22日

---

[*] 2021年，应南江县文旅局之约而写。

关注李调元也关注他所处的时代

四川省委宣传部的四川历史文化名人建设工程第二期评选活动中，巴蜀大才子李调元入选，对李调元来说是实至名归，对其故乡来说罗江县来说，更是一件文化大事。李调元在四川的地位该怎么评估，我以为若按朝代来算四川有代表性的文化学者，可以这样排列：

汉有司马、扬雄

南北朝有陈寿

唐有李白

宋有三苏

明有杨升庵

清有李调元

李调元的影响绝不只在罗江德阳，或成都平原。我虽是川南人，但我是听着李调元的故事长大的。我们对李调元是敬仰的，也是有感情的。

据我所知，这些年来，我们四川人研究四川的历史文化名人中，成果最丰富的非李调元莫属。这首先得益于地方领导的重视，其次是四川民俗学会受人之托，忠人之事，集中了学会同时也是四川的一批最优秀的文史学者，扎实耕耘，锲而不舍，集中攻关，因而硕果累累，蜚声学界①。

可以乐观预测，在文化自信的鼓舞、文化强省建设的推动和四川将历史文化名人建设作为文化建设系统工程重要抓手的大背景下，李调元研究也将持续并迎来新高潮。但是，由于历史文献资料的局限，如果我们的研究仍然主要局限于李调元本人以及罗江本地，恐怕很难有大的突破。我以为，要从更广阔的时空背景中去考察研究，才能更深刻面地认识李调元。举例来说，可以从以下这几个方面着手。

一、四川会馆的研究

明清之际四川有场大的社会动荡，又加上改朝换代及其后持续百年的"湖广填川"，造成了四川的历史走向的根本改变。李调元祖上就是湖广填川移民，这些不同地区移民带来的文化及必然的交流，形成了新的四川文化，在一定程度上来说，和明以前的文化有很大的不同。虽然明清是离我们很近的两个朝代，但20世纪以来中国经历千年未有之大变局，人文、环境变化之大，说超出所有人预估恐怕也不为过。这个变化必然伴随着许多实物文献资料的消失。学者和有关机构有抢救的责任。有关移民来源和移民组成的社会状况，传统的历史研究多看重家谱、族谱和地方志文献，在这些方面确实也取得了不小的成绩，但除此而外，研究的路径似乎并不多。以我多年在四川各地野外调查了解到四川有很多清代会馆，主要是湖广填川移民修建的，比如广东移民建的南华宫、江西移民建的万寿宫、湖北移民建的禹王宫，以及东岳庙、王爷庙、川主庙等，三台、武胜、宜宾的一些古镇上还有"九宫十八庙"之说。据四川省文物考古研究院古建专家姚军统计，全省历史上鼎盛时期

---

① 这里是指四川省民俗学会、罗江县人民政府主编《李调元研究》（2007年巴蜀书社出版）。又由于李调元在川菜、川戏方面造诣极深，四川省民俗学会开展的川戏、川菜研究等专题学术会，李调元也是研究的重点热点，成果颇丰。

有数百甚至上千座移民会馆，今尚存一百余座①，会馆建筑本身是研究移民分布活动轨迹的绝佳资料，各会馆里都有丰富的题记、碑刻，甚至壁画，又是研究移民经济、文化、民俗活动，让其活起来的重要抓手。这些资料是个宝库，急需加以收集整理。例如，我们曾经在成昆高铁建设工程中，发掘位于长宁县的明清建筑落赶庙，清理发掘了庙里地面地下的80多块石碑。石碑制作的年代前后延续两百多年，碑身刻有大量的文字，碑文所述之事基本不见于地方文献记载。从碑里获得的信息，能了解落赶庙的修建维修、当地重大节日活动，看到百姓的信仰、好恶，厘清百年风俗变迁，我想在罗江或者扩大而言在德阳绵阳也当有过这样的会馆或庙宇等，若以此为切入点进行研究，可能会有意想不到的收获。

二、四川明清石刻题记的研究

很多人知道四川是摩崖造像（如广元千佛崖、夹江千佛岩、巴中南西北龛、安岳卧佛院等）文物大省，但可能不一定知道我们还是碑刻大省。根据我们所掌握的数据，四川馆藏和野外有汉至民国的碑刻题记不下5万余块（点），其中明清时期的估计占八成以上。我国传统金石学号称发达，但明清以前研究家专注宋以前碑刻资料，今天国内各大博物馆收藏数以万计，却也罕见明清的。明清时期的碑刻，除个别名碑外并无人给予专门关注。我们曾在野外考古调查时稍加留心，十年内陆续集得千余张拓片。2016年得到省财政厅支持，四川省文物考古研究院以"四川古代石刻题记抢救保护"项目立项，获拨3580万元经费，预计在三年内完成结项。项目的主要成果是20万张拓片（5万块碑刻，每块拓片4张）。据我所知，罗江县的石刻拓片工作应该已结束。对碑刻内容

① 据姚军先生见告，四川现存移民会馆有133座。他们是禹王宫47、南华宫37、万寿宫32、天后宫13、贵州会馆1、湖南会馆1、云南会馆1、吴楚宫1。

的初步观察，已可以看出其中蕴含的丰富的历史文化信息，尤其是关于交通史、经济史、民俗、家族史、移民史、村镇史、祠堂史、会馆史、寺庙史、乡贤史、慈善史、地方重大历史事件的资料非常丰富①。例如，关于清初人口问题、经济问题，学界总是存在争论，我们从碑刻来看，似乎存在这样一个规律：明代的墓葬分布广而密集，但基本不见顺治时期的墓葬，康熙早期的墓葬也不多见，即使有，其累砌也比较简陋，康熙后期墓葬突然增多，到乾隆时期不但墓葬大量增加，墓前碑坊开始建得巍峨高大，雕刻繁复精细，越往后这些特征愈演愈烈，一直持续到清晚期。相应的捐资修桥铺路的慈善活动和大建会馆之风兴起演进轨迹，也和前面说的墓葬数量和碑坊发展同步。我以为，这一现象如果深入探讨下去，对我们若干争论不休的重大历史问题的解决是很有帮助的。

三、四川明清儿童史的研究

李调元少年聪慧，有关他孩童时期的故事不少，至今乡里流传甚广。人的一生有孩童、青少年、成年、中老年几个阶段。我们的史书对孩童生活史记载很少，研究者更是寥寥无几。这种局面近期有所改变，这就是南北方都有人开始关注到儿童史问题。北方有王子今教授《秦汉儿童的世界》专著出版②，填补了学术空白，在学界获好评。南方几乎在同时，如我们在宜宾博物馆的新馆民俗厅"四季乡愁"主题展中，大量设置儿童文体活动、游戏、童谣相关文物，首开儿童游戏、文物成批

---

① 这方面的资料有一小部分已出版。可参考高大伦主编《蜀道石刻题记》，巴蜀书社2018年出版。

② 王子今：《秦汉儿童的世界》，中华书局，2018年。

成体系进国内博物馆先河①。在评审方案中，得到了高度肯定。儿童阶段对人的性格形成、善恶辨别、知识的获得都是很重要的。俗话说，人看自小。通过一些儿童传统体育活动、游戏、儿歌童谣、摆的龙门阵、教材的收集，可以从一个侧面看出当地的民风民俗和价值取向，借以了解他们是如何成长起来的。流传的故事一般是从李调元孩童时代机敏睿智来说明他是天才，但若从同时代的儿童史研究，也许可以反过来看出，四川人幽默乐观风趣的性格大环境造就了李调元这样的奇才——正所谓一方水土养一方人。

当然，现在就下结论尚早，这都需要深入研究。

四、相关文物的保护征集

在当今社会快速变化、城镇化提速、新农村建设加快推进的大背景下，乡村一年一个样，对历史对名人故里仅有研究还远远不够，我们有关专家和机构应该行动起来，尽力征集明清文物特别是我们研究所涉及的那段历史那个环境的重要见证物。这些见证物当然大多数都是民俗文物。以罗江为例，属于李调元本人的见证物估计少之又少了，但是属于那个时代或前后不远时代的生产、生活即所谓衣、食、住、行、教、育、娱的见证物，虽然可能不多了（唯其不多，才需要我们积极行动）。只要我们细心收集，总还是能征集到的。见证物可以为开展相关研究源源不断地提供资料标本。对罗江来说，不仅仅是研究李调元所需，也是李调元纪念馆为保存历史，进行研究、展示所必须要做的基础日常工作。这里需要特别指出的是，由于行政区划的变化频繁，我们的征集工作不能仅仅局限在今天的罗江辖区。古人云：百里不同俗。据此，至少应该在方圆百里范围内开展征集，实际操作上还可以更远。见

---

① 高大伦、罗培红、刘佳君等编宜宾博物馆新馆主题展览策展展陈大纲《四季乡愁》，2018年通过评审，预计2021年开展。大纲中的春夏秋冬每一季都有儿童民俗内容，如"童谣""捡子儿""跳海""老鹰抓小鸡""外婆摆龙门阵"。

证物的征集要早、要快、要积极行动起来，这项工作做好了可以避免不少名人馆有馆无物、有馆无展的尴尬。

其实，研究名人必须同时研究其所处的时代，这是所有学者都明白的道理。本不该由我在此啰唆。以上只是因以前工作经历曾接触过的几个方面提醒大家注意，希望能有助于李调元研究的深入和纪念馆的建设。

（原载《李调元研究》第3辑，四川人民出版社2021年出版）

大秦新赋赞[*]

——《秦史与秦文化研究丛书》初览印象

　　记得大约四年前，我到西北大学参加一个活动，晚间旁听了西北大学出版社的几位领导和王子今教授在一起讨论的一个全国重大出版选题计划。他们正在策划一套《秦史与秦文化研究丛书》，还说邀我出任编委。说起来真惭愧，除了那晚上偶尔插嘴说上几句外，本人对这套丛书的编写并无点滴之贡献，实属忝列其位。由于那次机会，我知道这是一部很有分量的秦史研究丛书，倘能如主编和出版社之计划按期高质量完成，必将在学术界产生不小的影响。但我也清楚丛书部头大，作者多，牵涉面也广，私下为他们能否如期完成有些许担心。待真正拿到如期出版的14个专题共计14部、总字数高达500万的这套沉甸甸的丛书，大吃一惊的同时，我对出版社、主编和作者们又平添了几分敬意。

　　翻阅此书，我立即联想到的是上溯整整四十年，与此套丛书相关的一件大事。众所周知，那可是在十年动乱结束不久，改革开放的号角刚刚吹响，国家百废待兴，学术尤其为重灾区的特殊年代，但此时西北

＊　王子今主编《秦史与秦文化研究丛书》，西北大学出版社2021年出版。

大学出了一件轰动全国史学界的大事，那就是林剑鸣先生的《秦史稿》横空问世，此书短时间内多次再版，虽不敢说形成了洛阳纸贵的态势，但毫不夸张地说，那时搞古代史和考古的都想拥有一部可是不争的事实。其时，大家除了服膺著者的学识，还佩服他在十年动乱期间仍能坚守学术，可能更佩服的是他竟能把文献记载比较贫瘠的秦国史事写成一本数十万字的大著。其后不久，李学勤先生的《东周与秦代文明》一书出版，也将秦单列探讨，后者主要是从文物和出土文献的研究入手，专论秦文化。林、李二位大师的著作，对秦史、秦文化互证互补，相得益彰，堪称改革开放后相当一段时间内秦文化研究领域里的双璧。20世纪70年代中期，以秦兵马俑和云梦睡虎地秦简为代表的大发现已令人叹为观止，可能也没有谁料想到后来的四十年，秦考古还会有源源不断的，数量远超此前所有考古时期的、大面积、多专业领域的新发现，和由此带动相关论著的爆发式增长，在此大背景下，《秦史与秦文化丛书》应运而生，正当时也。

本套丛书的特色，主编在总序的最后已做了说明，那就是"注意全方位的和多视角的考察"。我以为从结果看，是实现了编委会的初心的。试举几例加以佐证。首看选题组成：一般来说，从民国时期起的文化史类的丛书选题，大多会喜爱生活、风俗、节庆、娱乐一类选题，但本丛书却是从历史与文化角度去探究秦的帝国形成与崩溃、思想与政治、祭祀、法律文化、礼仪、文字、农业、战争、疆域等等。以丛书中的大多数选题来说，就一个秦国，就那么点文献，何以能写出史论结合、故事丰满生动、线索条厘清晰的专著，真是很考验作者。当年，一部几十万字的《秦史稿》问世，被广泛称赞收罗历史文献和考古资料十分丰富。弹指四十年后，在看到这套丛书以前，即使是历史专业学者中，恐怕都少有人想到，非但《秦史稿》中仅设立章节段落研究的问题，甚至没涉及的研究领域，都已被今天的丛书作者们洋洋洒洒写成数十万字的专著，由此足见改革开放四十年来秦汉史学术领域是多么的繁荣，学者们又是多么的勤奋和善思。

历史与文化兼论是这套丛书的一大特色。综观这几十年来的历史文化类丛书要么是把历史通俗化，要么就是文化生活化，很难兼顾。所导致的结果往往是，历史通俗不够，文化娱乐过度。我以为本丛书的重点是要从多方面梳理秦从弱小到强大到统一及随后十多年虽然短暂，研究留下的重要遗产对后世产生深远影响的主客观因素，总结历史经验教训，以通古今之变。编撰这类书籍，若把握不好，结果难免会流于空泛和枯燥，但是丛书将每一类课题放到秦六百多年的长远历史大背景中去叙说考察，因而事件来龙去脉清晰，故事发展跌宕起伏，容易让人看懂历史重大关头的重大事件、重大决策之间的因果关系。把政治礼仪法律等原属上层建筑思想意识类的活动放到生产文化活动中去考察，这是一种新颖且成功的尝试，由于融入文化，让祭祀和礼仪这样枯燥烦琐的活动、疆域、都苑的历史变迁，也讲述得活灵活现。法律与政治专业高深的条文，读起来也丝毫不觉烧脑乏味。阅读了有丰富实地考察经验作者写出的《秦交通史》与集书法家和古文字学家、考古学家于一身的作者编写成的《秦文字研究》后，更让我们宛若得到了沉浸式体验。这些年来，让文物活起来的实践不少，也不乏成功案例，如何让历史在历史书中活起来，佳例难觅，本书不失为一个成功范式。

该丛书的另一特点是，每一位作者都具有丰富的文献收集驾驭能力，熟稔本领域学术史和最新动态，都是撰写课题的著名专家。大家知道，中国考古发现极其丰富，以朝代而论，秦汉尤显突出，例如，秦汉兵马俑、马王堆、大云山、海昏侯、中山王，都已家喻户晓。如果我们说秦汉考古大墓的发现当为第一，可能还有争论。但若说秦汉出土文献在所有各个时代中独占鳌头，当不会有异议吧。如云梦秦汉简、云梦秦瓠、岳麓书院秦简、马王堆汉墓简帛、银雀山汉简、里耶秦简、张家山汉简、天回镇汉简、居延和悬泉汉简……竹木简一出土往往动辄成千上万支，看得人眼花缭乱，目不暇接。本丛书中的许多章节是大量引用、消化了考古发现编写而成，有些章节基本是以考古发现为主写就的。秦汉史学界的一大批人随时紧盯考古新发现，及时吸纳最新考古发现。据我所知本丛书有的作者还参加过各种读简班。这些都为他们的研究源源不断地提供着最新的地下出土资料。丛书虽以历史研究为名，但不少专家自由穿行在考古历史两个专业领域，并无专业隔阂。作者们以考古证史，以文献释古的例子比比皆是。这正是我们历史和考古学者都应向他们学习之处。

再就具体和个案而论：各书都不乏可圈可点的精彩之笔。例如：重视耕和战是秦之所以成为强国的主要抓手，本丛书也特别重视这两类课题，将他们列为两书分别专论，于是我们能看到关于秦"重本""崇战"的最详细、全面的论述。《秦农业史新编》既高度肯定了秦农业政策的成功，也用了不少篇幅探讨在统一前战时经济管制和统一后急政对农业的摧残与破坏。《秦战争史》编撰者则并不满足于传统的兼并六国为止，将统一后秦帝国的继续拓展直到灭亡的那段历史也补充进来，完整地从战争角度探讨了秦的崛起、统一和崩溃问题。《秦官吏法的研究》则可视为对秦"公务员法"的一次全面探析，此一历史课题，放在今天也很有现实意义。《秦法律文化新探》则又让读者从文化角度看到秦法与社会与风俗的关系，看到其为战争、统一、专治、集权服务的本质。从《秦礼仪研究》《秦祭祀研究》《秦政治文化研究》《秦都邑宫苑研究》几部书里，我们详细地了解到落后的秦国，因一直坚持全方位的、不间断的向东方诸国学习而强大的过程。《秦交通史》让读者了解帝国强大与交通发达相互促进的辩证逻辑关系。《秦文字研究》系统地从文化的角度探讨了秦文字的发展过程，尤其是秦统一文字对中华民族的最终形成和发展所起的奠基性作用。以《初并天下》作为书名，本身已足够引人注目，而对"初并天下"这一"微言"所透出的"大意"的深挖和阐发，借以揭示秦政治史若干重大课题的关键所在，则可看出作者与众不同的功底与史识。

顺便要指出的是，丛书中专设《秦史与秦文化研究论著索引》，也是一大创举，既以特殊方式汇集了学术著作，也让想一探究竟的读者，得以"按图索骥"，深入学习。

任何著作都不可能十全十美。毋庸讳言，本丛书还是存在若干不足，我以为，显而易见的不足有两点：第一，虽然丛书选了14个方面的课题，但尚不足以涵盖秦史与秦文化的主要方面，选题还可以增加诸如秦的风俗、秦的手工业、秦的外交……似乎都可独立成册，纳入本丛书。本人预测，这套书还会出续编，如果主编和出版方以为陋见可取，希望那时纳入。第二点，其实主编在总序言中已用大量篇幅谈到，但我以为尚未说穿，那就是研究的国际视野。进入21世纪以来，国门大开，富裕起来的中国人如潮水般涌入欧、美、亚、非各大博物馆，看了不少世界上古文明遗存，眼界大开。国内博物馆也引进不少大展，其中就有罗马和秦汉文物合展。秦是在历史上有国际影响的大国，学者们应该在研究秦汉文明同时也关注同期的罗马、埃及、印度等文明，若能适当做些比较研究，那是最好不过的。当然，我也知道，许多学者很想做此努力，但我们这一代——本书主要作者这一代的成长背景有大的局限，在大部分人最该学习的年代，社会都还处在动乱之中，他们失去了系统全面学习的机会。知识储备中缺少世界史知识，知识结构中少了学习世界历史必须掌握的相应国家语言，这是我们这一代人的一大遗憾。我想丛书主编早已看到这点，所以才在总序里用相当多的篇幅谈到外国同时代的文化，如果我没理解错的话，主编也是希望后学能尽快补上这一代人这一治学的短板的。

纵然如此，我仍然认为，本书的出版是向"十三五"国家重点图书出版规划项目交了份漂亮的答卷，为"十三五"国家丛书编辑出版收了豹尾。本丛书是严谨高深的学术和有灵有肉的文化有机融合的典范，是新时期让历史活起来的佳例。如果您赞成我的以上评价，那它当然也应该是史学工作者和出版社，在如何同广大读者提供更好的"学史明理、学史增信、学史崇德、学史力行"的读物方面进行了一次成功的尝试。

2021年11月

（本文部分内容《中华读书报》2023年4月26日刊出）

商业考古在英国的诞生运营及前景展望[*]

相比中国的考古工作主要依赖国家资助和由国有考古机构进行发掘和科研，英国的考古工作却更多是由以公司形式运营的考古机构依赖建设开发单位资助进行的。本文主要介绍建设主导型考古公司（development-ledarchaeology，下文简称"考古公司"）在英国的发展，通过采访英国老中青三代考古学家：参与20世纪80年代"林道人"（Lindow Man）发掘的曼彻斯特博物馆专家威尔逊·贺维（Velson Horie）、退役考古学家马科斯·马殊（Marcus Marsh）、剑桥考古队成员瑞奇·帕顿（Ricky Patten）和年轻的威尔士黑山考古队（Black Mountain Archaeology）成员瑞斯·摩根（Rhys Morgan）以及发展商代表大卫·高曼（David Galman），从政府法律法规、行业协会管理、个案研究、行业人员和发展单位等多角度了解考古公司在英国的历史沿革、运营和实践经验。

---

* 本文由湛旭华、高大伦合著。此文曾删节刊于南方科技大学社科中心主办《遗产》第5辑，社会科学文献出版社2022年出版。

一、从毫无意义的建筑到PPG16

二战后至20世纪80年代早期，英国进行的考古主要是抢救性考古，目的是在基建开发破坏前抢救遗迹，这些发掘没有提前计划，很多没有存留完整记录，遗迹的保存状况也不尽人意。例如：1954年，伦敦金融城建办公楼挖地基时发现古罗马统治英伦三岛时代的密特拉神庙遗址（Templeof Mithras），因时间紧迫，由政府出面协商，才为考古队多争取了两周的宝贵发掘时间。这一重大考古发现吸引了40万名公众参观，人们呼吁保留遗址（见图1）。但当时无法可依，在遗址如何保存问题上，建设单位没有义务和责任。最后，不得不由丘吉尔政府再次协调，发展商才同意出资把遗址分拆并在1962年搬到附近异地重建。异地重建的神庙遗址如同废墟矗立在繁忙的市中心（见图2），被诟病为历史信息残缺的"毫无意义的建筑"[①]。

20世纪50年代至70年代的城镇建设进程中，英国成立了不少考古队，多为独立机构并致力于社区利益的慈善信托的形式构建，进行抢救性考古发掘。例如1972年成立的约克考古信托公司（York Archaeology Trust，以下简称"YAT"），前身是考古兴趣团体。YAT和前身为伦敦博物馆考古部的伦敦考古博物馆（Museumof London Archaeology，以下简称"MOLA"）一样，都是历史悠久的考古机构，持续运营至今。20世纪90年代前，英国各地的考古工作多依赖博物馆、大学和特设挖掘委员会协调志愿者并以政府资助这种半官方形式进行。早期由于土地私有化，加上无相关法律约束业主和开发单位，很难保证考古工作所需的时间、许可与合作。

发掘和研究效率低下，更无发掘后如何保有考古遗产的长远考虑，就草草继续给予土地发展规划许可，导致考古遗产不得不一再地让

① HistoricEngland，"BuildingtheFuture，TransformingourPast—CelebratingDevelopment-ledArchaeologyinEngland，1990—2015，" Published 23 November，2015，https：//historicengland org uk/images-books/publications/building-the-future-transforming-our-past/

路给城建发展。不只伦敦和约克这样的历史名城，全英范围内，不少考古遗址在战后重建和城市化进程中被摧毁，不堪重负的公共资金仅能挽救其中的一小部分。

图1　1954年英国公众排队参观伦敦市中心密特拉神庙考古发掘遗址①

图2　1962—2011年异地迁建的密特拉神庙考古发掘遗址②

① 资料来源：Mola，"Temple of Mithras: Remembering Londons Greatest Archaeological Discovery，" Published 21 Sep, 2014, https：//www mola orguk/blog/temple-mithras-remembering-london%E2%80%99s-greatest-archaeological-discovery.

② 资料来源：Heritage Daily，"Temple of Mithrastobe Reconstructed and Movedto Original Site of Discovery in London，" Published 18 Nov, 2011, https：//www heritagedaily com/2011/11/temple-of-mithras-to-be-reconstructed-and-moved-to-original-site-of-discovery-in-london。

英国政府为解决各种考古遗址被持续破坏的问题，于1979年颁布了《古迹与考古区保护法》（The Ancient Monumentsand Archaeological Areas Act），保证在基建开始前必须进行考古调研，这一法规让保护考古遗址有法可依，也让建设主导型考古体系在20世纪80年代有了萌芽的基础。但考古公司蓬勃发展的拐点是1990年《第16号规划政策指南》（Planning Policy Guidancepaper 16，以下简称"PPG16"）的颁布。PPG16指出考古和古迹是不可再生资源，并规定建设前考古工作是所有开发项目获得规划通过前必须履行的义务。这一政策把抢救性考古纳入法律、建设规划及商业开发的体制与工作流程，同时保留了政府的决策权，将考古作为建设发展单位的责任，把考古人员划分为从事文化资源管理的"策展人"和从事发掘与历史景观调研的"承包商"。政府只资助规划部门内的"策展人"，那些早期的考古信托机构由此变成了由开发商付薪的考古工程"承包商"①。

三十多年来，英国政府对PPG16多次修订，建设主导型考古逐渐成为在《政府规划政策框架》（National Planning Policy Framework）（见图3）所规定的范围内运作的成熟行业。这使英国的遗产保护在欧洲处于领先地位。遵循欧盟指令和国际公约中规定的可持续发展广泛原则运行的PPG16也促进了由开发商资助前期考古调研这一规划制度在欧洲大陆的推广：PPG16的许多原则被吸纳进欧盟委员会关于考古遗产的《瓦莱塔公约》（Valletta Convention，又称《保护考古遗产的欧洲公约》），该公约于1992年发布并最终得到了40多个欧洲国家的批准，建设单位负责资助考古工作也成为欧盟的制度②，对于推动全球范围考

① Orange H.，Perring D.，"Commercial Archaeology in the UK：Public Interest，Benefit，and Engagement，"in Moshenska G.，ed.，Key Conceptsin Public Archaeology，London：UCLPress，2015，pp 139-140.

② Curtis J.，Fulford M.，Harding A.，Reynolds F.，"History for the Taking?-Perspectives on Material Heritage，"Viewedat 2 June，2021，https：//www the britishacademy ac uk/publications/history-taking/.

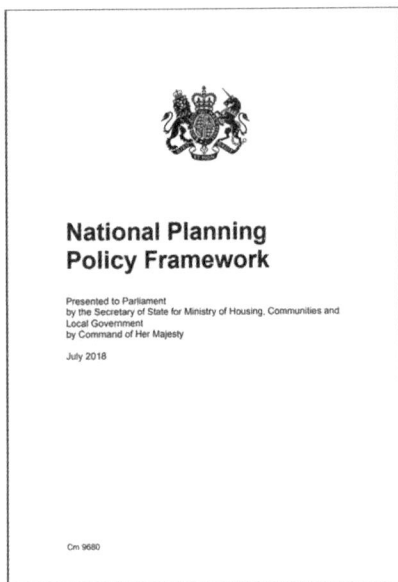

图3 英国2018年版《政府规划政策
框架》封面①

古遗产的保护有积极的影响和作用。

PPG16对考古行业带来的改变是革命性的：考古发掘所需资金从依赖政府和慈善捐款转为由建设单位负责，既为政府省下公共支出、堵住了考古遗产保护的法律漏洞，也催生了新的行业。建设单位有提供考古和历史景观信息以获得规划许可的需求，需要得到考古咨询公司的帮助和管理，从而为新兴考古公司提供了大量市场需求。放权不仅推动了生产力发展，有商界的资金投入，更多考古遗迹得以被挖掘和完整保存，而且出资的开发商通过考古项目收获更好的公众形象，并通过支持考古与当地政府建立了更好的公共关系。为监管这一新行业，产生了考古行业的专业团体——特许考古学家学会（Chartered Institute for Archaeologists，以下简称"CIfA"），帮助政府履行行业管理职能。

二、专业机构的角色：一臂之距的管治

英国经济学家凯恩斯倡导的"一臂之距"的文化管理方法是一套采取分权式行政管理的体制：政府部门专注制定政策和财政拨款，具体管理交由非政府专业中介机构负责和执行。这种"抓大放小"的管理方

① 资料来源：GOV UK，"National Planning Policy Framework，"Last Modified 20 July，2021，https：//www gov uk/government/publications/national planning policy framework 2.

式，防止了腐败和权力寻租，专业人管专业事，形成了全社会文化事业管理更高效的网络体系。

"一臂之距"的管治方法也运用到考古行业：政府管立法、规划审批和重要的国家考古研究项目的拨款，监管工作下放到地区政府规划环境部门，基建行业所需考古资金大部分由开发商提供；对考古公司和从业人员进行监管、推广行业标准和规范英国专业考古的工作则交由作为行政代管的专业团体负责。考古行业重要的专业机构包括：英国考古委员会（Council for British Archaeology，以下简称"CBA"）、英格兰历史建筑和古迹委员会（Historic England，前身为英国遗产署English Heritage，以下简称"历史英国"）和特许考古学家学会（CIfA）等。另外有专门管理考古档案的"考古数据服务"（Archaeology Data Service，以下简称"ADS"）和存储考古报告的"在线访问考古调查项目索引"（Online Access to the Index of Archaeological Investigations Project，以下简称"OASIS"），前者由约克大学联合多家大学管理；后者由历史英国负责管理，考古数据档案对公众开放。

CBA是专注考古教育的慈善机构，其主旨是在英国各地开展教育活动让公众了解考古并增强对历史环境的欣赏和爱护意识。机构通过与历史英国合作，联合全英70家青年考古学家俱乐部（Young Archaeologists Club）每年在英国组织为期两周的"不列颠考古节"（Festival of British Archaeology）等一系列活动开展考古教育，以促进研究、保护、教育，及通过有效的交流和公众参与让更多人认识和了解考古学。

历史英国继承了英国遗产署作为政府法定顾问和受托人管理历史环境和遗产资产的工作。其工作内容包括陆地和水下考古，历史建筑遗址和地区历史景观调研，监测和报告英国的遗产状况，出版英国政府官方统计之一的"年度风险遗产调查"，资助重要的学术研究和重大项目，不仅与业界进行政策和学术研究，保证行业健康发展，也承担和支持考古和文化遗产规划审查。它的任务是确保英国文化遗产的传承，以造福后代。

作为政府的中介，监管考古从业人员和机构的专业团体（professional body）是成立于1982年前后的CIfA（特许考古学家学会）。CIfA的职责包括：制定和推行规范考古行业的法例和法规，对开发单位选择考古公司发布指引和名录；对注册的考古学家和机构进行专业资格认证（accreditation），对考古学位课程认证提出规范指引，并通过对专业资格年审规范行业内个人和机构的工作符合行业标准、道德规范并加强持续学习；向考古工作者提供培训和学习资源。考古发掘以外的专业认证涵盖文化遗产部门内的其他相关工作者，例如为县议会工作的考古策展人员或在私营部门工作的遗产顾问。

CIfA有几种会员资格，大部分考古从业人员主要申请其中三个不同等级资质会员：从业者（PCIfA）、准成员（ACIfA）和成员（MCIfA）。考古公司主管和大型考古项目经理必须由具备高级别资质的考古学家（有相关学历和丰富的经验，经学会评定获得资质）担任，保证考古工作的质量和合法合规。正在申请专业资质的黑山考古队成员摩根介绍了CIfA三个级别专业资质认证制度与商业考古工作的关系："从业者等级资质，是最基本和入门级的资质，以证明个人可从事考古专业工作。第二级别是准成员等级，成为考古项目负责人需要申请这一级别（即能负责领导和检查整个考古项目从调查到撰写报告的考古学家），获得准成员资质表明这个考古学家擅长考古调查且具备对考古的各个方面都了如指掌的知识。第三级别是成员级别，通常要项目经理（即负责监督管理整个考古项目的考古学家）或考古单位的主管才可以申请，需要有相关学历，丰富的经验、知识和从业经历。许多较低级别的现场考古从业者可能连初级资质都没有，但他们的工作由具备高级资质、经验丰富的考古学家监理。如果接洽需要进行大规模发掘的客户，他们多会要求负责考古挖掘的项目经理和现场项目负责人至少为ACIfA级，但最好能是MCIfA级，以保证项目管理和工作都能合规并以高质量完成。准备资质申请需要提供过往工作项目等大量资料予以评定。"资质的申请可以通过CIfA网站在线申请或以邮件形式交递。申请一经通过，发展单位客户可以在CIfA网站专业人士索引页面查找到不同级别会员联系信息，对考古学家个人的职业发展很重要，但无论是哪个级别资质的成员都需要严格遵守CIfA制定的行业准则和道德规范，也需要定期参加在职学习。根据CIfA网站介绍，获得资质的CIfA成员需要每两年完成20个小时的持续学习①。如果多次违反行业规定或未达到CIfA要求也会被剥夺资质。

CIfA同时审查考古机构的注册，一旦考古公司登上CIfA注册组织名录，则表明公司已经通过同行评审并成功证明其遵守专业标准，客户可以在CIfA名录中查找到它们，在市场竞争中有很大帮助。不仅不同地区政府的建设型考古项目指引要求发展单位应雇用在CIfA注册的考古公司和个人考古顾问，大型政府资助和国家彩票基金资助的考古项目，也只有具备CIfA资质的公司才能竞标。CIfA注册考古公司需要年审，每三年进行一次评估②。2015年英格兰CIfA名录上约有70个公司，其中46个从事建设考古发掘工作，雇用约2200名员工。不少运营到今天的考古公司都是20世纪70年代就开始运作的考古发掘单位③，它们继承了早期的学术传统，坚守着社区参与文化遗产共建的承诺和社会责任。2019—2020年，CIfA的成员规模扩大到超过3300人，有资质的考古公司数量增加到85个，这些考古公司完成了全英85%的考古工作④。

作为专业团体的CIfA最重要的职能还包括制定行业法规，为考古行业制定及定期更新《行为规范》（Code of Conduct）和《职业行为规

---

① CIfA, "Continuing Professional Development（CPD）," Viewedat 20 June, 2021, https：//www archaeologists net/development/cpd.

② CIfA, "Regulations for the Registration of Organisations," Viewedat 30 June, 2021, https：//www archaeologists net/sites/default/files/Regulations%20for%20the%20registration%20 of%20organisations pdf.

③ Orange H., Perring D., "Commercial Archaeology in the UK：Public Interest, Benefit, and Engagement," in Moshenska G., ed., Key Concepts in Public Archaeology, London：UCLPress, 2015, p 140.

④ CIfA, "CIfA Annual Review2019/2020," Viewedat 2 July, 2021, https：//www archaeologists net/sites/default/files/CIfA%20Annual%20Review%202020 pdf.

范》（Regulations for Professional Conduct，2019）等法规、工作标准和指南，规定行业内的公司和个人必须以良好的职业道德进行工作实践。根据CIfA网站资料，建设考古实践的工作标准包括：历史环境服务的考古建议，基于案头的评估，考古现场评估，考古发掘，考古考察简报的撰写，地面建筑物（或构筑物）的考古调查和记录，考古档案的创建、汇编、转移和保存，考古材料的收集、记录、保护和研究，委托考古和历史环境机构开展工作或提供咨询意见，法医考古学，地球物理调查和管理历史环境。地方规划部门对考古工作的指导和监管也以《行为规范》为依据。

上述这些考古行业主要专业机构分别在行业内不同领域——教育、研究、立法和行业监管以及档案和公共信息管理等方面各司其职，特别是CIfA，通过对商业考古机构和从业人员的资质管理，把行业标准落实到实际工作中。

三、考古机构的规模、运营、问题和成果

从20世纪80年代末至今，考古公司在市场化的实践中取得了成果也产生了问题。贺维谈到考古模式从政府主导变成市场主导的利与弊："过去考古总是从小规模抢救性发掘开始，我在曼城博物馆参与'林道人'考古（见图4）就是这样开始发掘的，当考古有社会重要性才会变成大项目。当时很多考古项目发掘……后工作计划性不强，依赖挖掘团队能否长期坚持和有无博物馆愿意参与并长期保存考古档案。到20世纪90年代，开发单位变成考古责任人和出资方，以前那种半官方考古制度无法适应激增的基建市场需求和效率，业务瞄准开发商规划需求的考古公司变成主力。但考古行业市场化之所以有效，得益于国家资助时期（从学术系统）培养起来的职业道德、学术水平和经验都一流的人才把高素质工作方式带到行业。当一切以市场主导、招投标竞价，常常在低预算和有限时间内尽快完成规划要求的考古调研，工作程式化，行业逐

渐失去以前那种鼓励全面学习和研究的风气，小项目几乎都没有出版，后续人才更是青黄不接。"贺维的担忧反映了学界对基层考古工作者无法得到更多学术培训和日渐分化的学术型考古与发掘型考古之间矛盾的担忧。剑桥考古队（Cambridge Archaeology Unit，下文简称"CAU"）的帕顿在访谈中同样提道："因为长期依赖开发商在项目预算中提供考古所需的资金，考古工作不得不集中在那些能帮助开发商获得规划通过的项目，如非开发商必须履行的考古调研义务，如做更细分和深入的学术研究，开发商就不愿投入更多资助，也没有人再去考虑是否应该由其他的公共和慈善资源或资金来支持。有些考古投标获得的预算低于完成考古调研所需，也影响考古完成质量。"学术界的工作多以问题为导向，能在国家或国际期刊发表有深度研究的专著，而考古公司和考古学家更多是细致地协作完成规划所需综合信息的地理区域调研报告，在很多情况下，这种技术报告与学术出版不能很好地兼顾协调[①]。

图4　贺维（右3）与柴郡政府考古学家特纳（Dick Turner）考古团队在"林道人"遗骸出土发掘现场[②]

① ［英］科林·伦福儒、保罗·巴恩：《考古学：理论、方法与实践》，陈淳译，上海古籍出版社，2015年，第544页。
② 资料来源：Velson Horie，"Portfolio，"Viewedat 24 Aug，2021，http：//www horie co uk/portfolio/consplan html#top.

自1990年以来，以建设发展为主导的考古占全英考古总量的90%[1]，实践中由开发商出资，地区政府规划当局质控和监管，考古公司负责实际工作。借鉴建筑行业项目管理经验，考古变得更高效并发展成建设行业中成熟的副行业。阿特金森（Atkinson）在2010年研究中提道：在经济好和基建繁忙的年份，全英有5000项开发商资助的考古调查，支出约15亿英镑。但在经济低迷的年份，商业考古极易受建筑业波动影响，导致工作量和就业机会减少[2]。长期的市场竞争也造成考古工作者薪酬较低。2009年的一份研究显示，专业考古学家的薪酬在全英各类专业人士中属于偏低档，不利于吸引人才[3]，造成专业工作岗位短缺。多位学者对商业考古队低薪问题影响业界良性发展表示忧虑和关注。英国学院（The British Academy）研究报告指出，对应英国考古公司调研需求，2015—2033年考古行业需要增加25%—64%的从业者[4]。对帕顿和马殊的访谈也说明大学考古专业毕业生薪酬水平过低和就业波动，导致就读的学生人数和毕业生数量目前都跟不上行业人力资源需求。

随着科技发展，考古公司的类型也变得多样。除MOLA和CAU这类有强大学术背景的考古公司，摩根所在的黑山考古公司是一家成立三年的小规模新型考古公司，以承办拟开发项目的地基监测和撰写调查简报为主。虽然全面发掘等较大的项目通常会交给大型考古单位，黑山公司仍获得了威尔士区域的不少工作。摩根陈述："大型考古单位可以承担发掘、考古规划和策展责任。小型公司仍可靠专长在市场分一杯羹。我

① Curtis J., Fulford M., Harding A., ReynoldsF., "History for the Taking ?-Perspectives on Material Heritage," Viewedat 21 June, 2021, https：//www the britishacademy ac uk/publications/history-taking/.
② Orange H., Perring D., "Commercial Archaeology in the UK: Public Interest, Benefit, and Engagement," in Moshenska G., ed., Key Conceptsin Public Archaeology, London: UCLPress, 2015, p140.
③ Everill P, The InvisibleDiggers: A Study of British Commercial Archaeology, Oxbow Books, 2009.
④ British Academy, "Reflectionon Archaeology," Viewedat 30 June, 2021, https://www the britishacademy ac uk/publications/reflections-archaeology/.

们的特色是熟悉威尔士地区的历史环境信息和考古资源，专注于工业考古，并将自己定位为摄影测量记录（或3D建模）方面的专家，我们会使用如无人机这样的新技术手段全面快速地记录考古资源，我们最近得到斯旺西Hafod-Morfa铜厂的发掘项目。"

笔者获得的一份英国地方议会发布的考古指南——2018版《诺福克郡开发型考古项目标准》（Standards for Development-led Archaeology Project in Norfolk）能说明考古公司如何在政策框架内和行政部门监管下运营。这份50页的文件对诺福克地区建设主导型考古项目做出详细而全面的指引：第一，前期启动程序所需申请、考古简报和调研细则（包括必须提前为项目获取OASIS档案号，让考古公司上传历史环境记录和发掘记录）；第二，记录和科学分析要求——考古调查、发掘工作和文物保护必须符合公认的专业标准并遵守相关的CIfA标准和指南，包括考古学家和土地业主对1996年《宝藏法》（The Treasure Act）的执行和遵守等；第三，明确考古调查的方法和标准——包括非侵入式方法（non-intrusive methods，如包括所有历史环境记录数据分析的案头评估、土方调查、地球物理调查、历史建筑记录）和侵入式方法（intrusive methods，如表面采集、机械开挖和全面挖掘）；第四，信息传递标准要求——应尽可能广泛地传播包括"灰色文献"（grey literature）和各类影像记录在内的考古项目成果，传播方式除了考古数据库，也可以使用在线博文、社交媒体、网站和正式出版物。指南要求本地的建设主导考古项目雇用的考古承包公司或个人考古顾问必须是具有CIfA成员资质的公司或个人，考古工作必须遵守CIfA《行为规范》的要求。诺福克郡议会环境服务处（Norfolk County Council Environment Service，以下简称"NCCFS"）同时负责地区战略规划文件、评估开发提案的历史环境影响，以及为减轻开发影响对诺福克的所有区议会规划当局、开发单位和考古公司予以指引和监督；NCCES代表地方规划当局检查在本地区开展的所有考古项目的进度和标准，以确保考古工作遵照考古简报、书面调查方案、规划条件和《政府规划政策框架》要求进行。考古承包公司应在每个阶段的工作（包括评估和分析）开始前至少提前六个工作日以书面形式通知NCCES以便其安排监测。NCCES监测访问是有偿服务（政府监管人员费用由发展单位负责）^①。帕顿指出了行政部门考古学家对建设型考古予以监督的重要性："所有实地工作都由地区行政部门考古学家监督（即前文指"策展人"考古学家），他们服务于地区议会，（在建设主导型考古中）考古工作从最初规划到最终出版的批准和签署的所有阶段都受他们监管。"通过指引和访谈，我们可以了解到考古公司的工作是如何在行政部门的监管下保证高质量和合规合法进行的，但是几位考古学家都提到，不同地区的考古项目虽然大都能按指引进行，但是因应资金投入量和地区标准，项目完成质量有差异。

　　如果规划前考古在评估过程中有重大发现，规划决策通常会要求对遗迹原地保护或在施工前进行挖掘。大型的考古公司也会为客户做考古遗址的外展、公共教育、展示规划。帷幕剧场（Curtain Playhouse）是近年英国考古发现的最完整最重要的伊丽莎白一世时期的剧院，该项目是考古公司协调各利益方合作得比较好的例子：2011年，伦敦市中心利物浦街开发商住大型综合房地产项目，前期考古调研发现了莎士比亚剧团最早的演出剧场——帷幕剧场原址，这是伦敦近年来非常重要的考古发现。负责考古顾问工作的MOLA进行多次考古调研和发掘（见图5）。笔者从ADS数据库找到2013年的MOLA考古评估报告记录：建设发展项目的地库部分开发将会危及地下遗址，建议进行抢救性发掘。抢救发掘工作需要一份新的书面调查计划，必须在工作开始前提交给当地规划局并获得批准^②。两次大型发掘后，在MOLA的专业管理和区规划部门考古官员监管下，遗址的持续发掘与地产建设同时进行。对遗址

① NCCES，Standards for Development-led Archaeology Project in Norfolk，Norfolk：Norfolk County Council，2018，p 9-44。

② MOLA，"65-75 Scrutton Street/39-47 Curtain Road London Borough of Hackney，London EC2，"Last Modified January，2014，https：//archaeologydataservice ac uk/archive DS/archiveDownload?t=arch-702-1/dissemination/pdf/molas1-258949_1 pdf，p6.

而言，最理想的结果是能原址保留，但是这一定会与开发商的利益有冲突，而且原址保留也需要大笔资金。后来在MOLA和地区规划局、历史英国的考古顾问和开发商的多次协商下，得到符合公众利益的方案（见图6）：原规划中地库地下停车场让出用于保留剧场遗址，由开发商捐出700多万英镑用于考古发掘和建博物馆及游客中心，由建筑师根据MOLA的建议把剧场遗址规划成一个可供参观的博物馆和可进行表演的混合式文化场馆；作为对开发商支持活化考古遗址的回应，规划部门给予地产公司提高容积率等优惠作为补偿，规划也顺利通过。这显示了规划部门的灵活性和考古顾问公司在促进利益各方支持文化遗产保留中所做的沟通。开发商代表高曼先生向笔者表示："为原地保留遗址，项目大面积减少了地下停车场，同时我们的捐款为政府解决在遗址建博物馆所需资本做了一件有益社区的好事，为伦敦市留下了很高历史价值的文化遗产和文化活动场所，既收获很多好评，也为企业赢得了很好的商誉。特别是（新冠肺炎）疫情造成伦敦市中心商业物业空置率升高，在地保留的考古遗址活化项目在解封后能吸引本地和欧洲参观的人流，对项目的商业地产的招租会起到积极作用。"帷幕剧场从发掘到遗址保留活化方案落实，几乎全部资金来自私人开发商，国家节省了大笔文化遗产保育和保留活化的投资。2019年剧场遗址被定为法定古迹（schedule monument）①，2022年夏季开放后，它将成为伦敦新的旅游和文化活动热点。由此可见，即便是市场化的考古项目，通过专业的考古顾问和发展单位的协作，也能为地方政府、公众和业主成功规划符合各方利益的文旅项目。

　　自20世纪90年代初考古市场化以来，英国的考古效率无论是资金数量还是发掘成果等都得到了很大的发展，更多的公众能通过参与本地考古活动，了解到国家从远古到近代的历史，对所居住地区的历史产生

---

①　Historic England，"The Curtain Playhouse，"Viewedat 10 July，2020，https：//historicengland org uk/listing/the-list/list-entry/1463328.

兴趣。新的考古发现有助于将人们与一个地方以及数百甚至数千年前居住在那里的祖先联系起来，增强了国民对自身文化和身份的认同感和社会凝聚力。

图5　伦敦考古博物馆（MOLA）的工作人员在莎士比亚帷幕剧场遗址考古发掘[①]

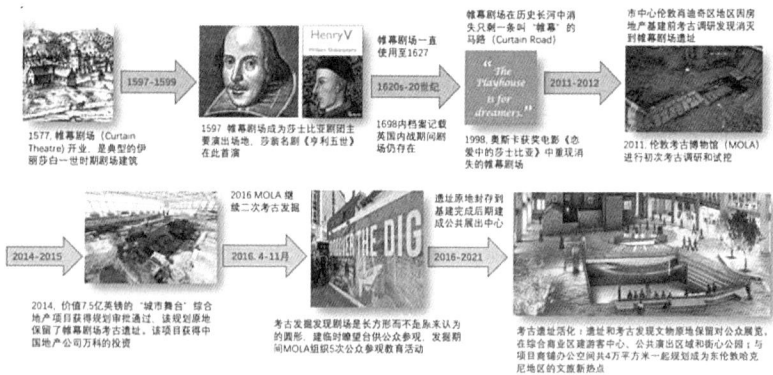

图6　莎士比亚帷幕剧场遗址的历史、考古发现和遗址活化规划[②]

---

① 资料来源：Current Archaeology，"Setting the Stageat Shakespeares Curtain Theatre，"Published 26 Feb，2018，https：//archaeology co uk/articles/news/setting-stage-shakespeares-curtain-theatre htm。

② 资料来源：Galliard Homes，"Discovery Curtain Theatre，"Viewedat 1 July，2020，https：//www thestageshoreditch com/archaeology/discovery，湛旭华翻译整理。

四、考古信息公开和出版

2000年初，帕顿领导了彼得伯勒市（Peterborough）艾尔采石场（Eye Quarry）考古项目，这个项目由协议三方，即CAU（考古公司）、彼得伯勒市议会（当地政府和监管方，派政府考古学家监理）和Cemex（采石场业主和考古出资方）负责。从1996年进行初次考古调研，2001—2005年进行三期考古发掘，前后持续了二十年，现在还在进行中。2006年由帕顿撰写的考古评估报告《艾尔采石场考古发掘：1，2，3期》出版[①]。

这份详尽的评估报告的出版显示了商业考古也能保证高质量的学术工作。谈到出版，帕顿说："一般情况下，业界指引考古项目的最终出版会在最后一期田野考古结束后两年内完成，类似2006年的艾尔采石场考古评估报告简要概述调查结果，通常在六个月内完成。"MOLA和CAU这类有学术背景的考古公司在完成和出版考古报告上有其优势，但实际出版情况在不同地区差异不小。英国学会2011年研究显示，1990年至1994年进行的考古调查中，只有6%的考古项目报告在12年后（即到2006年）能完成最终出版。对历史环境的区域性评估不得不大量依赖1990年以前出版的报道[②]。虽然今天，考古公司提供的专业服务广泛到包括场地评估、调查、挖掘、地质考古、遗产地管理和规划策展，但大多数考古调查仍是小规模工作以满足规划要求，施工前查清地块有无濒危遗址要求的评估；有些工作必须在几天内完成，公众并无机会参与或访问。考古报告通常夹在提交给规划委员会的技术报告中，毫无学术参与。这些被称为"灰色文献"（grey literature）的考古技术报告，公众

---

① Pattern R.，"Excavations at Eye Quarry：The Southern Extension，Phase1，2，3，"Cambridge，Cambridge Archaeology Unit，2006.

② CurtisJ.，Fulford M.，Harding A.，Reynolds F.，"History for the Taking?–Perspectives on Material Heritage，"Viewed at 21 June，2021，https：//www.thebritishacademy ac uk/pubiications/history–taking/.

很难找到，或最多只能通过相关规划当局保存的当地历史环境记录中获得概要信息[1]。其中一个重要原因是，开发商在完成法定申请规划所需考古调研等工作后，继续资助考古成果出版的意愿不强。

随着在线出版和数据库的日益成熟，这一情况在不断改善，对考古过程和成果的公开，行政部门鼓励以在线博文、社交媒体、网站、在线考古数据档案、正式出版物等多种方式发布，尽量做到信息公开共享。除了前文提到的"考古数据服务"（ADS, https: //archaeologydataservice. ac.uk/）和考古单位履行义务上传考古报告的"在线访问考古调查项目索引"（OASIS, https: //oasis.ac.uk/）；如考古公司和建设发展单位需查询历史环境信息进行相关规划，无论是公众还是考古专业人士都可在由历史英国与ALGO和IHBC合作的数据库网站Heritage Gateway[2]上查找到全英70%地区的历史环境记录和考古发掘索引。从ADS、OASIS和Heritage Gateway三个数据库网站，笔者很快就能找到2006年由帕顿撰写的艾尔采石场考古评估报告。2017年，仅MOLA一家考古公司就有635个项目考古报告可以在ADS在线查阅[3]。历史英国在未来的两年内将利用现代技术升级现有的Heritage Gateway网站，使其成为更高效的、单一的可存储和搜索历史环境记录和考古发掘数据的在线站点，供考古学家上传考古调研报告的OASIS数据库也已更新到第五代[4]，使考古发掘资料能更有效地得到利用，为地方政府和发展单位的考古和历史环境规划、考古学科研究提供资源，同时保障公众知情权。

---

[1] Orange H., Perring D., "Commercial Archaeology in the UK: Public Interest, Benefit, and Engagement," in Moshenska G., ed, Key Conceptsin Public Archaeology, London: UCLPress, 2015, p140.

[2] https: //www.heritagegateway.org.uk/gateway/.

[3] MOLA, "Howwe Made a Difference–MOLA Impact Report, April 2016–September 2017," Viewedat 25 June, 2021, https: //www mola org uk/sites/default/files/downloads/MOLA%20Impact%20Report%2016-17%20FINAL pdf.

[4] Historic England, "Heritage Gateway Improvement," Published 1 July, 2021, https: //historicengl and org uk/research/support-and-collaboration/heritage-information-access-simplified/heritage-gateway-improvement/.

五、文物安全：1% Vs 99%

如何保护考古现场和出土文物的安全是世界上很多国家面临的难题。在英国，虽然在物权法理原则上，因为土地私有制，地块发现的文物应归土地业主，但大部分业主都将考古发现捐给国家。如20世纪早期著名的考古发现"萨顿胡"（Sutton Hoo）撒克逊王族船葬和"林道人"，最终都由发现地业主无偿捐赠给博物馆。关于考古发掘过程中文物和遗址的安全权责问题，摩根从私有产权角度解释安保责任："考古地块的安保管理一般由地块发展单位或业主负责，因为土地属于他们。业主会聘请现场保安或安装监控等全面保护考古现场。"马殊解释："绝大部分考古工作者经过普法和职业道德教育，能遵守CIfA规范，能从事考古的人大都热爱这个行业并为自己的工作感到自豪。大型考古项目有安排公众参观或者志愿者发掘，成熟的考古公司都对公众参与有一套安全监管机制。盗窃文物方面，比如一个来历不明的古罗马金币出现在eBay上，任何公民都可以要求卖方提供合法来源证明、举报可疑的被盗卖文物，警方也能追查到非法来源。"管理过多个考古项目的帕顿则表示："在荒郊野外、人烟稀少的农村和面积大而分散的考古遗址，尽管业主和考古队安排安保措施和对发掘项目保密，仍难完全避免遭遇盗挖和入侵，特别是夜间使用金属探测器入侵的情况。"

为应对可移动考古文物安全问题，英国政府在1996年推出了《宝藏法》，规定文物发现者应在14天内或在意识到发现物是宝藏后14天内，向宝藏所在地区的死因裁判官①（coroner）报告，不报告是违法行

---

① 在英国，关于死因裁判官法律上有登记无人认领的宝物的职责来自中世纪普通法体系，几个世纪以来，死因裁判官一直是地区皇冠（Crown）的官方代表，大英博物馆的珍宝登记官伊恩·理查森说：在中世纪的英格兰乡村，死因裁判官是皇冠（指皇权/官方）特派司法人员的化身。他们有权组织地方陪审团，监督县选举，调查过早死亡或可疑死亡事件，并没收那些死亡后没有明确继承人的资产，所以登记考古发现物主不明古物的法律责任也据普通法由死因裁判官负责（介绍详见：https://www.atlaso.com/articles/coroners-england-treasure-rules）。

为。如果发现物被鉴定为宝藏（通常经博物馆专家鉴定为有重要历史价值的文物或金银器），须以最高的市场价格优先出售给博物馆。只有当博物馆不购买时，发现者才能保留或出售（如果发现者不是土地业主，通过合法出售珍宝的获益要与业主分配所得）①。贺维解释："《宝藏法》将法律责任同等放到个体文物发现者、土地所有人和国家身上，人人都负有法律责任去商讨对发现文物的合理处置方式。"从《诺福克郡开发型考古项目标准》文件读到，如果考古公司在考古调查过程中发现了被归类为潜在宝藏的文物，按法律要求必须在发现宝藏的14天内向当地死因裁判官报告。考古公司应准备独立报告并直接与大英博物馆的宝藏团队联系，所有来往通信必须知会当地出土物联络官（Find Liaison Officer，全英目前有42个分布在不同地区的出土物联络官）。尽管在建设主导的考古调查期间发现的宝藏没有资格获得奖励，但土地所有者仍然有权要求他们分享任何奖励。发现潜在宝藏后，考古公司和宝藏团队一般会尽早与土地所有者进行商讨，根据《宝藏法》的精神，鼓励业主放弃奖励和考古发现宝物，把所有权交给国家，以保证文物安全和文物档案的完整性②，大部分业主会同意把考古发现的文物捐给国家。配合《宝藏法》规定博物馆对国土内发现的文物有绝对优先购买权的执行，后来推出了由大英博物馆管理的"可携古物计划"（又称"可移动古物计划"，Portable Antiquities Scheme）（见图7），通过网站③，鼓励文物发现者特别是金属探测器使用者主动以在线方式登记汇报发现的文物宝藏，或联系由出土物联络官组成的区域网络对个人考古发现文物进行登记管理。

① Portable Antiquities Scheme，"Abou tthe Scheme，"Viewed at 27 June，2021，https：//finds org uk/about
② NCCES，Standards for Development-led Archaeology Projectin Norfolk，Norfolk：Norfolk County Council，2018，p18.
③ https：//finds org uk/.

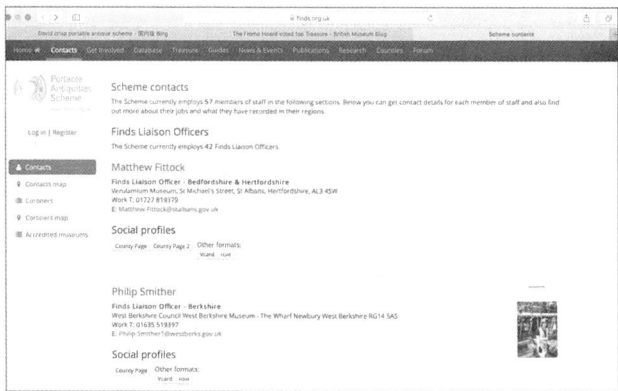

图7　"可携古物计划"网站上地区出土物联络官联系信息页面。个体古物发现人可以在线注册账号，并通过网站很容易能联系上不同地区的出土物联络官报告考古发现进行文物登记[1]

与不少欧洲国家不同，在英国使用金属探测器在地表探测文物是不少历史和考古爱好者的业余活动，只要合规不违法就可以合法使用[2]。但文物最大的安全问题也来自使用金属探测器进行文物寻宝的人。金属探测器使用者分成两类——约99%为文物寻宝爱好者：守法的金属探测器使用者应该在探测地段进行活动时提前获得业主书面许可，在探测期间避免破坏考古遗址行为，并在发现宝物后14天内报告政府。另外约1%是俗称"夜鹰"（nighthawker）——在夜间或拂晓前后出动，到遗址进行盗挖（nighthawking）并以盗卖文物非法获利为目的的犯罪分子。1995—2008年全英有240个历史建筑和考古遗址遭受过"夜鹰"入侵[3]。根据媒体报道，在2019年底至2020年底新冠病毒肆虐导致

---

① 资料来源：Portable Antiquities Scheme，"Scheme Contact，"Viewed at 14 Aug，2021，https://finds org uk/contacts，湛旭华整理。

② 〔英〕科林·伦福儒、保罗·巴恩：《考古学：理论、方法与实践》，陈淳译，上海古籍出版社，2015年，第540页。

③ Oxford Archaeology，"Nighthawks & Nighthawking：Damage to Archaeological Sitesinthe UK & Crown Dependencies caused by Illegal Searching & Removal of Antiquities，"Strategic Study Final Report，Oxford，2009，p10.

全国封城期间，考古遗址特别是那些位于人烟稀少地带的遗址，因没有足够人手看管，遭盗挖特别是"夜鹰"入侵的个案数量大幅增加。2021年5月9日的《每日邮报》报道了五个"夜鹰"因非法盗卖在原英国遗产署管理的古堡地域发现的文物被检控入狱，留下犯罪记录、被处以罚款并被禁止使用金属探测器和进入任何文化遗产地的案例①。"夜鹰"盗挖是目前英国文物考古行业亟须解决的问题，行政当局加大了对这类犯罪的检控和刑罚力度，并通过公共普法教育予以改善。

牛津大学考古所在2009年受英国遗产署（English Heritage）委托对"夜鹰"盗挖情况进行考察，调研发现，2007—2008年，大约17.5%的农场主曾经在他们的农场遭遇"夜鹰"盗挖，3.5%—6%的考古发掘现场有入侵情况；考古类电视节目曝光遗址地点也增加了盗挖风险②。调研报告整理了当前情况，对立法和执法应采用预防犯罪的情报模型、监管机构和土地业主安保、大众普法和堵截非法销售路径等措施遏止"夜鹰"盗挖有详细的建议。"牛津报告"提道：2006年大英博物馆与最大的个人销售平台eBay签订了《谅解备忘录》（Memorandum of Understanding），增加了古物卖家有提供合法来源和所有权的义务，并敦促eBay对其网站上出售的来自英国的文物，实施与德国、瑞士和奥地利已经执行的对文物盗卖进行更严格监控的类似措施③。"牛津报告"也发现普法教育有很好的作用必须持续进行：从1996年《宝藏法》立

① Miller S., "Gang of Five 'Fighthawkers' are Banned from Metal Detectingat All Britains Historic Sitesafter Raiding Castlesand Looting Priceless ArtefactsInc luding Gold Coins and Bronze AxeHeads," Daily Mail, Published 9 May, 2021, https://www.dailymail co uk/news/article-9559079/Gang-five-nighthawkers-banned-metal-detecting-Britains-historic-sites html.

② Oxford Archaeology, "Nighthawks & Nighthawking: Damage to Archaeological Sitesinthe UK & Crown Dependencies causedby Illegal Searching & Removal of Antiquities," Strategic Study Final Report, Oxford, 2009, p 32-33.

③ Oxford Archaeology, "Nighthawks & Nighthawking: Damage to Archaeological Sites in the UK & Crown Dependencies causedby Illegal Searching & Removal of Antiquities," Strategic Study FinalReport, Oxford, 2009, p 82-105.

法和一系列PAS计划的普法教育后，"夜鹰"盗挖现象有比较明显的减少趋势。但二十多年后，情况又有了新的变化①。2020年《卫报》关于"夜鹰"盗挖的报道谈到英国非法盗卖文物的路径，以前一般是经过非法古董商和eBay，现在社交媒体成为新的非法买卖途径。由于eBay的销售渠道与警方和博物馆文物部门合作，当监控到有来历不明的文物出售时，eBay会报警和对被盗文物下架处理，犯罪分子现在更多使用"脸书"市集（Facebook Marketplace，用于个人出售闲置二手物品）和加密的社交媒体群聊作为新的销售盗挖文物途径，警方仍在寻求可行的监控方法②。为最大限度减少考古业余爱好者在不知情的情况下触犯法律，普法和教育仍是主要的政策。从20世纪90年代末开始，超过40个不同地区的出土物联络官会定期参加金属探测器俱乐部会议和活动，鼓励大家登记发现的文物，普及考古相关法律知识，通过"可携古物计划"教育个体文物发现者遵守法律，保护考古遗址；同时引导金属探测器使用者遵守指引准则也取得一定成效。2020年1月，历史英国宣布将资助合法的金属探测器使用者成立一个新的会员制机构"金属探测器使用者学会"（Institute of Detectorists），将更多的金属探测器使用者纳入专业和受法律监管的学术体系，通过与考古学家和文保工作者合作普法和教育培训，提倡推广良好的金属探测器考古实践③。为防止文物盗卖，英国以普法和教育先行，完善和简化业余考古者向上报告文物发掘情况的行政管理方式，大力打击盗卖文物犯罪，减少文物盗挖盗卖等问题。

① Historic England, "The Nighthawking Survey," Viewed at 12 June, 2020, https: //historicengland org uk/images-books/publications/nighthawking-survey/nighthawking-survey3/.

② Kale S., "Stealing Britains History: When Metal Detectorists GoRogue," The Guardian, Published 2 June, 2020, https: //www theguardian com/culture/2020/jun/02/theres-a-romanticism-about-nighthawking-but-its-theft-when-metal-detectorists-go-rogue.

③ ICON, "Historic England to Fund New Body for Metal Detectorists," Published 8 Jan, 2020, https: //www icon org uk/resource/historic-england-to-fund-new-body-for-metal-detectorists html.

公众普法和教育活动确实收到不错的效果。例如，2010年大卫·奇斯帕（David Crisp）发现有52000枚古罗马钱币的弗洛姆窖藏（见图8），他并没有自行发掘，而是通知考古学家进行发掘，通过专业考古的介入保证了文物信息和文物得到保护，这批窖藏现已载入在线数据库。良性的考古行为对于政府获知考古遗址也有帮助，通过"可携古物计划"的申报机制，沃里克郡和伍斯特郡已知的古罗马遗址数量增加了30%[①]。"可携古物计划"从1997年建立，到今天其网站数据库已经收录了1532177件古物的983600条记录[②]。

图8　由"可携古物计划"工作人员在大英博物馆网站发表的博客文章讲述大卫·奇斯帕发现弗洛姆窖藏古罗马钱币前后与PAS和政府考古学家合作发掘的事件[③]

六、考古遗址的公众参与和文旅规划

包括考古遗址在内的不可移动文化遗产在许多国家近年来已经成为文旅产业重要的组成部分。英格兰遗产（English Heritage）、以前的English Heritage为英国遗产署，2015年后分成两个机构，Historic England（历史英国）行遗产立法规划研究等行政工作，English Heritage

---

① ［英］科林·伦福儒、保罗·巴恩：《考古学：理论、方法与实践》，陈淳译，上海古籍出版社，2015年，第540页。

② Portable Antiquities Scheme，"1，537，892Objectswith in 987，772 Records，" Viewed at 30 June，2021，https：//finda org uk/database.

③ 资料来源：Sam Moorhead，"The Frome Hoard Voted Top Treasure，" The British Museum，Published 21 May，2017，https：//blog britishmuseum org/the-frome-hoard-and-its-impact/，湛旭华整理。

（英格兰遗产）从历史英国获得法定委托管理包括哈德良长城等英格兰境内400多项文化遗产。威尔士政府历史环境服务（CADW）、苏格兰历史环境遗产（Historic Environment Heritage）和国家信托（National Trust）共同管理了英伦三岛大部分公有的历史遗址和建筑。英国的历史遗址目前除少量国家拨款外，大部分以自负盈亏的方式经营管理。私人发展单位如果在项目内挖出重要的考古遗址，大多会被要求原地保留。为了使遗址得到持续保育和活化成文旅项目、发挥公共教育功能，不少如MOLA和YAT这样的大型考古公司的工作已扩展到为客户提供遗址活化和信息传播规划。在建设前的常规考古调研中，考古公司和顾问会代表客户准备"书面调查方案"（Written Scheme of Investigation，以下简称"WSI"），以通过计划公共开放日、历史信息和考古内容诠译、公共访问档案等方式补偿公共利益，在大型考古项目的时间表和预算中包括公众参与和外展。在英国凡是接受公共经费的遗产考古项目都要保证公众可达性，对于依赖私人资本的建设主导型考古也有公众参与的要求。CIfA发布的《对历史环境管理标准和指引》（Standard and Guidance for Stewardship for the Historic Environment，2014）提出在可能和适当的情况下，使用特定历史资产的发现来加深公众对历史环境和过去人类活动的理解，投资在有意义的历史资产在过去和现在社会之间的对比和延续，能支持社区意识和文化根源的凝聚①。帕顿在访谈中解释公众参与方式："大型考古项目必须有公众参与活动安排，但对公众参与的评估，是以影响力（impact）来评判，这可以是线下的展览和教育活动，也可以是线上的信息分享。"

2010—2017年密特拉神庙的再次考古挖掘和复原项目就是一个很

---

① CIfA，"Standard and Guidance for Stewardship for the Historic Environment，" Viewed at 14 July，2021，https：//www archaeologists net/sites/default/files/CIfAS%26GStewardship_3 pdf，p.10–12.

好的例子。2007年，密特拉神庙被列为法定二级古迹[①]；彭博通讯社于2010年购入前文提到的密特拉神庙原址地块用于建欧洲总部办公楼。根据历史英国（Historic England）规划要求，原址的开发必须包括神庙搬回原址。MOLA被聘任为该项目的考古顾问，第一期工作主持了2010—2014年原址的第三次全面的考古发掘，出土包括第一件写有"伦敦"（Londinium）字样的古罗马书写板等14000件文物（此次发掘一共出土超过400件古罗马书写板，是英国发现的最重要、最早和最大的一批记录古罗马时代城市商业活动的文献文物）。2011年MOLA开始与彭博集团和建筑公司等合作进行旧址神庙拆除和原址重建、并召集一个多学科团队对神庙项目展示进行重新设计、展陈内容、保护、建造和持续维护[②]。

按规划要求，MOLA与负责大楼建筑的诺曼·福斯特建筑设计事务所、古罗马历史学家、策展人、展览设计团队约瑟夫工作室（Studio Joseph）和负责遗址拆建搬迁的PAYE文保团队根据历史资料复建，以增进公众对古罗马时期伦敦历史的理解和观展体验为目标，以现代的展陈手法，结合艺术家的声光影艺术装置，在彭博总部大楼一层至负二层[③]，设计建成沉浸式体验展览，重现1800年前神庙的宗教气氛，让来参观的公众仿佛身临其境（见图9至图13）。项目于2017年11月开放参观，相关考古报告、历史照片、档案、视频、出版物在密特拉神庙网站和MOLA网站同步上线、信息公开与公众分享。那个曾经被形容为"毫无意义的建筑"的遗址，在重新开放的前6个月已经吸引了超过6万名观

①　Historic England, "The Curtain Playhouse," Viewedat 10 July, 2020, https://historicengl and org uk/listing/the-list/list-entry/1463328.

②　MOLA, "Archaeological Consultancy for the Temple of Mithras Reconstruction," Viewed at 2 July, 2020, https://www mola org uk/archaeological-consultancy-temple-mithras-reconstruction.

③　负二层即1954年发掘原址。

众参观①，成为广受欢迎的古迹景点，是彭博通讯社欧洲总部引以为傲的文化艺术中心。到2021年，在遗址线下组织了23场亲子教育活动日、策展人导览、CBA活动、讲座、古罗马手工艺工作坊等各种公众活动和定期接待学校KS2（7—11岁学生）考古课程参观；在线上，神庙网站和社交媒体定时更新动态。2014年，在密特拉神庙发现60周年之际，MOLA与BBC合作完成1954年神庙考古发现100位亲历者的口述历史拍摄②，并完成三卷包括《彭博考古》（Archaeology at Bloomberg）和关于考古发现的400多件古罗马书写板的《古罗马时代伦敦的第一个声音：来自彭博考古发掘的书写板》（Roman Londons First Voices: The Writing Tablets from the Bloomberg Excavations）在内的出版物③。

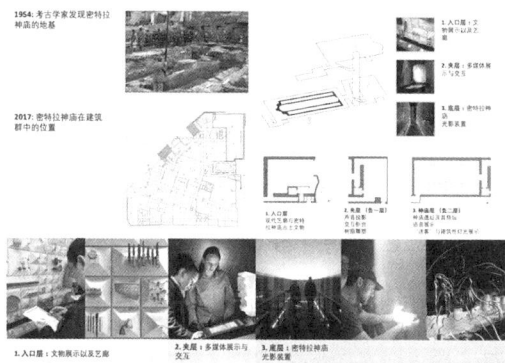

图9　密特拉神庙设计图解（一）④

①　Bloomber, "Bloomberg Philanthropies, Annual Report May2018, " Viewed at 10 July, 2021, https: //assets bbhub io/dotorg/sites/2/2018/05/Bloomberg–Philanthropies–Annual–Report–2018 pdf.

②　London Mithraeum, "First Page, " Viewed at 30 June, 2021, https: //www londonmithraeum com/.

③　MOLA, "Roman Londons First Voices: The Writing Tablets from the Bloomberg Excavations, " Viewed at 25 June, 2020, https: //www mola org uk/roman–londons–first–voices–writing–tablets–bloomberg–excavations–2010%E2%80%9314.

④　资料来源：Architecture Press Release, "London Mithraeum by Studio Joseph, " Published 15 Feb, 2019, http: //www architecturepressrelease com/london–mithraeum–by–studio–joseph/, 陈绮倩翻译整理。

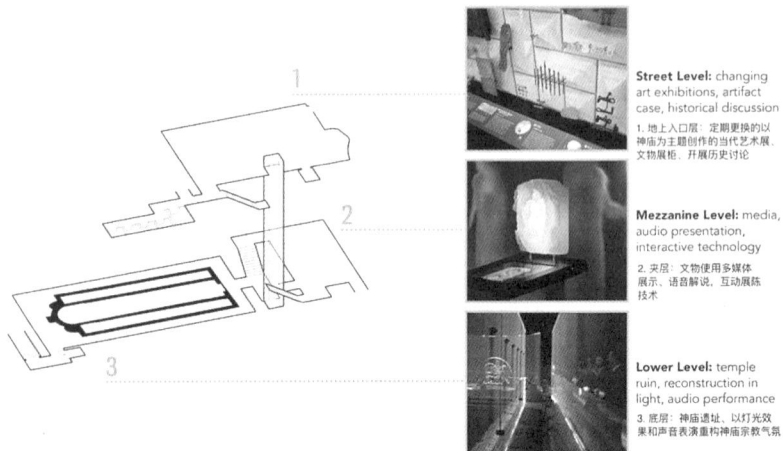

图10 密特拉神庙设计图解（二）①

图11 彭博通讯社大楼一层大厅密
特拉神庙博物馆展示②

图12 密特拉神庙博物馆，一位观众正
在通过互动展示系统了解密特拉神像③

① 资料来源：Architecture Press Release, "London Mithraeum by StudioJoseph," Published 15 Feb, 2019, http://www architecturepressrelease com/london-mithraeum-by-studio-joseph/, 湛旭华翻译整理。

② 资料来源：Architecture Press Release, "London Mithraeum by Studio Joseph," Published 15 Feb, 2019, http://www architecturepressrelease com/london-mithraeum-by-studio-joseph/, 湛旭华整理。

③ 资料来源：Architecture Press Release, "London Mithraeum by Studio Joseph," Published 15 Feb, 2019, http://www architecturepressrelease com/london-mithraeum-by-studio-joseph/, 湛旭华整理。

图13　彭博通讯社欧洲总部大楼负二层（地下7米）密特拉神庙考古遗址①

这些成果都在线分享，不仅英国，全球任何一个国家都可以在神庙和MOLA网站及社交媒体平台获得信息。整个神庙的考古和活化项目到后期开放运营，都由彭博通讯社大楼项目出资，MOLA提供顾问规划完成，受到社会各界的好评。经过30年的发展，考古公司的工作从为建设单位提供考古调研和发掘，发展到提供遗产活化和公共教育等领域。

结　语

自1990年PPG16颁布以来的30多年，更多的考古遗址被发掘——从冰河时期的猛犸象遗骸、青铜时代遗址、撒克逊国王的船葬、古罗马时期神庙到莎士比亚剧场，这些考古发现像拼图一样为公众还原了英伦三岛丰富的历史，让人们了解到他们居住的这片土地和先人在过去几千年的生活，作为国家凝聚力和精神文明建设或国际文旅的资源，这些考古

---

① 艺术家马修·施赖伯以声音、光影和雾气营造神秘宗教气氛重构1800年前神庙的沉浸式体验，以创新展览手法还原古代遗址原状，展示考古遗址，玻璃露台设计让观众可以近距离观赏神庙遗址。

资料来源：Mola，"Museumsat Nightat London Mithraeum Bloomberg SPACE，" Published 17 May，2018，https：//www mola org uk/museums–night–london–mithraeum–bloomberg–space.

遗产无疑都是宝贵的。不少考古遗址经过活化，今天已经成为公众教育和文化参与不可或缺的公共设施。无论是公众还是建设项目开发商，更多人分享到这些祖先留下来的文化遗产，认识到文化遗产带给全社会的精神和文化价值。

今天，包括考古遗产在内的文化遗产行业每年为英国文旅和发展行业创造310亿英镑的经济价值[①]。尽管英国的考古市场化过程仍存在很多问题，但在过去三十多年的摸索中不断完善，可以说是在考古的市场化和遗产活化方面做得比较好的国家之一。在实践中，立法先行，确保行业和人员都有法可依和依法行事。政府分两方面放权：一方面，让专业团体以政府中介的身份进行行业立法和管理，保证机构和个人在工作中守法并保持行业水平，监管考古的责任下放到地方政府由专业团体予以指引和配合；另一方面，把建设前考古的责任和所需资金落实到发展单位，减轻国家文化投资的压力，让出资人能自主选择适合的商业考古公司完成对考古资源勘查和保护的规划要求。在尊重私有财产的基础上，鼓励文物发现人和考古遗址地业主遵守法律，共享发现成果；尊重公众的知情权，对考古资料和成果信息尽量做到公开透明，政府和考古公司遵循文化遗产应服务公众的核心理念，把业务发展到客户规划对公众的外展、公共教育活动和遗址活化，把考古变成公众可以参与的文化活动，从而增强国民对自身文化和国家的认同。通过考古市场化运营，提高机构的生产力，以共赢的思维灵活整合行政部门的监管、商界融资、学术界研究、社区教育资源、发展文化旅游等，让考古遗址资源得到合理利用。这些都很值得我们学习。虽然中英两国国情不同，但考古资源是社会和公民共同拥有的文化遗产这个理念是大家都认同的。改革开放四十多年来，中国的市场经济和社会民生取得了巨大的进步和成功，文化建设是中国下一个四十年的重点之一。我们可以结合中国的实

---

① CBA，"The CBA Respond to the Office for Students Recurrent Funding Consultation 2021–2022，" Published 6 May，2021，https：//new archaeologyuk org/news/the-cba-respond-to-the-office-for-students-recurrent-funding-consultation-2021–22.

际国情，借鉴英国一些好的管理手段和经验，让国家更多的文化遗产资源得到善用。

相关考古机构、档案数据和项目网站

1.特许考古学家学会（Chartered Institute for Archaeologists，CIfA）

https://www archaeologists net/about

2.英格兰历史建筑和古迹委员会(历史英国，Historic England)

https://historicengland org uk/

3.英国考古委员会（Council for British Archaeology，CBA）

https://new archaeologyuk org/

4.文物保护学会（The Institute of Conservation，ICON）

https://www icon org uk/

5.考古数据服务（Archaeology Data Service，ADS）

https://archaeologydataservice ac uk/

6.在线访问考古调查项目索引（Online Access to the Index of Archaeological Investigations Project，OASIS）

https://oasis ac uk/

7.由历史英国管理的国家遗产名录、教堂遗产、发掘记录、历史景观记录数据库（Heritage Gateway）

https://www heritagegateway org uk/gateway/

8.约克考古信托公司（York Archaeology Trust，YAT)

https://www yorkarchaeology co uk/

9.伦敦考古博物馆（Museum of London Archaeology，MOLA)

https://mola org uk

10.剑桥考古队（Cambridge Archaeology Unit)

http://www–cau arch cam ac uk

11.可携古物计划（Portable Antiquities Scheme)

https://finds org uk

12.历史英国法定古迹——莎士比亚帷幕剧场（2019，编号1463328）

https://historicengland org uk/listing/the-list/list-entry/1463328

13.帷幕剧场考古评估报告（OASIS reference molas1-168498）

https://archaeologydataservice ac uk/archiveDS/archiveDownload?t=arch-702-1/dissemination/pdf/molas1-258949_1 pdf

14."城市舞台"地产项目网站莎士比亚帷幕剧场考古遗址

https://www thestageshoreditch com/archaeology/discovery

15.历史英国法定二级古迹伦敦密特拉神庙（2007，编号1391846）

https://historicengland org uk/listing/the-list/list-entry/1391846

16.伦敦密特拉神庙彭博空间(London Mithraeum Bloomberg SPACE)

https://www londonmithraeum com/

2021年中国考古新发现点评

一、今年入选项目的特点

看到入围和获评的名单，以我的有限学识，认为好几个类似项目学术成果都在伯仲之间，难以取舍，从这个角度来说，我很同情参评专家，揣摩他们在投票前最后下决心投给哪六家时，一定很犹豫，得斟酌再三才提笔划圈吧。

虽然说中国幅员辽阔，几十年基建高潮迭起，又是考古大国，地下文化遗存十分丰富，所以每年有很多重大发现是很正常的事，但这些年来重大发现特别多，其中有些还堪称是世界级的重大考古发现。随便举例来说，比如土司遗存、吐蕃墓地、良渚、大云山、海昏侯、江口、石峁等遗迹。2021年又尤其特别，我若说三星堆、皮洛、江村三处是世界级的考古大发现，赞同我的看法的诸君想来不在少数。但是，江村没晋六，既在意料之外，也在预料之中，唯一的原因那就是入围的都太强太强了。

今年还有个特点是老遗址里的新发现。三星堆和云梦都是著名的遗址，分别在二十世纪七八十年代曾耀眼全球，当年若有这样的评选，我打赌会毫无悬念地获评。这启示我们要更多地做老遗址的考古工作，以前有种观点认为获评省保、国保遗址原则上就以保为主，一般不宜再发掘了。放眼世界，国外很多著名的遗址一两百来年都坚持做考古发掘的也不在少数。实际上我国许多国保、省保遗址面积大而文化堆积复杂，我国考古起步晚，即使第一个设工作站的安阳殷墟，到今天也不足百年。三星堆有工作站不到四十年历史，三星堆和殷墟这两个遗址的面积之大，到今天为止所做的发掘面积不过冰山一角。相信还有大量未知历史文化信息等着我们去发掘。随着田野考古工作的开展，我们有理由期待很多早期发现遗址今后传来更多的令人惊喜的新发现、大发现。

第三个特点是严格坚持标准，这方面的证据就是作为地方考古院的四川在仅有的六个名额中居然独占二席，虽然可能令大家颇感意外，但这恰恰是坚持学术标准的最好例证。所有科学评选的原则应是公正、公平，一旦有"照顾"就可能导致不公平，失去公平，评奖的权威性和公信力将大打折扣。

二、考古评选对考古研究有何价值

各行各业都在做评奖，科学文学如诺贝尔奖，电影如奥斯卡奖就是其中最著名的。考古"十大发现""六大发现"的评选，对促进学科发展、普及科学知识、活跃文化事业的效果非常明显。这些年党和政府以对考古事业高度重视，全国人民对考古专家充满敬意，原因是多方面的，考古行业整体表现非常出色，但其中，持续的公众考古活动和这两项评选所起的推动作用尤其不能低估，更不该被忽略。评奖对学科发展给予了方向性的正确引导，对单位的成果给予充分的认可，对专家的贡献给以令人羡慕的荣誉。

考古事业处于高速发展时期，考古工作需要受到更多的重视，尤其需要得到理解和支持，以考古评奖为抓手的活动，促进了考古事业的健康发展和不断壮大。因评上"六大"或"十大"发现，而获得建设单位追加发掘研究经费时和获上级更多财力物力甚至政策支持的事例比比皆是。获评"六大""十大"的遗址，文物往往能受到更好的保护，获评项目一般都能进入省级以上的文物保护名录。获评项目还能促使地方政府更加重视文物保护，很快就建起博物馆的不在少数，如良渚、海昏侯、石峁、阳陵、江口），还有的被列入世界遗产或世界遗产预备名单，如四川三星堆遗址、浙江良渚遗址、陕西石峁遗址、湘鄂黔土司遗址、运河沿线考古遗址、丝绸之路考古遗址、白酒作坊遗址，甚至直接助推国家申遗成功，如吉林高句丽遗址、浙江良渚遗址、湘鄂黔土司遗址等等。

评选产生经济溢出效应也值得谈谈。文物是国家重要的资源。这些资源只有当发现并开发利用时才产生价值，在得到"六大""十大"一类奖项后，由于其价值在专业上得到权威认定和品牌知名度的提高，给该遗址或文物带来很大的增值，迅速形成产业，良渚评上十大发现随即申遗成功和去年三星堆新发现（观众已将其作为十大考古发现必进项目）吸引来的游客与此前相比，呈几何数级的爆发性增长。又如，四川白酒作坊遗址群因获十大考古发现等荣誉进而催生的国窖1573、水井坊、天益老号、永乐古窖等新品牌，大家已耳熟能详。在全国白酒大打历史文化牌的激烈竞争中，四川因一系列酒坊的考古发掘，握了一副好牌，还王炸在手，所以能一直立于不败之地。获奖为白酒一直稳坐四川经济支柱产业座位做出了特殊的贡献。

三、采取哪些有效手段加快成果的挖掘整理阐释工作

获奖成果的进一步利用应引起高度重视。考古行业机构缺编，专业人员发掘任务过于繁重，发掘报告积压过久，影响了发掘文物的及时利用。早在2000年前后，国家文物局曾专项治理，列出100本重要报告，限时三年完成，此后报告整理出版工作其实是加快了。如果我们做个统计，我敢说进入21世纪后，考古报告的出版数量每年都在增加。不过，我们每年发掘的遗址增加似乎更快。这就给人造成考古报告积压过

多的印象。当然，不管怎么说，与发掘项目的数量相比，发掘报告整理出版速度并不理想。我想，要根本扭转这一现象，得要实施系统工程，拿出综合整治方案。

首先，要把考古院所当作科研学术单位。科研学术单位实行项目（课题）管理制、年薪制，给项目负责人充分的人权、财权，让他们能科学合理安排整理进度；要有轻重缓急，重要的，研究和利用价值高的报告要优先整理；给重要报告整理人以相对集中的时间安排。

其次，建立以报告为导向的业务考核标准。考古是科学，科学最重要的是发现，看看诺贝尔评奖，每年自然科学的获奖人都是发现了什么什么。考古最重要的也是发现。没有发现，后续工作何从谈起？20世纪90年代初，李学勤先生第一次到四川三星堆看了祭祀坑的发现后就对发掘主持人说，若按国际同行通行的评价原则，你们已经是国际著名考古学家了。在场听讲的我当时还有些似懂非懂，现在回想起来，我以为李先生是在借此说明考古发现在考古学科中的重要性。当然，我以为，所谓发现至少应包括"调查—发掘—整理—田野报告"这几个环节，它们共同构成为一个比较完整的发现体系。

考古报告出版无疑是最重要最权威的考古成果，但今天成果公布方式多元，在田野综合报告无法及时完成的情况下，文物图录、遗址数字化资料、系列简报、初步研究论文等都是可以去做的。当然，工地和工作站能对外开放，在博物馆做一个有影响的大展，既是成果及时公布，也是价值的生动体现，若有此业内外都会喜大普奔。2016年，四川省文物研究院把当年才结束野外发掘的向家坝水库考古成果（获评十大发现）在宜宾博物馆做了个汇报展，仅三个月的展出时间，观众人数竟创造了宜宾历史上同类展览的最高纪录。为满足社会观众的需求，地方政府曾在展览期间专门增设了公交线路和车辆。

最后要说的是，即使以上设想都能实现，我们的考古报告整理慢、成果公布跟不上社会要求的局面还是无法得到根本性的扭转。扩编和增加待遇也是治标而已。要使其得到根本性转变，建议有关管理部门积极改革，抓大放小，允许社会设立考古发掘公司，主要从事基建考古中的一般性遗址的发掘，国家的公立的考古院所以科研和管理为主，主要负责重要的考古发掘以及学术研究。英国在三十多年前开始尝试这样的做法，几十年摸索过来已形成一套完整的管理体系，运行效果也不错。比如，平均每年有大小5000多个发掘项目，发掘的报告一般2—3年就能刊布。有兴趣的读者可以参考南方科技大学主办的《遗产》第5辑（2021年）中的《商业考古在英国的诞生运营和前景展望》一文。

四、为中国特色、中国风格、中国气派考古学科体系建设，应该着重在哪些方面发力

我以为，综合来看，最近几年考古行业所形成的显著变化让我们考古事业处于百年来最好的时期。中国是文明古国，自20世纪后半叶开始，我们是考古发现大国。坦率地说中国风格、中国特色、中国气派的考古学还有待我们去努力去建设，至少目前还在形成过程之中。

我以为要实现宏伟目标，主要应该在加大人才培养、强化科学研究和加快成果应用三个方面多着力。百年之计，在于教育。中国的高校考古要为考古事业的远大目标源源不断地输送所需专业人才，新培养的人才要有更广阔的国际视野，既能从中国看世界，也能从世界看中国。为此，像北大考古文博学院可以考虑另辟专业新方向，如设立世界考古系以及若干世界古文明教研室。而邻近周边国家的有考古院系的高校宜尽快设立区域国际考古教研室一类机构。在中央级考古研究机构如中国社科院考古研究所可以设立几个古文明研究中心，并在多国多点开展考古发掘研究。研究上既要紧跟国际新理论、新方法、新技术，还要大胆构建自己的理论体系，实验新方法，运用新技术。和国际合作要更加解放思想，要更多欢迎外国考古学者来中国发掘、研究、讲学。这样，我们的考古才不会就中国说中国。至于成果应用方面，要以更加开放的心态对待各行各业利用考古成果的人。如同不宜用历史考古学科标准去评

点文学的《封神演义》《西游记》《三国演义》这类作品的是非一样，反之，若有人用非历史考古学的标准来点评我们的成果，也不必兴师问罪。考古成果的应用对考古人来说最可能做的是文物的展示。一般来说，考古人对发掘文物内涵的理解最深，所以在与发掘文物相关文物展览、博物馆建设、遗址公园规划、文创产品开发等相关方面最有发言权，应该是承接这些项目的主体单位和主创人员，理应当仁不让。但要记住很重要的一点是，考古人有自己的主业，本身工作已十分繁重，我们不能过多要求他们成为文物以及文物相关专业里门门通、样样精的全才。大家常说，专业的事交给专业的人去做。考古也不例外。

公众考古2.0时代愿景

——公共考古/公众考古概念下的考古学教育思辨

　　2003年春，由科学出版社组织，在北京召开了一次关于考古学如何向社会公众传播的学术讨论会。那是中国考古事业发展史上比较艰难的时期。会上，关于考古该如何宣传虽有不同的观点，但比较主流的看法是，应该走出象牙塔，积极向社会大众科学普及考古，破除考古的神秘性，向各级领导宣传考古的重要性，我以为不妨把发生这件事的这一年作为公众考古诞生之年。

　　会议效果明显。其后几年时间内，陆续有北京大学考古文博学院设立公众考古中心，中国社科院考古研究所和山西省考古研究所等设立公共（众）考古研究室，四川省文物考古研究院创设"西部考古探险中心"，北京鸣鹤书苑建立考古艺术俱乐部，复旦大学开设公众考古课程……点燃了公众考古的星星之火。和以往的最大不同是，这一次大家把公众考古从此前个人零星、自发行为变成有组织有计划的行动。再稍后，中国考古学会设立公众考古专业指导委员会，北京大学搞起了中学生考古夏令营，四川省文物考古研究院的"三星堆进校园"（一年内走进全省100个大中小学校），国家文物局要求十大考古发现申报中公众考古为必选项，全国考古大会将公众考古作为会议的活动内容，陕西考古博物和四川（虚拟）考古体验馆的成立，考古专馆陈列（浙江、山东）的推出，考古志愿者的招募（山西、四川、河南、重庆等），单位考古网站（全国半数以上考古院所）、个人考古微博（考古君）和微信公众号（"挖啥呢"和"考古系大师姐"）、央视《考古进行时》和《开讲啦》播出……都可以作为这一时期公众考古的标志性事件。

总结这一阶段的公共考古活动有以下几个特点：前几年主要是个别高校和少数地方考古部门主动作为，继而全国的考古院所和大部分高校也积极参加，最后得到国家文物行政主管部门的认可，形成燎原之势。至此，公众考古的组织网络框架基本搭建完成。考古传播则以介绍新的重大发现为主，如良渚、石峁、海昏侯、三星堆、海龙囤等。考古进行时也是基本只关注古墓的发掘。面向社会宣传的对象主要是大中小学生，有些高校组织的所谓公众考古活动其实是请了几个专家对本校的考古专业为主体的学生的学术演讲而已。简要总结的话，传播的形式比较单一，内容也偏向新发现，不少演讲的听众以学生为主。

我以为，可以将2020年秋中央最高层领导集体听中国社科院考古所所长讲授中国考古学进展和成果为节点，公众考古正式迈进2.0时代。这个时代的特点是：第一，公众考古已成全行业（包括高校）的共识。第二，公众考古活动呈井喷爆发之势。省级以上考古单位都在设立公众考古机构或有专人负责。第三，多数大学都开设了公众考古课程或举办过公共考古活动。第四，考古工地基本都能不同程度对社会外开放。第五，考古受到了党和政府前所未有的重视，考古的最新发现被搬上国家最重要的综合文艺晚会——央视春晚。考古能有今天这样的大好局面，是近百年几代考古人不懈的奋斗、付出努力的结果，当然也特别是有一批公众考古人二十年殚精竭虑、义务奉献后的水到渠成。

公众考古达如此盛况，已让不少行业羡慕不已。这一局面来之不易，考古人要倍加珍惜。公众考古2.0时代刚刚才起步。下一步该如何做，需要考古人深思熟虑，早做谋划。总结过往，我以为有几点应当坚持：多做考古科普讲座、多宣传考古新发现、多开放考古工地、多利用新兴媒体。在此基础上，似乎还可以在以下几个方面多多拓展。

第一，公众考古要集中和分散相结合。所谓集中就是在遗产日、考古日、考古大会、十大发现评选时进行的集中宣传。这种宣传的好处是场面气派，声势浩大，但不足之处也十分明显，如果只抓这个，操弄不好会给人以公众考古在作秀的印象。对地方考古机构而言，公众考古还是应更多地开展各种小型的、联系地方和遗址实际的活动为宜。

第二，有条件的机构要力争有常设的公众考古阵地——建立考古博物馆。经过十多年的呼吁和努力，最早尝试的四川考古院的虚拟考古体验馆、陕西省考古研究院和浙江省文物考古研究所的考古陈列室无论在业内还是在社会都反响极佳，随后，中国历史研究院、陕西省考古研究院、洛阳市考古研究院的考古博物馆呼之欲出，山东、河南、浙江也在加快建设中。这些馆特别要注意的是和本地历史博物馆的错位发展，建议多展标本、遗迹，多展考古事业成就，多做考古科普。

第三，公众考古要更多进社区。进社区是深入乡村基层和城市街巷。据我所知，直到几年前，我们的公众考古活动主要是以在学校、博物馆、图书馆做演讲报告为主，这些年局面有所改变，开始有了更多走进社区的活动。比如西北大学学生根据渭南刘家洼考古大发现专门策划的进社区活动，就是这方面的典型。这是农村，在城市又如何呢？我们去年11月在深圳南山区科技园做的一个进社区活动，参加者全为退休老人，效果也很好。我想，公众考古最应该进社区的其实是考古遗址发掘和以考古为主题的展览。我们的许多考古发掘的发现其实与所在社区的历史文化是有关系的，我们在这里发掘，应该得到所在社区居民的理解和支持，他们也有知情权。理想的状态是，每个考古发现，除考古人员以外，首先应该让本地社区居民知道。仅从这个角度来说，都应该更广泛开展进社区的公众考古活动。有的机构可能在全国都很有名，但身边对其了解可能极其有限，甚至觉得很神秘，这大概是我们进社区方面做得还不够吧。社区是社会的细胞，也应是公众考古应该深耕的园地。看看国外的一些遗址发掘中就向社区开放，不到半年竟然接待了40多万居民的事例，很能说明我们的工地开放程度还有很大的提升空间。

第四，公众考古要日常化。这和前面讲到的第一点有关。公众考古要有大的影响，集中和突击式的活动必不可少，但要持久和深入并达到科普的目的，活动日常化则是必须的。所谓日常化，就是自觉将公众考古活动融进日常工作中。比如常年招聘志愿者，考古进社区、进学校、工地开放、标本库开放、整理修复室开放、实验室开放、图书室开放等，都安排进日常工作中。公众考古日常化可以避免将公众考古功利化。公众考古，对大学来说，不仅仅是多招收到几个高分的热爱专业的学生；对地方考古院所来说，也不仅仅是寻求有关方面对考古工作的支持。共同的总目标都是向社会大众科学普及考古知识，提高国民文化素养，增强他们的保护文化遗产意识、激发他们以各种方式积极投身到传承弘扬传统文化的千秋大业中来。

第五，多出版各种读物。学术界早就认识到，要向大中小学生和社会各界科普考古，需要多做演讲、电视宣传，但若需要比较系统而严谨地传播考古知识，宣传考古事业重要性，出版面向社会，适合各专业、各年龄段和各种需求的各类出版物是必不可少的极其重要的手段。我们到欧美日等经济较发达的国家考察他们的博物馆，常常在一个参观点的纪念品部能看到大量的文创产品，其中，出版物往往又占了其中的半壁江山。从专业人员才能看懂的晦涩专著，到三五岁孩童也能翻阅的卡通绘本，琳琅满目，应有尽有，让参观者流连忘返。这些年我们的文创大热，这是好事，但是对考古科研机构和开放的文化遗产单位来说，千万别忘了：科普出版物也是文创，而且是重要的文创。且别说与欧美日比，即使与随处可见的社会各地的演讲相比，我们从研究到普及的各种出版物的数量种类都太少。以我的亲身经历而言，最近几个月，几场三星堆考古的演讲下来，现场签售的《了不起的文明现场》一书就达到1000多本，这一方面可以窥见社会对考古出版物需求很旺盛，另一方面也可以看出我们的出版物还太少。在我看来，如果到秦始皇帝陵博物院能从《秦陵勘探》到《复合的军团》中挑选到心仪的图书，在三星堆博物馆能看到从《三星堆祭祀坑》（田野考古报告）到《少儿考古入门》（考古卡通书）所有与三星堆文物考古有关的书籍，那这样的博物馆文创卖场真是专业味十足。现实状况是，我们科研单位能提供的出版物实在有限。在这方面亟待考古教学科研机构有一批学人积极撰述、绘制出更多更好的考古专著和科普图书。我以为，如像秦始皇帝陵博物院、三星堆博物馆、海昏侯博物馆这样的网红打卡博物馆，在它们的文创店里，若有上百种与主题陈列相关的出版物售卖，那也可以从一个侧面说明我们的公众考古是做得很不错的啦。

第六，创新创意才能让公众考古充满活力。回顾这几十年来公众考古走过来的历程不难发现，有一批不计名利、甘于奉献的考古学家，在坚持学术、严谨科学的基础上，大胆用新方法、新技术、新平台来传播考古，这是我们的公众考古越做越好的主要原因。从开放工地到走进社区；从开博客到创设微信公众号；从开设讲座到招募考古志愿者；从考古博物馆到虚拟体验馆；从考古动画片到数字动漫故事片。大家都勇立时代潮头，敢开风气之先，为公众考古活动源源不断注入活力。公众考古2.0时代的社会科技发展迭代更快，新科技黑科技会更多，看到考古队伍越来越年轻化，考古人越来越敢作敢为，我们有充分的理由相信当代年轻的考古人比上一辈更能紧跟时代，大胆创意创新，做出更加骄人的业绩。

中国考古走过百年了，公众考古经过了几代人的接力，近二十年逐渐汇成了集体的事业，在包括公众考古人在内的全体考古人的共同努力下，考古事业迎来千年一遇的大发展机会。在此大好背景下，公众考古只能加强不能削弱。只要我们真正面向公众，力戒形式主义，以保护文化遗产为目标，以科学普及和做大做强考古事业为理想，以奉献为作风，以创新创意为抓手，那么2.0时代的公众考古也将大有可为，必将闯出一片新天地，助推中国考古事业大步迈向更为辉煌的下一个百年。

（原载《中国文化遗产》2022年第1期）

中国博物馆之歌

下班啦，

放学啦，

周末啦，

大假啦，

恋爱啦，

失恋啦，

无聊啦，

开心啦，

累啦，

闲啦。

去——哪——呀？

朋友都说：博——物——馆——。

博物馆是知识的殿堂，

博物馆是藏宝的地方。

中国有博物馆五千座，

每年新增一百多。

上天文，

下地理。
盘古开天地，
走进新时代，
无所不包，
无奇不有。

豪华故宫腿走软，
气派要数国博馆，
上博艺术范十足，
军博枪炮大检阅，
夏商豫博看不够，
周秦汉唐陕历博，
宋元明清江浙全，
近代当代粤和深，
鄂博钟磬齐鸣奏，
湘博古尸栩如生，
天文科技和自然，
首选上海与北京。

既有那：兵马俑、三星堆，气势恢宏遗址馆，
还有那：悬空寺、陶说展，迷死你的微型馆。

恐龙昆虫走在前，
机械电子正在展，
烟酒茶盐早成馆，
恋爱失恋也可观。
哪有做不到，
只有想不到。

讲解听得醉又痴，
沉浸体验真新鲜。
参与互动教寓乐，
文创产品好可爱。

一馆一部书，
一馆一景点，
一馆一世界，
一览千万年。

博物馆，终生学习的好学校，好呀好学校。
博物馆，娱乐休闲的好地方，好呀好地方。

《自贡天灯会民俗考》序[*]

  自贡中国彩灯博物馆戴燕灵馆长发来刚杀青的大作《自贡天灯会民俗考》全稿，我本想先读为快，阅毕再发短信祝贺。谁知刚读一半，戴馆长却向我索序，令我诚惶诚恐。鄙人虽忝列四川省民俗学研究会领导层，自忖对天灯会及相关民俗毫无研究，不敢轻诺，推说阅读完毕再汇报。然，初读已是兴致盎然，复览一遍后，我忍不住真想敲上几行，向各位方家晒晒读后感。

  是书虽是以当今自贡行政区划地域为研究对象，但因自贡不到百年前还是叙州府（大致相当于后来的宜宾地区）所辖范围内，因此在我看来，民风民俗的很多方面和本人生长地宜宾大同小异，所以令我这个宜宾人读起来特别亲切。全书充满生活气息，带入感极强，掩卷而思，仿佛已让我穿越到少儿时代那段时光短暂却令人一辈子难忘的"耍龙""观灯"的节日生活氛围当中。譬如，我能比较清楚记事的1965年到1966年，"四清运动"虽如火如荼展开，但"破四旧"还没到来，熬过60年代初那场苦难日子的人们，从1963年后比较宽松的环境中缓过气

---

* 戴燕灵、钟学惠、邓军、黄德春著《自贡天类会民俗考》，文物出版社2022年出版。

来，一些传统的节日活动也渐渐恢复，过年过节连四清工作队干部也号召大家恢复传统娱乐活动。于是我看到满街家家户户张灯结彩，小孩成堆围观"走马灯"的热闹场面是其中最深记忆之一（扎灯师傅一时疏忽，让马儿退着走，成为大家饭后笑谈）。我看到了"耍牛牛灯""耍龙灯"，还亲自参与过扎草把龙，勇敢地闯入淋铁水花的人群中。我的爷爷就是当地有名的彩龙扎绘师，我第一次也是最后一次看他扎绘龙头是在1966年正月初五。"文化大革命"开始后，这些都被当作"四旧"和封资修来对待，离公社所在场镇天高皇帝远的偏远乡村人家，胆大的村民正月间小打小闹耍灯乐乐，一旦被发现，轻者收灯，重者抓人是必然的。我亲眼见过公社武装部长凶神恶煞地到乡下收缴龙灯、锣鼓扛回镇上，边走边炫耀战果的嘚瑟样儿。1973年到1975年，政治社会环境又有些许宽松，连八部样板戏电影都没看全，住在穷乡僻壤乡镇的我们，过年观灯是很期盼的娱乐活动。少年的我参加过不止一次追龙灯，整整一个晚上，即使黑灯瞎火也不怕，一追就是几十里地。正月十五看耍龙灯，能熬过通宵是第二天值得在同伴面前夸耀的事。有时不止观看，忍不住还抢着去举起龙头舞几下，我还记得耍龙头的人在向接灯人家拜年时说上"锣茵茵来鼓茵茵，主人家接灯很诚心，自从今晚皇龙朝贺您，儿子儿孙满天星""墙上一窝菜，风吹两边盖，锣鼓紧紧扎，龙灯退出外""墙上一窝草，风吹两边倒，多谢又多谢，打搅又打搅"之类的四言八句。我之所以拉拉杂杂说以上这些陈年往事，是想告诉大家，我读到戴馆长发来的新著感到特别亲切、兴奋，是事出有因的。

也不仅仅是儿时的记忆。今天提起自贡，人们常用"龙乡""灯城""盐都"的美誉来概括。这三者我都多少有过接触。据我所知，对盐和恐龙，自贡特别重视，早设有博物馆收藏研究展示相关文物标本。自贡盐业史博物馆还办有荣列国家核心期刊的盐业史研究专刊，可见研究之深。我们和自贡同行联合组织过川黔、川滇盐道考察。80年代初自贡灯会火爆，在我的家乡宜宾，去自贡观灯成一度成为新春出门首选。灯会期间，宜宾到自贡的火车票一票难求，到了需要加开观灯专列的程度。那时的我已在成都读书工作，路过自贡机会很多，每次总觉得还有机会，下次再来也不迟，可待我第一次去自贡观灯已是2001年的春节，早错过了自贡灯会历史上最辉煌时期，至今深以为憾。我还有幸在2012年参加了在英国乡下一个伯爵庄园举行的自贡灯会的开展式。看到英国人盛装打扮，或男女青年结伴，或全家扶老携幼，从四面八方涌入灯会，目睹了自贡灯会在国外受到热捧的难忘场面。墙内花艳墙外香，我赞成自贡应该有个很好的彩灯博物馆，同时也应该开展对彩灯文物资料的收集、保存、展示利用，以博物馆为阵地，以研究为抓手，广泛、深入、持久地研究。可喜的是戴燕灵先生甫任中国彩灯博物馆馆长就高度重视研究，上任不过两年左右就拿出这本有沉甸甸分量的专著。我们常说博物馆是教育机构，在新时期，教育功能被许多博物馆发挥到了极致。但我们尤其不能忘记，博物馆也是研究机构，不开展研究也就不知道怎样收集藏品、怎样做展览和营销。无藏品少藏品是不利于博物馆可持续发展的。在全国博物馆飞速发展的今天，馆舍建得宏大气派，但却严重缺乏藏品展品的比比皆是。这当然有许多主客观因素，我以为不重视研究是其中很重要的一个原因。以彩灯博物馆为例，如果不研究，恐怕很难有人将天灯会与后来的自贡灯会直接联系在一起，也就不会去调查天灯会遗存，搜集天灯会文物资料。经本书作者确认的几十块天灯会碑（拓片）和相关文物资料，应该就是彩灯博物馆的收藏品啊。

　　由此，我还想到与天灯会和博物馆相关的两件事，与是书也有关系。一是前面提到我们和自贡盐业历史博物馆合作邀请全国专家参与的川黔、川滇盐道调查。当时，正在自贡文化局任职的戴副局长全力支持并全程参加野外考察。书中多次提到那次考察的若干发现，这也再次说明文博人要多做田野工作，要多主动出击，坐在办公室里坐等文物资料送上门来是不切实际的幻想。再一个例子是本书的主要内容同时也是最为出彩之处为对自贡天灯碑的调查和对碑文的研究，第一次系统全面收集了境内天灯碑，详加释读研究。对于前者来说，当年田野调查成果不断被研究者引用，而且在当地文化建设中越来越受重视。对后者而言，天灯碑的大量发现，事实上也与四川省文物考古研究院在全省调查拓录室内外所有石刻文字项目有内在联系。传统金石学者很重视碑刻，但他们基本不管时代在明清以后的。十多年前，我们开始有意调查拓录，四年前得到省财政厅立项并拨专款支持。该项目在自贡的调查拓录是和自贡文物部门合作完成的。今天，全省的野外拓录作业基本结束，已获得不少于5万块碑20万份碑刻拓片资料。根据我们初步的了解，四川明清碑刻中有大量内容并不见于地方志书，比如宜宾的罗赶庙，地上建筑基本无存，县志中也不见记载，但根据废墟里的80来块石碑，基本上可以把该庙始建、大修、扩建、重大活动的历史线索厘清复原。再就是本书研究的自贡天灯会，主要根据几十块天灯碑，就把自贡天灯会的诞生、活动、发展、盛景、衰落以及组织形式等梳理得清清楚楚。我想，本书的成果和问世，也再次从一个侧面说明了四川碑刻资料的抢救多么必要和及时。相信随着全省碑刻资料的陆续公布，还会让专家们据以规划出政治、经济、社会、文化等多方面的研究专题，从各个方面让明清四川文物活起来。可以预测，四川碑刻资料是一个研究者会着力挖掘的富矿。

我国历史悠久，许多地方讲到一些节庆活动的诞生，总觉得似乎越久远越厉害。比如一些地方一讲酒的起源，费劲儿地去考证杜康，捕风捉影地攀附那些路过当地的政治文化名人，对本地直接起源探究却着墨甚少，还往往语焉不详。其实，把本地起源的历史弄清，才是我们本地文化研究者最应做的工作。各地灯会起源研究恐怕也有这类倾向。远的不说，举举汉代长信宫灯、雁足灯、陶灯座的例子来说祖上有多喜欢灯，谁也不会说有多离谱。但和我们今天的灯会联系还是比较久远，太过于牵强了吧。即使说到唐宋兴起的灯会，放到国内任何地方都可以溯源到那时。但具体到某地的灯会起源，这样的寻根并无实际意义。我很赞成本书的开篇介绍了自贡学者对自贡灯会起源的各种观点后并不盲从，而是以扎实的田野工作和对碑刻资料的认真梳理研究后，亮出自己的观点，形成一家之言。据我的有限知识，天灯会碑在老自贡（主要指产盐区）以外很罕见，那么似可以说，天灯会大盛是清代自贡特有的现象，这当然应当与自贡盐业在清代勃兴有密切联系。点天灯、办豪华灯会可是很花钱的。有钱就是任性，有钱才能显摆。从清代中期到20世纪50年代初，自贡是四川省的直辖市，其经济在四川在西南都有举足轻重的地位。我以为，地方习俗和经济实力才是让自贡灯会在近现代大放异彩，特别是改革开放初期能享誉四海五洲的两个最重要推手。

特别令人赞赏的是本书作者学术视野广阔，书中虽有大量的田野调查第一手资料的公布，但作者并不止步于碑文的考释，而是深挖背后的故事，正如书名所道出的宗旨：天灯会民俗研究，我以为重在民俗研究。这样就将其放到广阔的社会舞台上去考察。唯有以这样的研究为基础，我们今后编制的展陈大纲和形式设计方案，才能让文物活起来，才能让博物馆的陈列有主题、有故事、有场景，让参众看懂文物，流连忘返。

写至此，我不禁想到，自贡所在的川南地区，当然包括自贡在内，还有泸州、宜宾的博物馆一向都重视科研。比如，前面说到的自贡盐业历史博物馆有办了几十年不间断的盐业史研究全国中文核心期刊，宜宾博物院早在20世纪80年代初就办起了《川南文博》，三家博物馆的数任馆长都很重视科研，有的还就像戴馆长一样带头做科研。若按四川东、西、南、北四个地域方位的地市级博物馆业务来比较，以当今而论，恕我直言，川南可能是最强的，他们的业务工作在某些方面并不比全国的若干省级馆逊色。我想，一直重视科研是一个重要原因吧。

总而言之，这是一部新视野独特、新资料丰富、新观点可备一说的新著。此书既是自贡彩灯研究也是川南民俗研究的力作。

我以为，透过戴馆长等先生的新著，我们甚至已可隐约看到中国自贡彩灯博物馆新的文物征集方案、展览思路、经营策略都很专业很有新意，且也紧扣着时代前进节拍。

我还以为，一个全新的自贡中国彩灯博物馆呼之欲出。

我更以为，未来的自贡中国彩灯博物馆很值得大家期待。

做大做强"全国十大考古新发现"品牌随想

　　全国十大考古新发现的评选诞生于三十多年前，那是我国考古事业发展的瓶颈期。当时，由于考古人的坚守，一批专家的倡议，国家文物局、中国考古学会和《中国文物报》的支持，因而有了这项评奖活动。今天来看，这项活动的启动，为考古人留住对事业的信心，为考古在社会保存应有的一席之地，确实起到了很大积极作用。回顾初启本活动的筚路蓝缕，到今天已成为一个响亮的品牌，我们对发起、组织、支持参与这项活动的有关方面和人士，深表敬意。今天，评上全国十大考古新发现是考古人和所在单位和遗址墓葬所在地方引以为傲的大事。

　　笔者以为，全国十大考古新发现影响越来越大的标志性的事件是：大约从十多年前起，评选结果年年必上当天的央视《新闻联播》，而且近年来，在《新闻联播》里边播出时间还有越来越长的趋势。评选活动的社会参与度也渐渐提高。一个小众专业的活动，做成享誉全国的响当当的品牌，可以总结的方面有很多：坚持专业性、科学性、严肃、公正、公平等，都是大家的共识，不需要我在此重复强调。

　　在考古成为国家文化自信建设的重要抓手，考古在社会越来越热的当下，如何让全国十大考古新发现这个评选和品牌发挥出更大的效益。全国十大考古新发现已经是一个重要品牌，其价值本身还有很大挖掘空间。用经济学术语来说就是衍生（品）的设计和生产，以及由此带来的品牌的增值，还大有文章可做。

虽然这些年的全国十大考古新发现评选活动在开放性和社会参与上做了很大努力，也取得了不俗的业绩，但目前的活动主要是在围绕评选本身，企业和社会参与度以及评选后的后续价值挖掘方面还有大的提升空间。试谈几点不成体系的浅见。

一、积极寻求社会机构支持。是否可以在为了文化自信的远大目标指引，为了让文物活起来的不懈追求的大前提下，思想更解放一些，改革步子迈得更大一些。如此规模、这样优质的考古事业推广活动，应该寻求社会资本支持。有无偿支持最好，没有的话，以冠名、特定研学活动、文创等的渡让来获得支持也行。当然，赞助单位不能介入评选是必须坚守的大原则。

二、让评选过程活动更加丰富多彩。例如，目前的申报评选过程还比较单一。每年全国有上千项考古发现，最终能评上的只有十个，几乎每年都有评选结果出来后，总有些很重要的发现项目落选，让不少人常有遗珠之憾。作为补充，一些省区早年就自己设置了以所在省区为单位的"十大""五大"考古发现。但因范围太小，参评单位都是个位数，所以影响有限。不妨设想，按"西部""东部"或"南方""北方"分成两个地理单元，又或按"黄淮流域""长江流域"来设置评选项目，相信这样的评选同样也可以出彩的。又例如，申报单位在申报过程中，就可以以全国十大考古新发现"申报项目"或"入围项目"的名义开放工地、走进社区、组织研学等活动开展独具创意的活动。也可以开放资源，积极动员青年人创作，让新发现活起来。

三、为终评大会锦上添花。这些年全国十大考古新发现终评大会的开放程度越来越高，比如有直播、接受社会人士旁听汇报会等。但我以为，目前的终评大会还可以活泼一些，比如还可以开放如"央视频"这类的媒体、网站尝试同步搞线上社会评选、场外未参评专家同步点评等轻松一点的活动，寓教于乐。线上评选结果最接近专家评选的投票人，可给予适当精神和物质奖励。

四、评奖以后的系列活动跟进。前些年搞起了"十大考古新发现进校园"活动，效果不错，应当坚持并做大。而一些传统的传播方式也不能丢弃，并要在新的传播形势下予以创新。例如，全国十大考古新发现系列出版物（也可以扩大到入围项目）可细分为学术卷、人物卷、图录卷（大到厚厚的报告，小到卡片、拉页、卡通书）等不同的卷帙。在全国十大考古新发现的文创产品设计展示方面，在评选现场会就应有与全国十大考古新发现相关的文创产品，营造出浓浓的特有氛围。获得全国十大考古新发现奖的获得者，在获得崇高荣誉的同时，也承担着更多的社会责任，如果主办方有获奖项目考古工地集体开放的计划，理当尽量配合。

五、隆重推出"全国十大考古新发现特展"。最近十多年，伴随着国有博物馆免费开放，走进博物馆的观众越来越多，各大小博物馆为策划出新颖别致吸引观众的展览而煞费苦心，使出浑身解数，到处搜求可展览的资源。全国十大考古新发现评选过程中虽有不少文物遗物遗迹信息公布，但毫无疑问，无论专家还是社会大众，最期盼的还是看到实物，所以，举办一个全国十大考古新发现为主题的展览很有必要。我们不少国有大中型博物馆的收藏和展览本来就是以考古出土文物为主，但是因种种机制约束，考古新发现充实馆藏并及时展出的不多，让每年这些新发现走进博物馆，博物馆和观众都是十分欢迎的。2016年江西海昏侯墓考古发现进首都博物馆展览，2018年四川江口明末战场水下文物进国家博物馆展览，都轰动全国，展览期间，观众络绎不绝。全国十大考古新发现一起进博物馆，进而做巡回展览，一定会受到更大的欢迎。作为全国十大考古新发现评选的衍生活动，若是年年（或隔年）举办，坚持不懈，假以时日，或可培育成像意大利威尼斯艺术双年展那样的著名品牌，成为社会年年期盼的考古年度盛事。

考古科普大有可为，公众考古方兴未艾。我们可以做的事很多，以上随意想到几点，未必适合。我认为，策划活动时，创新最为重要，如有新的创意，往往能做到事半功倍，收获到意外的好效果。作为一个考古传播活动，做到今天成为知名品牌，实属不易，我们应该倍加珍惜。但新时代、新科技、新青年又对我们的传播提出了更多更高的要求。真诚希望十大考古发现的评选活动能产生更大的影响，让这块金字招牌能衍生出更多的考古科普和文化推广活动，助力文物事业繁荣健康发展，让人们从考古新发现中找到更多的文化自信。

（原载2022年4月1日中国社会科学网"全国十大考古新发现专家谈" http：// news.cssn.cn/zx/bwyc/202204/t20220401_5401907.shtml）

创新是大学博物馆的重要使命

　　持续了十多年的中国博物馆热逐渐传导到博物馆的发源地——大学，大学博物馆也坐不住了。这些年来，大学博物馆不乏大手笔新建扩建者，做展览似乎也要尽量搞大展、特展，定位上既要勇当学校窗口，也要倾力服务社会。一句话，似乎越来越像地方博物馆了。这些举措都很难用简单的对或错来评判。但我们不妨想想，作为一个很有影响行业的大学博物馆，真有必要有意无意向地方博物馆看齐吗？如果自觉不自觉都与地方博物馆对标，那大学博物馆还有啥特色可言呢？若没有特色，除了数量上的增加，那大学博物馆在博物馆界怎么能拥有一席之地呢。

　　大学博物馆该如何办？先得看看它的基因。它首先是因教学科研需要而诞生，所以我们任何时候都要牢记它的首要任务为教学科研服务的。很多大学博物馆的藏品主体其实是教学、科研标本。当然国情和时代的不同，我国大学博物馆现在可能会增加一些功能，但我以为教学科研服务始终是首要的任务，学校窗口也罢，服务社会也罢，用现在流行的的说法，是属于教学科研"＋"而已。这个定位，就要求我们是在全力以赴做好教学科研服务的基础上，然后努力实现"＋"的功能。

　　所谓为教学科研服务该怎么做，我想只要摆正位置，端正态度，不愁没事可做，完全不用和地方大型博物馆比块头、拼投入、争观众。就教学科研来说，其实还有一个就是要不断地去创新，我想这是大学博物馆的重要使命。同时也是大学博物馆的地位和特点所决定的。

大学本来就是创新之地。全球首个近代博物馆诞生在大学（牛津大学阿什莫林博物馆），巧合的是中国首个博物馆也诞生在大学（确切地说是个师范学校——南通师范学校），所以博物馆诞生于大学并不偶然，大学博物馆天生就有创新基因。从20世纪80年代起，以美国硅谷斯坦福大学为代表的高校更是将创新演绎发挥到了极致。回顾改革开放以来，中国的大学博物馆也有敢于创新者。20世纪80年代中期，主政四川大学博物馆的著名考古学家童恩正先生和他的团队，以敢为天下先的勇气和敏锐的前瞻性思维，在全国第一家打破传统陈列模式，采用了全封闭、人工照明、场景再现、少展柜等一系列新的陈列方式，开启了中国博物馆陈列革命新时代。20世纪90年代，北京大学接受国外友人捐赠，并用外国捐赠人名字命名博物馆（北京大学赛克勒博物馆），新近的如清华大学艺术博物馆去年举办的铜镜特展，大胆且大量接受民营博物馆的藏品为展品。几年前，电子科技大学靠向师生校友众筹展品，快速高质量地建成了电子科技博物馆。南方科技大学以共建共享的方式一年建成考古陶瓷标本库及"陶说"展览。这些都是足以载入我国博物馆史的典型案例。可是从对社会需求而言，客观地说，这几十年，大学博物馆的创新还真不算多，尤其是就引领方向，带动全局的创新而论，还有很大的努力空间。比如，在馆舍建设理念上，似乎尚未有哪个提出要建世界上认同标准的碳中和博物馆（不知现有技术资金能否支持）。都知道很缺文物标本，但大家基本还是瞄准传世和出土文物，很少见哪个高校博物馆尝试另辟蹊径寻找到解决方案。再如数字化（敦煌）、虚拟馆（四川虚拟考古体验馆）、数据库（故宫）、博物馆进校园（四川，一年走进100个学校），传统也好，现代也罢，这些具有开创性的举措，常常看到的都是地方文博单位领风气之先。

我们说创新是大学博物馆的重要使命，是因为大学里聚集着一群顶级专家，还源源不断地带着一批又一批思想活跃，求知欲极强，敢闯敢干的年轻学子。当今的大学更是新理论新方法新技术的实验场。大学博物馆搞创新的有利条件，还在于它一般都比较专和小，功能比较单一，不像地方博物馆那样大和杂，有繁重的社会服务功能，还经常有上级行政下达且须举全馆之力方能完成的任务。相比较而言，大学博物馆作为创新试点更为适宜。再有就是，对那些有博物馆专业的大学博物馆而言，通过让博物馆专业的学生学习新知识，师生参与本校博物馆的创新实践活动，学到新技术新方法，培养起不断创新的意识后，带着这些新思维新技术新方法走向社会，可以给地方博物馆不断注入活力。大学博物馆的创新应该是全方位的，仅在策展方面单兵突进，不可能持久，何况即使优秀的策展也涉及场馆确定、政府和市场的公关、经费预算、主题提炼、内容设计、展品挑选、形式设计、展览布置、开幕式筹划、学术研讨、科学和艺术普及、市场营销等等。所以说大学博物馆的创新至少也应该包括但不局限于以上方面。试举例说明。

办馆理念创新。近代博物馆从诞生之初到现在有好几百年历史，我国博物馆也走过了一百年了。博物馆在时代不断的变化中发展壮大。现在我们的世界处于百年未有之大变局中，博物馆新类型、新业态、体制、机制、何为藏品以及如何收集藏品、如何办好展览、如何更好地服务教学、科研和社会，都是可以而且应该积极进行理论研究的，但因博物馆实践性很强的特性，仅仅限于坐而论道是不够的，应该创造条件多做探索性实践试验。

场馆建设创新。大学博物馆建的高大和豪华气派不是创新。那是有钱就能做到的。前些年流行所谓五十所到一百年不落后，细思起来，其实恰恰可能会是很多实施设备功能（如馆舍）被浪费了五十年到一百年，我以为21世纪20年代的场馆建设，简约、实用、环保是最重要的。本人就很想看到某个高校把本校科研成果（如果有的话）或是国际国内最先进的环保简约理念实践，做成一个实验性、示范性的碳中和博物馆。

其次是藏品的收藏新思路也是值得大学博物馆去积极探索的。藏品是博物馆赖以存在的最重要的基础。大家爱说，基础不牢地动山摇。博物馆无藏品少藏品，即使短期可以办些大展特展，但长远来说终究会是无本之木、无源之水，前景渺茫。前些年曾有不止一个大学因急于建馆而饥不择食，把关不严，接受了来路存疑的文物，致使形象大受损失。看到一些大学建博物馆很积极，对苦于无展品的残酷现状，但应对措施不多。不少计划建新馆的大学，展品征集种类单一，基本还是玉、石、铁、铜、陶瓷书画类地方综合类博物馆的藏品类别，这样做当然也无可厚非，但它会产生两个问题：一是受政策性规定的限制，难以征集。二是即使征集到，可能也会和已建博物馆藏品有同质化倾向。我国上百年的博物馆的发展，走到今天，虽然总体数量可观，但由于政策和条块分割的管理体制限制，造成种类比较单一的现状。大学能办博物馆，那正该结合自身的特点和特长，办的博物馆最好是和地方有优势互补的。比如理工医农商类大学，若能设立一些和自己学校的专业性质相关的博物馆，那就是真正的扬长避短。再就是大学博物馆藏品展品更多的来自教学科研标本，这些藏品展品多是历年老师学生野外调查采集的标本，或是做科研试验的仪器设备，也可能是世界科技史上或是本校师生某项重要的科技发明，日积月累，假以时日，一定会有数量可观的收藏。这样说来，换个角度看，何愁缺藏品。大学博物馆在这方面若能有所突破，也正好补上我国博物馆类别的一大短板。再就是，不少缺乏文物标本的博物馆，似乎都爱强调数字化时代实物藏品的重要性降低。姑且不论这个观点正确与否，那就积极地去收藏数字化时代的"见证物"呀，潜心搞个五年八年，数字化藏品或藏品的数字化收藏也恐怕初成体系，蔚为大观啦。

策展的创新。当今社会，人们在文化休闲娱乐方面追求多元化，大学博物馆正好可以利用学校特有的师生资源，依托固有藏品，在满足教学科研基本需求的同时，以经费投入少，展览周期短的展览为主，努力去提炼出若干适应时代不同需求、契合文化消费时尚、引领社会未来趋势的各种中小型展览甚至微展。这些展览或创意新颖，或视角独特，或形式突破传统，或技术手段前沿，或推广营销手段出奇，凡此种种，不一而足。不必刻意追求精品云集、门庭若市的大展特展，当然也不完全拒绝主办大展、特展和引进展览。

大学博物馆应该是新技术的试验场。从20世纪80年代开始，与我国改革开放几乎同步，各行各业也陆续触及新技术，跨入21世纪以后，以电子化、数字化、数据库、大数据、虚拟技术、增强现实、元宇宙等为突破的新兴技术，不断冲击人们的传统生活学习阅览休闲方式。据说，世界第一封国际电子邮件就是在美国国家美术馆里成功发出。德国慕尼黑大学博物馆率先3D打印出展墙。国内博物馆里的许多新技术：如电视触摸屏、多媒体运用、语音导览、藏品数字化及数据库、三维动画、虚拟呈现（AR、VR）、文物活化、线上展示，甚至文创产品开发，都鲜少听闻是从我们哪个大学博物馆里起始。对中国的大学博物馆来说，这是个不小的遗憾。

积极向师生更多地开放博物馆的展厅、库房，让博物馆成为他们的实习基地，接受他们来参加管理、策划展览，举办活动，开发试验新技术等，也是大学博物馆大有可为之处。据我所知，我们的大学博物馆在为科研教学服务方面还有很大的提升空间。文物博物馆热带动更多理工科师生也积极参与文物保护、博物馆展示、文物活化技术的研发，南方科技大学的理工科学生，以学校社科中心文博中心筹建中的考古陶瓷标本库里的少量标本做为文物数字化修复的科研项目，喜获大学生挑战杯省级大奖。有个博士后以标本为依托申请到省市重点科研经费。目前他们又进一步在数据库建设、考古大数据及智能机器学习方向奋力拓展。大学师生的积极参与，竟然把一个微不足道的小小标本库整个给盘活了。而该中心还广泛招收国内外各大学在读或毕业的学生为实习生或志愿者，已有数名通过在这里的历练，积累了经历，助推他们成功申请到了世界知名大学的录取通知。由此联想到这些年，一些大学招收博物馆专业硕士势头很猛，每年都招十几个到几十个，不少师生为找适合的实习地点和选定学位论文方向题目而煞费苦心。其实本校博物馆就是他们的最佳实习地。试想一个班几十个博物馆专业同学集体加入博物馆团队，如果能分别被派到本校博物馆相应岗位，定期轮岗，再做些藏品管理、营销等，特别是若还能还参加一数个展览策划的话，有这样经历的学生，哪家用人单位不欢迎呢？

去年，著名博物馆学家安来顺发表《一流的大学必须要有一流的博物馆》的高论，在博物馆界尤其是大学博物馆里引起了强烈共鸣。我完全赞成安先生的高论。但我想根据我国高校博物馆的现状，在安先生的宏论后再续上一句：一流的大学博物馆还要尽力承担起中国博物馆创新的重任。不知这句话会不会被安先生和大家视为狗尾，如果你们觉得还不是狗尾的话，那接下来我还要说以"创新无止境，创意无极限"来勉励乃至指导大学博物的工作也是恰当的。

2022年3月23日

（原载《中国文物报》2022年5月18日）

罗家坝遗址：打开川东巴文化之门[*]

　　罗家坝遗址位于四川省达州市宣汉县普光镇进化村渠江二级支流后河左岸一级台地上，是川东北地区最大的巴文化遗址，经过八次考古发掘出了丰富的遗迹遗物，在巴文化考古中占有重要地位。2003年至2018年，我在四川省文物考古研究院工作，组织了这期间的罗家坝遗址发掘保护工作。我将简述发现发掘经过，并以出土铜器的研究为切入点，分析其特点，挖掘其价值。

考古工作者揭开罗家坝遗址面纱

　　古代的巴国主要分布在今天的重庆市范围内，蜀国主要分布在今天的四川境内，所以四川又被称为巴蜀。不少人以为，1997年重庆市直辖后，四川就不能再称为巴蜀了。其实，了解巴国历史地理的都知道，今天的重庆市全域固然属巴，但其地域并没有涵盖整个巴国。与蜀国相比，巴国地域是很宽广的。四川的广元、广安、南充、巴中、达州、泸州、宜宾（部分）这些广大地区，在先秦时期也是属于巴国。所以，四

＊　本文图片由四川省文物考古研究院提供。

川仍可称为巴蜀。而这些区域也成为四川考古部门巴文化考古的工作区域。

宣汉罗家坝遗址就是一个重要的巴文化遗址。当年，达州文管所马辛莘所长携带在宣汉罗家坝调查中发现的先秦时期陶片到省考古研究所汇报，所里考古队队长王鲁茂敏锐地觉察到这一线索非常重要，立即前往核实复查并立即组织试掘。1999年的首次发掘面积仅50平方米，但所获颇丰，罗家坝遗址被初步确认为巴文化遗存，2001年被批准为第五批全国重点文物保护单位。2003年，罗家坝遗址正式发掘。

文物耀目的罗家坝遗址

罗家坝遗址由罗家坝外坝、张家坝及罗家坝内坝三部分组成，罗家坝外坝和张家坝为遗址核心区域。遗址总面积约103公顷。文化堆积时代有新石器时代晚期、春秋、战国、汉代四个时期，最丰富也最有价值的是春秋战国时期遗存。

所谓春秋战国文化层，就是现在考古学者看法比较一致的巴文化层。这一文化层中最重要的遗存是墓葬，重要文物多出自墓葬中。墓中器物又以铜器最为耀眼。历年来发掘这一时期墓葬约250座，其中80%墓葬中出有铜器，总数在1500件以上。可辨器形有：鼎、豆、壶、敦、鉴、簠、缶、罍、釜、匜、勺、匕等礼器，矛、剑、钺、戈、镦、斧、箭、镞等兵器，刀、锯、斤、凿、刻刀、削刀等工具，带钩、印章、铃、璜形饰、镜、挂饰、鱼钩等服饰杂器。

从器类上来说这都是巴蜀墓葬常见的种类。柳叶形剑、双鞘剑、三角援戈、青铜工具、巴蜀符号印章是巴蜀墓葬随葬铜器的标配。器形和器物组合也属于典型的东周时期样式。也有比较特别之处。铜簠、铜罍、吴钩（《宣汉罗家坝》报告称之为削刀）、水陆攻战纹铜豆、嵌错动物纹铜壶为巴蜀考古新出器种器型，大大丰富了我们对巴蜀文化的既有认识。铜簠由几乎对称的器身和器盖两部分组成，器身和盖顶装饰繁缛的蟠虺纹。铜罍器盖中央有四夔龙绕成的圆形捉手，器身广肩、鼓腹、下腹内收、矮圈足，肩部有两个对称的兽首耳衔，器身、器盖多处饰蟠虺纹或蟠螭纹。

水陆攻战纹铜豆，短柄，有盖，器盖、器身、器柄嵌满可能是铅类金属错成的图案。器盖盖面圆形捉手上以一人为中心，左右两侧各有四只兽（有角有翼和有角无翼两种）。器盖下部刻有两两对称的四组纹饰，主要是宴乐、武舞和弋射图。豆身腹部刻有两两对称的四组纹饰，主要是水陆攻战图和攻城图。其左侧为水陆攻战图，分上下两层，上层为陆上攻战，双方共有九人。下层为水上攻战，双方也是九人。豆柄下部为狩猎采桑图。图案可分左右两组，左侧为狩猎图，右侧为采桑图。铜壶（2号墓），圆口、方唇、长颈、溜肩、鼓腹、圈足，肩部两铺首衔环耳。壶身满饰纹饰：口下部有一周卷云纹，颈中部饰有四组垂叶纹，垂叶纹中饰有两背向兽纹。腹部上、下各饰四组相同纹饰——奔兽、鹿和人组成的狩猎纹图像。其间用花卉和菱形纹隔开。下部也嵌错图案，有奔兽、鹿和人，但和上图略有不同。

所谓青铜时代，是以青铜的出现和其在生产中使用而带来经济基础和进而促使上层建筑产生革命性变化的时代。接下来我们仅就以铜器为主来分析一下，看看考古学家通过罗家坝遗址的发掘能为我们揭示出巴文化哪些重要信息。

从这些青铜器的种类和形制来看，和以前巴地考古所出并无区别，甚至和蜀地考古所出也无本质上的不同。因为罗家坝地处文献和考古都认可的巴国腹地，遗址保存完好，遗迹遗物较为丰富，大家曾经希望通过罗家坝的考古能找出几个巴之所以为巴以及建立起巴蜀区别的标杆。直到成果公布，我们不得不说，已用尽各种方法，但至今仍未找到。从罗家坝遗址里我们能够看到的是，其墓形、棺椁、随葬器物族类和组合，这些都和成都平原的相近历史阶段墓葬高度接近。这种相近到了啥程度呢？有专家说，如果不告诉你这批东西出在宣汉罗家坝而是出在成都，大概很多人也会相信。考古上的巴文化和蜀文化，虽有多年多人的研究，但到今天为止，主要是靠文献记载的巴蜀各自疆域来划分边界，从考古学上区别还是一个有待进一步攻关的大课题。从另一个角度来说，真实的面目倒也真可能是四川盆地里边的两个国家，经过长期的发展融合，到春秋战国时期，文化面目高度一致，恰如一对孪生兄弟，外人很难将其区分开来。有意思的是，这一现象从那时起，一直持续到今天，除非对川渝两地文化习俗有深入观察，否则很多外省人是分不出四川人和重庆人的。

巴蜀印章、柳叶形剑、三角援戈和青铜工具四者是巴蜀东周墓葬中常见的出土文物。特别是巴蜀印章就如同巴蜀墓的身份证一般。罗家坝遗址里巴蜀印章种类多，还有一些新品种，比如92号墓的印章，10号墓的印章，给巴蜀符号的研究带来了新的资料。巴蜀符号研究是世界性难题，即使是文字的，至今也还不具备破译的条件，但新出符号越多，今后解读可依据的资料也越丰富，有利于进一步破译。

敦、鼎、簋、豆、匜这类器物，是典型的中原文化礼器，其中的敦、鼎的形制还有明显的楚器特征，而簋、鼎上的精美纹饰，也是楚器风格，可见这里也深受楚的影响。

随葬铜器的墓一般都有兵器，兵器在出土青铜器中占比高，是罗家坝墓葬的一个显著特征。在发掘的墓葬中，曾发现有一人腿骨上还钉着一支箭镞。东周时期，诸侯国之间战争频繁，文献记载，巴楚、巴蜀、巴秦之间都发生过不少战争，墓地里的兵器多正是文献里这类记载的真实写照。

水陆攻战纹铜豆和嵌错动物纹铜壶无疑是铜器里最精美的两件。铜豆上水陆攻战纹和20世纪60年代成都百花潭中学所出的水陆攻战纹铜壶（现藏四川博物院）上的纹饰大致相同。百花潭这件铜壶一直是四川博物院的镇馆之宝。与之相比，铜豆的品相更佳：纹饰保存状况更好，辨识更清楚，内容也更加丰富。水陆攻战纹铜豆和嵌错动物纹铜壶上都可见有翼兽。鉴于它出现在东周时期，是巴蜀地区首次出现，应引起高度重视。四川人熟悉的有翼兽是雅安、芦山、渠县等地的汉墓神道上的有翼石兽。早期大家认为它是受到中亚西亚方向文化影响，通过丝绸之路传入中原的。据罗家坝和中原地区春秋战国考古的类似发现来看，传入的时间还要早上三四百年。

百花潭水陆攻战纹铜壶出土后的相当长一段时间内，不少研究者都把图像看成是对巴蜀地区的场景描写。从那以后到今天，河南山西也陆续出土类似铜器。大家重新审视，又结合其铸造嵌错工艺综合考察，才发现其原产地是三晋地区。巴蜀地区春秋战国时期是没有青铜嵌错技术的。以此类推，罗家坝这两件嵌错纹铜器原产地也当是三晋地区。对此新论，四川读者可能有些许失望。其实，从另一个角度来看，早在东周时期，巴蜀居民就和千里之外的中原有了广泛的联系，也说明巴蜀文化的活跃和开放！

罗家坝第33号大墓最能反映出该遗址的价值。墓口平面形状略呈不规则曲尺形，坑口南北长5.90—6.62 米，东西宽3.2—4.6米，发现有至少3具较完整的人骨架，随葬有陶器、铜器203件，精美铜器如水陆攻战纹豆、簋、罍多出此墓，礼器、兵器、工具多成套成组。这不但是罗家坝遗址最大的墓，也是至今为止巴文化考古中发掘的最大墓葬。经研究这是一座合葬墓，其结构和成都商业街船棺墓葬的结构相似，最大的那个墓其实是船棺，坑里至少埋葬着6个以上的船棺。据此，我们可以推测这是一个贵族墓，可能还是王侯级别的。

罗家坝遗址为何如此重要？

罗家坝遗址的重要性，可以从以下几个方面来探讨。

第一，它是川渝地区已发现的面积最大、等级也最高的巴文化遗址。近百年来，川渝地区发现的巴文化遗址（含墓地和文物采集点），比较大的有重庆云阳李家坝、涪陵小田溪、渠县城坝等。其中，宣汉罗家坝遗址面积最大，103公顷；文化内涵最为丰富，有（大中小型）墓地和生活区生产区。

第二，新石器文化层虽非罗家坝遗址的主要堆积，在川东北屈指可数的新石器遗址里，罗家坝发掘是很重要的。

第三，罗家坝遗址丰富的东周遗存，足以建立起巴文化东周早期的文化，和渠县城坝的巴文化东周晚期遗存文化相连，构建起晚期巴文化发展演变较为完整的标准序列。

第四，20世纪50年代末到90年代，四川考古工作者全力在三峡库区寻找巴文化遗址，发现的遗存如李家坝、余家坝、小田溪等都已发掘殆尽，遗址本身也已淹没在三峡库区最低蓄水水位线以下，而重庆境内最可能存在巴文化遗址的区域已长淹水下。因而罗家坝遗址的标本价值、发掘价值、研究和活化利用价值愈加凸显。

第五，以罗家坝为代表的巴文化晚期遗址的发现，给田野考古调查的重要启示是：晚期巴文化遗址主要并不是分布在长江、嘉陵江这样的大江大河的主河道两岸，往往是一些大河的支流，甚至支流的河岸比较大的台地——今天称"坝"的地方，如李家坝、罗家坝、城坝、余家坝等。

古巴国的辉煌文明有待发现

以成都平原为核心的四川西部和以重庆为核心的前川东地区，古代曾分别孕育出巴、蜀两个伟大的青铜文明古国。

川西地区，凭借天时地利，发现多，尤其是以三星堆和金沙遗址两个为代表的一系列考古大发现，让古蜀文明闻名天下。川东北是古巴国的大本营，相对于地处肥沃成都平原的古蜀国而言，在一些人眼中，以大巴山为依托的巴国，似乎要弱小得多。巴蜀既有友好交往的佳话，也有吞灭对方的雄心。在四川盆地这个封闭的地理环境里共存千年，最后还是借助外来力量才灭掉另一方。从这个角度来认识的话，巴蜀之间的经济、文化、军事实力应是旗鼓相当。　进入21世纪后的这二十余年里，四川省文物考古研究院通过罗家坝、城坝两个巴文化大遗址的发掘，特别是罗家坝第33号大墓的发现，也可以初步印证巴蜀国家实力在伯仲之间的推测。这样来看，罗家坝、城坝遗址的小部分发掘，仅仅是拉开了四川境内巴文化考古大发现的序幕而已。

随着建设成渝地区双城经济圈上升为国家战略，在巴蜀文化旅游走廊的打造过程中，通过考古工作者的勘探发掘，一定能让三千年前与古蜀国同阃，曾并蒂开花、比翼齐飞千年之久的古巴国更多的辉煌文明重见天日。

（原载《四川画报》2022年第7期）

中华古文明的孕育期源流悠长

中国考古百年的最大贡献是什么？这个问题各有答案。但我以为最大的公约数答案是：中华古文明不断通过考古发掘找出了丰富而坚实的证据。五千多年中华文明之说，不但在考古专业圈成为共识，而且社会上也在广泛认同。

既然中华文明形成于五千多年前，那么顺理成章，后续考古工作者的紧要任务就应当去寻找并阐释文明孕育期的文明胚胎和物质文化基因。

中华文明是独立诞生的原生性文明，这样的文明并非短时间能速成，而是经过了漫长的孕育过程，并最终在距今5000年前后升华到文明阶段。从到目前为止的考古发现来看，延续至今的中华文明中的几个文化核心要素，早在七八千年前就已出现。试举几例说明。

第一，钟爱三足器。早在距今8000年前后的河北磁山和陕西老官台新石器文化中就可见到陶三足器，在6000多年前的大汶口文化早期，三足已经基本定型，后来因青铜器铸造工艺的原因，三袋足多变成锥足，由此走上了另一条演化路线。陶器三足的袋足形仍然保留到春秋。直到今天，生活中随处可见的铜陶瓷鼎多为三足。在世界几大古文明中，三足器之丰富，是中华文明独有的。

第二，以玉为美。早在约9000年前的黑龙江小南山文化遗址中就出现了系统用玉的证据，玉璧、玉玦已然成形。如果说这些发现还只是昙花一现的话，那8000年前的内蒙古新石器墓葬中就出土了料工俱佳的玉玦。此后玉器出土在各文化遗址寻常可见，到后来不断增加形成璧、琮、圭、璜为核心的玉礼器组合。最晚自兴隆洼文化时期起，喜玉爱玉的文化习俗绵延至今，从未间断。人类都爱美石，无可否认，东西方喜爱何种美石与地理物产有关。而将玉石雕刻成各种器型，并在器物上雕刻各种神秘图案，甚至将之礼器化、人格化，这大概是中华文明独有的。

第三，敬畏神龙。距今7500年前的辽宁查海大石龙的横空出世，确实让所有人都大吃一惊。年代稍晚的河南西水坡墓葬也出蚌龙。这两地先后出现的龙已然被神化。后来，仰韶文化、红山文化，仰韶晚期、龙山时代，龙在各文化遗址常有出现。

第四，日中金乌神话传说。这是中华古文明特有的宇宙观。最早是在距今7000多年的浙江河姆渡文化遗址里发现有双鸟负阳图案，后来在仰韶文化、良渚文化、三星堆文化遗址里都有这类文物或相关图案。流传至今的十鸟值日、后羿射日、嫦娥奔月等神话传说和民间故事或许与中华先民的古宇宙观存在某种内在关联。

这几种类型的器物不但出现早、分布广，而且在几千年的岁月中绵延传承，在文化消长融合中顽强存在，并随着时间的推移愈发常见，并伴随中华文化圈半径的延伸而同步拓展。如果把这四种遗物看成普通的出土物倒也没啥特别之处，但若要透物见人见事的话，它们所呈现出的文化信息就复杂了。其实，这些器物不是普通的遗物，而是蕴含了中华先民最原始的精神文化生活诉求。

大量的三足器可以折射出当时人们的生活观。部分三足器（鬹、盉）很早便成为了礼器，器型本身就是祭物（如鸟形，袋足实为鸟腿），成为祭物礼器后又让这种三足器在文化传承中逐渐固化。

玉器反映的是古人的审美观，爱玉为中华文明的独有现象。将玉比德，视玉通灵，所以要将玉石制成礼器，在玉器上雕刻神徽，甚至直接雕刻成神灵之形，这是中华文明对待玉的特别之处。

龙和金乌则生动反映了先民的世界观。世界公认龙为中华民族的图腾，以往根据文献记载认为龙的历史不过是四五千年罢了，考古发掘则将龙的历史大大提前。太阳神鸟更是东方独有的神话传说。这个神话传说拉近了天和人的距离，赋予了天体以人格，人类也因此有了更美好的追求和憧憬。

从地域空间分布来看，早在七八千年前，龙的分布可以从辽西到河南；从内蒙古到江南都喜玉爱玉；陕西到山东半岛都流行三足器；长江流域和黄河流域都流行着太阳鸟的神话传说。随着时间的推移，以上四种现象越来越常见，器型、图案越来越趋同和规范，并且向以河南为核心的区域汇聚。而这一区域正是中华文明起源形成的核心区。

正是这几类文物及其承载的丰富的文化信息清晰传递出了中国古文明的几个核心观念，这些观念早在8000年前已然出现，在经历无数次文化发展、碰撞、更迭后都能顽强地存在，这就从一个侧面说明这些核心元素在我们发现时已然较深地烙印在中华先民的心中，并形成了某种程度的共同的文化价值取向。如此，基于共同的文化价值就能形成强大的凝聚力，促进文明的形成、发展、壮大。更奇妙的是，这些共同的文化价值取向直到今天还深深地影响着我们。

综上可见，5000多年前诞生的中华文明既不是从天而降，也不是无源之水，在此之前，已孕育了至少3000年之久。中华文明有如此长时间的孕育，所以她一诞生就显现出顽强的生命力，以上所举的几种文化现象也可看成是根植在中华文明里的物质文化基因。

通过考古发掘研究，我们可以理直气壮地说，五千多年前诞生的中华古文明，历经了至少三千年岁月的漫长孕育。

（原载2022年9月2日中国社会科学网"中华文明探源"http：//www.cssn.cn/ztzl/20da/zhwmty/202210/t20221013_5549158.shtml）

碑刻文献抢救性保护与整理刻不容缓

碑刻（包括摩崖题刻）是古代文物中很大的一个类别，学术界比较公认的看法是，在我国它大约滥觞于春秋时期，以出自宝鸡的秦石鼓文为最早。秦汉时期，全国刻碑题记已成风气。自那时起，历朝各代立碑刻石之风绵绵不绝，从数量和分布来看，明清达到顶峰。估算全国现存野外碑刻文物数量当以数十万计。而古代碑刻题记著录及研究历来是传统金石学的主要内容。金石学一开始就主要是由研究青铜器铭文和碑刻题记构成的一门独立学科。如宋代吕大临《考古图》就著录了碑刻题记，赵明诚更是把碑刻和铜器并列两类编为《金石录》。经其后的元明清学者的持续接力，累积到清末，金石学研究队伍蔚为壮观，著作少说也有上百种。但凡比较有名的国学专家多少都涉猎一些金石学。在一定意义上，可以说金石学是大多数文人雅士的基本修养。

当今很多博物馆都有碑刻文物，其中收藏特别多的还单独成馆，如最有名的西安碑林博物馆即是。而历代碑刻拓片也是许多博物馆的大宗藏品。国博、首博、南博、故宫等博物馆（院）各自都收藏有数千至数万张不等的碑刻拓片，其中北京故宫博物院收藏拓片就有四万张之多。

但是不容回避的一个事实是，近百年来，由于以甲骨文、敦煌文献、流沙坠简、清宫内阁档案为代表的一系重要发现，特别是田野考古学诞生后考古发掘持续不断，令传统金石学研究有所减弱。碑刻文物文献所受到的重视也相应被降低。前几年，许多文博单位不但受过金石研究专业训练的专业人员难觅，连会拓片的技工都成为稀缺人力资源。这种状况实该引起高度重视。

在文化遗产受到空前重视的当今，碑刻类文物文献的重要性也应该给予充分的关注。

它的延续时间长：从春秋战国到近代，几乎伴随、见证着中华文明大一统两千多年的历史，承载着中华民族这段波澜壮阔历程的重要信息。

分布广：从鸭绿江畔到天山及青藏高原，从阴山到天涯海角，可以说中华文明所及之处，凡有可刻写石材资源的地方，就有碑刻存在。

数量大：我们前文曾指出，全国当有数以十万计。这一估计的依据是，四川就有五万多通，与四川相邻和自然条件类似的重庆、陕南、陇南、云、贵、湘西、鄂西这几个区域的加起来，估计不会少于十万通，依此可以大胆估计全国有数十万通。

历史文化信息丰富：秦汉以后，我国的书写文字记载体早期主要是简帛，东汉逐渐过渡到纸张，它们的共同缺点都是不易保存，所以，很难发现几百年以上的纸质文献。而碑刻保存的时间就长多了。例如，秦始皇车同轨书同文的统一举措，东汉窦宪逐匈奴于漠北的大捷事迹，时隔两千多年，我们都能从当时的碑刻上读到。碑刻文字记载内容从天文、地理、政治，到文化、经济、社会、风情，内容十分庞杂，几乎无所不包。所有碑刻文字信息汇总将是海量信息，能印证或补充或纠正历史文献的许多记载，甚至有不少是不见于文献记载的。若经汇集整理后，能被充分利用的碑刻文献，将会使我们民族过往的历史更加丰满鲜活。

虽有前辈学者千年研究，有的碑刻的研究成果汗牛充栋，但在新的历史条件下，根据若干学者努力的成果来看，若利用新理论新方法研究，一定会有新的结论。我们还尝试了用新技术采集碑刻历史文化信息，已获得不少喜人新成果。

虽然全国博物馆收藏的碑刻和碑刻拓片数量庞大，但深入了解，就会发现这些拓片有如下几个特点：其一，所拓录碑刻多为宋代以前的。其二，所拓录碑刻中名碑较多，其三，大家的收藏比较雷同。关于第一点，金石学兴起于宋，宋人关注宋以前的碑刻是再正常不过的事。明清时的金石学家们的关注增加了宋元的碑刻也合乎情理。但明清的整体缺失，我以为一是近代以来金石学被边缘化所致，二是与文博机构不够重视和有关作为不够。第二点与我们传统的历史观侧重关注政治关注名人有关。第三点与市场价值取向有关，以为久远的、书法艺术价值高的才值得收藏。与这三个方面相对应，我们认为，保护古代碑刻，提升对明清碑刻文献重视的历史重任，落到我们这一代人身上，全面系统地调查、完整采集信息，做好保护整理工作是我们这一代人义不容辞的责任。近代以来，我们的历史观更多要关注的是经济、生活、社会风俗，碑刻里恰有大量的这类信息。分散在野外的许多碑刻文字资料有待更多的调查采集整理后发现。而当今国家文物机构在判定文物的价值时，是历史、科学、艺术三者综合考虑，比如说，即使不是名家所书名人所立，但其内容有很重要历史研究价值的碑刻也该珍视收藏。

试举几件我和我的同事们重视碑刻文献在实际工作中的收获为例。

一是在2009年的第三次全国文物普查中，为四川新增了上万处文物点，令四川文物点数量从第二次全国普查的全国第六跃升到第三位。宜宾南广长江江心的武侯歇马石上的宋代题刻就是那次专门调查所发现——此为三峡水库建成后涪陵以上长江段唯一新发现的水下石刻。二是大量的清墓碑坊及题刻补充了众多清代湖广填四川家族的翔实史料。碑坊的兴衰和四川清代社会发展节奏同步。三是清代大量表扬架桥修路义举碑刻的发现。如通江小新场、南江红鱼洞两地的多块碑刻生动记载了富裕起来的四川民众乐善好施的高尚情操。而苍溪"寻乐书岩"的总共有约两万字百处题记，就是一个乡贤捐资公益，资助学校的实物遗存。书岩和附近的牌坊、义田、祠堂、墓地构成了一处全国难觅的乡贤文化景观。四是长宁罗赶庙基本只有废墟，但我们通过尚存的60多块碑文的里存在的信息，将这个庙两百年间年从初建、扩建、重要宗教活动都弄清楚，据此，这个庙宇历史发展线索和历史上的辉煌也大致能勾勒出来。以上这些碑刻资料基本都不见于地方志等文献记录。我们以为抢救性保护整理研究这类碑刻，正可以作为保护传统村落、振兴乡村、记住乡愁的重要抓手。

重视碑刻文献的更有现实的紧迫性。十多年前国家文物局启动全国第三次文物普查，在前期做第二次文物普查成果复查时，发现由于大规模的城乡经济社会建设，特别是公路铁路水库修建，已令不少文物点消失，而碑刻文物在消失文物中占比较大。即使是没被损毁的，被盗事件也时有发生，加之常年风吹雨打，碑体风化严重，许多文字漫漶不清，保存状况堪忧，急需采取措施加以保护。我们的专家曾定点定期观察一些清代碑坊，发现仅十年前后，保存状况差别很大：十年前照片一清二楚，十年后却风化过半。以上数种破坏因素叠加，抢救性保护整理研究确实刻不容缓。

碑刻文物保护整理是一项系统性大工程，虽然做起来困难不少，但只要行动起来，相信总是能达到目的。以先走一步的四川为例。四川省文物考古研究院率先自拟行动计划，并积极付诸实施，有了初步成绩后，得到省级财政专项支持，只用了二年时间就拓片21万张，完成了预先设定的主要目标任务。特建议：首先开展全面摸底调查，对所有有价值的碑刻进行详细记录，主要是要进行照相、拓片，择其中重要的进行数字化信息采集，然后在室内进行整理研究，整合历史碑刻资料，建立碑刻数据库，出版碑刻资料丛书，既集中又分散保存碑刻拓片文物资料。有条件的地方尽可能做好展示，进而建设碑刻资料为主的专题博物馆。碑刻拓片进馆，正好可以在一定程度上缓解一些博物馆文物缺少的窘境。四川文博系统第一次馆藏文物调查结束时，有文物标本资料100

万件。经我和同事三年努力，陡然为其增加达20万件以上馆藏品！

在抢救保护碑刻文物时，在用传统的文物调查采集方法基础上，必须尽可能用新方法新技术，这在前文已经提到。在此特别强调，可能有人以为汉唐之前的名碑资料前人已无数次考察拓录研究，不会有啥新发现。但若用新技术则不然，例如，我们用石刻微痕提取技术采集山西艺术博物馆的一块北周石碑的文字信息，让一块看不见、摸不着、拓不出一个字的碑，清晰地呈现出300多个字的完整碑文。同样是该技术让泸州考古出土的汉代石棺，显现出所有人都没有看出来一行有年号的榜书。类似的例子在青海、河南、湖南都有。所以我们有信心说早晚期的风化碑刻，若用新技术采集信息，必有重大发现，这也是需要重视碑刻文献的一个主要原因。再则，建立数据库是抢救保护碑刻的重要工作内容，也是新时期碑刻文献资料整理的基础工作，唯其如此，该项工作才有现代意义。有了数据库，碑刻保护、整理、研究、展示、特别是让它们"活起来"的前景就无限广阔啦。当然在目前阶段来说，数字化采集成本较高，并非每一通碑刻都必须数字化，对比较重要的、风化严重的，国家严格禁拓的才以数字化技术采集，而且必须以石刻微痕提取技术才能获取缺失的信息。

总之，祖国大地上星罗棋布的碑刻文物，有海量的历史文化信息，据我了解，至今并未引起许多地方的足够重视，因而没有得到很好的保护和利用。比如很多碑刻和碑刻资料当地所属县志里都没记载。如此重要的资料、珍贵的遗产，理当有组织有系统有计划加以调查保护整理，以抢救性整理为契机，让其在我国文化根脉的延续、文化强国建设、文化自信的提升上发挥出本该有的重要作用。

（原载《中国社会科学报》2022年7月8日）

石窟寺文物保护的当务之急

　　石窟寺（包括摩崖造像，下同），是我国众多种类野外不可移动文物中一个很重要也很特别的类别。与传统金石学不同的是，在历史上相当长的时期内，除非其中有重要题记的碑刻，它基本是被忽视的。受到重视主要是近代以来的事，以西方探险家在新疆、甘肃发现石窟寺并向世界公布为起始，随后是云冈、龙门、麦积山、大足等大型石窟寺的不断发现，令我国的石窟寺文物享誉世界。据国家文物局举行过的三次全国文物普查特别是2020年开始的专题调查得到的数据，我国现有石窟寺文物近6000处（石窟寺2155处，摩崖造像3831处），其中的佼佼者敦煌、云冈、龙门、麦积山、大足等处已获列世界文化遗产名录殊荣。他们在我国分布广泛，规模宏大，既体现了中华文化源远流长的历史文化艺术价值，也承载了丰富的中外文化交流信息。

　　如此规模庞大且有重要价值的石窟寺文物，是我国的重要文化遗产。它们自发现起，其保护就受到重视，特别是自20世纪50年代国家设立专门的文物保护机构以来，已有几代文物保护专家专攻石质文物保护，通过他们的不懈努力攻关，一批批成果相继问世，许多石窟寺文物得到了较好的保护，总体来说，我国石窟寺文物保护取得了较大的成绩。但是我国的很多石窟寺是在砂岩上开凿并雕刻，长期暴露或半暴露在野外，风吹、雨打、日晒，20世纪后半期还受到工业化导致的酸雨等侵蚀，导致文物本体受损严重，相当多的文物现状甚至可以用惨不忍睹来形容。据我所知，对此，文保专家也尝试了多种保护方法，但收效甚微。本人非文保专家，但因工作原因，与单位石窟寺研究和石质文物保护专家接触较多，对石窟寺时有考察，也有比较长期的观察和思考。在石窟寺文物受到空前重视的当今，各地各级文保机构都在为石窟寺保护而奔忙之际，本人也不揣浅陋，冒昧抛出一己之见。

古埃及、希腊罗马的石构建筑和石雕多是用花岗岩、大理石、石灰岩为材料。这些材料密度大、硬度高，特别是花岗石硬度很高，与砂岩比较明显更抗风化、耐腐蚀。而我国的石窟寺多在青砂、红砂一类岩石上营建，虽然开凿雕刻相对容易，但与前者相比，在抗风化、耐腐蚀方面明显不如前者。同样是风化腐蚀，在大致相同的自然环境中，埃及和希腊罗马的石材建筑和石雕历经数千年，保存尚可，有的还能屹立不倒，而我国的石构建筑和石雕作品，虽晚诞生几百至一千多年，抗保存状况却明显要差得多。四川省、重庆市两地许多唐宋以来时期的石窟寺文物自然受损严重，就是因为它们都是在红砂或青砂岩雕刻而成。两地的许多明清碑坊因建成后一直没有采取任何遮盖措施，任其裸露在大自然中，虽仅仅二三百年，早已严重磨蚀，若其正当风口，其上较浅雕刻多已风化殆尽。

这些文物该如何保护？对中西方文物保护管理部门和专家来说都是一个棘手的问题。一种观点认为，文物修复的原则是修旧如旧，相匹配的环境风貌则应保持原状。文物修复保护的这个原则当然是正确的。我们的文物保护政策制定，与西方发达国家相比要晚，文物修复保护政策借鉴了他们的一些做法是很正常也被实践证明是行之有效的。但是，在包括石窟寺在内的石质文物保护上，西方和我们有如下几个明显的不同，是我们在修复保护时应充分考虑到的。一是材质的不同。上面讲到他们用的很多石材，抗风化程度、耐磨损强度都远超我们，他们的许多石材建筑可以数千年不倒，我们的却仅几百年功夫就荡然无存。他们的许多石雕历千年尚可辨雕刻细节，我们的却可能几百年后就面目全非。二是我们看到西方的金字塔、神庙、斗兽场、大剧场目前都在野外露天，基本都没有任何遮盖设施加以保护。而一些小型石雕，由于他们较早重视，基本陆续都搬进博物馆里边去了。也许这就给人造成一种印象，似乎他们对野外这类文物做法就是基于这些先决条件文物制定的原则。细细想来，由于这类建筑石材比较好，虽经几千年岁月，其保护状况比晚了千年以上的中国许多石雕还要好。这些建筑体量庞大、宏伟，当时在其上就没有建任何建筑，这就是它们的本来风貌。而中国的石窟寺文物呢，整体来说，多开凿在山崖上，虽然整体来说成片成规模的分布比较有气势，但多是有若干个单体的石窟寺组成，以最高最大的乐山大佛为例，虽然号称70米高，但也是依山而建，山佛一体。而且根据大佛两侧的崖壁上分布的桩孔来看，大佛本来是有建筑圈罩住的，2012年，四川省文物考古研究院根据实地调查所获得的建筑遗迹数据，曾对这个建筑做了初步复原，大佛文馆所收集有20世纪80年代维修大佛时从桩孔里掏出的瓦和瓦当，据专家初步判断大约为五代时期，据此可以判断最晚五代时就有建筑罩住大佛。美国国会图书馆藏传宋人所作，但有专家鉴定是明人创作的长江万里图画卷中就有乐山大佛图像，旁边题"大相阁"三字，确证这个大佛是被一栋木结构大楼从脚到头给围得严严实实，唯有脸部没被挡住。相关的，在自贡荣县的宋代大佛，高近40米，至今都有阁楼式建筑将其围住，今天在资阳能看到的明代大佛，没有任何建筑，但佛身周边崖壁上的桩孔可以复原出历史被建筑覆盖的。著名的安岳卧佛，虽然长30多米，离地数米高，但原来也是有建筑围盖住的。2011年，四川省文物考古研究院曾在卧佛前发现不晚于明代的寺院建筑，卧佛周边的一些桩孔也是寺院建筑遗存，即使没有这些发现，凭其今天仍称其为卧佛院，也可断定以前是有建筑的。2015年，我们在达州做"荔枝道"考古考察时，在宣汉境内调查的浪洋寺，今天看到的现状是一块大石头耸立在旷野中，四周雕刻唐宋时期佛像，但从浪洋寺的得名和靠近巨石顶部的桩孔布局，也可以判定历史上是有寺院建筑的。像河南龙门石窟的奉先寺，仅剩拜台和若干佛像，无任何遮盖，但细看崖壁上不少桩孔也当为建筑遗存。此外，考古学家们在新疆、山西、河南、河北、四川等地的考古调查、发掘中，都发现了为数不少的窟前建筑，可以说，窟前有建筑是我国石窟寺的常态。

这些建筑何时毁弃呢？根据我们的调查观察初步判断，内地的多毁弃在明清时期，其中不少应毁弃于近代。进入明清以后，建造石窟高峰期已过，但窟前木结构建筑一般都还有一百年到三百年的生命期，只要建筑还在就会有人住，就会对石窟起到保护作用。清代直到近代以后，战乱频仍，经济凋敝，信仰多元，任这些窟前建筑年久失修最后垮塌，石窟也因此失去了这遮风挡雨的屏障。还可以从一些同时代开凿的石窟，因窟前建筑的有无，今天看到的保存状况存在天壤之别。例如，乐山大佛周边有几十龛小窟，它们多开凿在悬崖上，据观察很多是没有窟前建筑的，其造像早已风化的形状都难以辨认。相比之下，乐山大佛还是保护得最好的，我以为这就是得益于大相阁的遮盖。现在看到的全身上下遭风化侵蚀严重，这主要应是大相阁毁弃后导致的。若是这个分析还可信的话，那就是说，原来我们认为大佛等文物是历经千年风吹雨打累积起来的百孔千疮，实际上却只用了一两百年的短暂岁月而已。依次类推，今天我们看到石窟文物风化所受的伤害，实际比我们以前所估计的时间更短促，因而石窟寺文物面临的风化伤害比以往的程度也更加深重。在安岳，我们也可以看到著名的宋代华严洞，洞前有建筑，且洞大而深，其中的造像就极少被风化。而毗卢洞，洞窟较浅，窟前建筑毁弃较早，造像风化、岩石剥落现象非常严重。类似的现象在云冈、龙门、麦积山都可见到。达州高观音宋代摩崖造像，虽非石窟，但因建了比较宽大的窟檐，令其彩绘保存如新，观赏时产生恍若进了敦煌洞窟一般的错觉。再从许多石窟造像要么塑金身、要么重装彩绘的痕迹和题记来看，古代的佛教信徒们把建造佛像看成是很严肃的事，很难想象那些虔诚的信徒们会将耗费巨资雕刻，并装扮得庄严神圣的佛、菩萨和弟子放在露天，任其日晒雨淋——那将会被看成对圣像的大不敬。所以，为石窟摩崖建寺院装窟檐搭楼阁当为常态。

如果以上分析大致不错的话，与现在看到西方金字塔、神庙、大剧场、斗兽场即是原来风貌大为不同，我们今天看到的我国许多石窟寺已不是原风貌。很多窟前窟上建筑地面以上已荡然无存，仅在地下留存一些房基和龛壁上可以数到的房架桩孔——这才是原貌，在建窟时一并规划，建好后二者合为一体的本来面貌。

文物修复保护要有依据，对石窟寺的保护来说，这个依据就是窟前本有建筑。建筑史的研究已经把汉唐以来各个时期的各类的建筑结构和特征基本弄清楚了。在这方面，考古学家们在全国各地发掘了一些窟前建筑。一般来说，窟前最晚建筑遗址就可以作为我们重修保护设施的依据。遗憾的是，到现在为止，考古的这方面成果基本还停留在研究上。

根据我们的观察和了解，石窟文物风化及相关问题，最近几十年有愈来愈加快的趋势，有的地方，也就十来年前后，所见面貌都大不一样，这样说来，石窟保护又是一个相当紧迫的任务。在石窟寺和摩崖造像风化及相关问题并无较好解决办法的时候，尽快恢复窟前建筑和搭建窟檐是一个切实可行的办法：它是有依据的修复，能在较长时间内防风化，与几十年来为保护而做的一些并无效益的不断投入人力财力相比，这种投入也是很划算的。

退一步说，在恢复毁弃窟前建筑的细节上，比如，以那个时期的为准，建筑的色彩装修等，专家可能也会有不同意见，但面对日益紧迫的石窟文物保护的严峻形势，这些都不是原则问题。文物本体保护是最紧要的，我们不应长期坐而论道，议而不决，更不能舍本逐末，为了细枝末节问题争论不休，错失时机，任由文物病入膏肓，那样将会给很多石窟寺造成无可挽回的损失。第三次全国文物普查和前年开始的石窟寺专题调查数据，让我们摸清了家底，现在已是时不我待，关键在行动，鉴于石窟寺文物风化的严峻性，行动要讲效率，不宜小打小闹，动辄试点，应成规模地复建窟前建筑。任何时候，本体保护都是文物保护的核心工作，也是最重要的工作。任何方案都不可能是十全十美，我们这一代人要做的就是拿出属于我们这个时代的最佳方案。那种想坐等不久的将来科技突破，一劳永逸解决石窟风化问题的愿景，是不切实际的。即使获得石窟文物本体保护的灵丹妙药，也将是很久以后的事了，很多石窟寺恐怕等不到那一天。

据我所知，恢复窟前建筑保护石窟寺文物，几年前彭明浩、黄克忠等专家已有专文研究。重庆大足、山西大同和陕西延安等地个别石窟窟前建筑复建积极尝试，初步成果喜人。

与西方相比，我国石窟文物有自身的特点：石材不同和本来就有可以起到保护作用的窟前建筑。因此，我们不但不必也不能照搬西方既有的石质文物保护做法，反倒是应该因地制宜，针对我们的石窟类文物的特点，在充分研究试验的基础之上，尽早拿出我们中国的石窟寺文物保护解决方案。

（原载《中国文物报》2022年7月25日）

"江口沉宝"水下考古记

东西方历史上都有许多皇家埋藏巨宝的故事，吸引着一代又一代的无数痴迷者穷其一生去寻找。但除了小说、电影和民间传说的"龙门阵"之外，真正找到的少之又少。

四川眉山市彭山区江口镇，坐落在岷江边上，北距成都50千米。当地就有传说：明末农民起义领袖，大西皇帝张献忠离开成都时，专门打造了成百上千艘大船，装载兵马粮草和金银财宝，浩浩荡荡，沿江而下，当到达江口时，南遇明伏兵火攻突袭，战败退回成都，船只悉沉江口江底。这个大事件，在当地还留下了谜一样的民谣，所谓"石龙对石虎，金银万万五，谁人识得破，买尽成都府"。传说归传说，因年代久远、水深浪急，只能望江兴叹，且成都等地也有类似传说，几乎没人为这事去较真儿。

机会降临自2010年后，因为经济发展，岷江上游修了几座大电站，降雨量偏少，导致岷江水位降低，江口段水域环境也因此发生了大的变化。加上城市建设需要，江口一带江中挖沙作业频繁，偶尔有少量金银器出水，引起了文物考古部门的警惕。还有不法分子，铤而走险，潜水盗挖，但被公安部门及时破案制止。为了弄清水下遗存性质和文物堆积分布状况，四川省文物考古研究院主动作为，向国家文物局申请对该遗址水下发掘，获国家批准后，联合了国家水下考古中心，自2017年起，开始了我国历史上第一次内水考古遗址的水下考古工作。

我国的水下考古也就二十多年的历史，大家见到的也是在海洋里边的沉船打捞，如南海一号、南澳一号水下考古。内水考古对中国的考古人来说是个全新课题，最重要的是怎么发掘？经过多次实地考察和论证，考古人决定用围堰办法把要发掘区域围起来，抽掉积水后进行发掘，为此，筑起一条2000米长，其上可跑载重汽车的挡水围堰，把积水抽干，然后就可以发掘了。但是这项工作工程量大，必须在汛期前完成当年发掘计划。第一年围堰围了5万平方米，有24台抽水机连续不断抽水，江口水下考古场面气势恢宏，创造了中国考古史上最大发掘工地，一个项目一次投入经费最多等多项新纪录。

通过调查发掘观察了解，遗址分布面积约100万平方米。江面枯水季水深3米，其下有约3米厚卵石层，再其下是厚约2米的细沙层，再其下为河床基岩。各层都有文物出水，埋藏物最多的是河床基岩层。河床基岩为红砂石，经多年冲刷，形成很多坑窝，金银等文物多在坑窝里。第一年发掘了2万平方米，出水文物有3万多件。仅以金银器来说，主要有：蜀王印、数百个每个重50两的银锭；上百个"西王赏功"金银币；几十块大明皇帝和大西皇帝册封藩王和嫔妃的金银册；每种都可用箩筐来装的数以千计的戒指、耳环、笄、簪；无数的碎银；能确证为船具的船钉数万颗、撑船篙杆数十根……其中的蜀王金印、金册、西王赏功金币、金锭可都是稀世珍宝。

考古大发现引来国内外的专家云集江口，大家对这一发现给予极高评价。认为这是中国考古史上一次重要的发现，这次内水考古开辟了中国考古一个新方向，发现的文物等级高，贵金属多，种类丰富，如同打开了一本明代百科全书，发现实证了众说纷纭的传说，江口就是著名的江口之战的战场遗址，张献忠确实携带大量金银离开成都，这些金银来自安徽、湖南、湖北、河南、江西、重庆和四川，金银器上铭刻的地名和文献记载的张献忠事迹，特别是献忠队伍的行军转战路线高度吻合。这一发现对明史和明末清初社会变迁研究提供了丰富的实物资料。

这次水下考古，除了传统的发掘记录手段外，考古部门还大胆使用和试验了用自然科学新方法来协助调查，如电子科技大学的专家用电法、磁法等物理方法来寻找遗物所在的可能区域和勘定基岩的深度和形状，也用无人机做监控、拍照，全程跟踪拍摄记录建立起遗址发掘地理信息系统，还让"文物移动医院"的汽车和"医生"一直在发掘现场随时参与抢救保护出水文物。

为了更好地科学普及考古、宣传考古事业的伟大成就，这次江口考古还面向全国招募志愿者：凡是具有大学专科以上文化程度，身体健康，年龄在20至60岁，有良好操行，遵守国家各项政策法规，服从安排，能连续工作一个月以上者，都可以报名。最后从上千人的报名者中录取了10个，最远的来自黑龙江。他们的工作表现良好，引起了不少媒体的深入报道。

内水考古一般只能在枯水季作业。江口考古发掘是每年初冬修筑临时性围堰，待围堰筑成后，大约能工作100天，待汛期前夕，拆除围堰，以便防洪和航道畅通。第二年若要继续发掘，再筑围堰。此后，2018、2020、2021、2022又进行了四次发掘，总发掘面积已超过6万平方米，出水以金银器为大类的文物超过6.5万件。为了让这些文物尽快向社会公开，一座现代化的江口沉银博物馆正在江口岸边紧锣密鼓地建设着，开馆日期指日可待。

你可能担心这样的速度挖下去，这个遗址会不会很快就被发掘完了呢？我要告诉你的是江口遗址已勘探确认面积约100万平方米，即使每年发掘1万平方米，也还可以发掘90多年，何况，主动考古发掘是以科学研究为出发点，是阶段性的小范围发掘，主要弄清范围、时代、分布、保存状况等学术问题就可以了。江口遗址是重要的文物资源，国家会以保护为主，绝不让挖光的。因此，若你想参加这个遗址的考古发掘的话，那建议你长大以后学考古，若是你又碰巧毕业以后到四川考古部门工作，那我想机会一定还是有的。祝你好运。

（原载青岛《环球少年地理》2022年第10期）

十年自信考古人

从20世纪50年代末起，中国考古每当在国庆整十年之际，一般都有一个十年成就综述一类的总结文章发表。只要持续关注就会发现，后一个十年的成就综述，总比前一个十年丰厚。但若进一步比较分析，你会看到1999年以前的综述，基本都是在谈发现和研究成果。进入21世纪后，考古人拓宽领域，重点在把事业做大做强，十年成就综述中也渐渐有了新的内容。经过几十年的探寻积累以及进入21世纪后第一个十年的大胆摸索，在第二个十年，中国考古事业在高起点上再奋发。若从今年回看，也恰是"文化自信"提出整整十年。十年间，考古几乎天天有新发现，周周有大事发生。在"文化自信"的建立过程中，考古人既是文化自信源泉的挖掘者，也是文化自信的自我提升人。以我的有限记忆了解，既从看考古发现研究，更从看考古人的角度，回顾一下考古大军前进在"文化自信"十年奋进历程中留下的几个片段侧影。

叹为观止新发现

有人在夸赞我国的考古事业时说到，新中国最不缺的是考古新发现，几十年来从不间断。我们总以为是叹为观止的新发现，很快就被更不可思议的新发现所超过。这十年也如此。例如，一大群见多识广的顶级考古学家刚在陕北考察了新石器晚期体量庞大、构造复杂、遗迹丰富的石峁古城，感慨既有认知有限。紧接下来在江西海昏侯墓前，被堪比帝王陵里堆积如山的宝藏出土所折服。海昏侯墓里的金银器刚把大家眼看花，第二年四川江口海量的张献忠沉宝又吸引了大家的注意力。这些宝藏都还整天在眼前晃来晃去，进而又被浙江良渚遗址里的巨型水坝所叹服。最晚如去年发现的三星堆六个祭祀坑，更是将中国考古新发现所造成的学术影响和社会轰动推到了有史以来的巅峰。东西和南北，上下五千年，让国人从这些新考古发现里找到了满满的自信。

考古若只停留在发现层面，那和挖宝区别也不大。我们更看好的是这十年的考古研究也有突破性进展，继20世纪末启动的夏商周断代工程，在21世纪初达到预期目标顺利结项后所启动的中华文明探源工程，宣布中国文明五千年的重大成果以及中国考古人提出的文明认知新标准，正在开展的国家项目"考古中国"这几年取得的初步成果，则让人感到未来十年的中国考古比这十年更加可期可待。

衡量考古成就和水平，更重要的是看成果的整理和公布。这就是行业所说的发掘报告。20世纪80年代进入考古行业的人所见到的考古报告大概不会超过100部。2000年前后，国家文物局还在为限期完成多年积压未出的考古报告而制订专门整治方案。而这十年来出版的考古报告整理出版速度是前几十年无法比拟的。考古事业的繁荣由此可见一斑。

走近大众显初心

电视和新媒体新闻直播考古的重大发现。很早以前对考古大发现的直播从学术机构到上级管理部门，是持比较保守的态度。这受多种因素比如管理、安全、业务的影响，其实也有个自信的问题。四川江口沉宝发掘向社会开放，一改以前出现大量珍贵文物就更加封闭作业的做法，反倒是到珍贵文物出水阶段，更加向社会开放，安排社会观众有序现场观摩，这一做法社会反响极好。去年的三星堆祭祀区发掘中的长时间多媒体直播，据说社会观众达30多亿人次，远超2002年埃及胡夫金字塔考古对世界现场直播的十多亿人次的数据。考古人还连续两次特邀走进央视除夕春节晚会展示成果。

2011年，四川考古院自筹资金策划"三星堆进校园"公益系列活动，主动联系大中小学，免费讲座，一年期活动，走进了全省各市州104个学校等社会机构，当时的行动中联系到的一些学校还有抵触情绪，在业内和社会上掀起不小的议论。最近几年考古讲座呈井喷式爆发。每个省考古院所，每个大学考古院系，每年都有不少公共考古讲座，我估计，平摊到全国1000多个领队，每年人均一场是绰绰有余。去年我曾应邀在杭州一家生物制药公司召开的年会上做了一场考古讲座，主办方告诉我现场有700人，线上有70000多人在听。组织这种活动的往往还不是考古机构。今年就有两个985理工大学请我协助联系最新考古十大发现每一位获奖者，为他们学校各讲了十场最新获奖的学术报告。至于电视台、新媒体开设栏目，邀请考古专家科普及其传播的广度也是前所未见。更有不止同一个电视台的多个频道都设考古类栏目的。

这十年考古人的自信也表现在考古机构的壮大。把发掘研究做好，把成果及时发布，始终端正行业风气，有为必定有位。几乎所有考古院所的编制数成倍增加，这是全国从未有过的景象。与此同时这十年开设考古文博专业的大学也不鲜见，特别是理工类大学如上海交大、华中科大、西北工大、电子科大、南方科大等知名大学，或设立文保院系，或增加研究机构。对此，有人调侃说，当今中国的大学最热门，国家最需要的专业有两个，一个是芯片制造，一个是考古文博。

自信的考古人自己办起了考古博物馆，早在2013年就有考古院所在无编制无经费的条件下开设虚拟考古体验馆，随后，好几个省的考古人更是大手笔运作。今年就有陕西、湖北两个规模宏大、展陈一流的考古博物馆盛大开馆，与同城的历史博物馆互补互促，相得益彰。

在不少人观念中，博物馆必须要有珍宝，2019年，南方科技大学与全国近30家考古机构以共建共享方式建设考古陶瓷标本库，作为副产品仅有100平方米的"陶说"展览，以库展合一，透明可触的新颖陈列形式，展出全国400个遗址，涵盖一万年历史的4万件考古陶瓷片标本，引来全国围观，还被牛津大学和亚洲考古网站长篇报道。有人说这也是自信，是眼光独到，是变"废"为"宝"的自信。

"科技+考古"腾飞路

20世纪80年代后陆续走出国门的一批考古学者，学成后陆续归来，和国内的学者一起开拓动物考古、植物考古、水下考古、实验室考古、盐业考古以及各种标本成分分析和年代检测技术等新方向，把旧石器、新石器、东西文化交流、科技考古等研究引向深入。以动植物考古为例，如果说十年前对许多高校考古专业来说还是选修课的话，那这十年俨然已成必修课了。德国刚获得今年诺贝尔生物医学奖的帕博教授培养的中国女学生已在中国用和他一样的方法，开展了卓有成效的工作，做出了令世界同行瞩目的成果。就在最近一年，中国考古学者第一次有人被评上美国艺术与科学院院士。

这十年来，考古人的自信表现，除了紧跟国际科研前沿，还勇于自主创新：北京大学提出的文明基因库建设，山东大学的考古实验室，西北大学考古队扎根乌兹别克斯坦，南方科技大学的考古标本数据库计划都令人耳目一新。创新是个体系，创新需要环境，创新需要勇气。除了以上大处着眼的创新，越来越自信的中国考古人，也在小处着手：全球第一座虚拟考古体验馆、第一家文物医院和文物移动医院、国内第一本考古卡通书、第一部让一件文物活起来的数字动漫故事片次第亮相。

中国考古的世界范儿

十多年前，考古走出国门发掘是值得炫耀的事，这十年来中国考古学者工地分布亚非拉欧几十个国家和地区。中国考古人在越南和乌兹别克斯坦的考古工地，自信地向所在国的专家演示洛阳铲的使用方法。以前谈到中国考古发掘工地分布之广用"大江南北、边疆内地"来包罗，而今天若再说就得改成"从青藏高原到西伯利亚、从黄河到尼罗河、从中美洲洪都拉斯到东南亚的越南老挝"才足以概括。

党和国家领导人在国外访问期间百忙之中接见所在国的中国考古发掘专家队伍，两年内两个考古专家被请进中南海汇报考古工作，科普考古知识。以上新闻一时传遍四方。

10年前，在国际刊物发表考古论文还是只是北京大学、中国社会科学院等个别单位偶尔的重大新闻。这十年来，山东大学、西北大学、吉林大学、南京大学等高校考古院系的师生也频频在国际学术刊物亮相。中国考古底气十足地向国际发布文明探源等成果和文明的中国判断标准。

2015年，四川省文物考古研究院一次派出6位青年学者到美国参加世界考古大会，他们都在会上用英语发表了论文。一个内地的，只有80人的省级考古学术机构，能一次派出6位青年学者参加国际学术会议，并以英文发表论文，这在十多二十年前是不可想象的事。当今在国际考古论坛上，我国学者已是常客。

在走向世界舞台的同时，考古人还自己搭建舞台。2016年，在郑州召开了第一次中国考古大会，接着2018年在成都、2021年在三门峡又召开了两次中国考古大会。此前历史上全国性考古学术会议，每次最多200来人参会。但三次大会的特点是人多——每次参加者都近千人，论文400多篇。按不同学术方向设了十多个分会场，盛况空前。另一个中国人发起搭建的舞台是"世界考古·上海论坛"。这是中国为世界搭建的考古舞台，从2013年首届到今年已开第五届，参加的国家越来越多，影响越来越大，获奖的世界考古新发现认可度极高。

一个人生命中有几个十年呢，据说中国人均寿命很快会达到80岁，这样说来，我们每个人大概有八个十年之多。但是除去成长学习和其后退休的岁月，平均每人工作年限也就三四个十年，这样看来，十年却又是不长的岁月。过去的十年里，考古人赶上考古事业发展最快、最受重视的大好年华。正因为如此，考古人自信也在过去十年得到大大提升。这十年的考古人幸运且幸福。我们的前辈一定很羡慕我们，也对他们开创的事业有今天的局面而深感欣慰。

受惠于国家经济的长期快速发展，国家政治稳定，社会和谐，以及前一百年尤其是最近十年考古打下的坚实基础，我们应该坚信，未来十年甚至更长的时期内，考古事业会越来越好，考古人会越来越自信。

（原载2022年10月12日中国社会科学网"社会锐评"http://news.cssn.cn/zx/bwyc/202210/t20221012_5548825.shtml）

殷墟考古与中国考古

2021年，中国考古界在河南渑池仰韶村开了一个盛会，以纪念中国考古学诞生100周年。这是指100年前瑞典地质学者在1921年在仰韶村发现了新石器时代遗址，我国考古界将此作为中国考古的诞生之年。此后100年的中国考古证明这一发现点燃了中国考古的星星之火。其作用在于：实证用田野调查的方法在中国能找到古遗址而且是史前遗址。公正地评价这一事件的意义当然非常重大，但明显的局限是：第一，基本是个人行为；第二，是意外收获；第三，工作并不连续；第四，它并不是中国考古学者发现的。

早期田野考古，完全由中国考古学者组织、主持，大规模、持续不断发掘并及时发布重大成果，在中国古文明考古研究上做出重大且杰出贡献的，首推1928年开始的安阳殷墟考古。

殷墟考古，一开始就全由中国学者发起、中国学者组织。田野考古参加人员全是中国学者，对出土文物的研究也全是中国学者担当。这一点在当时的历史条件下非常重要。通过殷墟发掘，中国学者迅速积累了经验，形成了中国特色的田野考古方法、理论及实践体系，建立起中国田野考古坚强的自信。

殷墟考古一开始就是为解决重大学术问题而特选的。这个问题就是中国古文明的形成时间和文明的内涵特质。殷墟考古发掘以前，许多中外学者都认为中国的历史起始于公元前841年（从这一年开始，中国历史才有连续不间断的文献记录）。殷墟考古以甲骨文为代表的一系列考古发现实证殷商的存在且文明辉煌灿烂，把中国列为世界四大文明古国之一绝非虚名和自夸。有了殷墟考古，才有了山东历城城子崖、浙江余杭良渚、四川广汉三星堆、陕西宝鸡斗鸡台、四川成都王建墓等发现发掘。殷墟和它们不仅仅是简单的时间上的先后关系，是殷墟考古催生了它们。如果说是仰韶村遗址的发现点燃了中国考古的星星之火的话，那殷墟考古的成功，则让田野考古在中国大地迅速烧成熊熊大火，成为燎原之势，大火越烧越旺，延及当下。及至20世纪末的夏商周断代工程，21世纪开始的文明探源工程和正在实施的考古中国工程，一定意义上来说也是继承了殷墟考古一开始就围绕重大学术课题开展的传统。

殷墟考古还成为中国考古年代框架体系中最重要的坐标原点。殷墟考古技术方法上的科学成功，科学发掘出的甲骨文、青铜器，以及大小墓葬作坊、建筑等，促使考古历史学者进一步思考。一部分专家首先意识到，如此发达的文明一定有较长的成长发育过程，于是有了早商遗址的探寻，顺理成章又有了夏文化遗址考古调查，并进而将其放到更广阔的时空背景——世界上古文明范围内去认识中国古文明。还有部分专家还意识到，殷墟文明的去向也是应该从考古上去找寻的，继而有了周文化、先周文化以及春秋以下遗存的考古。这些在今天看来是常识的问题，若不是殷墟的考古和发现，当年恐怕很难有人想到，即使想到也未必知道抓手何在。以殷墟为出发点上求下索，追寻到了百万年人类史、万年人类史、五千年文明史。以殷墟为代表的百年中国考古，成就辉煌，世界钦佩。

近百年来，殷墟考古始终引领中国考古前进方向，1928年至1937年的十多次的发掘探索、引领、示范作用自不必说，1937年抗战全面爆发后，殷墟的考古工作虽然停止，一方面专家们把考古标本资料带到大后方，在极其艰难的条件下继续整理，并取得了卓越的成绩，特别是以郭沫若、董作宾、胡厚宣为代表的一批甲骨学家在出土甲骨文的整理研究上的突出贡献，将甲骨学研究推向巅峰。另一方面，参加殷墟发掘的专家们在后方开枝散叶，继续考古，把考古工作推向更广阔的中国大地。中华人民共和国刚建立就迅速在安阳殷墟设立考古工作站，其后工作一直没间断。20世纪50年代至60年代，殷墟考古不断有简报发表在《考古》等专业杂志，特别是70年代中期以妇好墓和小屯南地甲骨为代表的重大考古发现，让殷墟考古继续成为全国乃至全世界长时间关注的焦点。刚刚评出的2022年全国十大考古发现，殷墟新发现赫然在列。百年殷墟考古焕发出青春般的活力。

殷墟考古是当之无愧的中国考古人才的摇篮。仅20世纪30年代参加殷墟考古的先后就有5位考古学家成为国家院士。50年代后，郭宝钧、陈志达、郑振香、刘一曼、杨宝成、杨锡璋等著名考古学家皆是在殷墟成长起来。近十年，殷墟工作站里的考古团队的唐际根、岳洪彬、何毓灵、岳占伟、牛世山，我若说这是全国各考古工作站中最强的学术团队，估计不会有多少人有异议。

殷墟考古对中国考古一定意义上有风向标和试验场的作用。除了前面提到的人才培养，许多考古新方法新技术也是在殷墟试验。据我所知，碳-14测年、考古物探、环境考古、动植物考古、体质人类学、冶金考古、多学科合作，殷墟往往都走在前面。两周前我随一个科学院院士去殷墟，和他们商讨的是与最新的AI考古合作的可能性，没想到谈了几分钟就达成合作意向。听他们介绍，加拿大英属哥伦比亚大学荆志淳教授也正在和殷墟考古工作站的专家谈几种最新考古方法技术的试验。

从历史来说，殷墟工作站是古老的，从对新方法新技术的接受之快来说，殷墟考古是常新的。

殷墟以其遗址的重要性，在中国考古学研究上，特别是中国文明形成和演进的探寻上有重要价值，又因在中国田野考古史上的特殊地位，而产生了重要的意义。殷墟早就成为考古人心目中的圣地。考古人以到殷墟为荣，以晚到殷墟为憾，以一生未到过殷墟为终身遗憾。

当你了解了殷墟工作站的历史，你就会知道，中国风格、中国气派、中国特色考古学派的建立形成和发展，殷墟考古工作站贡献甚大。殷墟考古人数十年如一日默默坚守，辛勤工作，扎根农村，薪酬微薄，甘愿奉献，拒绝诱惑，接力传承，守正创新，成就斐然。这既是中国考古学者和行业的真实写照，是中国考古的缩影，同时也是中国风格考古的显著特征。

殷墟考古工作站，在铸就中国考古的过往已彪炳史册。我们相信，在未来中国考古强国的建设道路上，它不但仍不可或缺，而且将继续担当开路先锋、排头尖兵的重要角色。

2023年4月9日

（本文部分内容原载2023年4月20日中国社会科学网http：//news.cssn.kgxc/kgxc_kgxl/202.304/t20230420_5623432.shtml）

《宜宾市博物馆藏青铜文物保护修复研究》序

　　四川省内的博物馆中，宜宾博物馆是较早成立的。如果我没有记错的话，20世纪80年代初宜宾博物馆就挂牌了。但阴差阳错，此后几十年，与省内许多市州相比，其发展却非常缓慢，直到五年前，连个馆址都没有。四年前听说新馆奠基，作为一个从事文博工作的宜宾人，心中自然很期待。去年有新馆开馆，还荣幸地收到参加开馆盛典的热情邀请。但受困于疫情，不能前往祝贺，至今引以为憾。去年底四川省民俗学会老会长江玉祥教授去宜宾参加学术活动后，在群里发新馆赞语并推荐大家去参观。冬天回宜，因正逢春节，没敢打扰院里同行，私下参观，确证江教授所言不虚。没隔几天，几个外地回蓉省亲的朋友让我推荐四川值得去的地方，我力推宜宾博物院新馆，大家欣然前往。这一次，承蒙黄乐生院长亲自陪同，一行兴致勃勃地参观后还和黄院长为首的院方业务人员交谈，更深入全面地了解新馆展陈运营以及他们的办馆理念。同行的朋友，浙江大学高等数学研究院阮勇斌院士在座谈发言中对新馆评价极高，说是"建筑气势上不输许多省馆，展品展陈比南方广东某市馆还强"，在座几位南方朋友也均表赞同。

　　由此触发我的进一步思考，宜宾博物院这些年为啥能在同行内崭露头角，异军突起，这恐怕与他们多年来重视业务、重视人才队伍建设，又抓住新馆建设机会乘势而上有关。就业务来说，他们利用配合四川省文物考古研究院向家坝库区考古机会，安排一批年轻人参加考古发掘，主动承担宜宾市全国第三次文物普查的工作，积极协助省考古院的碑刻文物抢救性保护工程，经历这些大项目磨炼后，业务骨干得到了很好的锻炼。又比如，通过举办展览，如"考古宜宾5000年""大观观城"，让业务人员了解展览流程，学习展览策划，亲自实践文创。业务队伍建设方面，今天的宜宾博物院可能是有着全省博物馆中最年轻的业务团队，他们的带头人黄院长就是几年前宜宾文化系统引进的第一个青年才俊。这些都是办好一个博物馆的最基本的条件。

仅有以上作为当然还远远不够。博物馆专业人员应该只是懂得把展览办得光鲜，还不是真正意义上的博物馆，博物馆还有与展览同样重要工作——藏品征集、保管及保护。从已开放的四个展览中，大家可以感受到作为一个地市级博物馆的宜宾博物院的藏品是比较丰富的。藏品是成立博物馆的重要基础，是办好陈列的重要前提。博物馆库房不同于普通货物的库房，进入21世纪后国家重视对博物馆建设中的硬件投入，新建馆的抗震防洪防火恒温恒湿设置基本都是标配，但在藏品保护专业人员培养及操作上却是有明显的短板，除少数大馆外，全国皆然。不过，宜宾博物院也许是个例外。馆领导很早就认识到藏品保护的重要性。省文物考古研究院在向家坝发掘，他们既派人参加发掘，也派人参加文物修复。省文物考古研究院院办碑刻拓片培训班，他们最踊跃地参加。另外还安排刚参加工作的年轻人到四川省文物考古研究院、重庆文化遗产研究院向文物修复师傅拜师学艺。一系列的举措和长期的坚持，终于开始有所回报。今天在宜宾博物院展厅里陈列的许多展品就是经他们清洗、美容、修复过的。说到文物保护，很多人觉得很专业、很高深，特别是说到青铜器铁器除锈、防锈，石质文物防风化，漆器脱水，似乎都是世界性的难题，对此，权威机构和大专家都束手无策，普通文物机构更难有所作为。文博界存在这种认识的恐怕也不在少数。我以为这实在是个认识的大误区。文物患有多种疾病，绝症只是少数，大多是可治疗的，但不管有无绝症、能否医治，文物是需要日常保养，以使其保持健康、少病、晚病，从而达到尽量延续其寿命之目的。所有博物馆里的文物都是需要做日常保养的，大多数中小型博物馆的文保工作其实也就是文物的日常保养而已。这是一项平凡而伟大的工作，但也需要坚持不懈地去做。若不做日常保养和健康体检，等到拖成重症，那时再医治，即使康复，也定会花费不菲，难以康健如初，甚至令很多文物回天乏力。我们常常看到有些文保机构忽视保养，几十年拖成重症，不得不下"猛药"治疗，然后又拖几十年，又下猛药医治，周而复始，走不出循环，居然还当作办好事似的加以报道宣传。真是匪夷所思。又例如，我们常常会在各地石窟寺里看到一些佛像，蒙垢积尘甚厚，那得经过多少年岁月才能有此积淀啊。寺庙里的石木雕塑也大多如此。这就是未做日常保养的典型表征。博物馆里的普通文物的擦拭修补掸灰去尘、书画装裱防蛀、古籍晾晒等，都属于日常保养工作。在宜宾博物院展出的各类文物展品基本都是经过细心的日常保养维护的。这是他们重视文物保护的一个直观体现。我以为他们在做的是一个博物馆该做的正确的事。以我所见所闻，就文物的保护修复而言，做出如此大的成绩，对一个西部地市级博物馆来说，不，即便放眼全国，也是极为突出抢眼的。其经验和做法值得宣传、褒奖、示范、推广。

现在他们又把修复成果与新馆展陈介绍合二为一出版传播，我为这一奇思妙想叫绝。何以称其为妙想呢？文保书出版不少，但都单独成册，不过由于比较专业且枯燥，购者寥寥。若和展陈介绍合一，想了解展览而购书者自然会翻阅到修复部分，而展览介绍书籍一般都是馆里的长线畅销书和馆际交往"礼品"。这样，其传播效果自然比单打独斗强多了。其次，能让社会全面了解到博物馆的一个被大家忽视的职能——收藏。再次呢，就是要让大家知道博物馆里的藏品经发掘、征集、调拨进入博物馆后，还要有专人做常年保护工作，其中不少藏品是经过文保人员精心修复，妙手使其回春后才得以展出的。

这里顺便指出，近年来在社会大热的文博界"让文物活起来"活动持续到今天，其内涵极为丰富。让文物活起来，不能孤立地理解为做几件文创商品，编几个动漫短片那么轻巧。馆藏文物保养修复是让文物活起来的重要举措，保养本身就是让文物活起来（或活起来的重要环节），而且能让它更健康长寿地活着。从这个意义上我们更理解博物馆文物修复专家们的工作，感谢他们默默辛勤的付出，也感谢院领导决策汇总成书的良苦用心。

观览全书写就上文几点不成熟的看法，姑且为序。

2023年4月16日写于成都

广告词

人上人，酒中酒。

做人要做人上人，喝酒就喝酒中酒。

——2017年于贵州茅台镇

江湾海湾，何如浒湾。

——2015年于江西金溪浒湾古镇

中国之行去哪里？北观兵马俑，南游三星堆。

——为三星堆博物馆开馆两周年而作

新春出门哪讨财？省博物馆摇钱树。

——1999年1月，为四川省博物馆新年"汉代摇钱树特展"而作

众口难调选兼香，兼香就喝口子窖。

——2019年于安徽淮北口子窖厂区

生意兴隆达三江加上密西西比江；

财源茂盛通四海还有佛罗里达海。

——2005年为朋友的朋友美国饭馆开张口占

钟鸣川滇千里地；

岩红西南半壁天。

——2016年7月16于高县可久红岩山半边寺

冬三亚，夏青城，四季安居腾冲人。

——2017年参加腾冲"和顺里"开工仪式献词

附　录

考古多面手奏响考古狂想曲[*]

中国考古网：首先感谢您接受中国考古网的采访，先问一个常规问题吧，您当年为何选择四川大学考古系，是出于对历史考古的热爱还是误打误撞进入的呢？

高大伦：我本科是四川大学考古专业，但是事实上我的高考第一志愿是西南政法大学法律专业。我也不知当年为什么西南政法大学没有收我。四川大学考古专业收了我，对我们四川人来说，尤其是我们这些偏远地方的青年，以当年所受的教育，所知道的和考古相关的人物可能就是郭沫若了，当时对夏鼐、梁思永等考古学家一无所知。

我后来也听说了一些很有趣的事，比如现在金融界很有成就的两个人，他们当年的第一志愿就是考古，因为没有被录取上才去学的经济。我就是这样误打误撞学了考古。进入学校真正接触考古以后我发现这个专业还是很不错的，而且还有很多人羡慕我们。我感觉77、78、79年上大学这批人，换专业的好像不多，尤其和现在有些年轻人刚进考古

* 原文载于2015年11月30日中国考古网http://kaogu.cssn.cn/zwb/kgrw/rwzf/201511/t20151130_3935619.shtml，经作者修订。中国考古网记者张宸采访。

专业就一门心思要换专业相比。当然也有很多其他原因，可能当年有的想换专业也没有机会吧。

中国考古网：那您后来读硕士研究生时为何选择了西北大学的古文字方向呢？

高大伦：大概是1980年左右，中国古文字会在四川召开。当时著名的四川大学历史系系主任徐中舒老先生请了两位学者到川大来做报告，一位就是李学勤先生。听完讲座以后，我就非常崇拜李先生，一门心思想考他的研究生。先生当年在西北大学有招生名额，我给先生写信但迟迟没有回复，临近考试，我还是报名了。直到第二年，考试大概在4月份，5月份我收到了回信，信中先生说非常抱歉，因为这半年他到剑桥大学去了，回来以后才看到信，还问我有没有参加研究生考试。其实当时我已经拿到成绩单了，而且成绩还不错，五科369分，各科成绩也很平均。后来我就真的去了西北大学，过去以后才知道西北大学的考古做得是非常好。李学勤先生一直强调学生们要把考古学好，考古的理论方法都不能丢，记得先生当年还专门给北大文献专业的郑超补东周考古。当时我个别川大本科的同学特别不能理解我为什么要跑到西北大学去读书。但是现在回过头来看，我仍觉得当年的选择非常正确。

中国考古网：您在本科或研究生期间有比较难忘的实习经历吗？

高大伦：我本科的时候在中堡岛实习，后来的三峡大坝就是修在中堡岛我们发掘的遗址上面，可以说三峡大坝的坝基考古是我们做的。而且遗址堆积非常丰富，我的探方出了几白个小件，我每天都要挑两筐陶片回到整理的地方。研究生期间我没有参加工地实习，主要就是去各个地方参观。因为李学勤先生不在西安，有两门主要课程都是在北京先生的家里面上的，当时经常是上课去李先生家，没课就去北图和科学院图书馆看书。

中国考古网：从西北大学毕业后，您选择回到四川，在川大当了十几年的老师，您当时目标是不是很明确，要回报家乡，做好四川考古？

高大伦：当时思想境界还没有那么深刻，选择回到四川主要是因为生活习惯的问题。作为一个土生土长的南方人，无论从气候还是饮食上来讲，我还是不太习惯北方的生活，那时的北方生活也没现在这么好，交通也不便利，再加上父母年龄大也需要照顾，所以就选择回四川。

中国考古网：您在高校、文博单位、科研机构这些地方都有过工作经验，从最早在川大当老师到去博物馆当副馆长、代馆长，后来又去了文物局、考古所。您对这些角色之间的转换有什么体会吗？

高大伦：总的来说都是文博行业，这些工作跟我的专业还不算太脱节。我毕业以后回川大，并不是在考古教研室，而是去了川大博物馆。童恩正先生当时是川大博物馆馆长，他希望我能回去。大家都知道，童恩正先生的思想非常活跃，想法很多。我到那去以后，童先生让我组建一个博物馆的小卖部。说起这个小卖部，现在那么多博物馆都在搞文创产品，川大博物馆在1985年就开始干这个事了，可以说我搞文创产品的经验就是从那个时候开始积累的，现在都快30年了。后来我才到教研室教学，也带学生实习，带学生去西昌汉炼铜遗址、枣阳雕龙碑遗址等等。1992年，我和当时作为研究生的施劲松协助马继贤老师带了30个西藏的学生去实习，可以说现在西藏文博界的中坚力量，有很多就是当年川大给培养出来的。

到了1997年，四川省博物馆缺人，文化厅的一个负责人通过各种渠道了解到了我的情况，就托人带话，让我去见一见他。后来我真的去了，找到分管厅长的办公室，他就让我谈一谈对四川省博物馆的看法再提一些建议，我跟他一口气谈了一个小时，可能他觉得还不错吧，就让我过去干。

我个人觉得，一个人的经验丰富一点挺好。我觉得教好书，写好文章，做好管理，办好展览并不矛盾。很多人应该都有这种潜质，只不过没有去真正尝试罢了。

中国考古网：您在博物馆策展、经营、营销上的经验非常丰富，在四川省博物馆工作时组织了不少可圈可点的活动，相当有影响力，能分享一些记忆深刻的活动吗？您对博物馆行业发展还有什么建议吗？

高大伦：我自己的经历比较复杂一点，我很敢想问题，但是行动比较保守。事实上博物馆是个公益机构，不要带一点铜臭味。做展览不要怕失败，不要怕没人来看，也不要因为展览做得成功而沾沾自喜。你要把它作为一个事业，持续不断地、一波又一波地做下去，不能停顿和间断。事实上当时我在学校干了12年，到四川省博物馆后，领导让我先观察。到了第三个月，领导就让我做一个展览。在这之前，我是从来没有做过展览的。我们用50天时间，花了48000块钱，做出一个小型展览，后来还拿到了一个全国十大精品展提名奖（"四川民族文物精品展"获1998年第二届"全国博物馆十大陈列展览精品"提名奖）。第二年，领导又让我去策划展览，因为前一年得了提名奖，所以就多给了一些钱，我记得给了50万。后来花了48万，那个展览获得了当年的十大精品奖（"巴蜀寻根展"获1999年第三届"全国博物馆十大陈列展览精品"精品奖）。我们一定要花比较少的钱办出来最好的事，要让它效益发挥到极致，这个是我们一直秉持的理念。

中国考古网：在上个月举办的考古资产保护利用盘龙城论坛上，有学者提出了长江流域青铜文化遗址共同申报世界文化遗产的倡议，现在联合申遗也是一个热点。您对这种"打包"申遗有什么看法呢？

高大伦：组合可以有各种方式，在盘龙城论坛上提出的长江流域青铜文化遗址打包申遗非常好，因为这跟国家现在说的长江经济带有关。另外，长江文明确实跟黄河文明有所区别，现在黄河文明全世界都知道了，长江文明要做的工作还比较多。比方说长江文明的起止点在哪里，长江文明的内涵是什么？特征是什么？长江文明是怎么起源的、发展的、衰落的。我们研究长江文明有时候说的不到位，有时候对长江文明又有些过分拔高。长江文明真的一直与黄河文明并驾齐驱吗？黄河文明的夏、商、周能够连续起来，那么长江文明的青铜时代能够找到相对应的遗址吗？比如说中原时期的商代，我们长江流域代表遗址是什么呢？所以说需要研究的东西还很多，要在踏踏实实做研究的基础上才能进一步讨论申遗的问题。

另外我觉得通过这个联合申遗可以将研究力量做一些整合。事实上在去年年初，我们也组织了一个长江考古联盟，某种意义上也是为了申遗。将长江沿线的十几个省份的考古力量联合起来，打算考察整个长江流域的主要遗址。预计用三到四年的时间，每年抽出一个月左右，在这一个月内走三到四个省。我想这样走下来的同时搞调查、搞研究，我们就会有一批人对长江文明有更加深入、更加系统的了解了。当然申遗是个过程，重在过程。现在文化线路比较热，丝绸之路、万里茶路等等。我觉得中国早期很多重要遗址确实在世界上都是数得上的，应该全人类共同保护，全世界共同享用。

中国考古网：您是如何想到在成都成立全国首家虚拟考古体验馆呢？四川省率先在全国开展了各种公共考古活动，有考古科普学术活动日、三星堆进校园等活动。以此增加四川考古对大众的吸引力，您觉得中国公共考古的前途如何？您对这个有没有什么设想？

高大伦：1950年以后到现在，中国考古学的发展非常快。甚至有人说，这六十多年里考古学是所有人文社会科学里面发展最好的。作为一个取得那么大成就的学科，我们应该有属于自己的考古博物馆。一些大型博物馆以选宝的角度去展示文物，应该表达的考古学的内容没有表达出来，我觉得非常遗憾。我们做了几十年的考古，仍然缺乏阵地和舞台，顶多就是带大家去探方里面看一看，告诉他们什么才是真正的考古。成立体验馆的最初原因就是源于成立考古博物馆这个想法，不敢说是第一个，但应该属于全国最早想搞考古博物馆的那一批。因为我在日本留学的时候，参观过日本奈良县立橿原考古学研究所附属博物馆，当时很羡慕。

目前国内已经有很多博物馆了，如何才能做出一个有特色的考古博物馆是个很大的问题。譬如说，北京有个中国国家博物馆，你再搞一个考古博物馆，但不能仅从文物的体量、数量上去"攀比"。比如说国博有个鼎，考古博物馆就展出一个比它大、比它高、比它重，比它早的鼎，如果这样去比较就太没意思了，还不如不建。换句话说，我们能不能换个思路呢？比如一种完全不同的陈列方式，又或者把我们考古学知识融入展览之中呢？综合博物馆没想到的，展览陈列没有注意到的，我们在考古博物馆中把它展示出来。这样的话，我们就跟其他历史类的博物馆形成了互补，各个博物馆之间也可以互通有无，应该会起到很好的效果。

说回到体验馆，当时在四川省文物考古研究院门口有200平方米的空地，如果出租的话有可观的收入。但是一个考古单位，若靠出租铺面赚钱，不是本事，甚至有点丢人，真正的本事是用这个铺面仍然干考古，还能把它干得很好。应该守住本行，并把本行发挥到极致。所以我们就想利用这200平方米搞一个考古博物馆，我提出这个设想以后，分管安全的人就立马发表了不同意见，因为达不到标准，这个房子比较简陋，是临时的，如果真要搞考古博物馆恐怕负责安全的人整天都会提心吊胆，他们的意见确实是对的。后来我就换了个思路，我提议搞一个虚拟体验馆，虚拟的总可以了吧？我们大概用了两三个月时间，就把虚拟体验馆弄出来了，一件文物都没摆。整个虚拟考古体验馆由文物医院、考古影像、安丙墓室再现实景、考古奇兵游戏、石镰打火体验、钻木取火体验、地层秘密、考古训练营等八个板块组成。像安丙墓室再现实景就是运用数字技术对墓葬进行还原，文物医院让普通观众近距离了解文物修复的程序。事实证明，体验馆的效果非常好，在有限的场地内既保证了安全，又让参观者体会到了什么才是真正的考古。我们的创新还不止于此，早在10年前我们就成立了中国第一个大概也是世界第一的考古探险中心——西部考古探险中心。十年来，已开展了11次大型的文化线路考古调查，基本是每年一次，还出版了多本考察报告。几乎每次央视都跟踪报道我们，给我们的探险拍摄了多部专题纪录片，且都已在央视播出。我们的考古探险影响深远，已成为我院的一个品牌。我们不仅设立文物医院和文物移动医院，我们还编导考古科普动漫片、编写考古卡通书、做文化遗产展陈创意策划方案。人才驱动发展，事业的生命力重在创新，这是我们院大家一起干事业一直秉持的坚定理念。

话收回来。公共考古作为一个概念，比较晚才被提出来。但是以前就一直有人在做这个事情，对老百姓做一些考古普及。比方说到当地去发掘，起码要跟农民讲一讲什么是考古。现在的公共考古更系统了，而且有明确的目标和计划，特别是在全民素质还不太高的情况下，这个学科需要有人理解它。把公共考古做好了，不仅能够提高大众的素质，还可能有更多的人来学这个专业，吸引更多的人才，这对整个考古学的发展也是有利的。况且其他学科也在做科普我们为什么不做？比如霍金，他既能写出我们看不懂的深奥学术文章，也能写出《时间简史》这种畅销书，所以这和学术并不矛盾。

中国考古网：今年三星堆文物在美国休斯敦自然科学博物馆展出，赢得了不少好评，古蜀文明、四川考古也慢慢走向世界。现在这种交流越来越多。您对这种考古交流有什么看法？四川省文物考古研究院会在未来加强与国外的交流合作吗？

高大伦：文物确实应该多出去展览多交流。其实我们国家的文物前十几年出去的次数已经不少了。比如1999年在美国办的中国考古黄金时代展，就是比较轰动的。但是我个人觉得早期的一些出国展览主要是以"亮宝"为主，而现在我们应该更多地在国外做一些主题展览，并且应该让考古人也参与到展览的策划中，有考古人参与策划的展览可能学术性会更强，学术性、趣味性和观赏性三者并不矛盾，可以说没有学术性就没有观赏性。

不仅文物展览要走出国门，我想考古发掘也要走出国门。我们四川省文物考古研究院是全国第一个走出国门独立进行考古发掘的单位。2005年我们就到越南去寻找"越南的三星堆"了，很多人都没想到我们内陆省份会是第一个。回头来看我们还是比较有胆量的，我们的思路就是，中国要走向世界，那么我们考古该怎么做？以前外国人来到中国盗走大批文物确实是不对的。21世纪了，在考古上也要做到开放，应该有一种大国的心理，人家那些地方我们可以去发掘，凭什么我们的人家不能来呢？只要把政策法规写明白讲清楚了，能够严格遵守规矩就行。

中国考古网：博物馆文创产品越来越火，台北故宫的都成为游客的必买产品。现在四川省文物考古研究院的文创产品也因其"脑洞大开"赢得了一致好评，您对文物艺术融入生活，频频创下销售业绩这一现象怎么看？

高大伦：我从1985年川大博物馆小卖部开始涉及文创产品这一领域，至今有30年了。做了这么多年，确实对文创产品有些自己的体会。

首先我认为文创产品不是以利润为目的，这个一定要记住。为什么呢？文创产品是为了宣传你的文化和成果，因为你是一个公益性机构，本来做任何事情都不是以利润为目的。第二我觉得我们文创产品要世俗化，比如之前卖了几十年画像砖拓片，这种东西的受众太小了，拿回去只能送人或者挂起来，几百块钱的售价也不算便宜，谁买？现在我们把汉画像砖图像印到围裙、桌布、鼠标垫上组成生活三件套，深入到每一个生活的细节，下得了厨房，出得了厅堂，进得了书房。品位又高，价格还不贵。第三，做文创产品一定要做自己的，博物馆要做自己展品藏品的文创产品，像我们四川省考古研究院只做我们亲自发掘出来的东西。一定要有自己的特色，不能跟风。再讲一点，文创产品的包装要简化，因为很多参观博物馆的游客都是外地人，复杂的包装占地方又拉高成本，本来人家打算多买几件回去送人，但是一看这包装这么大还是算了，所以我强调文创产品最好做到小而精。总之买文创产品的人是把生活艺术化，而做文创产品的人则要把艺术生活化，要做到生活与艺术相互融合。最后我还要强调一点，我相信成千上万的品种我们都能设计出来，但这个毕竟不是我们四川省文物考古研究院的主业，在做发掘、搞研究的基础上我们有余力肯定会把文创产品做得更好，但如果一天到晚把主要精力都用来干这个是绝对不行的。

中国考古网：您是一个特别风趣幽默、又极具创造力的人，您是怎样保持这种心态的？您的想法也势必会给整个四川省考古研究院带来新的动力吧。

高大伦：这与一个人的生活态度有关，一个人不管当院长还是当老师，如果说你把它当作事业来干，我觉得就应该百分百投入。作为一个管理人员，即使说你没有这方面的经验，以前整天埋头搞研究写文章，那来到这个位置以后，你必须要分一定的精力来做好这种管理。前几十年，中国考古已经发展到很成熟的地步了，要想出新的话，就要选择新的道路。特别像我们四川省文物考古研究院，前些年和其他省的考古所相比差距还是很大，报告、文章、发掘成果都比不过人家。不过好在最近几年我们发展得很快，我们有一批肯干的年轻人而且领导也大力支持，放手让我们去干，我们也争气，至今还没有做出哪件砸了牌子的事情。

我一直提倡大胆启用年轻人，不仅要把年轻人吸引进来，还要留得住他们，想办法让这个单位有活力。我们尽最大的努力给年轻人提供最好的科研条件和生活环境。平常和单位的年轻人多聊天，我也会催着他们赶紧写文章、赶报告，但只要有机会就领大家出来参观考察，参加学术讨论会。当然也不是说每一个进来的年轻人都非常优秀，各种情况都有，有的大器晚成，有的一来就比较活跃表现突出，但是机会均等，给他们一个展示的舞台。让我比较欣慰的就是这些年，我们做了这么多事，没有人说我们的学术水平和从前相比下降了。事实上出的报告，发表的文章包括发掘工作量都比以前多多了。一个单位既要有重点发展方向，也要谋划业务的整体推进。事情做出来了，某种意义上也有了成就感。

中国考古网：是的，这些举措一定会为年轻人提供一个很好的发展平台，谢谢您接受中国考古网的采访。

四川"挖坑专业户"：挖出国门到越南考古[*]

"我们要闯出一条新路！"10年前，四川甘孜州石渠县，4000米海拔的横断山上，高大伦扔掉手中探路的竹竿，振臂高呼。

经历了一场跋山涉水、历经艰险的考古后，一个新奇的名词在高大伦脑中浮现并最终转化成现实——"西部探险考古中心"。该中心为全国首家，高大伦要的是"比一般的考古多一份惊险刺激、比一般的探险多一份严肃和厚重"。走进俄亚，踏访米仓道……深山里，他曾被野狗咬伤，两山间，他坐在竹筐里从钢索上滑过。中心成立后，高大伦推动了13次考古探险，践行着创意初衷。

就在建立探险中心的2006年，高大伦带领团队前往越南考古，四川省文物考古研究院成为全国第一个走出国门独立进行考古发掘的单位。3年前，高大伦再开"脑洞"，牵头建起全国首家虚拟考古体验馆，推出全国第一部少儿考古卡通读物。今年，体验馆再度升级。一面探古寻幽，一面推陈出新，低头看古迹沧桑，抬头望数码动漫，高大伦认为，守住传统考古犹如做好加减乘除。在这个基础上，得来点"方程式"，才能让考古在趣味中生出深度和温度。

---

* 原文载于《华西都市报》2016年10月27日。记者毛玉婷，摄影吴小川。

"创新，必须持之以恒。"高大伦专注"玩"考古已有14年。10月8日，省人才工作会议上，18人获得首届"四川杰出人才奖"表彰，高大伦便是其中之一。

奇
脑洞大开没套路

建起首家虚拟考古体验馆

10月24日下午4点，身穿格子衬衣、脚踩运动鞋的高大伦，步履轻快地推开办公室的门。一排书柜映入眼帘，书架上，密密麻麻地堆满几百本书，除了考古书籍，还有几本时装杂志。

在许多人眼里，今年58岁的高大伦是年轻态的。欣赏时装表演，观看前沿电影，翻翻动漫杂志，虽然不抽烟不喝酒，但他的娱乐选择依然丰富。"正是涉猎广泛，让我获得了人才奖。"高大伦认为，自己之所以能获奖，胜在创新。

"谁也不知道，高院长下一出又要来个什么新花样。"在省文物考古研究院人力资源负责人刘主任的眼里，高大伦的"脑洞"没有套路。当严谨古老的考古学和他的"奇思异想"相碰撞，多个"首家"应运而生，其中之一，便是普惠市民的虚拟考古体验馆。

不摆一件文物，在这个全数字化的体验馆里，开馆3年来，6万余名市民到此免费体验"穿越"的感觉，或者走进三维动画，窥探古墓丽影，或者"客串"原始人，钻木取火。

全国首家，让该体验馆贴上了"洋盘"的标签。新奇的事物还曾引来误会。为让市民近距离了解文物修复程序，体验馆在一角设置了"文物医院"。开馆后，曾有市民慕名而来，张口便问："听说，这里可以看病？"

在公共考古领域，虚拟考古体验馆立下标杆。高大伦认为，普及考古，就该由行业人来完成。

3年前的秋天，他望着省考古研究院前200平方米的空房，抠起了脑门。

"要守住本行!"最终,他毅然否决了出租房屋赚钱的提议,扶了扶眼镜说,"不如建个考古博物馆"。

这个想法并非心血来潮,早年在日本留学时,高大伦走进奈良的橿原考古博物馆,"为之一惊",因为它不仅展出出土文物,还融入了考古教育。反观国内,一些大型博物馆的角度不在考古,多在观赏;而风靡一时的《盗墓笔记》等涉及考古的文学、影视作品,多带有演绎成分。真实的考古究竟是怎样的?他曾试过带领市民到发掘现场观看,但这样的"现场教学"毕竟效果有限。高大伦认为,要揭开考古的"神秘面纱",就应当有属于自己的博物馆。

"展出实物肯定行不通,安全性得不到保障。"负责安全的人提出异议,高大伦再度任大脑"天马行空"起来,爱看电影的他想起了科幻片中展望星球的画面,来了主意:"不能用实物,可以尝试虚拟的。"3个月后,雪白的墙壁上贴满了动漫壁画,古墓、摩崖石刻等古迹"装"进了三维空间的影像里,虚拟考古体验馆正式落成。

闯入数字信息领域的高大伦知道,数字化世界只有变量,没有常量。于是,他成为体验馆的常客,钻入营造的虚拟空间里,抚"石"弄"火",琢磨新点子。今年5月,体验馆从1.0版升级为2.0版,引进VR眼镜,在投影下的立体空间里,市民只要点击"传送门",被选中的画面就会放大,恰如置身其中。

"还会有3.0版,甚至4.0版。"高大伦说,自己有一个停不下的疯狂大脑。

新
开国内考古先河

创立第一个考古探险中心

"四川盆地,就是藏宝盆嘛。"守着天府之国这片广袤的土地,挖土寻宝,高大伦言语中透着骄傲:"四川的文物不是最多的,但却是最多样的。"

为了寻宝，10年前，高大伦牵头成立了西部考古探险中心。以考古探险的名义专门成立一个机构，之前国内从来没有过，四川成为第一个吃螃蟹的勇者。

想法脱胎于一次探险经历。2005年7月，高大伦与多家学术机构联合，前往康巴地区，途经四川、青海、西藏三省区，沿途对文物、民风民俗等进行综合考察。一路艰险，海拔几乎都在3000米以上，许多地方没有路，也没有桥，越野车陷在河中的情况常常发生……高大伦认为，这远远超过了一般意义上的考古学田野调查，不固定区域的挖掘，邀请与学科相关的专家加入，能使考古更透彻。于是，成立考古探险中心"顺理成章地提出来"。

2006年初，四川省文物考古研究院西部考古探险中心正式挂牌成立，高大伦只任命了一个经验丰富的队长坐镇，中心主任兼办事员由一人包揽。高大伦还提出要求，每年至少开展一次活动。他认为："创新不是一项需要专门投入人力物力的事，而是工作中自然而然发生的。"

此后10年，西部考古探险中心组织实施了走进凉山州木里县俄亚乡、大小金川古战场、五尺道考古探险考察等13项活动。其间，考察队员们遭遇了种种危险，恶劣多变的天气、近在咫尺的悬崖、令人生畏的高原反应、突然爆胎的车辆、压缩饼干加矿泉水充当的早餐、夜晚几乎被狂风暴雨掀翻的帐篷……

他们曾走进全省唯一不通公路、不通电、没有医院的山村。骑在马上，走在万丈悬崖边，高大伦的心里"一直不踏实"，生怕马哪一脚踩空。晚上，高大伦被野狗咬伤，等找到最近的诊所打狂犬疫苗，已经过去22个小时。

高大伦发现，参加活动的专家改变了对很多文物点的原有认识。年轻人参加两三次活动后，对四川古文化的整体面貌有了直观的了解，结合研究课题、考古发掘，很快就能进入角色。

考古足迹遍布全川，印象最深的是哪一次？高大伦回忆："最险的一次莫过于俄亚探险。"当时，一行人走到木里县依吉乡，在一个必经渡口，发现没有渡船。村民在距离江面40米高的空中，架起两条200多米长的钢索，上面悬挂一个竹筐，就算是来往的交通工具。高大伦战战兢兢地坐进竹筐，岸上的人用力一拉，竹筐便开始摇动起来。他一低头，看见竹筐下面居然破了好大一个洞，赶紧抓住拴筐的绳子，尖叫了几分钟后，竹筐顺着钢索溜到了对岸。

直到现在，回忆起当时的这一幕，高大伦还心有余悸："你说，要是从漏洞里掉下去，还有命吗?"

闯
率队到越南考古　挖下"走出国门的第一铲"

高大伦常常打趣说，考古人就要善于"挖坑"。在许多人看来，他绝对是个不折不扣的"挖坑专业户"，不仅在国内挖，还要走出国门挖。

"从20世纪20年代后，中外考古界便开始合作，但都限于中国境内。"高大伦认为，这不应该，也不正常。僵局的打破，就在2006年。

"去越南考古，就是因为它。"说着，高大伦在纸上画出一把形似宝剑的玉牙璋。1998年，当他从越南学者那里看到图片时，惊呼起来："跟三星堆的太像了!这种复杂的文物，能如此相近，一定在文化上有联系。"

2004年夏，高大伦在考察越南国家博物馆时，乘机向馆长提出到越南进行考古发掘。2006年秋天，他领着考古队，带着中国特有的考古工具洛阳铲，出发了。

在越南永福省义立遗址，高大伦十分诧异："这儿的环境和四川太像了!"在一片水田旁，考古队持续三个月，挖了100多平方米后，跟三星堆文物模样相似的陶罐、玉璋逐一出土。

"三星堆是我见过最神奇的遗址。我期待再发现三号坑、四号坑。"说着，高大伦打开电脑，放进一张光盘，播放起《神树的传说》。这是国内推出的首部3D考古动漫故事片，导演正是高大伦，片子的主角是三星堆宝物"青铜神树"。高大伦说，他的标准，"是好莱坞大片"。

58岁的高大伦对于动漫有种执拗的追求，他认为，这也是普及考古必备的方式之一。

我们闯出了一条道路[*]
——四川省文物考古研究院西部考古探险中心五周年记

　　探险，是人类出于探求未知事物的天性。从某种意义上讲，人类的历史就是一部探险史和开拓史。人类通过各种探险活动认识了世界，并不断地改变着世界。考古，则是人类出于了解自身历史的天性，目的在于还原历史本来面貌。将两者相结合，便成为考古探险，比一般的考古多了惊险刺激，比一般的探险又多了严肃和厚重。

　　在世界范围内，考古探险始于何时，似乎没有一个准确的答案。但可以肯定的是，中国的考古探险并非始自今日。如果不提斯文·赫定、斯坦因等人19世纪末20世纪初在中国西部开展的饱受非议的考古探险活动，20世纪30年代中瑞科学家组成的西北科学考察团深入内蒙古沙漠深处的居延遗址一定意义上就是考古探险。很多著名的考古学家本身就是杰出的探险家，被称为"中国考古学之父"的瑞典地质学家安特生就是典型的例子。但不管是在当时，还是中华人民共和国成立以来，以考古探险的名义专门成立一个机构，却从来没有过。四川省文物考古研究院成为第一个吃螃蟹的勇者。

---

* 原文载于《中国文物报》2010年11月28日。

对很多人而言，四川省文物考古研究院"西部考古探险中心"或许还是一个陌生的名字，但在过去的几年中，它已成功组织实施了名为"穿越横断山脉系列"的数次考古探险活动。2010年底，它刚刚度过五周岁的生日。在岁末年初之际，本报记者采访了该院院长高大伦和该中心主任王鲁茂。

前奏：康巴地区民族考古综合考察

就如任何新事物的出现都是因为有某种机缘，对西部考古探险中心来说，2005年的一次康巴地区民族考古综合考察成为它诞生的前奏。

2005年7月，故宫博物院和四川省文物考古研究院联合进行了康巴地区民族考古综合考察。故宫博物院副院长李文儒、藏传佛教专家罗文华、格萨尔王专家徐斌，国家博物馆航空摄影与遥感中心主任杨林，北师大教授王子今，内蒙古考古研究所所长塔拉和四川本地的一批民族学专家，带领四川省文物考古研究院几个学考古、古建筑的年轻人，联合组成康巴地区民族考古综合考察团，途经四川、青海、西藏三省区，考察了沿途的文物点30多处，考察内容包括考古学田野调查、藏传佛教寺藏文物的调查与鉴定、格萨尔遗迹的调查、古代交通史的调查，重点是四川省石渠县的松格玛尼石经城的调查。此外，沿途还考察了碉楼、藏寨、民居、古城址等。可以说，这是一次真正意义上的综合考察。中央电视台（CCTV－10）全程跟踪拍摄，并制作了6集专题片《天堂的诱惑》在中央台各频道滚动播出。

由于地理位置的关系，考察活动进行得异常艰辛，用"山高路险"来形容是再贴切不过的了。考察的区域基本上都在海拔3000米以上，有的地方更是超过了4000米；许多地方没有路，也没有桥，越野车因为要蹚水过河而陷在河中的情况常常发生……因此，这次综合考察又带有许多探险的意味。

在回成都途中，专家们聊起这种综合考察的意义和成果，认为远远超过了一般意义上的考古学田野调查。首先，这是真正意义上的多学科综合考察，如果每次考察都根据具体情况而加入与其相关的学科与考古学结合，那么对于考古学学科发展的推动和深入将是不言而喻的。其次，这种综合考察因为有媒体的介入，考察过程和成果得以极大限度的传播，考古学知识得到普及。第三，由于此类考察的探险意味，使之既有知识性，又有趣味性，具有市场运作的可能。就这样，成立西部考古探险中心的议题顺理成章地提出来了。

2006年底，四川省文物考古研究院西部考古探险中心正式挂牌成立，考古调查经验丰富的原四川省文物考古研究院考古队队长王鲁茂被任命为这个中心的唯一人员，从中心主任到办事员都是他一个人。院长高大伦希望他每年至少开展一次活动。

面对这项新事业的开端，王鲁茂兴奋又无绪，不知从何处着手。首要的问题是找到一个能够实施的合适的项目。在一次和凉山州博物馆人类学学者唐亮的交谈中，他得知了一个叫俄亚的地方。除了20世纪80年代国家博物馆人类学专家宋兆麟先生曾经去过当地考察之外，对俄亚的了解仅限于以下几点：这是一个位于四川省凉山彝族自治州木里藏族自治县内的原始纳西族村落，其婚姻状态还处于比泸沽湖纳西族更原始的状态，那里不通公路、不通电。为了保险起见，王鲁茂和国家博物馆航空摄影与遥感中心主任杨林专程驾车经云南永宁到了离俄亚很近的一个乡实地考察，回来后制订了详细的考察计划，而经费成为最大的困难。工鲁茂通过各种关系联系了国内外的机构和企业寻求赞助，都没有成功。最后，他找到了多年的朋友，上海毅斐投资管理有限公司董事长沈宏飞。沈宏飞对历史文化有着浓厚的兴趣，听过考察计划后，便毫不犹豫地答应给予资金支持。

在此后的几年中，西部考古探险中心组织实施了走进俄亚、大小金川古战场考察、川藏南线藏传佛教艺术与考古调查、五尺道考古探险考察等多项活动，即使是在汶川大地震骤然来袭的那一年，中心的活动也没有就此中断。

历尽艰险之后收获累累硕果

5年来，西部考古探险中心组织的历次活动中所遭遇的恶劣多变的天气，近在咫尺的悬崖，令人生畏的高原反应，突然爆胎的车子，压缩饼干加矿泉水充当的早餐，夜晚似乎要被狂风暴雨掀翻的帐篷……种种艰险，无法一一备述。在走进俄亚的考察活动中，必经的一个渡口竟没有渡船，而是在空中架了两条钢索，下面悬挂一个竹筐，过往行人或货物装入筐里，由岸上的人用力拉过河或放过河对岸。考察团的队员们无一不是尖叫着坐着竹筐过了河。说起这胆战心惊的渡河经历，高大伦至今还心有余悸："那个竹筐已经被扯得很稀了，说不定溜到一半就漏了！"有的队员干脆就说"打死我也不来了！"所有这些都让探险变得名副其实。

而历经种种艰险之后，高大伦说，"收获也是出乎意料的"。

新发现和确认的遗迹、遗物是最直观的收获。例如，2005年半个月的调查，就为甘孜州新增了3个国宝单位，鉴定了寺院中藏的上百幅唐卡、几百件青铜器，新发现的从新石器时期到明清时期的大批遗址不下3000处。

其次，参加活动的来自不同领域的专家带来的影响十分显著，改变了对很多文物点的原有认识。比如松格玛尼唐代摩崖造像的年代，以前有民族学专家看过多次都定不下来，2005年的考察活动集合了民族学、历史学、考古学、美术史等各方面的专家，在现场发挥各自所长，半个小时就确定了其时代、风格乃至古藏文的内容。又如五尺道的考察，因为集合了多方面的专家，在现场就能辨认出不同时期修筑的道路痕迹。

这些考古探险活动也为文物考古事业锻炼了一批人才。高大伦说，年轻人参加两三次活动以后，对四川古文化的整体面貌就有了直观的了解，容易建立起四川的概念，结合研究课题、考古发掘，很快就能进入角色。

高大伦还特别提到了历次活动中和邻近省份开展的合作。由于属地管理、工作重点等原因，这种合作在以往考古界中可以说是一个盲点。三峡库区的文物调查、发掘虽然集合了各个相关省份的文物考古单位，但都是由国家出面协调。而在五尺道、康巴民族调查等活动中，四川自行联系了青海、云南、陕西等省份，实现了"无缝对接"。在高大伦看来，有了这种成功的合作经验，将来可以考虑打破仅限于中心区域的工作模式，联合各省，针对川陕交界、川甘交界地区文化圈共同开展课题，而对于一些延伸到境外的跨国文化圈，甚至也可以考虑联合相关国家开展合作。

"我们闯出了一条道路！"高大伦总结说，这样的考古探险活动重拾了传统的考古调查的方法，拓展了研究领域，充分展现了考古的魅力，得到各方面的赞扬也就不足为奇了。近年来，已经有学者指出，考古学界存在着比较普遍的片面重视考古发掘工作，而对于考古调查工作在一定程度上有所轻视的观念倾向。这种认识是有必要纠正的。夏鼐先生早就提出过"考古调查纵使不进一步做发掘工作，仍可以解决像某一种文化的分布范围、某一时代的文化和它的地理环境的关系等问题""在未发掘以前，一定要先做好考古调查工作"等意见。高大伦说，考古探险活动充分运用了考古调查的工作方法，取得的成效也十分显著。另外，对于线性文化遗产而言，只有通过身临其境的实地踏查，才有可能把握其关键区、脆弱区以及重要节点，形成全面完整的认识。这一点在西部考古探险中心组织的五尺道考古探险考察活动中得到了充分的体现。

考古探险大有可为

五年来，西部考古探险中心组织的历次活动都有一个共同的名字——穿越横断山脉。王鲁茂介绍说，横断山脉是处于青藏高原东南缘和川西高原、滇西北高原的一个非常独特的地理单元，地理学上称为"横断山脉地区"，在考古学、民族学上又被称为"六江流域""藏彝走廊"。横断山脉地区自清代末期始就是世界博物者和探险者趋之若鹜之地，堪称探险者的乐土。但因为山高河险，自然条件恶劣，对横断山脉地区的人文调查和研究一直都在人们的关注之外，也是一般文物考古部门无法顾及和涉足的领域。西部考古探险中心正是看到了其中的广阔前景。而且，最为重要的是，大批深藏在这些深山老林里不为人知的文化遗产，在社会迅速现代化的今天，如果不马上抢救出来，就要面临消失的命运。比如中国最原始的大村子俄亚大村，拥有活的纳西族东巴文化及原始婚姻形态，堪称人类社会巨大的活化石，弥足珍贵。考察团专家们认为只要将其保护好，是可以申报国家级文物保护单位甚至争取成为世界文化遗产的。但是随着近期公路的修通、经济的发展以及外来探险旅游团的增多，大村的保护面临严峻的形势。西部考古探险中心的成立，为抢救这些被忽视或遗忘的古老文化遗存和文化现象、进一步了解中国西部的民族、民俗、环境及考古资源提供了更大更多的可能。

考古探险活动因为兼具知识性和趣味性的特点，适合非考古界人士参加并向社会推广。西部考古探险中心从成立之初就十分注重社会参与性，而且在每次活动结束以后，都有面向社会的成果报告，改变了社会上对考古学的某些偏见。几年下来，影响已经到了省外乃至国外，有国外机构主动提出联合组织活动。历次活动的成果，除了相关的学术论文集、图录之外，还有介绍文物和自然风光、民俗的画册、光碟。每次考察过程都由中央电视台《见证》栏目组全程跟踪拍摄，并制成纪录片在多个频道播出。5年走过来，5部多集专题片在中央电视台播出，这在全国考古院所中也是仅见的。针对纳西族文化拍摄的纪录片《俄亚》还在同年四川电视节上入围了优秀纪录片奖。王鲁茂说，最为直接的影响是，探险队走过的地方很快就会形成旅游热点。康巴地区探险旅游业自2005年以来逐年以12%的速度增长，现已成为中国西部的热点线路之一。同步发行的西部考古探险系列丛书《穿越横断山脉》也已成为探险爱好者的参考指南。

总结几年来的得失，未来如何把考古探险这一绝佳的题材做得更加深入、普及？这是目前高大伦和王鲁茂在思考的问题。他们希望考古探险作为公众考古的一个模式，引起更大的关注和重视。现在平台已经建立，他的目标是把公众考古的概念输入考古探险的形式中，扩大影响，最终做成一个产业链。王鲁茂说，自己已57岁了，最担心的是，他们这批人退休以后是否还能有人把这项事业继续下去，考古探险的理念能否在更完善的情况下继续发展？

至于眼下所面临的困难，王鲁茂说，首先是人力财力的不足，使工作的深度、精度、成果的丰富程度等方面受到很多限制，留下很多遗憾。四川虽然拥有得天独厚的条件，但光靠一个省的力量显然是不够的，需要省际之间多开展合作。关于这一点，高大伦认为，很多文物点之间是有联系的，要讨论一个文明的兴衰、文化的传播，仅仅靠一个或一片遗址是解决不了问题的。有些文化路线延伸到了省外甚至国外，目前的行政区划一定程度上限制了考古的发展，限制了学术思维和视野。对此，他的设想是，首先，西北和西南可以联合起来；再者，可以由更高层面的机构出面，以四川为起点，开展一些和缅甸、越南等周边国家的区域性的合作。

链接：四川省文物考古研究院西部考古探险中心组织的历次活动

2007年：走进俄亚

2007年4月9日，由中国国家博物馆、四川省文物考古研究院西部考古探险中心、凉山州博物馆、上海毅斐投资管理有限公司、北京万木同春影视文化有限公司联合组成考古与文化人类学综合考察团，走进俄业，历时半个月，从考古学、民族学、人类学、民俗学、原始宗教等各方面完成了对俄亚大村的第一阶段野外学术考察。这是学术界对俄亚的第一次综合考察，也是四川有史以来第一次对俄亚大村进行综合考察，取得了多方面的收获：在俄亚大村及周边发现三四千年前的人类活动遗址；深入调查、了解了东巴文化；对俄亚人的生产生活方式做了全方位的观察记录。

2007年：大小金川古战场考察

乾隆将平定大小金川作为自己一生极为自得的"十全武功"之一。但在两金川战役结束后的231年中，对于该战役的研究一直都停留在文献资料上。为填补史料空白，2007年6月10日至24日，北京故宫博物院、四川省文物考古研究院联合首次对该战役的发生地进行了有组织的实地考察。以故宫博物院收藏的《平定两金川战图册》为切入点，历时25天，行程2000多千米，在当地县文化局的积极支持下，初步完成了战图册涉及地名的古今考证，对解开两金川战役的诸多谜团有了突破性的推动，也为研究战争对地区文化的影响提供了有力的佐证。

2008年：川藏南线藏传佛教艺术与考古调查

2008年9月至10月，故宫博物院和四川省文物考古研究院联合进行了"川藏南线藏传佛教艺术与考古调查"。这是继2005年康巴地区民族综合考古调查以来，规模最大、人数最多、路线最长的一次综合考古调查。历时24天，行程5000余千米，新发现文物点750余处、国宝级文物2件、壁画45处、重大价值古遗址1处。此次调查极大地丰富了川藏南线的文化内涵，填补了康巴藏区早期遗址、明清佛教艺术、建筑遗迹的空白，重新审视了这些学术研究的盲点，也为四川地区第三次全国文物普查的顺利开展、全面摸清文物资源家底探索了野外工作思路、积累了野外调查方法、提供了若干重要线索。

2010年：五尺道考古探险考察

五尺道与长城、阿房宫、秦始皇陵、灵渠、直道、驰道并为秦朝七大工程，但是苦于没有确凿的证据，有关五尺道的学术争议一直无法解决。

2010年4月10日，由四川省文物考古研究院院长高大伦、研究员陈显丹、王鲁茂，国家博物馆考古部主任杨林，内蒙古博物院院长塔拉，陕西省文物考古研究院研究员焦南峰、张在明与南京师范大学汤惠生教授组成的考察队从成都出发，开始了国内针对五尺道进行的最大规模、最高规格的综合考古调查行动，行程4000公里，路经3省20余县，经过考古调查，初步确认了五尺道的开凿时代、走向，发现大批与古道路相关的遗址和遗物。

三星堆，一枚古蜀文明的"时空胶囊"*

三星堆遗址有多重要

光明日报：三星堆遗址被发现以来，就引起了世界考古界高度关注。它有多重要？

高大伦：三星堆遗址不仅在中国考古界，在世界范围内都非常重要，它丰富了我们对中国古文明的认识，也拓展了人们对世界古文明的看法。著名历史学家、古文字学家李学勤先生当年实地考察了三星堆遗址和两个已发现的祭祀坑后，激动地说，这个发现一点都不逊于安阳殷墟，在世界考古史上的地位堪比特洛伊、尼尼微古城的发现。

光明日报：我们知道，三星堆遗址在1929年就被发现，之后也做了一些考古发掘。

高大伦：是的。今年恰逢中国近代考古诞生100周年，三星堆遗址断断续续也有近百年考古发掘史，但其中以1981年至2021年的考古工作最为连续，又以1986年至2021年的一系列发现最成体系。1986年和2021

---

* 原文载于《光明日报》2021年6月2日。记者王斯敏、张胜、李韵、蔡侗辰、李晓东。

年两次发掘的共8个祭祀坑可谓意义非凡。

光明日报：您说三星堆遗址在中国乃至世界范围内都是极其重要的，如何证明呢？

高大伦：三星堆古城是一个城墙范围约4平方公里的大型都会，同时代的郑州商城也不过这么大。遗址里埋藏了距今4800—2800年间的文化堆积，而且这2000年的文化演进是连续不断的。三星堆祭祀坑的年代对应到中原地区，是商代中期，已迈入高度文明阶段。鉴于这里2000年文化堆积的连续性，可以说，古蜀文明就是在此孕育、诞生、成长、达到顶峰，然后开始衰落。

全国范围内，接近或达到文明阶段的都城级古遗址，如良渚、石家河、陶寺、二里头、偃师、郑州商城、安阳殷墟，大多是短短几百年，而且只存在于文明的某个时段，没有一处像三星堆遗址这样，埋藏了一种文明从孕育到衰落的完整过程。

三星堆铸铜技艺有多高

光明日报：光明日报官微发起的小调查结果显示，网友对三星堆出土的青铜器很感兴趣。

高大伦：三星堆祭祀坑出土的青铜器不但数量多，还不乏体量硕大、造型奇异、工艺复杂的器物。比如有整个青铜时代最高的立人像，高2.62米；有青铜时代最高最大的青铜神树，高3.95米；还有造型最为奇特的铜神坛，器身有22个圆雕高浮雕的人像和怪兽，高约53厘米。这些青铜器，一定程度上可以看作古蜀人人生观、价值观、世界观的物化反映。

光明日报：网友想知道："与同期中原相比，三星堆的青铜铸造技术达到什么水平？"

高大伦：从数量上看，商中期至周早期，中原出土青铜器的总数在1万件以上，而以三星堆遗址和金沙遗址为代表的古蜀早期文明出土的青铜器总数目前不超过500件。从器种上看，商周青铜器种类丰富，古蜀国青铜器种类则远逊于前者。从工艺上看，商周青铜器更精致细腻，古蜀国青铜器要粗糙一些，比如，虽然商的后母戊鼎和三星堆青铜神树重量都超过800千克，但后母戊鼎器身重量在600千克以上，系一次浇铸而成，青铜神树却是树干、树枝分拆成至少10个部分浇铸，前者的难度系数远大于后者。总体看来，商周青铜器数量大、种类多、厚重精致，代表同期青铜工艺最高成就；古蜀青铜器器少而工巧，富于想象，辅以特殊工艺（如贴金），以奇制胜。

需指出的是，三星堆青铜器一出现就呈现较成熟的技术水平，这说明它是从别处学到了青铜器铸造技术。从相关证据链来看，这个"别处"主要就是中原的商朝。

三星堆文明有多发达

光明日报：很多人都在关注，三星堆为什么尚未发现文字？

高大伦：我们不妨反过来思考：三星堆为什么必须有自己的文字？以周为例，其当盟主时，文明发达程度应强于蜀。但周人并未另创文字，周文明显然使用了商的全套文字系统。

我大胆推测：三星堆如果有文字，极可能会是在新发现祭祀坑出土的青铜器上铸有商系统的铭文或族徽。这样说的依据是，20世纪80年代，广汉文管所曾收集到一件出自三星堆遗址的商代青铜瓟形尊，在其底部圈足内有一"潜"字。退一步说，若真在祭祀坑里发现了与春秋后出现的所谓巴蜀文字相同的符号，如果没有同时写有商系统的文字，我们也很难破译这些符号，甚至难以断定它究竟是不是文字。

光明日报：网友们对三星堆与中华文明的关系颇为关注。比如@西风小分队就希望专家勾勒一下三星堆在中华文化中的位置。

高大伦：有一种说法认为，三星堆的发现将中华文明史提早到5000年前，又据祭祀坑出土青铜器论证三星堆比中原还早1000年进入青铜时代。这实在是个误会。

20世纪初，殷墟甲骨文的发现，将中国有文字记载的文明史推到3000多年前；20世纪中期以后的考古发现，使考古学界大多数学者认可了约4000年前的夏的遗存；20世纪后期特别是21世纪以来，以良渚、石峁遗址为代表的新发现，将中华文明诞生提早到5000年前。但这都发生在黄河和长江中下游地区。

而成都平原，截至目前，只在其边缘地带发现一两处5000年前的遗址，从文化堆积看，其文化发展水平比同期的中原落后很多。三星堆遗址虽有约4800年历史，但并不等同于有近5000年文明。直到商代早期，成都平原还看不到多少文明的积极因素。三星堆乃至成都平原、巴蜀地区，考古发现青铜器的最早时代是商代中期，那时的中原已有好几百年青铜器铸造史了。

光明日报：三星堆遗址在长江文明中处于何种地位？

高大伦：长江文明是考古学界特别是长江流域考古人几十年探索的重要成果。20世纪60年代以前，大家都认为中华文明摇篮在中原。20世纪70年代后，长江流域也有古老文明渐成学界共识。但是，与中原古文明以河南为中心不同，长江文明中心在不同时段有所转移：5000年前，在长江下游江浙一带，以良渚遗址为代表；4000年前，在长江中游湖北一带，以石家河遗址为代表；商代中期到西周早期在成都平原一代，以三星堆、金沙遗址为代表；西周晚期到战国又转移到长江中下游一带，以楚文化为代表。所以，准确表述应为：三星堆是商晚期（3300年前，以三星堆祭祀坑为代表）到周早期（2800年前，以金沙遗址为代表）的长江文明中心。

光明日报：听了您的介绍，我理解，三星堆就是一枚古蜀文明中的"时空胶囊"。今天，我们打开胶囊，看到诸多前所未见的颗粒，产生大量未解之谜，需以后续研究来释读这些颗粒中的信息，完善人们的认知。

高大伦：这个比喻好！既有发现虽然解开了古蜀文明最大的

谜——确认了早期古蜀国的存在，但还有更多谜团。比如，青铜器作坊、玉器作坊、大型墓地、宫殿区、蜀王陵在哪里，玉器和青铜器的原料来自何处，古蜀国势力范围究竟有多大，等各种问题都有考古发现可供研究时，我们对古蜀文明以及它与夏商文明关系的认识会更加深入、全面。

总之，以三星堆为代表的中原周边地区，在夏商时期加快了与中原文明融合的步伐。夏商文明强烈辐射周边，推动了周边地区的社会发展进程；周边文化也滋养着夏商，使以中原为主体的夏商文明更加丰富多彩。三星堆的发现，更加彰显了中华古文明多元一体的特质，是中华古文明充满活力、长盛不衰的秘密之所在。

筚路蓝缕铸就重大考古新发现
博大精深展现中华文明新亮点*

延伸历史轴线　增强历史信度　丰富历史内涵　活化历史场景
2021年中国考古新发现亮点纷呈

中国社会科学网：首先请您为我们简要分析一下今年入选中国考古新发现的项目有哪些特点？或者说有哪些值得特别关注的看点？

高大伦：中国幅员辽阔、历史悠久、文化灿烂，为人类文明进步做出了巨大贡献。近几十年来，中国特色社会主义事业发展迅速，基础建设高潮迭起，这为我国考古事业的大发展提供了难得的历史机遇，丰富的地下文化遗存不断出土充实着考古大国的学术根基，每年的中国考古新发现是这种学术态势的集中呈现。近些年来，中国重大考古新发现特别多，有些堪称世界级的重大考古发现。比如，土司遗址、良渚古城遗址、彭山江口沉银遗址、石峁遗址、海昏侯墓、大云山汉墓等。

看到2021年中国考古新发现入围和获评的名单，我认为好几个类项目学术成果在伯仲之间，难以取舍。2021年中国考古新发现尤其特

* 原文载于2022年3月28日中国社会科学网http://www.cssn.cn/skgz/bwyc/202208/t20220803_5467214.shtml。中国社会科学网记者齐泽垚采访。

高谈生楮集

别，我若说四川稻城县皮洛旧石器时代遗址、四川广汉市三星堆商代遗址、陕西西安市江村大墓是世界级的考古大发现，赞同我看法的诸君想来不在少数。但是，江村大墓没选进入选项目，既在意料之外，也在意料之中，唯一的原因那就是其他入围的项目都太强了。

2021年中国考古新发现还有个特点就是老遗址里的新发现。三星堆商代遗址、郑家湖战国秦汉墓地都是著名的遗址，分别在二十世纪七八十年代曾耀眼全球，当年若有这样的评选，我认为它们会毫无悬念地获评。这启示我们要更多坚持老遗址的考古工作，放眼世界，国外很多著名的遗址一两百来年都坚持做考古发掘的也不在少数。实际上我国许多国保、省保遗址面积大而文化堆积复杂，我国考古起步晚，即使第一个设立考古工作站的安阳殷墟遗址，到今天也不足百年。三星堆遗址有考古工作站的时间也不到40年历史。三星堆和殷墟这两个遗址的面积之大，到今天为止所做的发掘面积不过冰山一角。相信还有大量未知历史文化信息等着我们去发掘。随着田野考古发掘工作的开展，我们有理由期待很多早先发现的遗址，今后传来更多令人惊喜的新发现、大发现。

优中选优　引领学术
中国考古新发现越来越受到学术界和公众的期待和好评

中国社会科学网：中国考古新发现的评选活动越来越受到全国民众的普遍关注，中国考古新发现评选对于中国考古学研究有何价值？

高大伦：各行各业都在评奖，科学与文学奖项如诺贝尔奖，电影奖项如奥斯卡奖都是著名奖项。中国考古新发现的评选，对促进考古学学科发展、普及科学知识、活跃文化事业的效果非常明显。党和政府对考古事业高度重视，全国人民对考古专家充满敬意，原因是多方面的，考古行业整体表现非常出色，但其中，持续的公众考古活动和这两项评选所起的推动作用尤其不能低估，更不该被忽略。评奖对学科发展给予了方向性的正确引导，对单位的成果给予充分的认可，对专家的贡献给予令人羡慕的荣誉。

考古事业处于高速发展时期，考古工作需要受到更多的重视，尤其需要得到理解和支持，以考古评奖为抓手的活动，促进了考古事业的健康发展和不断壮大。获评"中国考古新发现""全国十大考古新发现"的遗址，文物往往能受到更好的保护，获评项目一般都能进入省级以上的文物保护名录。获评项目还能促使地方政府更加重视文物保护，很快就建起博物馆的不在少数，还有的被列入世界遗产或世界遗产预备名单，甚至直接助推国家申遗成功。

评选产生经济溢出效应也值得谈谈。文物是国家重要的资源。这些资源只有当发现并开发利用时才产生价值，在得到"中国考古新发现""全国十大考古新发现"一类奖项后，由于其价值在专业上得到权威认定和品牌知名度的提高，给该遗址或文物带来很大的增值，迅速形成产业，吸引来的游客与此前相比，呈几何级数的爆发性增长。又如，四川白酒作坊遗址群因获评全国十大考古新发现等荣誉进而催生的国窖1573、水井坊、天益老号、永乐古窖等新品牌，大家已耳熟能详。在全国白酒大打历史文化牌的激烈竞争中，四川因一系列酒坊的考古发掘，握了一副好牌，甚至"王炸在手"，所以能一直立于不败之地。获奖为白酒一直稳坐四川经济支柱产业位置做出了特殊的贡献。

踔厉奋发　笃行不怠
更加清晰、完整、完美呈现中华文明的独特魅力

中国社会科学网：我们应该采取哪些有效的理念、措施、手段进一步做好考古成果的挖掘、整理、研究、阐释工作？

高大伦：获奖成果的利用应进一步引起高度重视。考古行业机构缺编，专业人员发掘任务过于繁重，发掘报告积压过久，影响了发掘文物的及时利用。早在2000年前后，国家文物局曾专项治理，列出100本重要报告，限时三年完成，此后报告整理出版工作确实是加快了。如果

我们做个统计，进入21世纪后，考古报告的出版数量每年都在增加。不过，我们每年发掘的遗址增加似乎更快。这就给人造成考古报告积压过多的印象。当然，不管怎么说，与发掘项目的数量相比，发掘报告整理出版速度并不理想。要根本扭转这一现象，得要实施系统工程，拿出综合整治方案。

首先要把考古院所当作科研学术单位。科研学术单位实行项目（课题）管理制、年薪制，给项目负责人充分的人权财权，让他们能科学合理安排整理进度。有轻重缓急，重要的研究和利用价值高的报告要优先整理。给重要报告整理人以相对集中的时间安排等等。

其次，建立以报告为导向的业务考核标准。考古是科学，科学最重要的是发现，看看诺贝尔评奖，每年自然科学的获奖人都是发现了什么什么。考古最重要的也是发现。没有发现，后续工作何从谈起。20世纪90年代初，李学勤先生第一次到四川三星堆看了祭祀坑的发现后就对发掘主持人说，若按国际同行通行的评价原则，你们已经是国际著名考古学家了。在场听讲的我当时还有些似懂非懂，现在回想起来，我以为李先生是在借此说明考古发现在考古学科中的重要性。当然，我以为，所谓发现至少应包括"调查—发掘—整理—田野报告"这几个环节，它们共同构成为一个比较完整的发现体系。

考古报告出版无疑是最重要最权威的考古成果，但今天成果公布方式多元，在田野综合报告无法及时完成的情况下，文物图录、遗址数字化资料、系列简报、初研论文等都是可以去做的。当然，工地和工作站能对外开放，在博物馆做一个有影响的大展，既是成果及时公布，也是价值的生动体现。2016年，四川省文物考古研究院把当年才结束野外发掘的向家坝水库考古成果（获评全国十大考古发现）在宜宾博物馆做了个汇报展，仅3个月的展出时间，观众人数竟创造了宜宾历史上同类展览的最高纪录。为满足社会观众的需求，地方政府曾在展览期间专门增设了公交路线和车辆。

最后要说的是，即使以上设想都能实现，我们的考古报告整理慢，成果公布跟不上社会要求的局面还是无法得到根本性扭转。扩编和增加待遇也是治标而已。要使其得到根本性转变，建议有关管理部门积极改革，抓大放小，允许社会设立考古发掘公司，主要从事基建考古中的一般性遗址的发掘，国家的公立的考古院所以科研和管理为主，主要负责重要的考古发掘以及学术研究。英国在30多年前开始尝试这样的做法，几十年摸索过来已形成一套完整的管理体系，运行效果也不错。比如，平均每年有大小5000多个发掘项目，发掘的报告一般2—3年就能刊布。有兴趣的读者可以参考南方科技大学主办的《遗产》第5辑（2021年）上的《商业考古在英国的诞生运营及前景展望》一文。

奋楫扬帆　击鼓催征
铺展中国考古新百年的壮美答卷

中国社会科学网：中国考古学已经走过了百年历程，百年考古正青春，百年考古启新程。在中国考古学新的百年之路上，要更好认识源远流长博大精深的中华文明，必须要建设中国特色中国风格中国气派的考古学学科体系、学术体系、话语体系，我们应该着重在哪些方面用功发力，交出中国考古新百年的完美答卷。

高大伦：我以为，综合来看，最近几年考古行业所形成的显著变化让我们考古事业处于百年来最好的时期。中国是文明古国，自20世纪后半叶开始，我们已然跃居考古发现大国。坦率地说，中国特色、中国风格、中国气派的考古学还有待我们去努力去建设，至少目前还在形成过程之中。

我以为要实现"建设中国特色中国风格中国气派的考古学，更好认识源远流长博大精深的中华文明"宏伟目标，主要应该在加大人才培养、强化科学研究和加快成果应用等方面多着力。百年之计，在于教育。中国的高校考古要为考古事业的远大目标源源不断地输送所需专业人才，新培养的人才要有更广阔的国际视野，既能从中国看世界，也能从世界看中国。为此，像北京大学考古文博学院这样的考古人才培养院校可以考虑另辟专业新方向，如设立世界考古系以及若干世界古文明教研室。而邻近周边国家的设有考古院系的高校宜尽快设立区域国际考古教研室一类机构。在国家级考古研究机构，如中国社会科学院考古研究所可以设立几个古文明研究中心，并在多国多点开展考古发掘研究。既要紧跟国际新理论、新方法、新技术，还要大胆构建自己的理论体系，实验新方法，运用新技术。国际合作要更加解放思想，要更多欢迎外国考古学者来中国发掘、研究、讲学。这样，我们的考古才不会就中国说中国。至于成果应用方面，要以更加开放的心态对待各行各业利用考古成果的人。如同不宜用历史考古学科标准去评点《封神演义》《西游记》《三国演义》这类文学作品的是非一样，反之，若有人用非历史考古学的标准来点评我们的成果，也不必兴师问罪。考古成果的应用对考古人来说最可能做的是文物的展示。一般来说，考古人对发掘文物内涵的理解最深，所以在与发掘文物相关文物展览、博物馆建设、遗址公园规划、文创产品开发等相关方面最有发言权，应该是承接这些项目的主体单位和主创人员，理应当仁不让。但要记住很重要的一点是，考古人有自己的主业，本身工作已十分繁重，我们不能过多要求他们成为文物以及文物相关专业里的门门通，相关专业的样样精。大家常说，专业的事交给专业的人去做。考古也不例外。

结　　语

考古学是人民的事业，人民的事业最终要服务人民。考古学人一定会深入学习贯彻习近平总书记关于考古文博事业的系列重要讲话论述精神，牢记重托、不辱使命，奋楫扬帆、击鼓催征，做好考古学发掘、研究、阐释、宣传等全方位的工作，让人民群众共享考古成果。百年考古正青春，百年考古启新程，在中国考古学迈向新百年的宏阔征程上，中国考古学人必将在党的旗帜下绘就崭新的百年画卷。

五千年文明巴蜀大地探新知
三星堆遗址惊天发现耀寰宇*

探索未知、揭示本源

三星堆商代遗址祭祀区考古发掘取得重大突破

中国社会科学网：首先请为我们简要梳理一下2020年以来三星堆遗址考古发掘取得了哪些突破性成果？

高大伦：1986年发现两个祭祀坑的区域，到2000年前后，地方政府因旅游开发之需，在其上覆土复原了两个祭祀坑供游人参观，一直到2019年才将地面建筑拆除，刨去覆土，重启发掘，于是在这片区域有了新发现的六个坑。这六个坑的发现取得的成果，主要有以下几个方面。

它是1986年发现两个祭祀坑之后古蜀文明最重要的发现。1987年以后至今，三星堆遗址的发掘收获是多方面的，从大的方面而言，发现了东西南北可以互联合闭的城墙和大城里的数座小城，揭露出了位于城

* 本文为中国社会科学网"社科圆桌"栏目多人论谈节选，原文载于2022年4月19日中国社会科学网"社会圆桌"http://arch.cssn.cn/kgx/ycsf/202204/t20220401_5401862.shtml。中国社会科学网记者齐泽垚采访。

西北角的大型建筑基址，发掘了城外的墓地，全面勘探并基本弄清了遗存的文化堆积和城市的功能布局，等等。这些成果，为我们确认三星堆遗址的年代和文化堆积形成过程，揭示三星堆所代表的古蜀文明的文化内涵意义重大。他们和祭祀坑的发现共同构成了有内在联系的较为完整的遗存体系。这些发现，有助解开八个坑所涉及的许多扑朔迷离的重大学术问题。三星堆遗址近百年的考古发现中，祭祀坑是最重要的。而祭祀坑又是时隔三十年分两次发现，两次发现都很重要，打比方来说，1986发现两个祭祀坑是石破天惊，这一次是锦上添花，而且是花团锦簇！

第二，大大地丰富了三星堆古蜀文明的文化内涵。1、2号坑出土的两千件以上文物，加上3—8号坑的数千件文物，全部发掘结束估计会获得上万件的各种文物标本。虽然新发现的文物标本有相当一部分和1、2号坑种类、形制相同，但也有不少新器种、新器形。通过解读上万件文物所承载的丰富的历史文化信息，能更全面、更深入地认识博大精深的古蜀文明。

第三，因3—8号坑的发现，1—2号坑发现后所引起的一些学术争论渐趋达成共识。例如，关于三星堆古蜀文明在中国早期青铜时代的地位、几个坑的性质、时代、若干代表性器物的定名，等等。

第四，三星堆遗址新发现给学者和社会带来了无尽的遐思和更多的期待。三千多年前，在我们的大地上居然有如此奇特的古文明，三星堆人的想象力似乎远超其时代，他们艺术作品为何如此夸张？由此我们期待学者尽快公布发掘成果，文物尽快在博物馆展出，找到更多的祭祀坑，甚至期待尽快发现贵族大墓和蜀王陵、大型青铜器冶铸作坊等。

多元一体源远流长

三星堆青铜文化深受中原文化影响

中国社会科学网：作为文明起源的三大标志之一，青铜器在研究中国古代早期文明中具有非常重要的作用。三星堆出现了很多造型奇特的青铜器，如青铜神树、铜立人、青铜大面具等，对于这些独特青铜器型的来源多有不同观点。我们应该怎样认识三星堆独特的青铜文化？

高大伦：考古学家把青铜器的有无作为判断一个文化是否进入文明时代的硬指标之一。三星堆祭祀坑里发现了大量的青铜器，而且制作精美，造型奇特夸张，有的还硕大无比。拿青铜器这个指标来对标，显然他已进入文明社会。对三星堆祭祀坑出现大量青铜器和奇特夸张的造型，可以从两个方面来看待。

一方面，根据大量发现和研究，中华文化圈早在5000年前就在向核心区域趋同演进。约4000年前，正式迈进青铜时代，代表性的器物是二里头文化晚期出现了造型比较复杂的青铜容器，再经过500年左右的发展，到商代晚期，青铜铸造技术达到青铜时代的巅峰，仅从数量上来看，据不完全统计，考古出商代青铜器有六七万件以上。而在成都平原，出现青铜器最早在商中期，比中原整整晚了约500年，三星堆祭祀坑数百件大大小小的青铜器面世，因是突然出现，合理的解释是，其青铜器冶铸技术不是原发性发明创造，而是从中原传来。古蜀文化早期（夏—西周）遗存，到今天为止，出土青铜器估计不会超过500件，数量上不足中原商代的百分之一。从铸造工艺来观察，推测是商造或长江中下游传入（如尊、瓿），工艺都比较精湛，看起来是蜀人自己铸造（如神树、人头像），工艺则相对要粗糙一些。如果再结合文字的发明和使用，城市功能布局的复杂性等要素来考察，可以肯定地说，当时在中国，甚至包括整个东亚地区，是以河南为中心的夏商创造发展了最辉煌的青铜文明。

另一方面，三星堆青铜器给人的印象十分深刻，他的造型奇特而夸张，这是由他们和商人有不同的生活、文化、习俗等因素所造成。比如，商人已有发达的文字，传统研究中总结的创造文字所谓"六书"法，在甲骨文中都已具备。有些思想能用文字符号表达，自然就会弱化造型艺术。还包括文化习俗差异，商重礼嗜酒，所以铸造了大量的容器特别是酒器。而蜀重巫崇祖，因而有了神坛、神树、纵目面具一类器物。其实说到抽象表达，甲骨文里很多文字不比三星堆的器物逊色，只是各个文化的艺术侧重点不一样。无论如何，环顾商殷四周，三星堆古蜀文明独步长江及更南的广大区域是不争的事实。三星堆这些青铜器是其同时代造型艺术的最高成就，其所塑造的既有祖先形象（纵目面具）、宇宙模型（神树），也有生活劳作、大型仪式场面等，对他们的解读将会尽可能地接近复原古蜀时期文化、习俗、审美追求的方方面面。

交流互鉴融为一体

瑰丽多姿的古蜀文化为中华文明增光添彩

中国社会科学网：瑰丽多姿的古蜀文化为中华文明增光添彩，作为古蜀文明的标识性文化——三星堆文明在形成和演化过程中与中原文明、长江中下游文明等产生了怎样的互动和交流？

高大伦：文明不可能孤立孕育成长起来，一定是在文化交流传播互鉴中产生和发展。三星堆遗址所处的时代，在中原是夏商周时期，一个有趣的现象是，古蜀文明高度发达时期（三星堆祭祀坑时代），也和中原文明巅峰期（商中晚期）同步。夏商文明影响远至千里之外，蜀和夏商周之间、蜀和蜀以南以西的其他文化没有交往才会令人奇怪。根据现在的发现来看，三星堆祭祀坑里商因素不是从天而降。早在4000多年前的新石器时代晚期，长江中下游的文化就强劲西进，进入成都平原。二里头到早商时期，三星堆遗址里与夏文化典型器物相似的器物更是大量成套出现，反映出非同一般的联系和影响。至于在祭祀坑里出土商式铜器、玉器，更是统治阶级上层密切交往的重要物证。至于他们文化传播的方向，在安阳、郑州、洛阳、湖北、重庆、四川宜宾等地陆续考古发掘的相关发现实物足以支撑，串起一条清晰的路线。这条路线从武汉起沿着长江西进，到宜宾转入岷江，最后到成都平原扎根。在谈到外来因素时，从三星堆遗址和新老祭祀坑里都隐约可见西北的龙山文化晚期（石峁遗址）、齐家文化的影响。新的祭祀坑里也许还可以找出些许来自西南甚至更远到东南亚、南亚等文化因素。但是，与来自中原和长江中下游的文化相比，三星堆遗址特别是祭祀坑里，其他方向的文化影响明显偏弱。文化在传播中总是有交流互鉴的，不会是单向传播。目前我们所见到的是三星堆文化在其鼎盛时期也在极力四处扩张，湖北宜昌（小平底罐、高柄豆）、贵州赤水（玉牙璋、高柄豆）、云南晋宁（有领玉璧）、重庆江津（高柄豆）、四川宜宾（高柄豆）、四川汉源（高柄豆）等地都发现过与这一时期相关的文化遗存，西南方向最远的影响可达越南河内附近。越南出土的相关遗存最为丰富，有玉器、陶器、石器，器物级别也最高（陶豆、玉牙璋、有领玉璧），这透露出两地交往密切，同时也提醒我们，相距上千公里的两地之间应该还有若干个重要中继站点有待调查发现。对三星堆影响最大的商文化核心区的河南境内，历年发掘了无数的墓葬遗址，但并未明确确认有来自成都平原文化的蛛丝马迹。对此能给出的解释是：与商文化相比，蜀相对处于弱势地位。更多更深层原因有待更深入的研究，寄希望于更多的发现。

深入发掘、研究、阐释三星堆文化

更好认识源远流长博大精深的中华文明

中国社会科学网：为了使我们能够更好认识源远流长、博大精深的中华文明，未来应该怎样更好地发掘、研究、阐释、宣传三星堆文化和古蜀文明？

高大伦：1987年后，2019年以前，说三星堆还有祭祀坑，对我们四川考古人来说并不太感到意外，而且我们一直就是这样认定的。记得2016年的"三星堆祭祀坑发现三十周年纪念暨古蜀文明国际学术研讨会"上，我们就明确告诉全世界，我们坚信还有祭祀坑没被发现。这次新发现特别出乎大家意料的是又发现的祭祀坑竟然有6个之多!而且是一次性发现。三星堆文化独特，2个祭祀坑发现后，一直都是海内外关注的焦点。这次新发现，恰逢国家最为重视考古事业，考古与文化自信联系最为紧密的时期，加上当今信息传播迅速，新闻传播手段多样，特别是中央级媒体如央视、央视频数天连续直播，《人民日报》《光明日报》《中国文物报》持续报道，收看阅读人数达到史上同题材之最，这当然是大好事，与此同时，也对考古工作提出了新的更高的要求。三星堆遗址很大，因为祭祀坑的新发现，以前发掘研究规划理当有所调整，以解决学术问题为导向，重定轻重缓急，作出更长期和更科学合理的发掘规划。现在，无论同行还是社会，对三星堆工作肯定更加关注，工作站在确保质量的前提下，理当加大修复力度，加快整理进度，让发掘成果尽快出版，文物尽快搬进博物馆，早日和社会观众见面。一个分布面积一千万平方米的遗址，历年发掘面积总共到两万平方米，继续发掘的任务还很重，应适当增加发掘面积。遗址是工作的核心和重点，但遗址里的很多学术问题，仅靠遗址发掘远不能找到圆满答案，工作站的考古调查和发掘，应该拓展到遗址以外，要有更广阔的学术视野，跳出遗址看遗址，跳出四川看四川，甚至从东南亚、从西亚、从世界来看三星堆。既宜早续上在越南的考古发掘，也可以邀请越南、伊拉克、叙利亚、埃及的考古学家来三星堆一起发掘、研究。在考古成果的阐释上，先编好专业的田野考古报告，让专业人士做专业的研究。

世界考古需要中国方案[*]

"考古热"彰显文化自信

人民日报：这些年来关心我国每年十大考古新发现评选的人越来越多。去年三星堆遗址祭祀区发掘，中央广播电视总台和地方媒体长时间多次直播，一时间似乎出现了一种"满城争说三星堆，不懂考古没文化"的氛围。您怎样看待这个现象？

高大伦：这是文化自信越来越强的重要体现。

习近平总书记强调："文化自信，是更基础、更广泛、更深厚的自信，是更基本、更深沉、更持久的力量。""中国有坚定的道路自信、理论自信、制度自信，其本质是建立在5000多年文明传承基础上的文化自信。"考古工作是一项重要的文化事业，也是一项具有重大社会政治意义的工作，我们必须高度重视考古工作。用事实回击对中华民族历史的曲解，为弘扬中华优秀传统文化、增强文化自信提供坚强支撑。

仅就今年的参评项目而言，首先，不但文物精美，而且数量庞大。如三星堆祭祀区，当年只发掘两个坑，出土文物就已经惊动天下。

* 原文载于《人民日报（海外版）》2022年4月14日。《人民日报》记者卫庶采访。

我们一直坚信还有坑，并在极力寻找，但没想到会发掘出6个装满精美文物的大坑。又如，陕西阳陵陪葬坑的丰富令人叹为观止，而西安江村大墓又再现了阳陵的那一幕，甚至有过之而无不及。

其次，参评项目学术含量高。四川稻城皮洛遗址是青藏高原考古发现的遗址面积最大、地层保存最完整、文化类型最丰富多样的旧石器时代遗址，这是世界上首次在高海拔地区考古发现典型的阿舍利技术体系遗存，填补了该地区乃至青藏高原旧石器时代考古的空白。湖北云梦郑家湖战国秦汉墓地从一个侧面反映出秦汉帝国的文明一开始起点就很高。江西樟树战国墓、甘肃武威吐谷浑王族墓群则表现出中华文明的复杂多样。

考古大国当之无愧

人民日报：大家知道，近代考古学18世纪末起源于西方。当西方学者在埃及、两河流域、希腊、意大利、土耳其等地大肆挖掘并取得一个又一个轰动世界的发现时，中国田野考古尚未起步。然而，经过几代考古人接续奋斗，中国考古工作取得了重大成就，延伸了历史轴线，增强了历史信度，丰富了历史内涵，活化了历史场景。今天，我们已经成为考古大国。抚今追昔，放眼世界，从近年中国十大考古新发现来看，您认为中国考古具有哪些特点？

高大伦："100年来，几代考古人筚路蓝缕、不懈努力，取得一系列重大考古发现，展现了中华文明起源、发展脉络、灿烂成就和对世界文明的重大贡献。"习近平总书记在仰韶文化发现和中国现代考古学诞生100周年之际发来的贺信，令全国考古工作者备感振奋。

我们把1921年在河南渑池仰韶村发现的仰韶文化作为中国现代考古学的诞生之年。但真正由中国人独立主持考古发掘，则是始于1928年河南安阳殷墟发掘。当时之所以选在殷墟，就是希望通过科学的考古工作发掘出以甲骨文为代表的殷商文化，把有文字记载的中国历史从公元前841年再往前追踪。殷墟发掘很快就达到目的了。从这个意义上来说，中国考古自诞生之日起就肩负着探索中华文明起源和形成发展路径的重大使命，直到今天始终坚持着这一理念。即使在抗日战争时期，考古机构和考古学者们转移到大后方以后，仍然在极其艰苦的条件下，在四川、重庆、甘肃等地继续进行资料整理和调查发掘。除了少数几个重要考古发现外，中国绝大多数重要考古发现都是在20世纪50年代以后，这时，几大文明古国的考古大多已走过了发现的黄金时期。国内外公认，20世纪50年代起中国迈入考古的黄金时代，但连续不间断的大规模发掘则是从进入改革开放新时期开始。如果说之前是中国考古的黄金时代，那改革开放以来可以说是中国考古的铂金时代。

从这三十多年来评出的300多项考古新发现来看，我们会发现：第一，重要考古发现涉及地域广阔，东起黑龙江省、西到新疆维吾尔自治区、西藏自治区（今年就有两自治区考古项目入选十大新发现），北起阴山两侧，南到南海之滨。这些项目地域分布之广、地形之多样、气候环境之复杂，是其他几大文明所不具备的。第二，考古年代上至数十万年的旧石器时代，下到清代，个别延伸到民国时期，时间跨度很长。第三，考古发现种类繁多，既有农业起源、动物驯化，又有陶器、玉器、铜器、铁器作坊，还有城市、宫殿等诸多文明起源的实证。在文明早期，既有往文明中心汇集，又有向文明四周扩散的文化互动大量例证；既可见到走向大一统巅峰汉唐时期的许多代表性遗址，也可见到各时期不同族群的文化在中华广袤大地的剧烈激荡或徐徐融合的墓葬。最近十多年，宋元以后的许多发现（如瓷窑、沉船、酒坊、官衙）也评上十大考古发现，这唤起了对晚期文化遗存的关注，也丰富了对文化多样性的认识。

在中华大地上，从新石器时代早期到明清将近一万年的漫长岁月，考古人以手铲为工具，一铲一铲地将我们祖先文化发展的壮丽画卷逐一揭示。在没有文字的文明早期阶段，考古工作者让遗迹遗物说话，尽力从发掘中找到更多的信息。进入有文字记载的历史阶段，通过考古发掘证经补史，让历史更生动鲜活。有专家说，那么多的发现，从一定意义上来说，仅靠考古资料就可以写出一部既有宏大叙事也有细微观察的"中华大通史"。环顾全球，恐怕难有哪个国家能做到吧。我认为，我们是当之无愧的考古大国。

建设中国特色、中国风格、中国气派的考古学

人民日报：习近平总书记曾对全国广大考古工作者提出殷切期望："努力建设中国特色、中国风格、中国气派的考古学，增强中国考古学在国际考古学界的影响力、话语权。"您对此怎样理解？

高大伦：这是一个意义重大的任务，已经有不少专家学者发表过真知灼见。

我的理解是，中国特色、中国风格、中国气派三者是互相联系、不能割裂的。中国考古已经有百年历史，教育、科研、管理自成体系，队伍庞大，田野发掘点遍布广袤大地，遗址时代纵贯万年，出土文物标本数以亿计，研究成果汗牛充栋，其成就早已被世界关注，应该好好总结其成功的经验。

先说考古学的中国特色。

考古工作由国家主导、有长远规划是我们的一大特色。自20世纪50年代中期至今，体现国家顶层设计、每五年编制一次的文物考古规划已连续进行了快70年。

从20世纪50年代初期起，国家考古就是以基本建设工程考古为主，这是我们的又一大特色。中华人民共和国成立后，相当长的时间内，建设是国家的主要和重点工作。所以，文物管理部门确立的文物工作方针在考古方面来说是以配合基本建设的抢救性发掘为主。为此，立即让大学办考古培训班，各省很快成立文物工作队（考古院所前身），从湖南和四川两地拉开了大规模基建考古的序幕。基建工程考古一直延续到今天。早期是公路、铁路、大型工厂、农田基本建设，后来是大型

水利工程、城市改造、高速公路、高速铁路。基建考古发掘占了考古发掘总面积的95%以上。由于建设是在全国全面铺开，所以我国从20世纪50年代初起从中央到省、地、县都陆续成立了考古机构。又一特色是，考古发掘从来不以"挖宝"为目的，几十年咬定大目标——中华文明的起源和形成发展过程及特点的探寻。从早期的殷墟发掘，到后来的"夏商周断代工程""中华文明探源工程"，乃至正在进行中的"考古中国"都是围绕这一主旨。

次谈考古学的中国风格。

在服务于国家建设的大原则背景之下锻炼成长起来的考古队伍，一开始就有浓烈的中国风格。这种风格可以用高、快、全三字来概括。高，即田野考古水平高。因数十年持续不断的基建考古发掘，锻炼出了一批考古调查发掘水平极高的队伍，能胜任各种复杂地形、丰富文化堆积遗址的调查发掘；快，即发掘工作进度快。据我所知，国家大型基本建设中的考古发掘工程都能保质保量按期完成；全，因为是基建考古为主，很多考古机构是遇到啥挖啥，有的考古队员昨天刚结束一个新石器时代遗址发掘，今天又被派去发掘唐宋墓甚至清墓，角色转换很快。此外，有些考古工作者还参与编制文物保护规划，提出文物展示利用方案，堪称全能型选手。

再谈考古学的中国气派。

在制度加持下，我们的考古可以做到全国一盘棋。重大发现从发掘、整理到展示统一协调，整理成果早发表，博物馆快建成。例如马王堆出土文献和云梦秦简的整理、秦始皇兵马俑博物馆和海昏侯国遗址博物馆的建设都不超过五年。

中国气派体现在大型基建工程中的考古大联合、大协作。如三峡库区考古工程、南水北调考古工程，这些考古工程勘探发掘面积数百万平方米，涉及数省，调集全国数十家考古机构集中会战，都能在限定时间内高效完成，反映了考古队伍很高的业务水平和领导单位强大的管理协调能力。又如，制定具有全国总结性、能带动全局业务提升的指导性课题并努力实施。由国家制定集中全国相关机构专家联合攻关的"夏商周断代工程""文明探源工程""考古中国",都取得了丰硕成果。再如,为申遗工程特别设计考古项目。为高句丽、大运河、丝绸之路、良渚等遗址申遗而组织的考古工程,定向作业,成效卓著,令国内外对中国考古刮目相看。再如,20世纪70年代后期起,中国考古出土文物不断漂洋过海,走向世界。以考古出土文物为主体的一系列大展特展,如兵马俑展、三星堆展、青铜文明展、瓷器展、长城展、中国考古黄金时代展、汉唐文明展,每到一地,观者如潮。在国内,考古出土文物支撑起了大多数博物馆的展厅。

中国气派还表现在,进入21世纪后,中国考古迅速走向世界。当前,中国考古工作者在亚洲、欧洲、非洲、拉丁美洲的二十多个国家和地区开展大量联合考古项目。

世界考古需要中国方案

人民日报:文明需要互鉴,文明研究也需要互鉴。从这个角度来说,您认为如何进一步加强考古工作和历史研究?

高大伦:世界考古需要中国方案。这个中国方案就是中国特色、中国风格、中国气派的考古学。

首先,我们要对过去百年来的中国考古进行全面系统深入的总结。百年考古,我们经历了从无到有,从小到大,从大到强,从借鉴学习到自成体系,有许多需要总结的地方。总结是为了更好地前进。接下来要做的,是早日形成中国自己的考古理论方法、技术体系。过去相当长一段时间内,我们是把西方的考古学理论和技术体系直接搬过来套用。但已经壮大起来的中国考古学,面对的可能主要是与其他古文明起源形成模式和发展路径不同的遗存,发掘、观察、保护、整理、研究、利用都可能需要新的理论方法指导和新的技术手段。在研究方向上,要更大胆地将考古发现和丰富的历史文献相结合;在具体结论上,要吸收多学科方法成果，更小心谨慎地求证。

其实，以上方面，中国学者早就在努力探索。比如考古学文化命名；年代框架、区系类型和"重瓣花朵"模式的构建；从文化到时代的认知；从聚落—酋邦—方国—王国到帝国；关于文明发生时间的提前、文明起源的新因素、文明综合特征以及东西方文化交流等，都进行了广泛而深入的思考和研讨。以上研究都引起了国际注意。热切希望更有前瞻性和普遍指导意义的理论方法早日诞生在中国。

要以更开放的心态、更积极的行动开展国际合作。中国考古人要更多地走出去，也要把更多优秀的国际考古专家请进来。走出去，主要是到周边国家考古，到几大文明发祥地考古。考古是实证科学，亲自参加田野考古得到的资料和获得的感受和没有参加的大不一样。发掘国外古遗址也可以启发和促进我们的考古工作。请进来的目的也是一样。文明需要互鉴，文明研究也需要互鉴。走出去，会拓展考古学家视野；请进来，会让国外同行更多地了解我们的工作。

百年大计，教育为本。新时代考古人才应该有更坚实的理论基础，更深厚的专业知识，更重要的是具有国际视野，既能从中国看世界，也能从世界看中国。

回顾考古百年历程，尤其是改革开放以来，广大考古工作者经受了考验，严格遵循职业操守，兢兢业业为事业奋斗，共同创造出中国考古事业的辉煌。事业的传承尤其需要加强对青年人的考古伦理道德教育。几代学者积攒起来的优良传统不断发扬光大，未来建成的中国特色、中国风格、中国气派的考古学，一定是风清气正的中国考古学。

后　记

　　这是一本与学术有关，又不那么学术的小书，准确表述的话可以说是本人在公职任上的讲话、致辞、发言、总结、书评、书序、杂感等文章的大杂烩。

　　大约在好几年前，我就有过将这一类文章汇集起来出一本小书的朦胧想法。这来自本人总想创新的冲动，谦虚地说是抛砖引玉，私心也想试一试有无可能在一定范围内开风气之先河。还曾就此私下郑重征询过几位好友的看法。他们反馈回来意见分成三派：反对派认为没必要出这类文集；赞成派认为想法还比较新颖，可以试试；还有一派不置可否，可能也是反对但觉得不宜直说吧。了解到朋友们意见不统一，我也就一直没启动选编工作，直到去年夏天，接到院里通知，说要给退休老同志出自选集，我认为机会来了，又有了选编出版的冲动，于是开始动手认真搜罗，一开始以为只有不过二三十篇，论字数充其量有十多万字，还担心达不到院里的要求，绝没想到最后竟然凑出整整百篇之数。选出之后，我曾反复翻阅，到底要不要出，该不该出这样一个文集，个人思想上曾很纠结，但最终还是选择出版。这个决定到底有没有一点积极意义，还是交由读者评说吧。

　　选稿校稿后，我对自己选择出版的信念反倒是更加坚定了。除了书前"自序"所讲，还有以下几个原因。第一，我经历过几次厅局领导换届，领导对我的要求是：首先也是最重要的是要把单位管好，把团队带好。直到今天我都认为没有辜负他们的期望。第二，我认为作为一个专业领导，随着单位的调动，自己的研究方向和重点也要根据单位的实际情况尽量做相应调整，个人利益服从单位利益，否则就是对单位不负责，再言重一点是自私。第三，这些文章是单位同事们集体拼搏，同时也包括我个人对单位付出的"见证物"，理当公布。

翻阅本书后的您，对此文集无论褒贬，于我，都是金玉良言。

尤其令我感动的是文化部和国家文物局前领导、故宫博物院郑欣淼老院长和张懋镕、王子今两位教授兄长欣然答应赐序，还有王仁湘、孙庆伟、曹兵武三位大家热情洋溢的推介，从这些序言和推介语的字里行间，大家可以看出他们并没有敷衍我和读者，而且他们对我的了解，对学术以及行政、科研和管理关系的认识，比我深刻、全面而且更加精准。我要特别指出，这些序言和推介语，比收入书里的百篇文章内容精彩得多。

北大考古文博学院徐天进教授应我之请，以左手题写了数个书名任出版社挑选，也让本书平添了很浓的书卷和艺术气味。

我当铭记他们的提携和勉励。

本文集即将出版之际，当然得感谢文集里出现的各位领导、同事、朋友。大家翻书自然会看到，不必再次赘述。

还必须要告诉大家的是，在本书编选过程中，多次拜托中国文物报社的朱威、张宸、崔波、孙秀丽、朱威等先生女士们帮我搜寻早期在《中国文物报》上发表的文章，其中好几篇义章正是在他们的倾心帮助下才得以找到。

刘粤宁主任所率领的团队，也给过我很多帮助，特别是任奕霏、李东娜、赵雨阳、谭钰婷、白义义、陈力乔、李可心等在本书选编初排中给予的各种协助。巴蜀书社周颖编审、马兰编辑对本书从选题申报到公开出版的每个环节，都给予了尽责尽力的关照。在此也一并致谢。

2023年5月5日于深圳南山区崇文花园